교육심리학

教育心理學

조한익 저

Educational Psychology

학지사

머리말

많은 학자들은 이론을 연구하면서 학교현장을 호기심 있게 바라본다. 마치 '이 이론이 학교현장에는 어떻게 적용될 수 있을까?' 하는 의문을 갖는 것 같다. 저자는 이와는 조금 다른 입장으로 접근한다. 학교현장을 보고 이러한 현상을 이론에서 어떻게 설명하고 있는가를 바라보는 경우가 많다. 저자가 오랜 시간 동안 학교현장에 있었기 때문일 것이다.

흔히 대학은 이론을 연구하는 곳이고 학교현장은 이를 바탕으로 실천하는 곳이라고 알려져 있다. 그러다 보니 연구자, 실천가라는 두 입장이 생긴다. 하지만 교육학은 이론과 실천이 모두 필요한 분야이며, 학교현장에서의 경험이 대학에서의 경험에 많이 도움이 되는 것도 사실이다. 그것은 저자가 전공하고 있는 학문이 교육심리이기 때문이다. 연구를 할 때에도 그 대상이 대학생이면 대학생들의 얼굴을 떠올리고, 초·중등 학생이면 그들의 얼굴을 떠올리며 논문을 쓴다. 이것은 교육심리가 학교현장과 동떨어져 있는 이론이 아니라 언제나 학생들과 만나 그들을 이해하기 위한 학문이기 때문이다.

교육심리라는 책을 쓰게 된 계기는 사범계열 대학생들을 가르치면서 학교현장의 모습을 알려 주고 학생들에게 어떻게 다가갈 것인가 이해할 수 있는 책들이 드물었기 때문이다. 많은 교육심리학자들이 저술한 교육심리 관련 서적은 주로 이론적 측면에 치중하고 있다. 이 책도 이론적인 측면이 많이 포함되어 있다. 하지만 이 책은 학생의 인지, 정서, 동기, 평가 등 학생들의 전반적인 이해를 돕기 위해서 만들어졌고 여러 가지 이론들에 대한 실험, 교육적 함의 등을 담기 위한 저자의 노력이 담겨 있다는 점에서 기존의 교육심리 교재와는 차별성을 갖고 있다.

이 책을 집필하면서 많은 분들에게 도움을 받았다. 먼저, Piaget와 신 Piaget 이론에 관한 내용을 집필할 수 있었던 것은 저자의 은사이신 김언주 교수님의 가르침이 있었기 때문이다. 그분의 지도 덕분에 Piaget와 신 Piaget 인지발달 이론, Vygotsky 이론을 이해하고 깊이 있게 연구할 수 있었다. 이 책에서 인지발달 영역은 김언주 교수님의 가르침을 바탕으로 정리하였다. 또한 저자가 미국에서 공부하는 동안 구조방정식을 가르쳐 주셨고 지금은 오하이오 주립대학교에 계신 Lomax 교수님, 다변량분석과 고급통계를 가르쳐 주신 Stock 교수님, 희망을 비롯한 동기 영역을 가르쳐 주고 지원해 주신 Robinson 교수님의 도움은 저자가 긴 시간 동안 다양한 연구를 할 수 있는 기초가 되었다. 국내로 돌아와 희망에 대해 연구하면서 논문을 집필할 때 이러한 가르침은 큰 도움이 되었던 것 같다. 그리고 이분들의 도움으로 쌓인 저자의 연구 영역과 결과들이 이 책에 많이 녹아들어 있다. 또한 국내외의 많은 교육심리학자들의 이론은 이 책을 집필하는 데 큰 도움이 되었다.

이 책을 집필하고 강의를 하면서 우리 대학 사범계열 학생들과 교육학과 학생들에게 많은 도움을 얻고 있다. 내 수업에 밝게 웃어 주고, 반응해 주고, 학기가 끝나도 반갑게 서로 이야기를 나누고, 마음을 열어 주는 경상대학교 학생들에게 고마움을 전한다. 또한 교정을 도와준 교육학과 학생들과 대학원 학생들에게 고마움을 전한다. 교육심리학이라는 교직과목이 어렵기는 하지만 사범계열 학생들이 교직에 들어와서 학생들을 가르칠 때에 조금이나마 학생들의 다양한 특성을 이해하는 데 이 책이 도움이 되었으면 한다.

경상대학교 교육학과 연구실에서

조한익

차례

Part 1

교육심리학 개관

제1부에서는 교육심리학의 전체적인 개관을 다룬다. 교육심리학의 역사와 발달은 어떠한지, 그리고 우리나라 교육심리학의 초기 학자들은 어떻게 공부했고 교육에 어떠한 기여를 했는지 설명한다. 또한 교육심리학이 교육에서 어떠한 역할을 하는가를 설명함으로써 예비교사와 교사들이 교육심리학을 통해서 학생들의 다양한 측면을 이해하는 데 도움을 주고자 하였다. 마지막으로 교육심리학의 연구 방법과 탐구 영역에 대해 기술하였다. 제1부의 개괄적인 학습은 이후의 장들을 공부하는 데 선행조직자의 역할을 할 것으로 본다.

chapter 01 교육심리학의 성격

이 장에서는 교육심리학의 성격, 교육심리학의 역사적 개관, 과학적인 연구 방법 등을 소개한다.

1. 교육심리학의 정의와 목적

1) 교육심리학의 정의

대부분의 교육심리학자들은 교육심리라는 학문을 학생들이 학교수업에서 다양한 능력을 어떻게 배우고 향상시키는가에 대해 과학적으로 연구하는 분야로 정의한다. Berliner(2006)는 교육심리학이란 다양한 특성을 가진 학생들, 교사, 학습과제, 교육적 환경이 어떻게 상호작용하고 학교 상황에서 학생들의 행동을 형성하는지에 대해 심리적인 개념과 연구 방법을 활용하여 탐구하는 과학적인 학문이라고 보았다. Slavin(2000)도 교육심리학은 학습자, 학습 및 수업을 연구하는 학문이라고 보았고, Wittrock(1992)도 교육심리학은 교육의 이해와 개선을 일차적인 목표로 하기 때문에 심리학과는 다른 분야라고 보았다. Woolfolk(2014)도 교육심리학은 그 자체의 이론, 연구 방법, 문제 및 기법들을 가진 독특한 학문이라고 주장했다.

이러한 정의를 볼 때 교육심리학은 효과적인 수업을 위해서 학생들의 신체적, 정신적, 사회적, 정서적, 인지적인 발달을 이해하고, 학습과 문제해결 과정을 이해하고, 자기효능감, 동기, 검사와 측정을 이해하는 학문으로 본다.

2) 교육심리학의 목적

교사가 학생의 심리적인 속성을 알고 이를 교육환경에 적용시킬 수 있다면 훌륭한 교사가 될 수 있는 잠재성이 있다고 본다. 이러한 잠재성이 충족되기 위해서는 개방적 사고를 가져야 한다. 많은 예비교사들과 교사들은 훌륭한 교사가 되기 위한 나름대로의 장점을 가지고 있지만 교육심리에 관한 지식을 사용하여 학교 상황에 적용하려고 할 때 긍정적이지 못한 생각을 갖는 경우가 생긴다. 어떤 교사들은 교육심리학을 교실 상황에 적용하는 것이 어렵다고 한다. 하지만 교육심리학을 자세히 들여다보면 가르치는 것이 복잡한 과정이며, 교육심리학에 관한 연구는 교사들에게 유익한 정보를 주고, 교육심리학에서 제시하는 전문적인 수업들은 유능한 교사가 되는 데 많은 도움을 준다는 것을 알게 된다. 이것은 교사의 측면만을 이야기하는 것은 아니다. 인간이 살아가는 데 있어서 교육심리학은 종합적인 이해를 제공해 준다. 어떠한 사람이든 자신의 연령대에서 현재와 과거를 되돌아보면서 자신의 인지적, 사회적, 정서적, 동기적, 도덕적 발달이 바람직하게 이루어지고 있는가를 확인할 때 교육심리학은 많은 도움을 준다.

(1) 가르치는 과정의 복잡성

교사들은 가르친다는 것이 단순하고 직접적인 과정이기를 원한다. 하지만 가르치는 직업은 모든 복잡한 직업들 중 상위 25% 안에 위치한다(Rowan, 1994). 외국에서는 교사를 공학자, 건축가, 컴퓨터 과학자, 법률가와 같은 직업군으로 묶는다(US Department of Labor, 2001). 교직이 복잡한 직업이 된 이유는 다양한 욕구와 동기를 가지고 있는 다양한 학생들이 모이는 곳이 학교이기 때문만은 아니다. 가르치는 것이 가장 기본적이면서도 복잡한 이유는 많은 의사결정을 해야 하기 때문이다. 교사는 수업과 관련되는 시간뿐만 아니라 학생들과 마주하는 곳에서 항상 의사결정을 한다. 유능한 교사가 되기 위해서는 깊은 지식과 다양한 경험을 바탕으로 의사결정을 내려야 한다. 미국의 경우, 교사들이 무엇을 알아야 하고, 무엇을 할 수 있는지에 관해 다음과 같은 표준을 정하고 있다.

> 교사들은 학생과 그들의 학습에 헌신해야 한다. 교사들은 자신이 가르치는 교과목을 잘 이해하고 학생들에게 교과목들을 어떻게 가르쳐야 할지를 잘 알아야 한다. 교사들은 학생의 학습을 관리하고 점검하는 데 있어서 책임감을 가져야 한다. 또한 교사들은 그들의 행동에 관해서 체계적으로 생각하고 경험으로부터 학습해야 한다. 교사는 학습 사회의 구성원이다(National Board for professional Teaching standards, 2003).

이 표준을 보면 교사는 학습, 발달, 개인차, 동기, 자아 개념, 측정, 학급경영, 다양한 수업들에 관한 지식을 알아야 한다. 교직이 이처럼 복잡하며 어려운 것이지만 목표를 정해서 하나하나 배우고 실천해 나가면 교직에서 보람이라는 최고의 보상을 얻게 된다.

(2) 교육심리 연구들의 유용성

교육심리와 관련된 연구들을 보면 교실 상황에서 수행된 다양한 연구들이 있으며 이러한 연구들은 수업을 향상시키는 데 유용한 정보들을 제공해 준다.

예를 들어, 학습이 빠른 학생들을 학습이 느린 학생들의 멘토로 어떻게 활용할 것인지, 수업 목표에 도달한 학생들에게는 어떤 강화를 하고 목표에 도달하지 못한 학생들에게는 어떤 강화를 해야 하는지, 교사가 어려운 과제를 제시할 경우 학생들의 반응을 어떻게 유도해야 하는지, 아직 배우지 못한 내용들에 대해서 어떻게 단서를 주어야 하는지, 학생 스스로의 노력에 대해서 어떻게 점검하고 향상시킬 수 있는지, 학생이 독립적으로 학습해 나가도록 어떻게 지원해 주어야 할 것인지 등 다양하다.

3) 교육심리학과 교사의 능력

교육심리학 강좌는 능력 있는 교사로 발전하도록 도와준다는 장점이 있다. 많은 연구자들은 예비교사들이 배우는 교육심리학과 교사가 된 후 스스로 능력 있다고 인식하는 것과의 관련성을 연구하였다. 그 결과 교사들은 자신이 교육심리를 공부함으로써 교실에서 발생하는 다양한 일들을 잘 처리하고, 자신이 능력 있는 교사라는 믿음을 갖게 되었다고 밝히고 있다. 일반적으로 교사들은 학교현장에서 수업 계획을 설계하고, 학생들과 래포(rapport)를 형성하고, 여러 가지 수업 관련 기술을 배우는 데 어려움을 겪지만 학급운영 기술을 익히는 것이 가장 어렵다고 본다. 학급운영을 잘하기 위해서 교사들은 끊임없이 배우고 노력해야 한다. 능력 있는 교사들은 학급운영을 어떻게 하고, 학생들을 어떻게 동기화시키고, 학생들의 학습 상황을 어떤 방법으로 정확하게 측정하고, 특별한 욕구를 가진 학생들을 어떻게 가르칠 것인가에 대해서 잘 알고 실천한다.

2. 교육심리학의 역사

교육심리학의 역사는 1879년에 심리학 실험실을 만든 Wundt까지 거슬러 올라간다. 그는 철학의 영역에서 심리학을 분리시켜 과학적 심리학의 기초를 세운 최초의 인물이다. 그는 라이프치히 대학에 심리학 실험실을 설치하고 내성법을 통하여 인간의 의식을 과학적으로 설명하고자 하였다. 내성법은 의식에 떠오르는 것을 관찰할 수 있다고 보고 과학적인 방법으로 마음을 연구하는 것이다.

이후 Galton의 연구는 개인차에 초점을 두었다. Galton은 지능에는 유전적인 요소가 있다는 것을 지지하는 증거를 사용함으로써 유전 대 환경의 논쟁을 불러일으킨 인물이다. 그는 개인차를 연구하기 위해서 양적 자료를 수집하여 인간 능력을 기술하기 위해서 통계적인 방법을 사용하였다.

기능주의 심리학자인 James의 지도를 받은 Thorndike는 인간의 탐구에 있어서 과학적인 통계 방법을 도입하여 실험적 연구를 시작한 최초의 인물이다. 그는 『교육심리학』이라는 책을 발간하였는데, 1권은 인간의 생득적 특질에 관한 연구, 2권은 학습심리학의 문제, 3권은 개인차와 그 원인으로 구성되어 있다. 행동주의 심리학은 Skinner, Hull 등의 학자들에 의해서 발전되었으며 1950년대까지 심리학 영역에서 강력한 영향을 끼쳤다. 행동주의 심리학에서는 인간행동을 변화시키는 것은 동물행동을 변화시키는 것과 같은 맥락의 과정이라고 보았다. 따라서 행동주의 심리학자들은 동물 연구에서 나타나는 행동변화가 인간에게도 적용될 수 있는 것으로 보고 연구를 해 나갔다.

진보주의 운동가이자 기능주의의 창시자인 Dewey도 교육학에서 매우 중요한 인물이다. 그는 생활 속에서 이루어지는 모든 것이 교육이 될 수 있다고 보았으며 아동의 자율적인 발달에 초점을 두었다.

우리나라의 초기 유학자들은 진보주의 교육과 관련이 깊다. 일제 강점기에 미국으로 유학하여 교육학을 연구한 분들로는 김활란 박사, 오천석 박사, 장

리욱 박사 등이 있다.

이 중 오천석 박사는 일제 강점기 시기에 학교에서 Dewey의 이론을 실천하였고 해방 이후에 문교부장관을 지내면서 우리나라에 진보주의와 관련된 교육과정을 학교에 보급하였다. 그의 책 중 하나인『스승』은 교육심리학과 학교 현장의 밀접한 관련성에 관한 내용을 담고 있다.

> 교사는 부르심을 받은 존재로서 소명을 가진 사람만이 할 수 있는 것이다. 교사의 임무는 단순한 직업이나 노동이 아니요, 비전과 헌신을 속성으로 하는 소명감에 움직이는 교육만이 산교육이다. 소명감이 있는 교사는 산 스승이 될 수 있고, 어린이의 영의 성장을 돕는 참된 교육자가 될 수 있는 것이다.

> 남을 움직이려거든 내가 먼저 움직여야 한다. 남을 감격시키려거든 내가 먼저 감격해야 한다. 가슴속에서 우러나오는 말만이 정말 사람을 감동시킬 수 있다. 나의 정성은 학생들의 정성을 불러일으키고 나의 열정은 학생들의 열정에 전파한다. 인간은 부르면 대답하는 존재이다. 진정한 교육은 성(誠)과 열(熱)에서 움직인다. 교육은 혼과 혼의 대화요, 인격과 인격의 부딪힘이요, 정성과 정성의 호응이요, 열정과 열정의 만남이다(오천석,『스승』).

진보주의와 행동주의 이론의 발달과 더불어 인지심리학도 발전해 나갔다. 인지주의 이론의 기원은 형태심리학에서의 통찰 이론과 Bartlett의 스키마 이론까지 거슬러 올라간다. 1916년 Köhler에 의한 통찰 이론 실험에 의하면, 원숭이의 힘이 미치는 영역은 원숭이가 갇힌 우리이고, 원숭이의 힘이 미치는 영역을 장(field) 또는 형태(gestalt, form)라고 한다. 원숭이는 바나나(목적)-상자(수단)를 연결하고 장을 재구성하여 목적을 달성하였다. Bartlett도 인간이 기억하기 위해서 어떤 정신 과정들을 이용하는지 질문하였다. 그는 새로운 자료의 의미를 깨닫기 위해서는 의미를 찾는 노력이 필요하다고 보았다.

Piaget 이론가들과 신 Piaget 이론가들도 인지심리학자에 포함된다.

컴퓨터의 발달과 더불어 Atkinson과 Shiffrin(1968)은 정보처리 모형을 발표했다. 정보처리 이론은 인간이 지식을 습득하고 저장하는 것이 컴퓨터의 원리와 같다는 가정하에 연구되었다. Mayer(1996)에 의하면, 사람들이 어떠한 환경 사태에 주의를 기울이고, 학습할 정보를 약호화하여 그 정보를 기억에 있는 지식과 관련을 짓고, 기억에 새로운 정보를 저장하고 필요한 때에 인출하는 것과 관련되는 것이 정보처리 이론이라고 한다. 일반적으로 정보처리 이론은 감각기관을 통해 들어오는 정보가 변형되고 축약되어 저장되며, 저장된 정보는 다시 인출해서 활용되는 것을 의미한다.

이후 구성주의 이론은 철학과 교육학자들의 이론을 바탕으로 나타난 새로운 변화의 물결이다. 구성주의에서 지식이라는 것은 학생들이 배우는 대로 저장되는 것이 아니라 학생이 스스로 자신의 인지 체계에 맞게 재구성한다는 것이다. 이러한 구성주의 입장에서는 의미와 학습에 대한 학습자의 기여를 강조한다. 구성주의 관점은 새로운 이론이 아니라 Piaget, Vygotsky, Wertheimer, Bartlett, Bruner, Dewey의 이론에 바탕을 두고 학교현장에서 학생들을 지도하는 데 있어서 유의미성을 갖도록 하는 데 목적이 있다.

현대에는 교육심리학에서 동기와 정서의 연구가 급속도로 발전하고 있다. 그동안 동기와 정서는 교육심리학에서 중요한 영역이 아니었으나 학교학습에서 동기가 중요한 역할을 한다는 사실이 알려진 이후 내적 동기, 자기결정성, 성취목표 지향성, 희망 등의 연구들이 활발하게 진행되고 있다. 정서연구에서도 그동안 정서의 불안정한 측면 때문에 연구가 활발하게 이루어지지 못했으나 Mayer와 Salovey(1990)에 의하여 정서지능 개념이 발전된 이후 중요한 연구 분야의 한 영역이 되었다. 2000년 이후에는 Pekrun 등이 학교학습과 관련한 정서를 학업정서 또는 성취정서라고 명명함으로써 일반정서와는 차별화되는 연구가 활발하게 진행되고 있다.

3. 교육심리학의 연구 방법

교육심리학은 인간의 행동과 정신 과정을 과학적으로 연구한다. 이 방법은 단순한 관찰에 의한 방법보다 훨씬 신뢰성이 있다. 과학적인 방법은 표집, 통제, 결과, 반복연구 등과 같이 과학적 절차를 따르기 때문에 연구 결과도 객관적이다. 교육심리학자들은 과학적인 접근으로 다양한 종류의 연구를 설계하고 수행하는데, 이러한 연구는 기술연구, 상관연구, 실험연구, 단일피험자 실험연구, 종단연구, 행동연구 등 다양하다.

1) 양적연구

양적연구는 실증주의에 근거한 방법으로 모든 인간의 행동을 수량화할 수 있는 것으로 보고 자료를 수집하여 분석하는 연구를 말한다. 이 책에서는 양적연구 중 상관연구, 실험연구, 단일피험자 실험연구, 종단연구를 소개한다.

(1) 상관연구

상관연구는 두 사건들 또는 두 측정 간에 어떠한 방향성이 있으며 그 강도는 어떠한가를 살펴보는 연구이다. 상관은 -1.0~1.0까지의 범위로 이루어져 있으며 두 사건들 간의 관계가 가까울수록 -1.00이나 1.00의 값에 근접한다. 상관의 부호는 관계의 방향성을 말해 준다. 정적 상관은 두 요인들이 함께 증가하거나 함께 감소하는 것을 말하며 부적 상관은 한 요인이 증가하면 다른 요인이 감소하는 것을 말한다. 교육심리학자들은 상관을 살펴봄으로써 교실에서 중요한 사건들에 관한 관련성을 설명한다.

(2) 실험연구

교육심리학자들이 사용하는 연구에는 실험연구가 있는데, 이는 예측을 넘어서 원인과 결과를 알고자 할 때 사용하는 방법이다. 연구 대상은 무선 표집에 의해서 실험집단과 비교집단으로 나뉜다. 진실험설계는 엄격한 실험 계획이 필요하지만 학교현장은 실험실과 달리 통제를 하기 어려운 경우가 많기 때문에 준실험설계에 의한 방법을 사용하기도 한다. 진실험설계나 준실험설계에서 실험자는 변화 또는 처치효과를 보기 위해서 실험의 상황을 변화시킨다. 이러한 차이가 유의하게 나타나면 실험의 효과가 있는 것으로 판단한다.

(3) 단일피험자 실험연구

단일피험자 실험연구는 치료, 수업 방법 또는 다른 교육적 개입의 효과가 있는가를 결정하기 위해서 사용된다. 교실에서 앉지 않고 돌아다니는 아이가 있다면 실험자는 그 아이가 얼마 동안 돌아다니는지 시간을 측정하고(A: 기초선 측정) 자리에 앉으면 칭찬을 하고 돌아다니는 행동을 하면 무시를 한다(B: 실험처치). 그리고 다시 실험처치를 중단하고 기초선을 측정하고(A) 실험처치를 한다(B). 이러한 단일피험자 설계를 ABAB 실험이라고 한다. 이러한 실험에서 칭찬-무시 전략은 학생이 의자에 앉아 있는 시간을 늘리는 데 효과적인 것으로 나타났다(Landrum & Kauffman, 2006).

(4) 종단연구

종단연구는 시간에 기초한 연구라고 할 수 있다. 연구자들이 연구하기를 원하는 인지발달은 긴 시간 동안 이루어진다. 연구자들은 피험자들을 수년 동안 연구하면서 변화를 관찰하고 싶어 한다. 이러한 연구를 종단연구라고 한다. 이 연구 결과는 유익한 정보를 주지만 시간과 비용이 많이 들고 항상 실용적인 것은 아니다. 이러한 문제로 인해서 많은 연구들에서는 다양한 연령의 학생집단에 초점을 두고 횡단적인 접근을 한다. 예를 들어 3세에서 16세까지를 연구할 때 종단연구는 같은 아이를 14년 동안 연구하지만 횡단연구에서는 3세부터 16세까지의 대상을 표집하여 한꺼번에 연구한다.

2) 질적연구

질적연구는 자연스러운 상황에서 관찰, 면담과 같은 방법으로 자료를 기술하여 그 이면에 있는 의미를 파악하는 데 목적이 있다. 학교학습과 관련하여 이루어지는 질적연구는 조사연구, 인터뷰, 교실에서 일어나는 상황에 대한 면담자료, 학습활동에 대한 시청각 기록물 등 다양하다. 여기에서는 현상학적 연구, 미시발생학적 연구, 행동연구를 소개한다.

(1) 현상학적 연구

현상학적 방법은 Husserl과 Heidegger의 철학에서 발전한 연구 방법으로 특정 사건을 경험한 사람들을 대상으로 관찰과 심층 인터뷰를 통해서 특정 사건의 이면에 있는 본질적인 모습을 파악하는 데 목적이 있다. 학교학습에서도 특별한 환경에 있는 학생들을 대상으로 한 연구에서 현상학적 접근을 활용할 수 있다. 학생이 특정한 환경에 대해서 어떻게 이해하고 있으며 어떤 의미를 갖고 있는가를 관찰, 면담 등의 방법으로 파악하고 내면을 깊이 있게 이해하는 것이다. 예를 들어, 학급 학생 중 다문화가정의 자녀가 있을 때 그 학생의 환경은 어떠하고, 그 학생은 다문화에 대해서 어떻게 생각하고 있으며, 어떻게 생활하고 있는가를 현상학적인 방법으로 연구할 수 있다.

(2) 미시발생학적 연구

미시발생학적 연구는 변화가 일어나는 동안 변화의 인지적인 과정을 연구하는 데 사용된다. 예를 들어 미시발생학적 접근에서는 학생이 어떻게 두 자리 수의 덧셈을 배우는지에 관해서 분석할 수 있다. 이 접근은 세 가지의 기본적인 특징이 있다. 첫째, 시작 시점부터 안정적인 시점으로 변할 때까지 변화의 전체시기를 관찰한다. 둘째, 여러 차례 관찰을 하고 비디오 녹화나 인터뷰를 하며 학습하는 동안 학생들과 주고받은 대화들을 모두 정리한다. 셋째, 관찰된 행동을 현미경 아래에 놓고 분석하듯이 세밀하게 살펴본다. 즉, 연구자는 그동안 학습한 내용들을 전체적으로 펼쳐놓고 어떠한 시점에서 어떠한 변화가 있는가를 자세히 분석한다. 이 연구 방법은 변화에 깔려 있는 학생의 정신적인 기제들을 밝혀내는 데 목적이 있다.

(3) 행동연구

교사는 교육심리학과 관련하여 한 교실 또는 한 학교에서 수업을 향상시키는 방법을 연구하고 싶어 할 수 있다. 연구 프로젝트에서 사용되는 연구 방법인 주의 깊은 관찰, 실험처치, 자료수업, 분석이 교실에서도 이루어질 수 있다. 예를 들어, 가장 창의적인 글쓰기를 증진시킬 수 있는 방법은 어떤 것이 있을까? 수연이가 학업적인 과제를 집중하는 데 가장 어려움을 겪고 있는 때는 언제일까? 과학수업에서 과제 역할을 배정하면 남자아이들과 여자아이들의 참여가 더 평등해질까? 등의 문제해결을 탐색하는 것이 행동연구이다. 교사는 특정 문제에 초점을 두고, 관찰함으로써 자신이 가르치는 것과 학생의 행동에 관해서 많은 것들을 파악할 수 있다.

3) 문헌연구

문헌연구에서 많이 사용하는 것으로는 내용분석법이 있다. 내용분석법이란 언어나 문자로 표현된 의사소통 내용을 객관적, 체계적, 수량적으로 기술하기 위한 연구 방법이라고 정의된다(Berelson, 1952). 내용분석법은 질문지나 검사 혹은 관찰과 같은 방법으로는 정보를 얻기 어려운 상황에서 많이 사용하는 방법으로 내용분석을 위한 자료의 출처는 다양하다. 역사적인 기록, 전기, 연설문, 편지, 문학작품, 교과서, 신문사설 등 기존에 기록된 자료들이 내용분석의 대상이 된다.

내용분석에서는 대상이 될 자료를 어떻게 표집했는가, 선정한 자료들을 어떻게 분석했는가에 따라서 내용분석의 타당도와 신뢰도가 좌우된다(이종승, 1989).

4. 교육심리학의 탐구 영역

교육심리학이라는 학문은 크게 학생에 대한 이해, 학습에 대한 이해, 수업에 대한 이해, 평가에 대한 이해로 나눌 수 있다.

1) 학생에 대한 이해

학생에 대한 이해는 학생 자체를 이해하는 것이다. 이를 위해서는 학생의 인지적 발달과 정의적 발달을 이해해야 한다. 인지적 발달에서는 학생의 개인차를 이해하고, 학생의 인지발달을 다양한 관점에서 파악할 필요가 있다. 지능, 창의성, 인지양식, 성차, 다문화 등에 관한 연구가 필요하며 Piaget의 인지발달 이론, 신 Piaget 인지발달 이론과 더불어 Vygotsky의 사회문화적 발달 이론을 이해할 필요가 있다. 학생의 정의적 발달을 이해하기 위해서는 동기, 정서, 심리사회적 발달, 도덕성 발달을 학습할 필요가 있다. 학생의 개인차, 인지발달, 정의적 영역을 학습함으로써 학생들의 지적인 발달을 촉진시키고 동기를 높여 주며 정서적으로 안정감을 줄 수 있을 것으로 본다.

2) 학습에 대한 이해

학습에 대한 이해는 학생들이 어떻게 학습하는가와 관련 있는 내용이다. 학생의 학습은 교사가 가르치는 것을 학생이 받아들이는 수동적인 모습이 아니다. 학습에 대한 이해를 위해서 행동주의 이론, 인지심리학과 정보처리 이론, 구성주의 이론을 학습할 필요가 있다. 행동주의에서는 동물의 행동을 관찰하고 통제하고 실험함으로써 인간의 학습에 적용할 수 있다고 본다. 행동주의 연구에서 가장 큰 업적은 실험연구를 발전시켰다는 점이다. 인지주의 이론은 인간이 동물과 어떠한 차이가 있으며, 인간은 어떻게 지적 발달을 해 나가는가를 연구하는 학문이다. 이와 관련하여 정보처리 이론은 인간의 학습과 기억이 컴퓨터의 정보처리와 유사하다고 보는 입장이다. 물론 정보처리 이론은 인간의 학습과는 많이 다르지만 정보처리 이론에서 인간은 실행제어구조를 갖고 자기조절학습을 통해서 정보를 처리한다고 본다. 구성주의 이론은 새로운 이론이라기보다는 인간이 지식을 구성한다는 입장을 좀 더 강조하여 철학적, 교육학적 입장을 통합한 새로운 노력이라고 볼 수 있다. 이러한 이론과 관련 연구들을 통해서 학습은 어떻게 이루어지는지를 탐구할 수 있다.

3) 수업에 대한 이해

교육심리학에서는 수업에 대한 이해도 필요하다. 수업은 학생과 교사의 상호작용이 이루어지는 장이다. 학교학습에서 가장 중요한 영역이 학생에 대한 이해를 바탕으로 하여 상호작용을 하는 것이라고 본다. 수업에 대한 이해 영역에서는 수업시간이 어떠한 흐름으로 전개되는지에 관한 수업사태와 효과적인 수업을 이해할 필요가 있으며 그동안 강조되었던 수업 이론들에 대한 검토가 필요하다. 이 책에서는 고전적인 수업 이론가들인 Glaser의 수업 모형, Bloom과 Caroll의 학교학습 모형, Gagné의 수업 모형과 더불어 최근의 수업 모형들을 다룬다.

4) 평가에 대한 이해

마지막으로 평가에 대한 이해도 필요하다. 가르치고 배우는 과정이 제대로 이루어졌는가 하는 것은 평가를 통해서 가능하다. 고전적이지만 대표적인 평가 이론은 Tyler의 모형이다. Tyler의 평가 모형에 따라서 교육목표는 어떻게 설정되는지, 학습경험의 선정과 조직은 어떻게 하는지, 진단평가, 형성평가, 총괄평가는 어떠한 목적을 갖고 있으며 어떻게 평가하는지, 규준 지향 검사와 준거 지향 검사는 어떠한 차이가 있는지, 평가문항은 어떻게 개발하고 신뢰도와 타당도는 어떻게 제고해야 하는지에 관해 학습한다.

Part 2

인지적 특성과 발달

제2부에서는 인지적 특성과 발달을 다룬다. 2장에서는 학생들의 개인차가 생기는 원인을 지능, 창의성, 인지양식, 성차, 다문화로 설명한다. 이를 통해서 학습에서 개인차가 생기는 이유를 다양한 측면에서 살펴보고자 한다. 3장에서는 Piaget의 인지발달 이론과 신 Piaget의 인지발달 이론을 다루고 인지발달의 측정 방법을 설명한다. 마지막으로 4장에서는 Vygotsky의 사회·문화적 인지발달 이론을 다루고자 한다. 즉, Vygotsky 이론의 주요 개념, Vygotsky 방법을 적용한 근접발달대 측정 방법을 소개한다. 제2부의 내용을 학습함으로써 학생들은 학습과 발달을 전체적으로 살펴보고 인간의 발달 과정과 차이를 이해할 수 있을 것으로 본다.

chapter 02 학생의 개인차

1. 지능

일반적으로 지능이란 총명함, 명석함, 문제해결력, 경험으로부터 학습하는 능력을 말한다. 지능연구자들은 경험으로부터 학습하는 능력, 환경에 적응하는 능력, 자신의 사고 과정을 통제하고 이해하는 능력 등을 지능에 포함시키고 있다(Levine, 2003; Sternberg & Williams, 2010). 하지만 지능을 어떠한 것이라고 정의하기는 어렵다. 지능을 연구하는 학자들은 자신이 생각하는 지능의 특성에 대해서 서로 다른 입장을 갖고 있기 때문이다. 지능의 본질에 관해서 학자들의 입장을 살펴보면 다음과 같다.

1) 전통적인 지능 이론

(1) Binet

지능검사를 최초로 창안한 사람은 프랑스의 심리학자 Alfred Binet(1857~1911)이다. 그는 정상적인 교실 수업을 할 수 있는 일반아동과 그것이 힘든 특수아동을 구별할 수 있는 객관적인 방법을 모색하였는데, 이것이 지능검사의 시초이다. 그가 개발한 지능검사는 기억력, 주의력, 이해력, 변별력, 추리력과 같은 것이었다. 그는 정신연령이라는 것을 개발했는데, 5세 아이들이 6세 수준의 문제를 해결한다면 이들의 정신연령은 6세라고 보았다. 그가 만든 지능점수의 공식은 '정신연령/생활연령×100' 으로 이 공식은 이후 지능 학자들이 지능검사를 개발하고 체계화하는 데 기초가 되었다.

Binet는 학습이 느린 학생들을 선별하고 그들의 지적 발달 수준을 측정하기 위한 지능검사를 개발했는데, 이는 정상아동과 지체아동을 대상으로 하여 교육과정을 계획하는 데 중요한 역할을 하였다.

(2) Spearman

Binet는 지능을 단일요인으로 접근하였는데, 다른 심리측정 이론가들은 '정신연령과 같은 하나의 점수로 인간의 지적수행을 적절하게 나타낼 수 있는가?' 라는 의문을 가졌다. 그중 한 사람이 Spearman이다. Spearman은 지능이 하나의 능력인지, 여러 가지 능력을 포함한 것인지를 알아보기 위해서 노력하였으며 그의 중요한 업적은 요인분석이다. 그는 다양한 인지과제들에서 아동의 점수가 어느 정도 상관을 보이는 것을 발견하였다. 따라서 일반적인 인지과제 수행에 영향을 미치는 요인을 g 요인, 일반적이지 않은 특수한 요인을 s 요인이라고 하여 지능의 2요인설을 주장하였다.

g 요인(general factor)은 많은 상이한 과제들에 적용이 되며 정신 능력검사들의 수행에 미친다고 생각되는 지적 능력이다. s 요인(specific factor)은 단일 유형의 능력검사의 수행에만 영향을 미친다고 생각되는 특수요인이다. s 요

인은 단 하나의 검사 수행을 넘어 일반적인 정보를 제공해 주지 못한다. 따라서 특수요인보다는 일반요인이 지능과 관련된다. 일반요인은 지능의 핵심요인이며 개인차를 나타낸다.

(3) Thurstone

미국의 심리학자 Thurstone(1938)도 정신 능력에 대한 요인분석적인 접근을 택하였다. 그는 8학년과 대학생들을 대상으로 50개의 정신 능력검사를 실시하여 그 점수를 요인분석한 결과 일차적 정신 능력이라고 하는 7개의 요인을 발견하였다. 따라서 그는 Spearman이 제시한 지능요인을 비판하면서 지능은 일곱 가지의 서로 관련 있는 요소로 구성된다고 보았다. 그는 언어이해, 언어유창성, 귀납적 추리, 공간의 시각화, 수, 기억, 지각속도 등의 일곱 가지 지능요인을 인간의 기본정신 능력이라고 정의하였다. 언어이해는 어휘력과 같은 검사를 통해서 측정하는 언어에 대한 이해 능력이다. 언어유창성은 주어진 글자를 가지고 얼마나 많은 단어를 만들어 내는가와 관련된 능력이다. 귀납적 추리는 유추 문제나 완성 문제를 사용하여 추론하는 능력이다. 공간의 시각화는 대상을 정신적으로 얼마나 잘 회전하는가를 알아보기 위한 정신 능력이다. 수는 수학적인 문제해결에 관한 능력이고, 기억은 단어 회상 능력이다. 마지막으로 지각속도는 대상들 간의 차이를 측정하는 능력이다.

(4) Guilford

Spearman과 Thurstone은 지능을 구성하는 정신 능력의 구성요인들의 수가 비교적 적다고 보았지만, Guilford는 지능을 3차원 지능구조 모형으로 나타낼 수 있으며 이는 180개의 요인(5×6×6=180)으로 이루어져 있다고 보았다. 그가 만들어 낸 개념은 산출 차원(단위, 유목, 관계, 체계, 변환, 함축), 조작 차원(인지, 기억저장, 기억파지, 발산적 사고, 수렴적 사고, 평가), 내용 차원(시각, 청각, 상징, 의미, 행동)의 3차원 사고 요인이다.

따라서 그는 180여 개의 정신 능력을 측정하는 검사들을 개발하였다. 하지

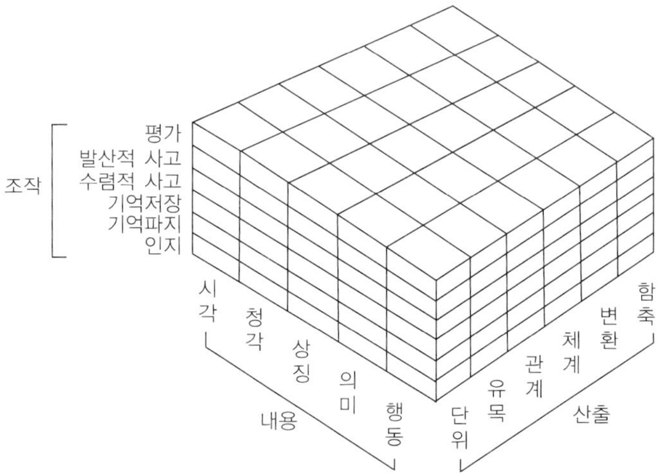

[그림 2-1] Guilford가 고안한 지능 구조

만 그가 독립적이라고 생각했던 180여 개의 지적 능력들이 실제 실험에서는 그렇게 나누어지지 않았는데, 그 이유는 각각의 지적 능력들이 상호 관련되어 있었기 때문이었다. Guilford가 고안한 지능 구조는 [그림 2-1]과 같다(Guilford, 1967).

2) 현대의 지능 이론

전통적인 지능 이론가들은 사람들이 일반적으로 지능에 포함될 것으로 보는 상식, 사회적 기술, 음악, 연극, 창조적 활동 등을 지능에 포함시키지 않았다. 그러나 최근의 지능 이론가들은 지능을 보다 복잡한 체계로 보기 때문에 지능의 범위를 넓게 확장하여 정의한다. 대표적인 학자들로는 Gardner와 Sternberg 등이 있다.

(1) Gardner

Gardner는 인간의 지능이 한 가지의 정신 능력으로 이루어져 있다는 주장에 대하여 비판한다. 그는 인간의 지능이 여러 개의 지능으로 이루어졌다고 제안하였다.

그는 지능이란 그 문화에서 중요하게 쓰일 수 있는 정보를 처리하는 능력이며 사람들은 모두 지능을 갖고 있지만 지능의 조합은 사람마다 다르다고 보았다(Gardner, 1999). 그는 인간에게 관찰되는 지능을 여덟 가지로 나누었고, 이 8가지 지능은 각기 독립되어 있으면서도 서로 상호작용한다고 보았다.

Gardner가 제안한 다중지능은 언어지능, 논리 · 수학지능, 음악지능, 공간지능, 신체 · 운동지능, 대인관계지능, 개인내적지능, 자연주의지능이다. 언어지능은 시인이나 언론인과 같이 언어에 대해서 민감하고 소질이 있는 지능을 의미한다. 논리 · 수학지능은 수학자나 과학자와 같이 논리 또는 수의 형태를 잘 파악하는 지능을 의미한다. 음악지능은 음악에 재능이 있어 다양한 능력을 발휘하는 지능이다. 공간지능은 항해사나 조각가와 같이 시각과 공간을 정확하게 지각하는 능력이다. 신체 · 운동지능은 자신의 신체를 통제하고 목표를 기술적으로 다루는 지능이다. 대인관계지능은 상담사, 치료사, 샐러리맨과 같이 다른 사람의 기분, 동기를 잘 파악하고 적절하게 반응하는 지능이다. 개인내적지능은 정교하고 정확하게 자기 자신을 지각하는 사람과 같이 자신의 감정과 기분을 잘 파악하고 조절해 나가는 지능을 말한다. 자연주의지능은 생물학자, 농부와 같이 자연 속에서 의미를 발견하고 이해하는 지능을 말한다. 최근에는 9번째 지능으로 영적 · 존재론적 지능을 고려하고 있다(Gardner, 2004). 9번째 지능인 영적 · 존재론적 지능은 철학자, 신학자와 같이 인생의 의미, 죽음, 영적, 존재론적인 측면과 관련되는 지능이다.

Gardner는 지능에 관한 자신의 이론을 증명하기 위해서 두 가지 방법으로 연구하였다. 첫째는 뇌의 특정 부분에 대한 손상이 다른 지적 능력에는 영향을 미치지 않고 특정한 능력(예: 논리-수학)에만 영향을 미친다는 점을 밝혀내었다. 둘째, 그는 어떤 능력은 매우 뛰어나지만 다른 능력은 낮은 사람들을 연구하였다. 그가 제시한 아홉 가지 지능은 〈표 2-1〉과 같다(Gardner & Hatch, 1989; Woolfolk, 2014).

〈표 2-1〉 아홉 가지 일반지능

지능	목표상태	핵심내용
언어지능	시인, 저널리스트	소리, 리듬, 단어의 의미에 대한 민감성; 언어의 다양한 기능들에 대한 민감성
논리 · 수학지능	과학자, 수학자	논리적이고 수적인 형태들을 구별할 수 있는 능력; 추론 과정을 다룰 수 있는 능력
음악지능	작곡가, 바이올리니스트	리듬, 피치(pitch), 음색을 만들어 내고 평가하는 능력; 음악적 표현 형태들을 평가하는 능력
공간지능	항해사, 조각가	시각-공간적인 세상을 정확하게 인식하고 초기 지각들을 변형시키는 능력
신체 · 운동지능	댄서, 운동가	자신의 신체운동을 통제하고 물건(대상물)을 기술적으로 다루는 능력
대인관계지능	치료사, 판매원	다른 사람의 기분, 기질, 동기, 소망 등을 구별하고 적절하게 반응하는 능력
개인내적지능	정교하고 정확하게 자기 자신을 지각하는 사람	자신의 느낌과 능력을 구분하고 느낌과 능력을 바탕으로 행동을 이끌어 내는 능력; 자신의 강점, 약점, 소망, 지적 능력을 아는 지식
자연주의지능	생물학자, 농부	식물과 동물을 인식하고, 자연세계에 대한 구분을 하고, 체제들을 이해하고 카테고리를 정의하는 능력
영적 · 존재론적 지능	철학자, 신학자	인생의 의미, 죽음, 영적, 존재론적 측면에 관계되는 주제에 대한 민감성

(2) Sternberg

Sternberg도 지능에 대한 자신만의 관점을 가지고 있었다. 그는 인간이 어떠한 문제를 해결하고, 지적으로 행동하기 위한 정보를 어떻게 모으고 사용하는가에 대한 관점에서 지능을 바라보았다. 그는 모든 사람에게 공통으로 나타날 수 있는 인지 과정을 강조한 지능 이론을 고민하였다. 그는 지능에 대한 전통적인 개념에 실제적 지능을 포괄하는 새로운 관점의 지능 이론을 개발하였는데, 이를 성공지능 또는 지능의 삼위일체 이론이라고 말한다. 그는 기존의 지능 이론들은 지능의 근원을 개인, 행동, 그리고 상황 가운데 일부에서만 찾으려 하였기 때문에 불완전하다고 가정하고 지능에서는 실용적 지능, 창의적 지능, 분석적 지능을 모두 고려해야 한다고 보았다. 그는 한 개인의 지능은 누구에게, 어느 곳에서(상황), 언제(경험), 어떻게(요소) 지적인 행동을 보이는가를 종합적으로 고려할 때 밝혀질 수 있다는 입장을 취하고 있다. 참고로, Gardner의 다중지능 이론은 각각의 지능이 독립적인 구조로 구성되어 있다고 보지만 Sternberg의 지능 이론에서는 여러 가지 지능이 상호 의존적이라고 가정한다. Sternberg의 지능 이론은 [그림 2-2]와 같다.

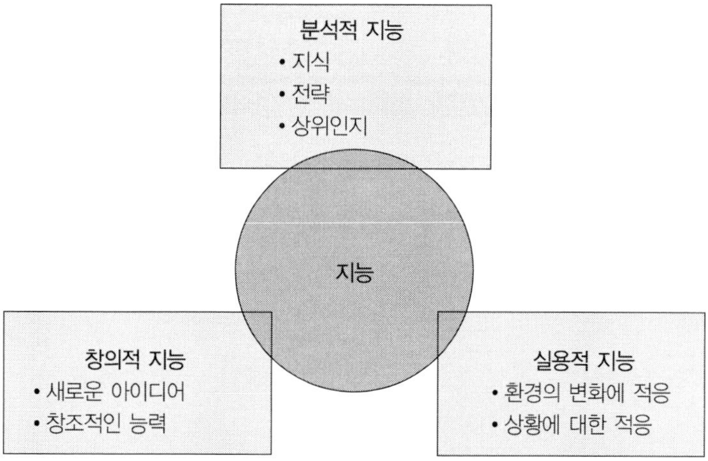

[그림 2-2] Sternberg의 지능 이론

① 분석적 지능(정보처리 요인)

분석적 지능은 어떤 논의가 논리적인지를 결정하기 위해 분석하고, 평가하고, 비판하고, 판단하기 위해서 사용하는 능력이다. 예를 들어, 계획하기와 같은 메타요소들은 지리 문제를 해결하기 위한 전략을 고안하기 위해서 분석적으로 사용될 수 있다. 분석적 지능에는 지식획득요소(지식), 수행요소(전략), 메타요소(상위인지)가 있다. 메타요소는 무엇을 할 것인가를 결정하고,

결정한 일이 진행되는 과정을 점검하며 진행 과정을 평가한다. Sternberg (2003)는 어떤 사람은 다른 사람에 비해서 더 빠르고 효율적으로 정보를 처리하기 때문에 지능검사는 이러한 차이들을 측정하고 지능의 중요한 측면으로 간주해야 한다고 주장했다.

② 창의적 지능(경험적 요인)

창의적 지능은 창안하고, 발견하고, 상상하기 위한 지능이다. 창의적 지능은 창의적인 문제들을 해결하는 데 적용된다. 도전적이고 새로운 과제들을 만들어 내고, 좋은 아이디어를 생성하며, 상상하고 탐색하는 능력은 지능의 중요한 지표가 될 수 있다.

③ 실용적 지능(맥락적 요인)

실용적 지능은 아이디어를 실생활에 적용하고, 사용하고, 응용하는 데 사용되는 능력이다. 실용적 지능은 실생활에 적응하는 것, 새로운 환경을 만들어 내기 위해서 기존 환경을 조정하는 것, 새로운 환경을 선택하는 것 등을 포함한다.

실용적 지능에서 지적인 행동들은 그것이 표현되는 맥락에 의존한다고 보기 때문에 실용적 지능을 맥락적 지능이라고도 부른다. 실용적 지능이 높은 사람들은 환경의 변화에 성공적으로 적응할 수 있거나, 자신에게 적절하도록 환경을 조성할 수 있는 사람들이다. 이 사람들은 지능점수보다는 실용적인 지능이 뛰어나고 적응을 잘한다.

2. 창의성

높은 지능을 가진 학생들은 학교에서 공부를 잘하지만 창의적이지 못한 경우가 많다. 창의적인 사람이란 새로운 분야를 개척한 아인슈타인, 노벨, 에디

슨과 같은 사람들을 말한다. 이들은 지적으로 뛰어난 것보다는 창의적으로 탁월한 사람들이다. 창의성이란 무엇인가? 창의성은 특이하고 새로우며 독특한 것을 만들어 내는 능력을 말하는데, 결과물이 새롭다는 것은 독창적인 것을 의미한다.

학교교육에서 지적 능력과 창의성은 관계가 높지 않은 것으로 나타났다. 하지만 학교교육에서 창의성을 기르는 것은 무척 중요하다. 학생들이 창의적인 생각을 갖도록 하려면 교사 자신부터 창의적이어야 하고 창의성에 대한 폭넓은 이해를 갖추어야 한다.

창의성의 접근 방법으로는 신비적 접근, 심리측정적 접근, 통합적 접근이 있다(Albert & Runco, 1999; Sternberg & Lubert, 1996; Sternberg & Williams, 2010).

1) 신비적 접근

창의성과 정서의 관계는 서로 어울리지 않는 것처럼 느껴진다. 학교교육에서 학생들은 과학과 예술 영역에서 창의성을 갖도록 요구되며, 창의성이 높은 학생들의 성취는 칭찬받는다. 이와는 대조적으로 정서를 잘 표출하는 사람들은 미성숙하고 본능적인 것으로 평가받는데, 그 이유는 정서를 본능적이고 충동적인 것으로 간주하기 때문이다(Averill, 1980). 따라서 비언어적인 정서는 인간의 본능과 관련되어 있다고 하여 하찮게 여겨졌으며 언어에서조차 정서는 중요시되지 않았다.

창의성과 정서는 과학에서도 다루어지는데, 창의성은 인간 진화 단계에서 볼 때 후기에 발달된 것으로 간주되고, 정서는 인간으로의 진화 이전의 시기에서부터 유전적으로 존재했던 것으로 평가된다. 또한 창의성은 대뇌 신피질에서 비롯되고, 정서는 고피질과 하위피질의 영역에서 발생한다고 알려져 왔다. 인지적인 측면에서 보면 창의성은 고차원적인 사고 과정이라고 알려졌지만 정서는 비인지적이거나 저차원적인 사고 과정으로 알려져 왔다. 하지만

〈표 2-2〉 창의성과 정서의 구분과 통합

	창의성	정서
진화 단계	진화후기	진화초기
단어의 어감	아이디어를 생산하는 것	미성숙, 본능적인 것
위치	신피질	고피질과 하위피질
사고 과정	고차원적	저차원적
최근 연구	창의성과 정서의 조화: 정서 창의성	
중요성	창의성에서 신비적인 경험을 하도록 함	

최근 연구에서는 정서가 창의성과 조화를 이루고 창의적인 사고의 산물이 될 수 있다고 본다. 또한 창의적인 활동은 열정을 신비적으로 이끌어 주며 신비적인 경험은 높은 수준의 정서 창의성을 나타낸다. 창의성과 정서를 정리한 것은 〈표 2-2〉와 같다.

완전히 성숙한 신비적인 경험들은 설명하기 어려운 만큼이나 드문 일이다. 하지만 정도의 차이는 있을지라도 신비적인 경험들은 놀랄 정도로 만연해 있다(Greeley, 1974; Laski, 1968). 정서 창의성이 높으면 신비적인 체험을 많이 하는 것으로 나타났다(Hood, 1975). 이 연구를 위해 Hood는 신비적 경험을 두 개의 차원으로 구성하였다. 첫 번째 요인은 일반적 신비주의로 경험의 통합성, 공간과 시간의 초월성, 자아 경계의 상실, 모든 것이 살아 있다는 느낌 등이다. 두 번째 요인은 종교적인 해석으로 평화와 기쁨의 느낌뿐만 아니라 신성한 경험을 강조한다. 정서 창의성은 일반적인 신비주의, 종교적 해석과 높은 상관이 나타났는데, 이는 정서 창의성이 신비주의와 무척 관련이 높다는 것을 의미한다.

이러한 결과를 넓은 맥락에서 Nietzsche의 '열정의 영성(spiritualization of the passion)' 관점에서 돌아볼 필요가 있다. 심리적인 관점에서 보면 신비주의를 바라보는 두 가지 관점이 있는데, 첫 번째는 신비적인 경험에 의한 극단적인 형태로 나타나는 정서 자체에 관한 것이며, 두 번째는 신비적인 경험들과 공유하도록 하는 다른 정서적인 상태들의 속성이다. 정서 창의성은 신비적인 경험에 대한 경향성뿐만 아니라 세속적인 정서를 신비적인 것과 같은 형태로 변화시키는 것을 포함한다. 정서 창의성에서 활력성, 연결성, 의미성은 신비적인 상태의 특징들이며 열정을 신비주의로 변화시키는 것과 관련된다. 이러한 특징들은 세속적이거나 종교적인 관점에서 접근될 수 있다(Averill, 1999).

(1) 활력성(vitality)

가장 공통된 관습으로서의 영성(spirituality)은 어떤 사람이 씩씩하다고 기술되는 것처럼 살아 있음을 의미한다. 물활론적으로 구성된 정신은 화산, 나무 등과 같이 어떤 대상 속에 살고 있을 것이다. 하지만 우리는 정신적인 느낌을 정신적인 존재로 구체화할 필요는 없다. 세속적인 측면에서 볼 때 중요한 점은 영성(생명의 느낌)은 단순히 살아 있다는 것 이상을 포함하며 활력성은 창조적인 능력을 포함한다.

(2) 연결성(connectedness)

정신적인 경험들의 가장 공통적인 특징 중 하나는 다른 상대와 조화되거나 결합되는 느낌이다. 내가 다른 사람과 연결되어 있고 정신적으로 교감하고 있다는 느낌은 신비주의의 두 번째 특징이다. 사람과 사람 간의 정신적 교감뿐만 아니라 모든 존재와의 교감은 정신적인 연결성이다.

(3) 의미성(meaningfulness)

개인에게 정신적인 경험들은 의미하는 바가 크지만 이런 경험들의 의미는 암호 메시지 같아서 즉각적으로 알아낼 수 있는 것은 아니다. 이러한 경험들을 이해하기 위해서는 심오한 감각들이 필요하다. 종교적인 관점에서 계시와 성서는 성서해석자로 하여금 정신적인 의미를 해석하도록 도와준다.

신비주의적 특징들을 경험하는 것은 일상적인 정서를 경험하는 방식과는 다르다. 어떠한 사건들이 의미가 없으면 정서적인 반응을 끌어내지 못한다.

하지만 의미 있는 사건에 대해서 정서적인 반응을 못하는 사람은 활력성이 부족한 것이다.

열정의 영성화는 정서를 억제하는 것이 아닌 정서를 드러내기 위한 Nietzsche의 방식이다. 정서를 높은 곳으로 올리고, 자유로워지도록 하는 것이다. Nietzsche의 표현은 과도하게 화려한 것처럼 느껴지기 때문에 여기에서는 진실된 정서라는 표현으로 대신하고자 한다. 진실된 정서에 접근하는 방법은 무엇인가? 무엇이 정서를 진실되게 만드는가? 진실된 정서는 사람들의 마음이나 뇌 속에 이미 존재하고 드러나기를 기다리는가? 진실된 정서는 일상적인 사건들 속에서 새롭게 창조되었는가?

Morgan과 Averill(1992)은 진실된 정서와 관련된 사건들을 기술하도록 하였고, 다른 한편으로는 이와 유사한 강도이지만 다른 사건들을 기술하도록 하였다. 이 연구에서는 진실하다고 생각되는 정서가 사랑하는 사람과의 이별이나, 새로운 직업을 갖는 것, 중요한 신념이나 가치가 시험받는 것과 같은 도전이나 과도기의 시간 동안에 발생한다고 보았다. 다른 강한 정서적인 경험들(자동차 사고에서 부상의 두려움)과 비교해 볼 때 진실된 정서는 자존감을 회복하고 향상시키기 위해서 느껴지는 정서이다. 진실된 정서 사건들에서 최초 단계는 혼란, 우울증, 그리고 불안이다. 진실된 정서는 안개와 같이 보이지 않는 곳에서 나온다고 한다. 즉, 열정의 영성화는 인간이 인지하지 못하는 사이 갑자기 나타나서 사람의 정서가 진실되도록 하며, 개인과 타인 간의 관계 모두에서 신념과 가치를 통합시킨다.

창의성의 영역에서 신비화는 정서와 관련되어 있다는 것이 Averill의 연구의 중심이다(Averill, 1991, 2009, 2011). 그는 정서 창의성이 Nietzsche가 말하는 열정의 영성화, 창의성의 신비주의와 관련된다고 보았다. 정서 창의성 연구는 창의성과 관련하여 정서의 영역에서 새롭고, 독특하고, 창의적인 정서를 이해하기 위한 연구이다. 정서 창의성 연구는 사회적 구성주의 관점에서 정서적인 측면을 연구하는 것으로 정서가 단지 피상적인 변화가 아니라 사회적인 기대나 규칙에 의해서 구성된다고 보는 관점이다. 정서 창의성을 연구하는 학자들은 정서를 창의성의 산물로 간주하고 어떠한 환경이 조성되어야 창의적인 정서가 형성되는지에 대한 연구에 중점을 두었다(Averill, 1999a, 2007; Gutbezahl & Averill, 1996).

정서 창의성 연구는 정서의 영역에서 독특하고 창의적인 정서가 어떻게 만들어지고 이로 인해 우리가 이러한 정서를 어떻게 경험하게 되는가에 관한 것을 다룬다. 따라서 정서 창의성은 '참신하고 독창적이고 유익하고 진실된 정서 양식의 발달' 이라고 정의된다(Averill, 1990, 1999b). 즉, 정서 창의성은 정서 영역에서 새롭고 창의적인 정서를 얼마나 풍부하게 느끼고 표현하는가와 관련된 능력이다. Plutchik(1980)는 정서 창의성이란 여러 가지 정서를 서로 혼합해 보고 분리해 가면서 새롭고 독창적인 정서를 찾아가는 과정과 같다고 하였다. 이는 미술에서 새로운 색깔을 얻기 위해서 다양한 원색들을 혼합해 보는 것과 같은 원리이다. 정서 창의성은 독창적이고 효과성이 높은 정서 경험들을 풍부하게 하는 능력이며, 평범한 정서에서 벗어나서 새로운 정서를 만들어 내려고 하는 능력이며, 정서의 스펙트럼을 넓게 사용하는 능력이다(Averill & Thomas-Knowles, 1991).

정서 창의성의 구성요소는 준비성, 참신성, 효과성, 진실성으로 나뉜다(Averill & Thomas-Knowles, 1991).

준비성은 정서 창의성을 발휘하는 데 필요한 정서적인 이해와 경험 등을 말한다. 창의적인 성취를 하기 위해서는 긴 준비기간이 필요한데 정서 창의성 영역에서는 자신의 정서가 중요하고, 정서를 이해하려고 하는 정서 경험이 필요하다. 학생들의 경우 사회의 규칙을 포함하는 정서를 부모, 교사, 친구들로부터 배우며 직접적으로 경험한다. 학생들은 이러한 경험으로부터 학습하고 반성해 보는데, 이를 준비성이라고 한다.

참신성은 독창적인 능력을 의미하는 것으로 지금까지 경험해 보지 못한 새로운 정서를 말한다. 참신성이 충족되기 위해서는 과거 경험과 비교해서 볼 때에도 새롭고, 사회적인 통념과 비교해 볼 때에도 독창적이어야 한다.

효과성은 개인이나 집단에 잠재적으로 도움이 되는 정서이다. 대부분의 정서는 분노를 조절하거나, 두려움의 정서에서 위험을 피하거나 하는 등의 문제해결을 다룬다. 이러한 경우 정서에 내재된 목표에 도달하는가에 따라서 효과성이 판단된다. 즐거움 또는 슬픔과 같이 정서 자체에 목적이나 목표가 없는 경우에 효과성이 잘 나타나지 않기도 하고 부적절하게 표현될 수도 있다.

진실성은 올바른 가치나 신념을 반영하는 정서를 말한다. 예술작품에서 진품과 재능 있는 예술가의 모조품을 비교하면서 진실성을 설명할 수 있다. 두 그림들이 거의 같기 때문에 두 작품은 모두 독창적이고 효과적이라고 할 수 있다. 하지만 진품만이 창의적이고 진실성이 높으며 모조품은 진실성이 없다고 말한다.

정서 창의성이 높은 사람은 자신의 정서를 상징적인 형태로 통합하여 표현하며, 넓은 범위의 정서를 고려하여 복잡한 평가를 내리며, 정서적인 경험을 할 때 이에 대한 의미를 깊이 생각한다. 또한 이들은 타인의 정서와 행동에 대한 배려가 높고, 자신과 타인의 갈등적인 상황이 생겨도 이를 너그럽게 해결하며, 타인의 정서에서 위협을 느낄 때에도 이들은 이러한 정서를 도전으로 받아들인다. 이러한 이유로 정서 창의성은 학생의 정서발달 뿐만 아니라 정서에서의 창의적인 능력을 연구하는 데 있어 매우 중요하다(Averill, 2009; Averill & Thomas-Knowles, 1991).

2) 심리측정적 접근

창의성에 대한 심리측정적인 접근은 지능을 측정하는 것과 동일한 방법으로 창의성을 측정하고자 하는 것이다. 대표적인 학자로는 Guilford와 Torrance가 있다.

Guilford(1959)는 창의성을 새롭고 신기한 것을 낳는 힘이라고 보았다. Guilford는 사고를 수렴적 사고와 확산적 사고로 구분하였으며, 이후 창의성은 확산적 사고만을 의미한다고 간주하였다. 확산적 사고에서 유창성

(fluency)은 어떤 요구 조건을 충족시키는 해결책을 많이 생산해 내는 것, 융통성(flexibility)은 질적으로 다른 해결 방법을 많이 생산해 내는 것, 독창성(originality)은 새롭고 독특한 답을 산출해 낼 수 있는 능력을 말한다. Taylor(1961)도 창의성이란 생산적 사고와 창조적 사고를 표현하는 복잡한 심리적인 과정이며 인내성과 성취, 변화, 개선을 구하는 태도라고 보았다.

Torrance(1962, 1990, 1994)는 창의성을 측정하기 위한 TTCT(Torrance Test of Creative Thinking)를 개발하였는데, 하위요인은 다음과 같다. 유창성은 제시한 특정 자극에 대해서 여러 가지 대안을 산출할 수 있는 산출 능력과 더불어 많은 질문과 해결 방법을 생각해 내는 사고기능을 말한다. 독창성은 제시된 그림에 대해서 독특하고 평범하지 않은 반응을 보였는가를 판단하는 것으로, 다른 사람이 생각해 내지 못한 독특한 방식으로 생각하는 능력을 의미한다. 또한 기존의 생각을 바탕으로 하여 자신만의 참신한 문제해결 방법을 생각해 내는 능력을 의미한다. 정교성은 주어진 자극에 대해 아이디어를 제

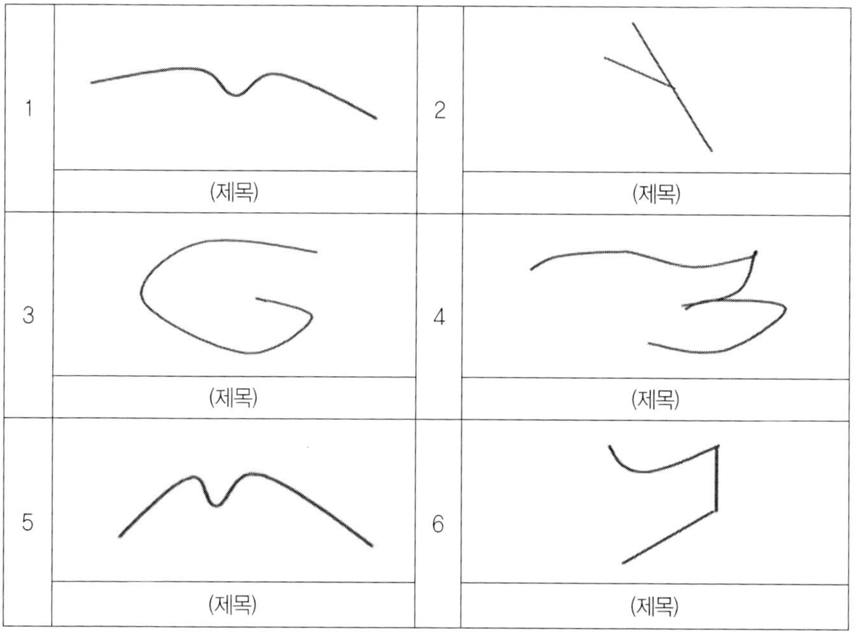

[그림 2-3] Torrance의 창의성 검사의 일부

시하고 이를 아름답게 꾸미고, 정교화하는 능력을 말한다. 즉, 사고가 피상적인 수준에 머무르지 않고 세부적으로 나아갈 수 있는 아이디어를 재미있게 꾸며 나가는 것을 말한다. 마지막으로 제목의 추상성이 있는데, 이는 특정 자극에 대해서 제목이 얼마나 추상적인가를 평가한다. 이 검사는 유치원생부터 성인에 이르기까지 다양한 문화권에서 사용하는 검사로 널리 알려져 있다. 이 검사에서 높은 점수를 받은 사람은 창의적으로 행동할 가능성이 높은 것으로 나타났다(Torrance, 1990). Torrance의 창의성 검사 일부는 [그림 2-3]과 같다.

3) 통합적 접근

창의성에 대한 심리측정학적인 접근에서는 창의성에 대한 개념을 창의적인 인지 능력으로 보고 있지만 통합적인 접근은 창의성을 인지 능력과 더불어 문화와 사회를 포함하여 통합적으로 보는 관점이다. Csikszentmihalyi (1996)는 지금까지 창의성의 연구가 개인의 성격이나 사고에 집중되었다고 지적하고 창의성은 창의적 환경이나 영역이 함께 고려되어야 한다고 보았다. 그는 에디슨이나 아인슈타인과 같은 발견은 그 이전의 지식이 없었다면 결코 세상에 나오지 못했을 것이라고 생각했으며, 창의성은 기존 영역에서 새로운 변형을 만드는 행위나 사고 또는 결과물이라고 보았다(신명희 외, 2010).

Shaffer와 Kipp(2010), Sternberg와 Williams(2010)도 창의성에 관한 통합적인 접근을 지향한다. 이전에는 창의성의 개념을 똑똑하고 독단적이며 다른 사람과는 타협하지 않고 자기만의 아이디어를 개발하는 사람이라고 특징지었다면 오늘날에는 창의성의 개념을 개인적인 요인과 상황적인 요인 모두를 통합하는 넓은 개념의 창의성을 생각한다. 대표적인 인물로는 Sternberg와 Lubart(1996)를 들 수 있는데, 이들은 대부분의 사람들이 창의성을 길러 주는 자원들을 결합시키고 적절한 목표에 자신을 투자할 수 있으므로 적어도 어느 정도는 창의적인 잠재성을 가지고 있는 것이라고 보았다. 이들이 제안한 통합적 접근은 투자 이론이라고도 한다. 투자 이론은 논쟁적인 아이디어나 프로젝트에 투자를 함으로써 귀중한 산물을 생산하여 비싸게 파는 것을 의미한다.

이들에 의하면 창의성은 여섯 가지의 서로 다르지만 관계되어 있는 자원들을 통합시키는 능력에 달려 있다고 한다. 이들이 고려한 여섯 가지의 요소는 다음과 같다(송길연 외, 2012; Shaffer & Kipp, 2010).

첫째, 지적 자원이다. 지적 자원에는 세 가지가 있는데, 해결해야 할 새로운 문제를 찾거나 이전에 있었던 문제를 새로운 방법으로 보는 능력, 자신의 아이디어가 가치가 있는가를 평가하는 능력, 새로운 아이디어에 대한 가치를 다른 사람에게 설득하여 아이디어를 개발하는 데 필요한 자원을 얻는 능력이다.

둘째, 새로운 분야를 개척할 때 준비된 지적 능력이다. 자신의 분야에서 발전을 이루기 위해서는 그 분야에서 필요한 지적인 능력을 갖추어야 한다. Gruber(1982)는 각각의 개인이 알고 있는 지적 분야에서 통찰이 일어난다고 보았다.

셋째, 광범위하고 포괄적인 인지 양식이다. 자신의 영역에서 새롭고 확산적인 사고를 얻고 가치를 느끼는 것은 창의성에서 무척 중요하다. 이는 심리측정적인 접근에서 확산적 사고와 유사하다.

넷째, 창의적인 사고를 유지할 수 있는 성격 또는 특질이다. 창의성은 모험심, 불확실성, 애매모호함에 직면하여 이를 즐기고 견뎌 낼 수 있는 참을성, 자신감을 필요로 하는데 이러한 요인은 성격과 관련된다. 새로운 것을 찾아보고 개방적이며 불확실한 것들을 참고 즐기는 것은 성격과 관련이 있다. 창의적이기 위해서는 창의성과 관련된 성격 또는 특질도 잘 발달해야 한다.

다섯째, 내적 동기이다. 이 책의 동기 부분에서 보다 구체적으로 다루겠지만 내적인 동기는 창의적인 결과물을 산출하는 데 큰 역할을 한다. 일 자체의 즐거움, 몰입과 같은 내적 동기는 창의적인 활동을 위해서 필요하다.

여섯째, 창의적인 환경의 조성이다. 창의적인 사람들의 환경을 보면 그들의 부모나 교사는 아동의 재능을 북돋아 주고 성취를 칭찬해 주는 환경을 조성해 주었음을 알 수 있다. 창의적인 사람들은 이러한 환경에서 격려를 받았고 이러한 도움으로 창의성이 성장할 수 있었다는 것은 다양한 연구를 통해서 알 수 있다(Albert, 1994; Simonton, 1994).

창의적인 요소 여섯 가지는 창의적인 사람들을 만드는 데 중요한 역할을 한다. 이렇게 형성된 창의적인 사람들은 일상생활에서 가치가 없다고 여겨지는 생각을 의미 있고 가치가 있는 아이디어로 바꾼다. 이들은 새로운 방법으로 문제를 발견하려고 노력하며, 폭넓은 지식보다는 깊이 있는 지식을 가지고 있으며, 창조적인 행동을 좋아하며, 경험에 있어서 개방적이고, 어려움을 잘 견디며, 모험을 좋아하고, 내적인 동기가 강하다.

4) 창의성 교육의 교육적 함의

학교에서 창의적인 수업을 하기 위해서는 다음과 같은 요소들이 고려되어야 한다(전경원 외, 2009; Runco, 2007).

첫째, 허용적인 수업 분위기는 학생들의 창의적 활동을 촉진할 수 있다. 시험이라는 상황은 학생들에게 부담과 스트레스를 주지만, 시험을 게임과 같은 재미있는 것으로 인식하게 만들 경우 학생들의 창의성을 높일 수 있다. 또한 수업시간에 학생들을 긍정적으로 수용해 주면 학생들은 자발적이고 창의적으로 변한다.

둘째, 교사는 여러 가지 방법으로 학생들의 창의성을 지원해야 하고 교사 자체는 학생들에게 창의성의 모델이 될 수 있다. Bandura의 모델링학습 이론에 의하면, 교사들이 적절한 수준으로 확산적인 사고를 하고, 독창적으로 문제를 해결하고, 융통성을 보이면 학생들은 자연스럽게 교사의 창의적인 활동을 모방한다.

셋째, 교사는 학생들에게 비판을 하지 말아야 한다. Davis(1999)는 규칙, 전통, 정책, 절차, 규율 등이 학생들을 억압하고 있으며 교사의 가치관에 따라서 학생을 판단하거나 비판하는 것은 학생들의 창의성을 북돋아 주지 못한다고 밝히고 있다. 학생들에게 "문제를 일으키지 마라! 너무 위험할 것 같지 않니? 불가능할 것 같은데, 너는 항상 그런 식으로만 생각하는구나!"라는 비판적인 말들은 학생들의 창의적 사고를 떨어뜨리게 된다.

넷째, 교사들은 성적, 스티커, 사탕 등 여러 가지 외재적 동기 유발을 강조하는 경향이 있는데, 이러한 활동은 학생들의 창의성을 떨어뜨린다. 창의성은 학생들의 내재적 동기로 인해서 발생하는데, 학생 스스로 흥미에 따라서 행동하도록 해야지 교사의 기준에 비추어 착한 학생 또는 좋은 학생이 되도록 노력해서는 안 된다. 외적 동기는 자기 표현적인 태도를 갖게 만들기보다는 '우리 선생님은 여기에서 무엇을 기대하실까?' 하는 생각을 갖게 한다.

3. 인지양식

인지양식은 인지 행동에 있어서 나타나는 개인차이다. 즉, 인지적 과제에 대해서 자극 상황이나 내적 사태를 초월하여 개인이 일관성 있게 나타내는 반응을 의미한다. 인지양식의 시초는 Witkin으로 그는 1940년대 초에 비행기 조종사들이 구름 속으로 날아 들어갔다가 거꾸로 뒤집힌 채 나오면서 자신들의 자세가 바뀐 것을 느끼지 못한다는 것에 호기심을 가졌다. 그의 이러한 관심은 사람들이 어떻게 전체 시각장(total visual field)으로부터 하나의 요소를 분리해 내는가에 대한 연구를 가능하게 했으며 그는 주어진 상황에서 정보를 받아들이는 독특한 양식에 따라서 개인차가 있음을 확인하였다. 이러한 개인차를 인지양식이라고 한다(Witkin, Moore, Goodenough, & Cox, 1977).

인지양식은 특수한 방식으로 정보를 지각하고 그것에 관해서 사고하는 일관된 선호현상이라고 할 수 있다. 이러한 인지양식은 고정된 것이 아니므로 때에 따라서 다른 양식을 선택할 수 있으며 또는 두 가지 양식을 모두 선택할 수도 있다. 인지양식에는 다음의 두 가지 형태가 있다.

1) 장독립성과 장의존성

장독립성과 장의존성의 구분은 사물을 지각하고 정보를 받아들이는 개인적인 특성에 따른 분류 방법으로 가장 보편적으로 알려진 방식이다. 이 방법은 전체 시각적인 장에서 하나하나의 요소를 분리해 낼 수 있는가(장독립성) 또는 전체로서 지각해 내는가(장의존성)에 따라서 장독립성과 장의존성으로 나눈다.

장독립성 학습자는 전체의 장을 개별적인 부분들로 지각하는 능력이 뛰어나 구성요소에 따라서 유형을 재분석해 나간다. 이들은 구조화되지 않은 상황을 자기 나름대로 구조화하고, 상황을 분석하여 재조직할 수 있다. 또한 명료한 지시나 안내 없이도 문제를 잘 해결할 수 있다. 이러한 능력은 수학이나 과학과 같은 영역을 학습하는 데 도움이 된다.

장의존성 학습자는 상황의 한 면만 집중하거나, 한 요소를 다른 요소로 분리하는 것에 어려움을 겪는다. 장의존성 학습자는 사회적인 내용을 다룬 자료를 잘 학습하고, 외부의 비판에 많은 영향을 받으며, 주어진 조직을 있는

〈표 2-3〉 장독립성과 장의존성 학습자의 인지양식 비교

구분	장독립성 학습자	장의존성 학습자
사고방식	분석적, 논리적인 사고	전체적인 사고
외부의존도	외부의존도가 낮음 (외부의 비판에 큰 영향을 받지 않음)	외부의존도가 높음 (외부의 비판에 많은 영향을 받음)
동기	내적 동기가 강함	외적 동기가 강함
정보처리	구조화되지 않은 상황을 자기 나름대로 구조화할 수 있음	주어진 조직을 있는 그대로 받아들이고 재조직하지 못하는 경향이 있음
학습태도	자료의 세부적인 항목과 절차에 따라서 해석해 나감	시각적인 방법으로 명확하게 제시된 정보에 의해서 향상됨
	자기 스스로 가설을 형성하고 문제를 해결해 나감	사회 정보에 관심이 많고 외부적인 특징에 영향을 많이 받음
학습	자기조절 능력이 다소 높음	자기조절 능력이 다소 낮음

그대로 받아들이고 재조직하지 못하는 경향이 있다. 이러한 능력은 사회, 문학, 역사와 같은 학문을 하는 데 도움이 된다. 장독립성 학습자와 장의존성 학습자를 간략하게 비교 설명하면 〈표 2-3〉과 같다(Witkin et al., 1977).

Franklin(1992), Tharp(1989)는 학교학습에서 장독립성과 장의존성은 각 개인에게 상당히 지속적으로 나타나는 특성으로서 특히 학습에 대한 접근 방법을 달리하는 데 영향을 미친다고 주장하였다. 장독립성 학습자는 오히려 교사의 도움 없이 새로운 과제를 해결하는 것을 좋아하는 경향이 있다. 장의존성 학습자는 교사로부터 안내와 시범을 요구하는 경향이 있다.

[그림 2-4] 초등학생용 잠입도형검사의 일부

장독립성-장의존성 인지양식을 측정하는 검사도구는 여러 가지가 있다. 이 중에서 임선하(1984)의 초등학생용 잠입도형검사(Children's Embedded Figures Test: CEFT)는 [그림 2-4]와 같다.

2) 충동성과 사려성

인지양식에 대한 또 다른 형태는 충동성(impulsive cognitive style)과 사려성(reflective cognitive style)이다(Kagan, 1964). 충동성-사려성 인지양식은 인지 속도의 차이에 따른 분류 방법으로, 충동성은 간단하게 판단하여 신속하게 정답을 선택하고, 사려성은 신중하게 생각한 후에 반응하는 경향을 말한다.

충동성이 높은 학생들은 해결 방법이 준비되지 않은 과제나 질문에 대해서 정보를 적게 수집하며 체계적이지 않게 행동을 한다. 이들은 문제에 대한 해결을 빨리 하지만 실수를 많이 한다. 반면에 사려성이 높은 학생들은 문제해결을 하기 전에 정보를 수집하고 분석해 나간다. 따라서 이들은 문제에 대한 해결은 천천히 하지만 실수는 적다. Kagan(1964)은 충동성과 사려성은 비교적 일관적이고 안정된 특질(성격)이며 만 2세 이후에 나타난다고 주장했다.

일반적으로 사려성은 충동성에 비해서 학습과제와 같은 문제나 독서, 기억과제 등에서 점수가 더 높은 것으로 알려져 있다. 그러나 사려성과 충동성이 지나칠 경우 문제가 발생할 수 있다. 학교학습에서 지나친 충동성은 생각을 하지 않고 답을 하기 때문에 학업 성취도 또는 다른 평가에서 낮은 점수를 받을 수 있다. 지나친 사려성은 까다롭고 어려운 문제가 있을 경우에 시간을 많이 투자함으로써 다른 문제를 풀지 못해 학업 성취도가 떨어질 수 있다. 이러한 학습 유형은 특질과 관련이 있기 때문에 훈련을 통해서 변화가 가능하다.

4. 성차

그동안 남학생과 여학생의 기질, 성격, 학습에 있어서 다양한 차이가 있다는 것이 밝혀지고 있지만 지능이나 학업 성취도에 관한 사항은 많은 논쟁을 불러 일으켰다.

우리나라와 같은 경우 남학생은 수학과 과학을 잘하고 여학생은 국어나 영어를 잘하는 것으로 보고되고 있다. 이와 유사하게 서양의 연구에서도 남학생들은 보편적인 지식이나 기계적인 추리, 정신회전에서 여학생보다 점수가 더 높으며 여학생은 읽기와 쓰기 등의 언어 능력이 높다고 한다(Strand, Deary, & Smith, 2006). 또한 Lee와 Voivodas(1983)의 연구에 의하면 여학생들은 초기에는 학업 성취도가 남학생보다 우수하지만 고학년으로 올라가게 되면 점차 자신의 능력을 낮게 평가하고 학업 성취의 가능성, 자존감, 직업포부 등을 상실하게 되는 등 교육적 실패나 어려움을 경험한다고 밝히고 있다.

하지만 최근의 연구에서는 성차가 발생하는 요인으로 성역할 사회화를 들고 있다. 남학생과 여학생을 다르게 대함으로써 학업에서의 성차가 발생한다는 것이다. 남학생은 여학생보다 수학과 과학에 훨씬 더 많은 노출이 되도록 격려하고 가르쳐 왔기 때문이라는 것이다. 성역할 사회화에 대한 인식과 더불어 현재에는 수학과 과학 공부를 하는 여학생들이 증가하면서 이러한 격차는 점점 줄어들고 있다(Allspach & Breining, 2005; Hyde & Mertz, 2009). 하지만 현재에도 여학생들은 남학생들보다 좋은 성적을 유지하고 남학생들보다 수학과 과학 점수가 떨어지지 않는데도 불구하고 남학생들의 수학과 과학성적은 과대평가되고 여학생들의 점수는 과소평가되는 경향이 있다고 한다(Herbert & Stipek, 2005; Pomerantz, Altermatt, & Saxon, 2002).

성차에 관한 연구들은 대부분 여학생이 자신의 재능을 충분히 발휘하기에는 교실과 사회의 장애물이 많다고 본다. 그러면 학교교육에서는 문화적인 성차를 극복하기 위해서 어떠한 노력을 기울여야 할 것인가에 대해서 Bailey

(1996), Snowman과 Biehler(2003)는 다음과 같이 제안하고 있다.

첫째, 여성의 성취와 성격 특징을 부각시키는 자료를 강조하여 수업시간에 활용해야 한다고 본다. 여성이 학교공부도 잘하고 사회에서도 잘하는 사례를 보여 줌으로써 편견을 줄이는 것이 필요하다.

둘째, 남성과 여성으로 나누지 않고 모든 학생이 교과나 과제를 철저히 이해하도록 격려하고, 개별적인 학생의 목표달성과 더불어 집단의 목표달성을 위해서 노력하는 것이 필요하다. 서로 동등하게 학업을 수행하고 동등하게 노력함으로써 선의의 경쟁을 유도하는 것이 필요하다. 수업에 대한 접근 중에서 협동학습은 성별에 따라서 동등하게 학습할 수 있는 기회를 제공할 것으로 본다.

셋째, 수업시간에 수학과 과학의 이론적인 측면뿐만 아니라 실생활에서 어떻게 적용되는가를 학생들과 같이 탐구하는 것이 필요하다. 이는 남학생과 여학생 모두 과학과 수학에 관심을 갖고 학문을 탐구하는 데 유의미할 것으로 본다.

넷째, 교사와 학생들 모두 양성평등에 관한 인식이 수업시간에도 필요하다. 여학생은 어떠하고 남학생은 어떠한 특징이 있다고 미리 판단하는 선입관과 관련된 사항들이 학업에도 영향을 미치기 때문에 양성평등에 관한 수업은 학생들이 교과성적에서 차별화될 가능성을 낮출 것으로 본다.

5. 다문화교육

역사적으로 볼 때 다문화라는 개념은 1970년대를 전후하여 본격적으로 사용되었다. 1970년대는 포스트모더니즘이 전 세계적으로 영향력을 끼치던 시기이다(안지현, 2007; Goldberg 1994). 다문화교육은 1960년대 미국 시민들의 자유권 신장 운동에 기원을 두고 있다(Kymlicka, 1995). 이 운동은 미국문화에서 소수집단을 주류집단에 동화시키려고 했던 정책에 대한 대안으로 등장한 것이다. 미국사회가 나름대로 노력을 통해 인종차별을 법적, 제도적으로 막아 왔지만, 집단의 편견과 차별, 갈등을 근본적으로 해결하지는 못했다. 따라서 그에 대한 대안으로 교육에 관심을 갖게 되었고 그것이 바로 다문화교육이라는 이름으로 등장하였다. 이후 아프리카계 미국인, 장애인, 노인, 여성 등 억압받았던 계층의 인권운동으로 확산되면서 교육의 개념이나 내용, 방법 등이 변화되었고 다문화교육에 대한 관심이 높아지기 시작하였다.

미국에서의 다문화교육의 기본적인 관점은 학생들이 그들의 소속과 상관없이 학교에서 교육적 평등을 경험해야 하며 교육적 환경은 이러한 목적을 위해서 변해야 한다는 것이다. 교사에게 다문화교육의 가장 큰 목적은 다양성과 관련된 문제들을 최소화하는 것이고 이러한 다양성이 주는 교육적 기회와 가능성을 최대화하는 것이다. 이를 위해서는 교육자 스스로 자신의 인종과 민족에 대한 시각을 비판적으로 성찰한 다음 다문화교육에 대한 기술과 지식을 습득하여 발전시켜야 함을 강조하고 있다(Banks, 2008).

우리나라에서 다문화라는 용어가 광범위하게 사용되기 시작한 것은 2000년 이후로 국제결혼 이주여성의 수가 급격하게 증가함에 따라 그들에 대한 처우가 중요한 사회적 이슈로 다루어지게 된 것과 관련이 깊다. 정부와 단체는 국제결혼 이주여성의 문제를 해결하는 방법으로 다문화를 채택하였고 이후 다문화, 다문화주의, 다문화가정이라는 말은 우리나라에서 낯설지 않은 용어가 되었다(이선옥, 2007).

학교교육과 관련하여 중요한 부분은 다문화가정의 자녀들이다. 초기 연구에서 다문화가정 자녀들은 국어, 수학, 사회, 과학의 교과에서 학습하는 데 어려움을 겪고 있으며 특히 국어 과목의 경우 언어 문제가 매우 저조한 것으로 나타났다(신혜정, 2007; 오성배, 2007). 지역별로는 농촌지역의 다문화가정 학생 중 약 30%가 언어발달에 문제를 보이고 있다는 연구도 있다(황상심, 2008). 이렇게 다문화가정 학생들의 학업성적이 낮고 탈락률이 높았던 이유는 다문화가정의 외국 출신 부모들은 대부분 한국어와 한국문화를 충분히 익히지 못한 채 결혼, 출산, 양육, 가정교육의 상당한 부분을 책임지고 있기 때문인 것으로 보인다. 한국어가 서툰 외국인 어머니의 한국어 능력 및 한국문화에 대한 이해부족은 언어발달의 결정적 시기에 언어자극의 결핍을 주며 이는 언어발달의 지체와 더불어 의사소통의 제한을 받게 된 것이다. 이것은 다시 학습부진, 자신감 부족, 사회성 부족으로 이어졌다.

최근에는 다문화 여성을 대상으로 하여 한국어 교육 프로그램을 개설함으로써 이들의 한국어에 대한 두려움은 많이 감소하고 있다. 또한 다문화가정의 자녀들은 대체로 한국에서 태어나고 자랐기 때문에 한국어에 대한 문제점은 크게 없는 실정이다. 하지만 다문화가정 자녀들은 아직도 학습 습관이 정착되지 못하고 학업 성취도가 떨어지고 있다. 이러한 이유로 농촌지역에서는 이들의 학습을 돌봐 줄 부모가 없다는 점을 들 수 있다. 농촌지역에서는 일손부족으로 인해 다문화가정의 자녀를 돌봐주지 못하는 경우가 많으며, 다문화가정의 부모 역시 자녀의 학습을 도와주는 데 어려움을 많이 겪는다.

chapter 03 Piaget와 신 Piaget 인지발달 이론

1. Piaget의 인지발달 이론

Piaget는 원래는 인간이 아닌 동물을 연구하는 생물학자였다. 박사학위를 받은 후 Piaget는 Binet의 지능검사 연구에 참여했는데, 그는 지능검사 결과를 기록하면서 어린이들이 특정한 질문에 일관적으로 틀리는 것에 호기심을 가졌다. Piaget는 어린이들의 답이 틀렸다는 사실보다는 영아나 유아가 좀 더 나이 든 아동이나 어른들이 하지 않는 같은 패턴의 실수를 반복하고 있음을 주목했다. 그는 발달 단계에서 각 개인에 따라 뚜렷하게 나타나는 공통적인 패턴이 있다는 것을 발견하고 자신의 연구를 바탕으로 인지발달 이론을 만들었다.

1) Piaget 인지발달 이론의 특징

Jean Piaget는 인간이 성장하고 발달함에 따라서 일어나는 인지기능의 변화를 체계적으로 기술한 학자이다. 그의 이론은 발생론적 인식론(genetic epistemology)이라고 하는데, 이는 지식의 성장과 발달에 관한 연구이다. 철학자 Hegel은 지식이란 무엇인가를 설명하기 위해서 인간의 감각기관을 통해서 들어오는 지식이 오성과 이성을 경로로 하여 절대지까지 이른다고 주장했는데, 철학자들에게 지식이란 인간의 사유 속에서 만들어진 틀이라고 볼 수 있다. 하지만 Piaget의 발생론적 인식론은 인간이 어떻게 지식을 형성하는가에 관한 인식을 사람이 태어나면서부터 지식을 형성해 나가는 과정 속에서 찾았다. Piaget는 지식이 없는 것으로 간주되는 신생아로부터 시작해서 어떻게 지식이 마음속에 표상되는지, 표상된 것이 성장함에 따라서 어떻게 변해가는지를 연구한 것이다. Piaget 이론의 주요 개념은 인지구조와 인지기능이 있다.

Piaget는 지식의 작은 덩어리인 스키마(schema)들이 뭉쳐서 스키마타(schemata)라는 큰 덩어리를 이루며 이것이 인지구조를 이룬다고 보았다. 예를 들어, 수학에서 덧셈, 뺄셈, 곱셈, 나눗셈 계산이라는 스키마들이 뭉쳐지면 사칙연산이라는 스키마타가 형성되는 것이다.

인지기능에는 적응기능과 조직기능이 있다. 적응기능이란 환경과의 효과적인 상호작용을 의미한다. Piaget는 상호작용을 인지적인 것으로 보았다. 그의 이론에 따르면, 아동은 감각운동기, 전조작기, 구체적 조작기, 형식적 조작기 사고기능을 이용하여 환경과의 상호작용을 한다. 적응기능에는 조절, 동화, 평형이 있다. 먼저 새로운 내용이 인간의 머릿속에 들어오는 것을 동화라고 한다. 동화는 인간이 현재 가지고 있는 사고방식 속에 새로운 환경의 특징을 통합시키는 것을 말한다. 새로운 내용은 이전 지식에 있었던 내용과는 다르기 때문에 인간의 뇌 속에서는 이 두 가지 지식을 서로 이어 주려고 하는데, 이를 조절이라고 한다. 조절은 기존의 인지구조를 수정함으로써 새로운 정보를 통합시키는 기제를 말한다. 외부의 지식과 수정된 인지구조가 안정적인 상태로 이어진다면 이러한 상태를 평형이라고 한다. 평형은 어떤 한 수준의 사고형태를 깨뜨리고 현실에 알맞은 더 좋은 조직을 추구하는 것으로 평형의 목적은 보다 지속적인 사고의 균형 상태를 이루는 데 있다. 현재의 사고방식이 부적절하다는 것을 경험하면 현재의 사고로는 문제가 해결되지 않는다는 것을 인지하게 된다. 이때에 인지적인 갈등이 일어나게 되는데, 이를 통해서 인지구조는 더 바람직한 사고형태로 발전된다. 이러한 의미에서 평형은 단계이행을 실질적으로 책임지고 있는 기제라고 볼 수 있다. 인간은 이렇게 지식을 조직하면서 살아 왔고 동화와 조절을 통한 평형 과정은 인간이 새로운 환경 속에서도 살아남을 수 있었던 적응기능이다. 동화, 조절 및 평형의 예는 [그림 3-1]과 같다.

[그림 3-1]은 동화, 조절, 평형에 대한 예시이다. 동화는 기존 도식과 불일치하는 정보가 들어오는 것을 말한다. 예를 들어 유아가 이미 강아지는 알고 있는데, TV에서 강아지와 비슷한 동물이 야생에서 뛰어노는 것을 본 것이다. 그러면 이 아동은 이것이 강아지인지 아닌지 고민스러워진다. 강아지 같으면서도 강아지와 다른 면들이 보이기 시작하는 것이다. 이때에는 인지적인 혼란이 생긴다. 이것을 동화라고 한다. 조절은 기존 도식과 불일치하는 정보를

동화	기존 도식과 불일치하는 정보가 들어옴	A상태가 들어옴	강아지와 비슷한 동물을 봄
조절	기존 도식과 불일치하는 정보를 기초로 도식을 변화시킴	A상태가 안정적인 B상태로 변함(구별)	강아지가 아닌 늑대라는 것을 알게됨 (강아지와 구별)
평형	도식(스키마)과 경험의 일치, 세상에 대한 이해와 경험 간의 균형상태. 강아지와 다른 동물이 있는데 이를 늑대라고 하며 늑대와 강아지의 차이점을 구별함		

[그림 3-1] 동화, 조절 및 평형

기초로 하여 기존 도식을 수정하는 것을 말한다. 유아는 고민에 빠져서 엄마에게 다가가 혼란스러운 상황을 얘기한다. 엄마는 강아지와 늑대가 어떻게 다른지에 관한 정보가 담긴 책을 읽어 준 후 강아지와 늑대의 공통점과 차이점을 설명한다. 아이는 이제야 자신이 혼란스러웠던 상태에서 벗어나 새로운 동물이 늑대라는 것을 알게 되며 강아지와는 차이가 있다는 것을 발견한다. 이때에는 고민스러웠던 부분들이 사라진다. 이것을 조절이라고 한다. 평형은 동화와 조절이 수평이 되고 스키마와 경험이 일치하는 상태를 말한다.

인지기능 양식의 변화를 가져오는 두 번째 기제는 조직기능이다. 감각운동기부터 형식적 조작기에 이르기까지 모든 수준의 사고는 어떤 형태이든지 조직화되어 간다. Piaget에 의하면 이러한 조직을 끊임없이 개선하려는 것은 인간의 내재적인 특징이라고 한다. 조직기능은 현실에 더 적합한 인지구조를 갖고자 하는 것이며 발달 단계 내에서뿐만 아니라 발달 단계 간에도 이루어진다. 적응기능에서 설명한 평형화는 새로운 인지구조를 갖기 위한 노력이기 때문에 적응기능뿐만 아니라 조직기능에도 해당되는 기제이다. 인지구조와 인지기능의 관계 및 구조는 [그림 3-2]와 같다.

Piaget는 인간이 세상을 표상하는 내적인 정신구조는 성장하면서 체계적으

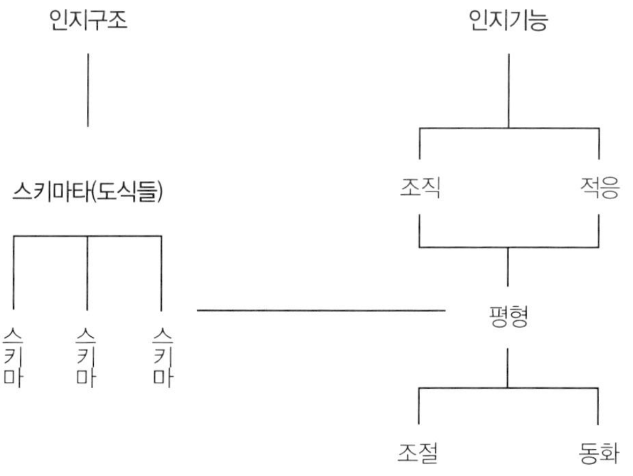

[그림 3-2] 인지구조와 인지기능

로 변화한다고 보았다. 이는 순서화되고 잘 조직된 내적 구조를 가지려는 인간의 욕구로 이를 인지구조의 변화라고 한다. 하지만 인지기능이라는 적응기능 즉, 환경 속에서 살아남으려는 욕구는 변하지 않는다고 보았다.

2) Piaget의 인지발달 단계

Piaget는 인지발달의 네 가지 단계를 제안했는데, 감각운동기(sensorimotor stage), 전조작기(pre-operational stage), 구체적 조작기(concrete operational stage), 형식적 조작기(formal operational stage)이다. Piaget의 인지발달 단계는 [그림 3-3]과 같다.

감각운동기	전조작기	구체적 조작기	형식적 조작기
(0~2세)	(2~7세)	(7~11세)	(11세 이후)
• 감각운동 능력의 사용: 환경의 탐색과 이해 • 자신과 타인에 대한 인식 • 대상영속성 획득	• 상징적 표현 (심상과 언어 사용) • 자기중심성 • 상상력 풍부	• 구체적이고 관찰 가능한 인지조작 활동 • 자기중심성에서 벗어남 • 상황을 관찰하고 추론함 (보존법칙 획득)	• 추상적인 인지조작 활동 • 가설적 사고 • 연역적 사고

[그림 3-3] Piaget의 인지발달 단계

(1) 감각운동기(0~2세)

이 시기는 영아가 세상을 이해하기 위해 감각과 운동 능력을 이용하는 시기이다. 생후 2년간 영아는 감각과 운동을 통해서 세상을 받아들이고 적응해 나간다. 이때에는 대상물의 영속성 개념과 환경통제 능력을 발전시켜 나간다.

Piaget의 대상영속성 실험을 보면 생후 7개월 정도에는 아기 앞에서 인형을 보여 주고 이를 덮어도 영아는 아무런 반응이 없다. 이때에는 인형이 있다가 사라져 버렸다고 생각한다. 9개월 정도가 되었을 때 아기 앞에서 인형을 보여 주고 옷으로 가리면 인형이 눈에는 보이지 않지만 존재한다는 것을 인식하고 옷으로 가린 인형을 찾아낸다. 11개월 정도가 되면 아기가 보는 앞에서 인형을 옷으로 가린 다음 인형을 옮겨서 방석 속에 놓아도 아기는 방석 속에서 인형을 찾아낸다. 18개월 정도 되면 어떤 곳에 인형을 숨겨도 영아는 인형을 정신적으로 표상하고 한 장소에서 다른 장소로 인형을 옮기더라도 인형은 눈앞에서 사라지지만 그 물건은 계속 존재한다는 것을 인식하는데, 이것이 대상영속성 개념이다.

(2) 전조작기(2~7세)

감각운동기가 지난 시기를 전조작기라고 하며 유아의 지각이 사고를 지배하는 시기이다. 이 단계에 있는 유아들은 사물을 판단할 때 눈에 보이는 지각적 속성에 의해서만 판단한다. 이 시기에 유아는 어른이 가면을 쓰고 있으면 가면 쓴 모습이 실제 모습이라고 생각하고 무서워한다. 이들은 고정되고 구체적인 심상만을 다루기 때문에 지각된 세상이 변하지 않는 한 세상에 대한 자신의 표상을 정신적으로 변경시키지 못한다.

Phillips(1969)는 전조작기 유아의 특징을 다음과 같이 설명한다.

첫째, 구체성이다. 전조작기의 유아는 물리적으로 제시된 구체적인 대상만을 다룬다.

둘째, 불가역성이다. 전조작기 유아는 대상물을 정신적으로 지배하지 못하고 재구성하거나 재배열하지 못한다.

셋째, 자기중심성이다. 이 시기의 유아는 모든 사람이 자기와 똑같은 눈으로 세상을 본다고 믿으며 자기가 경험하는 것을 다른 사람들도 모두 경험한다고 본다. 이들은 자신이 물체를 직접 보지 않는 한 세상에 대한 자신의 표상을 정신적으로 변경시키지 못한다. 이들은 수 보존, 질량 보존, 무게 보존,

부피 보존에 관한 이해를 하지 못한다.

(3) 구체적 조작기(7~11세)

구체적 조작기는 구체적인 대상에 대해 논리적으로 사고하는 능력으로 특징지어지는 시기이다. Piaget는 구체적 조작기에 들어서면서부터 아동의 스키마타와 조작 방법이 질적으로 변한다는 말로 표현하고 있다. 이 시기에 이르면 아동은 가역시키는 능력, 분산화 능력, 조작하는 능력이 발달한다. 이때

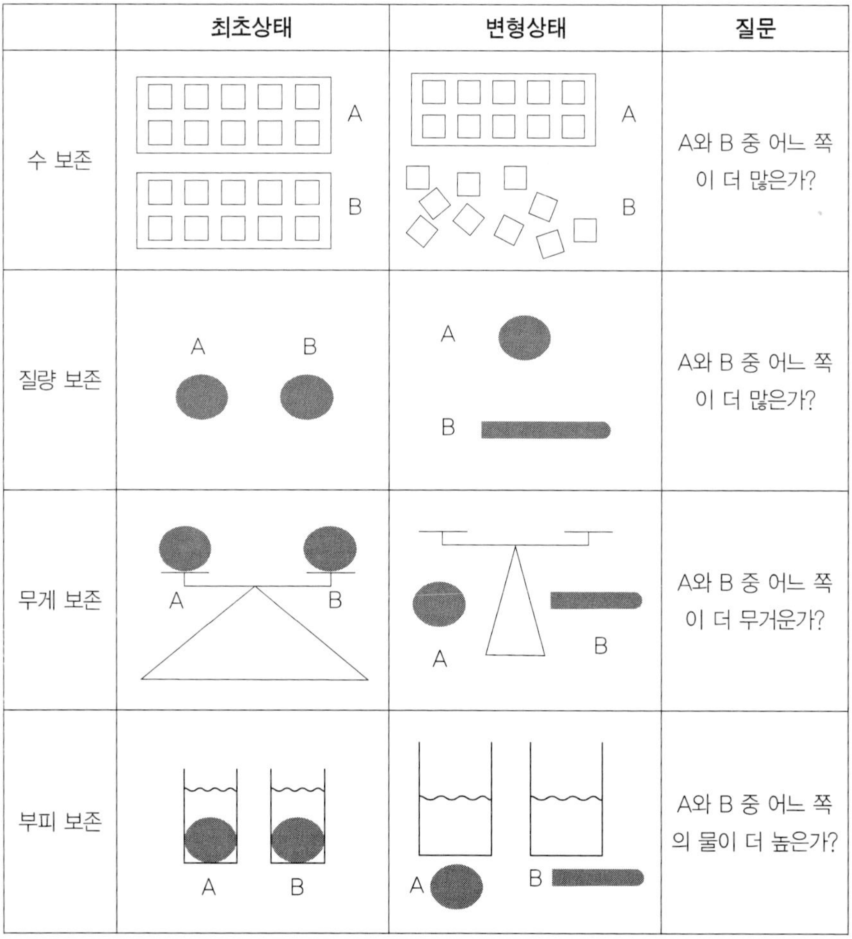

[그림 3-4] 보존과제 실험

에는 전조작기에서 보였던 자신이 중심이고 자기 뜻대로 하려고 하는 행동이 차츰 사라지는데, 이를 탈중심화라고 한다.

가역성이란 원형으로 된 찰흙 덩어리를 길게 늘인다든지 길게 늘어진 찰흙 덩어리를 정신적으로 둥글게 만든다든지 하는 능력을 말한다. 분산화란 물의 양을 판단할 때 높이와 넓이 차원을 동시에 고려하는 능력을 말한다. 조작화란 모여진 동전들을 정신적으로 조작하여 흩어 놓거나 흩어져 있는 동전들을 모으는 것 등 다양하게 물체들을 변형시키는 것을 말한다. Piaget는 질량 보존과 액체의 양 보존 과제는 7세의 구체적 조작기에서 해결되며, 무게 보존 개념은 9세에, 부피 보존 과제는 11세에 해결된다고 보았다. 또한 보존 개념의 발달순서는 문화권에 상관없이 공통적으로 수와 질량 보존, 무게 보존, 부피 보존의 순서로 나타난다고 본다.

Piaget의 보존과제의 실험들은 [그림 3-4]와 같다(김언주, 1987; Gage & Berliner, 1984).

(4) 형식적 조작기(11세 이후)

형식적 조작기는 추상적인 문제들을 체계적으로 고찰하고 그 결과를 일반화할 수 있는 시기이다. 이 시기의 아동들은 가설적인 것, 확률, 가능성 등에 관하여 생각하는 능력을 발전시킨다. 이때에는 가설적 사고, 유추적 사고, 연역적 사고가 가능하다.

형식적 조작기 아동의 스키마는 상위 능력의 조작이 가능할 정도로 충분히 분화되고 통합된다. 따라서 그들이 할 수 있는 인지기능에는 또 다른 질적 변화가 일어난다. 이러한 변화는 다음과 같다.

첫째, 이 시기의 아동들은 변인들 간의 관련 체계, 즉 추상적인 이론에 관심과 흥미를 보인다. 추상적인 사고는 추상적인 개념뿐만 아니라 추상적 관련성을 이해하는 것을 말한다.

둘째, 가설을 설정하고 추론하는 능력도 나타난다. 이들은 특정한 사실들을 일반적인 예로 파악하고 일반적인 원리가 확인될 수 있도록 특수한 사실들을 배열할 수 있는 능력을 가진다.

셋째, 이 시기의 아동들은 상호작용하는 변인들의 체제를 개념화하고 가설을 설정하고 추론하는 능력과 더불어 관련 없는 변인들을 통제하는 능력을 가진다. 이들의 사고는 보다 추상적이고 체계적이고 구체적이며 과학자와 같은 추론 능력을 가진다.

넷째, 이 시기의 아동들은 모든 가능한 경우의 수를 가지고 조합을 만들어 낼 수 있다. 경우의 수를 가지고 모든 가능한 조합을 만들어 내는 것뿐만 아니라 액체들을 일정한 비율로 섞어서 혼합물을 만들어 내는 것도 가능하다.

3) Piaget 이론의 공헌

Piaget는 인간의 지적인 발달에 대해서 큰 공헌을 하였다. 그의 공헌을 정리하면 다음과 같다(Brainerd, 1996).

첫째, Piaget의 연구는 인지발달이라고 하는 분야를 발달적인 연구가 되도록 집대성하였다.

둘째, Piaget는 아동을 호기심이 많고, 환경을 능동적으로 개척해 나가며, 지식을 구성해 나가는 존재로 보았다.

셋째, Piaget의 발달 단계는 아동이 성장하면서 사고방식이 어떻게 변하는지를 구체적으로 보여 주고 있다.

넷째, Piaget의 발달 이론은 인지적, 사회적, 정서적인 발달에 중요한 영향을 미쳤으며 교육에 많은 시사점을 제공해 주고 있다.

4) Piaget 이론의 제한점

Piaget 이론은 인간의 학습과 발달에 중요한 기여를 하였다. 하지만 Piaget 이론은 발달 단계를 고정된 것으로 간주했고, 인지 능력을 과소평가했으며,

인지발달에서 보존 개념이 각기 다른 시기에 이루어지는 점에 대한 설명이 부족하고, 인간발달에 있어서 상호작용에 관한 것을 체계적으로 설명하지 못한다는 등의 단점이 있다.

첫째, 발달 단계의 문제이다. Piaget는 발달이 학습에 선행한다고 본다. 발달 단계는 고정되어 있으며 보존과 같은 개념은 미리 가르칠 수 없다고 본다. 하지만 이후 학자들의 연구(Gardner, 1982; Price, 1982)에 의하면 Piaget의 연구와 달리 특정 단계에 해당하는 보존 개념을 그 이전 단계 아동들에게 가르칠 수 있는 것으로 밝혀졌다.

둘째, 동일한 논리적 구조를 공유한다고 생각되는 과제들이 서로 다른 연령에서 성취되는 문제이다. Piaget에 의하면 수와 질량 보존은 7세, 무게 보존은 9세, 부피 보존은 11세에 형성되는 것으로 밝혀졌다. 하지만 보존법칙이 질량, 무게, 부피에 따라서 다른 연령대에서 성취되는 이유를 Piaget의 이론으로는 설명하기 어렵다. 일반적으로 동일한 형태의 보존과제들은 동일한 연령에서 해결해야 한다. 하지만 같은 보존 개념들인 수 보존, 무게 보존, 부피 보존이 왜 각기 다른 시기에 형성되는가에 관해서 Piaget는 구체적으로 설명하지 못하고 있다.

셋째, Piaget 이론은 아동의 인지 능력을 과소평가한다. 즉, Piaget는 추상적인 언어와 지나치게 어려운 과제를 사용하여 아동들을 혼동시킴으로써 그들의 능력을 과소평가하였다는 것이다. 이후의 연구들에서는 Piaget의 과제를 더 간단한 형태로 제시하면 아동들은 이른 시기에 과제를 수행할 수 있다고 본다(Black, 1981; Gelman, Meck, & Merkin, 1986).

넷째, Piaget는 아동을 현실 세계에서 실험을 통해 자연의 기본법칙을 발견하는 '외로운 과학자'로 보았다. 그러나 Vygotsky 이론에서는 사회 · 문화적인 특성이 아동의 인지발달에 중요한 영향을 미친다고 한다(Rogoff & Morelli, 1989).

다섯째, Piaget의 평형화 이론에 따르면 인지적인 불균형 상태를 야기할 수 있는 수업을 하면 자연적인 평형화에 의해서 다음 단계로의 이행이 가능하다고 본다. 그러나 후속 연구들은 이 주장을 지지하지 않고 있다(Baldwin, 1971; Case, 1977).

2. 신 Piaget 인지발달 이론

1) 신 Piaget 인지발달 이론의 등장

그동안 Piaget의 인지발달 이론은 가장 종합적이고 일반적인 인지발달 이론으로 평가되어 왔다. 그러나 1950년대 이후부터 컴퓨터의 등장으로 인지주의 심리학자들은 컴퓨터 시뮬레이션이나 흐름도(flow chart)와 같이 정보처리 모형을 이용하여 인지발달을 설명하고자 하였다. 또한 교육심리학에서는 임상연구보다는 잘 통제된 실험연구를 통해서 정확한 연구를 하고자 하였다.

1970년부터 인지발달 연구 분야는 Piaget의 연구를 검증하는 데 초점을 두었는데, 아동의 발달이 Piaget가 언급한 연령보다 이전에 이루어지는지에 관한 실험들이 많았다(Gelman, 1978; Klahr, 1978; Nelson, 1978). 이 연구들에서 내린 결론은 다음과 같다. 첫째, Piaget가 전조작기라고 특징지은 시기의 아동은 Piaget가 생각한 것보다 훨씬 복잡한 개념이나 절차를 사용할 수 있었다. 둘째, 한 영역에서의 발달 계열과 속도는 다른 영역에서 보여 주는 발달 계열 및 속도와 비슷하지만 Piaget의 이론은 영역 간 발달의 병렬성, 즉 과제의 공통수평구조를 설명해 주지 못하고 있었다.

Piaget 이후의 연구자들은 Piaget 인지발달 이론에서 나타난 문제점들을 파악하고 정보처리 이론을 대안적인 방법으로 받아들였다. 이러한 학자들을 신 Piaget 이론가들이라고 부른다. 대표적인 학자들로는 Pascaul-Leone, Klahr, Wallace, Case 등이 있다.

2) Piaget와 신 Piaget 이론가들의 차이점

먼저, Piaget 이론과 신 Piaget 인지발달 이론에는 다음과 같은 차이점이 있다.

첫째, Piaget는 인지발달 이론에서 논리적이고 수학적인 체계가 동반된다고 본다. Piaget에 있어서 가장 중요한 아동의 정신기능 차원은 정신기능의 내적 논리였다. 그는 논리적, 수학적 도구를 적용함으로써 점진적인 발달을 해 나간다고 보았다. 신 Piaget 이론가들은 Piaget가 생각한 아동의 관점을 대부분 수용하였지만 이를 수정 보완하였다. Pascaul-Leone은 아동에게 있어서 가장 중요한 정신기능 차원을 정신 에너지로 보았다. 그는 아동이 정신적인 에너지원을 부여받고 그 결과 계속 내적인 발달을 해 나가는 역동적인 유기체라고 보았다. Klahr와 Wallace에게 있어서 중요한 정신기능 차원은 아동들의 정보처리 능력이었고, Case도 아동에게 중요한 정신기능 차원을 문제해결로 보았다. 그는 이전의 인지발달 연구에서 문제해결가로서 역할을 하는 아동의 모습이 중심주제로 다뤄지지 않았다고 보고 그 대안으로 정보처리 이론을 바탕으로 하여 아동 자신이 세우는 목표 또는 목적에 따라서 어떻게 인지발달이 이루어지는지에 관한 연구를 하였다.

둘째, Piaget는 아동의 인지발달을 분석할 때 스키마라는 개념과 논리적 구조를 사용하였다. 하지만 신 Piaget 이론에서는 아동의 문제해결 과정을 분석하기 위해서 실행 전략을 제안하고 있는데, 이 실행 전략은 특정 부류의 문제를 해결하기 위한 정신적 절차 또는 계획이다.

셋째, Piaget의 인지발달 이론에서는 조작 가능성 수준(level of operatively)이 어떠한가에 관심을 둔다. 조작 가능성 수준이란 아동이 할 수 있는 정신적 조작의 개수를 의미한다. 그러나 신 Piaget 이론에서 조작 가능성 수준은 아동이 작업기억 속에 한 번에 지닐 수 있는 서로 다른 정보의 개수를 의미한다. 즉, 발달 단계가 높아질수록 작업기억 속에 담기는 정보의 개수는 많아지며 이러한 차이는 시대적인 면과 관련이 있다. Piaget는 아동의 정신 속에서 기억하는 정보가 몇 개인지에 따라서 해당되는 수준이 결정된다고 보았다.

그래서 2수준의 문제를 풀 수 있는 정신적인 조작 가능성을 가지고 있는 아동에게 3수준의 문제를 제시하면 그 아동은 문제를 풀지 못할 것이라고 하였다. 하지만 신 Piaget 이론에서는 아동의 정신적인 능력은 작업기억 속에 담을 수 있는 정보의 수라고 보았다. Piaget의 인지발달 이론은 정보처리 이론 이전에 나왔지만, 신 Piaget 이론은 정보처리 이론 이후 시대이기 때문에 아동의 정신 조작에 관한 두 이론의 설명 내용에 차이가 생겼다. Piaget 이론과 신 Piaget 이론의 차이점을 정리하면 〈표 3-1〉과 같다.

〈표 3-1〉 Piaget 이론과 신 Piaget 이론의 차이점

	Piaget 관점	신 Piaget 관점
발달 과정	단계적 발달	수직적 발달
	새로운 발달 단계의 출현	동일한 과정들이 복잡한 과정으로 통합
발달 단계	임상적 실험에 의한 인지발달 단계	정보처리 이론의 관점을 통합한 발달 단계
처리 수준	조작 가능성 수준(논리적, 수학적 접근)	작업기억의 용량(정보처리적 접근)
	어린이가 사용할 수 있는 정신적 조작의 개수	활동 기억 속에 한 번에 지닐 수 있는 서로 다른 정보의 개수
인지 발달	스키마와 논리적 구조 사용	실행제어구조에 따른 정신적 절차
아동 관점	스스로 탐구하는 과학자	문제해결가

3) Case의 인지발달 이론

Piaget 이후의 신 Piaget 이론가들은 Piaget에 의해서 연구된 결과들을 임상실험으로 연구하였다. 신 Piaget 이론가들은 Piaget의 인지발달 이론에서 특정 과제들을 아동이 어떻게 해결해 나가는지, 또 이들의 인지발달은 어떤 수준에 있는지에 관한 연구가 주된 관심사였다. 또한 Piaget의 이론에서 문제 영역에서의 일어나는 발달적 변화계열을 동시에 연구함으로써 발달과제에서

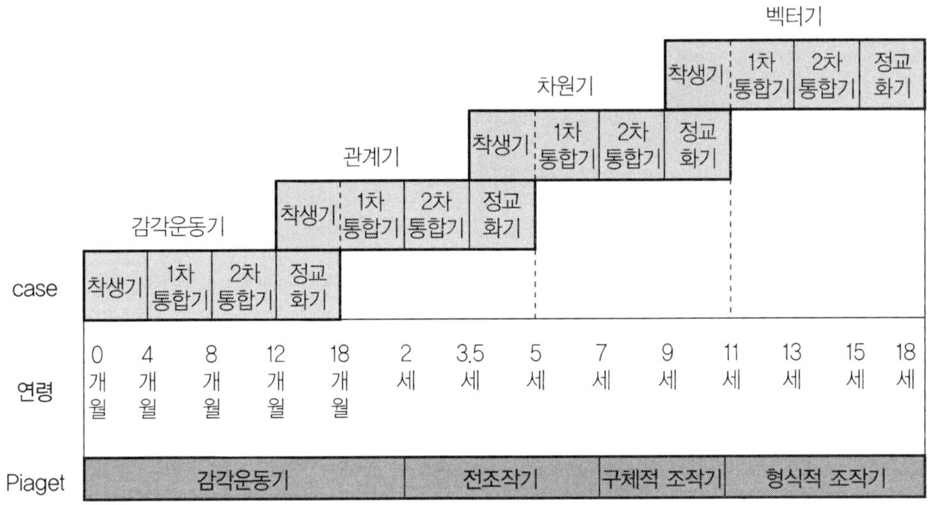

[그림 3-5] Case의 인지발달 이론

나타나는 공통성을 연구하였다.

신 Piaget 이론가들 중에서 Piaget의 문제점을 해결하기 위한 방안으로 Flavell은 공통수직구조와 공통수평구조에 관한 제안을 했다. 이후 Case는 감각운동기부터 형식적 조작기에 이르는 실행제어구조가 인간발달에서 공통적으로 일어나는 현상으로 보고 Flavell의 공통수평구조와 공통수직구조를 받아들여 새로운 인지발달 이론을 만들었다. Case의 인지발달 이론을 도식화하면 [그림 3-5]와 같다(김언주, 강영하, 최건수, 1988).

Piaget의 인지발달 이론은 감각운동기, 전조작기, 구체적 조작기, 형식적 조작기로 나뉜다. 하지만 Case의 인지발달 이론은 감각운동기, 관계기, 차원기, 벡터기로 나누며 각 단계 내에서 착생기, 1차 통합기, 2차 통합기, 정교화기를 거친다. [그림 3-5]에서 Case의 감각운동기는 Piaget가 언급한 2세가 아닌 18개월에 끝나며, 전조작기도 7세가 아닌 5세에 끝이 난다. 이런 결과들을 통해서 Piaget의 인지발달 이론에서 아동의 능력을 과소평가했다는 것을 알 수 있다. Case의 인지발달 이론의 단계들을 구체적으로 설명하면 다음과 같다.

(1) 감각운동기(sensorimotor stage)

감각운동 착생기(출생~4개월)에는 생득적으로 타고난 감각반사와 운동반사를 발달시켜 독립된 감각조작과 운동조작을 착생시킨다. 이 시기는 Piaget 이론의 반사활동기와 같은 개념이다. 이때에는 감각과 운동을 조절하는 시기로 자극은 감각이고 반응은 운동이라고 간주한다. 1차 통합기(4~8개월)에 접어들면 감각조작과 운동조작은 오직 하나의 목적을 달성하기 위해서 통합되며, 비록 초보적이지만 하나의 통합된 감각운동조작이 나타난다. 이 시기는 Piaget의 이론에서 보면 1차 순환반응이 일어난다고 하는 시기와 같다. 이 시기에 아동은 자신의 신체를 중심으로 반복해서 행동한다. 유아가 엄지손가락을 빠는 것은 우연적인 반응이 아니라 손과 입의 협응반응이다. 2차 통합기(8~12개월)에 접어들면 두 가지 면을 동시에 고려한 감각운동을 조작할 수 있다. 이 시기는 Piaget의 이론에서 2차 순환반응이 일어나는 시기이다. 2차 통합기에는 두 가지의 통합반응이 일어난다. 하나는 1차 순환반응에서 일어났던 자신의 신체에 관한 행동이고 다른 하나는 주위환경에 해당하는 물체로 관심이 확대된다. 이 시기에는 두 가지의 통합반응이 일어나기 때문에 2차 통합기라고 한다. 정교화기(12~18개월)는 3차 통합기라고도 하는데, 이때에는 두 가지 면을 동시에 고려함은 물론 제3의 변인까지 고려하여 감각운동을 조작할 수 있다. 이 시기는 Piaget의 3차 순환반응의 단계와 유사하다. 정교화기를 3차 통합기라고 하는 이유는 흥미를 끄는 단순한 행동의 반복(1차 통합기), 이전에 만족을 주었던 외적 사물에 대한 신체적인 행동의 반복(2차 통합기)뿐만 아니라 새로운 행동이 어떠한 결과를 가져올 것인가를 알아보기 위해서 호기심을 갖고 새롭게 탐구하는 단계(3차 통합기)를 모두 포함하기 때문이다.

(2) 관계기(relational stage)

정교화된 감각운동조작은 감각운동기의 관점에서 보면 최상위에 있는 것이지만 관계기에서 보면 하나의 관계를 착생시킬 만한 작은 것이 된다. 즉, 감각운동기의 정교화기 정보는 관계기의 착생 정보이다. 관계기의 착생기

(12개월~18개월)는 감각운동기에서는 정교화기이지만 관계기의 측면에서는 착생기이다. 각각의 관계 조작들은 서로 다른 맥락 속에서 독립적으로 발달하며 서로 다른 역할을 수행한다. 1차 통합기(1년 6개월~2세)에 접어들면 두 개의 관계조작들은 하나의 목적을 위해서 통합되기 시작한다. 이때에는 작업기억에 담기는 관계기의 처리 정보가 한 가지라는 의미이다. 2차 통합기(2세~3년 6개월)에 접어들면 관계기의 수준에서 두 가지의 정보처리 수준을 가지고 문제를 해결한다. 작업기억 속에 담기는 두 가지의 정보처리가 생기게 되어 두 가지 처리 수준이 동시에 고려되어 보다 세련된 관계조작의 통합이 이루어진다. 정교화기(3년 6개월~5세)는 3차 통합기라고도 하는데, 이 단계에 이르면 양면을 동시에 고려할 뿐만 아니라 제3의 변인까지 고려하여 관계조작을 통합시킨다. 이 수준은 작업기억에 담기는 관계기 정보 수준이 세 가지이기 때문에 이를 통합하여 문제를 해결해 나간다.

(3) 차원기(dimensional stage)

관계기의 정교화기는 차원기의 착생기(3년 6개월~5세)에 해당되는데, 관계기의 정교화기에 이루어진 정보는 차원기에서 하나의 차원을 나타내는 정보로 바뀐다. 1차 통합기(5~7세)에 접어들면서 두 개의 독립된 차원조작들은 하나의 목적을 달성하기 위해서 통합된다. 비록 초보적이지만 차원조작의 통합이 이루어진다. 이때에는 작업기억 속에 담기는 정보의 수준이 차원기의 수준으로 바뀌며 차원기 수준에서 다룰 수 있는 정보가 하나라는 것을 의미한다. 2차 통합기(7~9세)에 접어들면 두 가지 조건을 동시에 고려하여 세련된 차원조작을 한다. 이 시기에는 차원기 수준에서 다룰 수 있는 작업기억의 정보가 두 가지로 늘어난다. 정교화기(9~11세)는 3차 통합기라고도 하는데, 이 단계에 들어서면 작업기억에서 처리할 수 있는 정보의 수가 3개로 늘어나며, 이 세 가지 차원기의 정보를 바탕으로 문제를 해결한다.

(4) 벡터기(vectorial stage)

벡터조작의 착생기(9~11세)는 차원기의 정교화기와 같은 단계로 벡터기에서는 벡터조작을 할 수 있는 정보의 덩어리가 착생된다. 1차 통합기(11~13세)에 접어들면 두 개의 독립된 벡터 조작들은 하나의 목적을 위해서 통합된다. 이때 작업기억에서는 벡터기의 정보처리 수준으로 바뀌며 한 가지 정보로 문제를 해결한다. 2차 통합기(13~15세)에는 두 가지 조건을 동시에 고려하여 보다 세련된 벡터통합을 이룬다. 벡터기의 조작정보가 둘로 늘어나 두 가지 측면을 모두 고려한 정보처리가 시작된다. 정교화기는 3차 통합기(15~18세)라고도 하는데, 세 가지 조건을 동시에 고려하여 벡터조작을 할 수 있도록 통합된다. 이 단계는 세 가지의 벡터 정보처리 능력이 생긴다.

4) 신 Piaget 이론에서 도형유추와 언어유추

신 Piaget 이론의 이해를 돕기 위해서 Case의 인지발달 단계의 차원기 도형유추와 언어유추 연구를 소개한다(구영회, 1992). 차원기는 Piaget의 구체적 조작기에 해당하는 단계이며 1차 통합기, 2차 통합기, 정교화기로 나뉜다. 1차 통합기 이전에는 차원기의 착생기가 나타나는데 이는 관계기의 정교화기와 같은 단계이다. 인지발달에서 각 단계의 정교화기는 다음 단계의 착생기가 된다. 차원기에서 1차 통합기는 5~7세, 2차 통합기는 7~9세, 정교화기(3차

〈도형유추 문제〉

〈언어유추 문제〉

(예시) 포도 : 수박

감자 : ? (꽃, 나무, 고구마)

(1) 사과 : 배 = 다람쥐 : (?) (택시, 꽃, 토끼, 포도)

[그림 3-6] 차원기 1 수준 도형유추와 언어유추 문제

통합기)는 9~11세이다.

실험 대상은 유치원생(차원기 1 수준), 초등학교 2학년(차원기 2 수준), 초등학교 4학년(차원기 3 수준) 학생들이다. 유치원생들은 차원기 1 수준에 해당하는 단계이며, 초등학교 2학년은 차원기 2 수준에 해당하며, 초등학교 4학년은 차원기 3 수준에 해당하는 단계이다. 차원기 아동의 도형유추와 언어유추에 관한 1차 통합기, 2차 통합기, 정교화기(3차 통합기)의 문제들은 다음과 같이 구성된다. 먼저, 차원기 1 수준 도형유추와 언어유추 문제는 [그림 3-6]과 같다.

도형유추 영역에서 차원기 1 수준(1차 통합기)의 문제는 차원기 수준에서 한 가지 정보만으로 문제를 해결할 수 있는 정도의 난이도를 갖는다. 위의 문항을 보면 A:B일 때 C:D(?)의 문제에서 아동은 단순히 A에서 B로 변한 것이 네모에서 검은색이 칠해진 세모라는 것만을 보고 문제에 대한 답을 찾게 된다. 언어유추 문제에서도 「포도:수박」은 과일종류이다. 감자에서 찾을 수 있는 것은 고구마가 될 것이다. 이와 같이 A:B에서 같은 종류가 무엇인가를 찾는 것이 차원기 1 수준(1차 통합기) 언어유추 문제이다.

차원기 2 수준 도형유추와 언어유추 문제는 [그림 3-7]과 같다. 도형유추 영역에서 차원기 2 수준(2차 통합기)의 문제는 수준이 2인 문항이다. 수준이 2라는 것은 두 개의 차원을 모두 고려해야 한다는 것이다. A : B = C : D의 문제에서 아동은 모양이 변했다는 것과 작은 크기의 모양은 작은 것을 골라야 한다는 것으로 이 두 가지를 고려하여 문제를 해결해야 한다. 언어유추에서

〈도형유추 문제〉

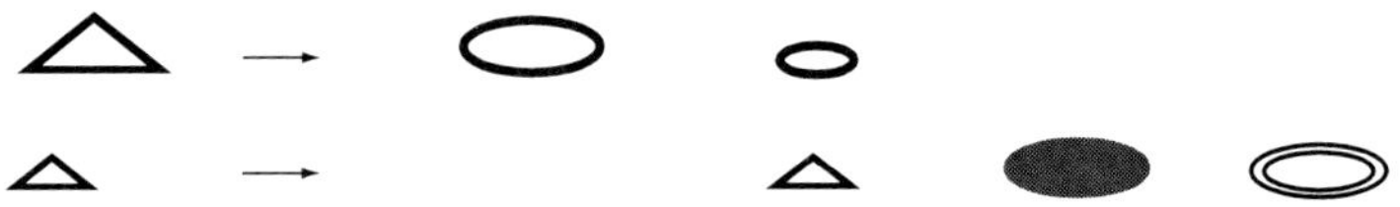

〈언어유추 문제〉

(예시) 검다 : 희다

길다 : ? (짧다, 푸르다, 높다, 노란색)

(1) 젖은 : 마른 = 더운 : (?) (사막, 신선한, 습한, 추운)

[그림 3-7] 차원기 2 수준 도형유추와 언어유추 문제

〈도형유추 문제〉

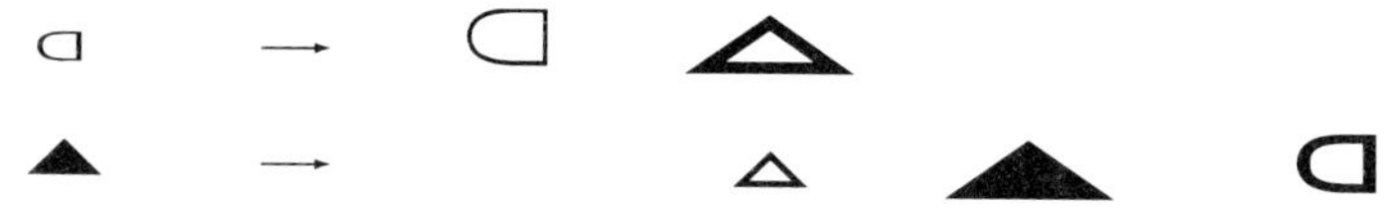

〈언어유추 문제〉

(예시) 검다 : 희다

길다 : ? (짧다, 푸르다, 높다, 노란색)

(1) 신 : 흰 = 악마 : (?) (검은, 천사, 뿔, 빨간)

[그림 3-8] 차원기 3수준(정교화기) 도형유추와 언어유추 문제

도 차원기 2 수준(2차 통합기) 언어유추 문제는 「검다 : 희다」를 보고 이 둘의 관계를 파악하는 것이 필요하다. 1 수준에서는 같은 종류를 묻는 것이었다면 2 수준은 서로 반대되는 것을 묻는 것이다. 반대되는 것을 찾는 것은 같은 수준의 문제를 찾는 것보다 상위 수준이라고 본다.

차원기 3 수준(정교화기) 도형유추와 언어유추 문제는 [그림 3-8]과 같다. 도형유추 영역에서 정교화기(차원기 3 수준)의 문제는 수준이 3인 문항이다. 수준이 3 수준이라는 것은 세 가지를 고려해야 한다는 의미이다. 크기가 작은 것이 큰 것으로 변했고, 모양은 하나에서 두 개의 모양이 결합된 입체모양으로 변했다는 것을 보고 우리는 답을 추리해야 한다. 언어유추 영역에서도 정교화기(차원기 3 수준) 문제는 2 수준의 문제보다 한 단계 높은 난이도를 갖고 있다. 서로 반대되는 것을 찾는 것이 2 수준의 문제였다면 3 수준은 반대되는

〈표 3-2〉 언어유추와 도형유추과제를 해결하는 학생의 수준

학년	연령	1 수준	2 수준	3 수준
유치원 (차원기 1 수준)	6.23	90%	0%	0%
초등학교 2학년 (차원기 2 수준)	8.47	100%	80%	45%
초등학교 4학년 (차원기 3 수준)	10.40	100%	100%	85%

것을 찾는 데 있어서 답안의 보기가 4개로 늘어나고 있다.

유치원(차원기 1 수준), 초등학교 2학년(차원기 2 수준), 초등학교 4학년(차원기 3 수준)의 학생들이 언어유추와 도형유추 과제에서 문제를 해결한 비율은 〈표 3-2〉와 같다.

〈표 3-2〉를 보면 차원기 1 수준에 해당하는 유치원 아동들은 1 수준의 문제를 90% 정도 해결하지만 2 수준과 3 수준의 문제는 전혀 해결하지 못한다. 하지만 초등학교 2학년인 차원기 2 수준의 아동들은 1 수준의 문제를 100% 해결하며 2 수준의 문제도 80%를 해결한다. 2 수준에 해당하는 아동들이 자신의 수준에 해당하는 문제를 80%밖에 풀지 못하는 이유는 이들 간에 생기는 개인차 때문이다. 어떤 학생들은 2 수준이기는 해도 느린 학습자이기 때문에 자신의 수준에 해당하는 문제를 풀지 못한다. 이들 중 3 수준의 문제를 해결하는 아동들도 45%나 되는 것은 같은 수준에서도 빠른 학습자가 있기 때문이다. 초등학교 4학년인 3 수준의 아동들은 1 수준과 2 수준의 문제를 100% 해결하며 3 수준의 문제도 85% 정도 해결하는 것으로 나타났다.

학생들이 언어유추와 도형유추 문제를 해결한 결과를 정리하면 [그림 3-9]와 같다.

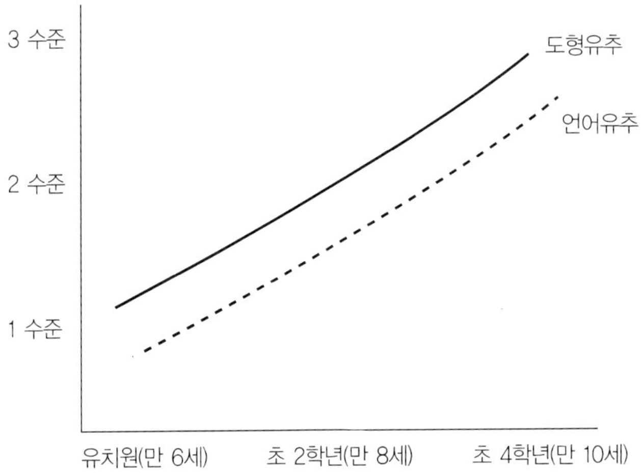

[그림 3-9] 차원기 아동의 도형유추와 언어유추 문제해결

이 그림을 보면 차원기 아동은 도형유추와 언어유추의 문제에서 같은 발달을 하는 것을 알 수 있다. 같은 연령의 아동들은 두 과제에서 같은 발달을 유지해 나가고 있고 연령이 높을수록 상위과제의 문제를 해결함을 알 수 있다.

5) 신 Piaget 이론에서 공통수직구조와 공통수평구조의 발달

Case는 인과추론 영역에서 인지의 수직구조를 연구한 후 이를 공간유추, 사회인지, 언어유추 등의 연구로 확대하여 공통수직구조와 공통수평구조가 존재함을 밝혔다. 공통수평구조는 같은 수준의 발달과제는 같은 연령대에서 같은 수준으로 발달해 가는 것을 말하고, 공통수직구조는 발달 단계 내에서 또는 발달 단계 간에 연령이 높아질수록 발달 수준도 높아진다는 것을 의미한다.

공통수직구조는 발달 단계 내에서 또는 발달 단계 간에 연령이 높아질수록 발달 수준도 높아지는 것을 말한다. 또한 어떤 과제이든지 하위 단계의 과제를 해결하면 상위 단계의 문제로 올라갈 수 있는 것을 말한다. 공통수평구조는 주스배합, 생일파티, 보상 문제와 같이 같은 수준의 문제들은 같은 연령대에서 같은 수준으로 발달해 나가는 것을 의미한다. 또한 같은 과제의 문제는 단계가 달라지더라도 같은 향상을 보이며, 같은 수준의 발달 과제 해결은 동일 연령의 아동들이 비슷하다는 것을 의미한다. 공통수직구조와 공통수평구조는 〈표 3-3〉과 같다.

〈표 3-3〉 공통수직구조와 공통수평구조

공통수직구조	공통수평구조
• 발달 단계 내에서 또는 발달 단계 간에 연령이 높아질수록 발달 수준도 높아짐 • 어떤 과제이든지 하위 단계의 문제를 해결하면 상위 단계의 문제로 올라갈 수 있음	• 같은 수준의 발달 단계는 같은 연령대에서 같은 수준으로 발달해 가는 것 • 같은 과제의 문제는 단계가 달라지더라도 같은 향상을 보임 • 같은 수준의 발달과제 해결에서 동일 연령은 비슷한 수준을 나타냄

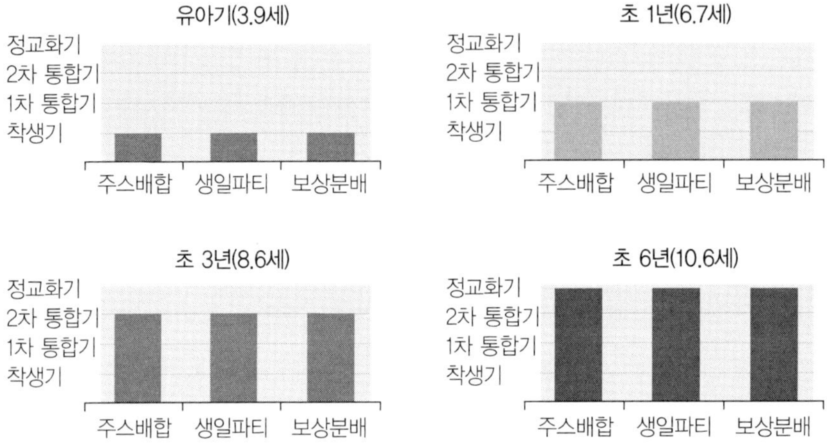

[그림 3-10] 차원기 아동의 과제에서 나타난 공통수평구조와 공통수직구조

[그림 3-10]은 같은 연령의 발달과제가 동일하게 발달해 나가는 공통수평구조와 더불어 발달 단계 내에서 연령이 높아질수록(1차 통합기, 2차 통합기, 3차 통합기) 과제의 발달도 높아지는 공통수직구조를 보여 준다.

관계기 아동의 정교화기(차원기의 착생기)에서는 주스배합, 생일파티, 보상분배의 과제 모두가 같은 수평구조를 이루고 있음을 알 수 있다. 초등학교 1학년(차원기 1 수준)이 되면 과제해결은 1차 통합기 수준으로 모두 올라감을 알 수 있다. 초등학교 3학년(차원기 2 수준)이 되면 이들의 과제해결은 2차 통합기까지 올라간다. 마지막으로 초등학교 5학년(정교화기)이 되면 세 과제 모두 정교화 단계까지 올라간다. 즉, 같은 과제의 문제는 단계가 달라지더라도 같은 향상을 보인다는 것이 공통수평구조이다. 한편, 공통수직구조는 어떠한 과제이든 관계기의 문제를 해결해야만 차원기의 문제로 올라갈 수 있고, 차원기의 문제들을 해결해야만 벡터기의 문제들로 올라갈 수 있다는 것이다.

6) 신 Piaget 이론가들의 교육적 시사점

신 Piaget 이론은 인지발달을 더욱 세련된 전략의 획득으로 간주하고 있는데, 이러한 관점은 교육에 다음과 같은 시사점을 제공하고 있다(Case, 1978).

첫째, 학생들이 학습에서 어려움을 겪는 이유는 여러 가지가 있지만 그중 하나는 학습 전략을 훈련받지 못한 데에서도 기인한다. Case의 인지발달 이론에서는 학습 전략이라고 할 수 있는 실행제어구조를 세워서 문제를 해결한다. 감각운동기와 관계기에서는 학습 전략의 구조가 단순하지만 차원기, 벡터기로 올라가면서 학습 전략이 복잡해지고 추상적인 문제해결이 가능하게 된다. 따라서 학생들은 도전적인 과제들에 대한 학습 전략을 훈련받음으로써 문제해결이 촉진될 수 있다.

둘째, 아동의 인지발달은 성인의 인지발달과 구조적으로 다르다. 따라서 교사가 수업시간에 성인의 관점에서 학생들을 이해시키는 과정보다는 성공적인 아동의 인지내용을 실패한 아동에게 알려 줌으로써 학습에 대한 이해를 쉽게 하는 것이 필요하다.

셋째, 아동의 발달은 계속적으로 자신의 스키마를 새롭게 변화시키는 과정이다. 따라서 동일계열의 학습은 수평적으로 일어나고 이는 발달하면서 수직적으로 발전해 나간다. 따라서 학교교육에서는 같은 수준의 학생들이 다양한 교과에서 공통적인 발달을 해 나갈 수 있도록 도와주고 학생들이 성장하면서 공통적인 교과발달이 이루어질 수 있도록 지원해 줄 필요가 있다.

chapter 04 Vygotsky의 인지발달 이론

Lev Semyonovich Vygotsky는 구소련의 심리학자로 1896년에 고멜이라는 항구도시에서 태어나 38세가 되던 해인 1934년 결핵으로 사망하였다. 어릴 때에는 토론, 모의재판, 논쟁 등을 이끌었기 때문에 친구들은 그를 꼬마교수라고 불렀다고 한다. 그는 유대인이었기 때문에 모스크바 대학에 들어가는 것에 부담감을 가지고 있었다. 하지만 할당제 추첨에 배정되어 모스크바 대학에서 법학을 전공하게 되었다. 이후 지역대학에서 심리학을 가르쳤고 러시아 심리학 연구소에서 일하면서 1년이라는 짧은 기간에 심리학 박사학위 과정을 마쳤다.

이후 그는 소련에서 영향력 있는 인물이 되어 무서운 속도로 강의하고 연구하는 학자로 지냈다. 그는 심리학자로서 새로운 사회주의를 구축하는 데 도움이 되기도 하였다. 하지만 사후에 그의 저술들 중 지능검사와 관련한 연구물들은 출판이 금지되었다. 그 이유는 공산주의에서 지능검사는 개인 간의 차이를 만들고 구분짓는다고 해서 비판의 대상이 되었기 때문이다. 하지만 그의 연구는 동료교수들과 학생들에 의해서 계속되었고 냉전이 무너지면서 서방세계에도 그의 이론이 알려지기 시작하였다.

Vygotsky는 인간의 발달이 초등정신기능과 고등정신기능의 두 가지 측면에서 이루어진다고 보았다. 그에 따르면 초등정신기능은 생물학적인 기원을 가지고 있으며 환경의 지배를 받는 정신기능이고, 반면에 고등정신기능은 사회 · 문화적인 기원을 가지고 있으며 자기조절에 의해서 발전하는 정신기능이다. 고등정신기능의 목표는 고등적인 사고기능의 숙달이며 이를 위해서 고려되어야 할 것은 사회라고 본다. Vygotsky의 초등정신기능과 고등정신기능을 간략하게 도식화하면 [그림 4-1]과 같다.

인간은 초등정신기능에서 출발하여 고등정신기능으로 발달해 나가는 존재이다. 세상에 태어난 영아는 초등정신기능을 갖는데, 처음에는 엄마, 아빠와 상호작용을 하면서 언어를 학습해 나가며 학령기부터는 학교에서 교사와 우수한 또래와의 상호작용을 통해서 고등정신 능력을 갖기 시작한다. Vygotsky는 이처럼 인간이 초등정신기능에서 사회화 과정을 통해서 고등정신기능으로 발달해 나간다고 보았다.

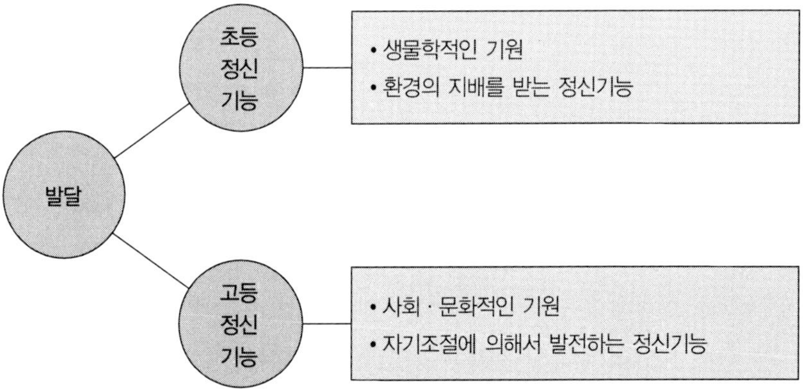

[그림 4-1] 초등정신기능과 고등정신기능

1. Vygotsky 이론의 기본 개념

Vygotsky의 인지발달 개념은 다음과 같은 아이디어들에 기초를 두고 있다.

첫째, 지적 발달은 아동이 경험하는 역사적, 문화적인 맥락과 밀접한 관련이 있다.

둘째, 인간의 상징 체계는 언어, 쓰기, 수학과 같이 사람들의 사고와 문제해결을 돕는데, 이러한 상징 체계는 문화에서 창조된다.

셋째, 아동의 사고와 언어는 밀접한 관련을 맺고 있다. 언어발달은 복잡한 개념을 내면화하는 것으로 언어가 복잡해질수록 사고는 깊어진다.

이러한 아이디어를 바탕으로 Vygotsky는 사적 언어의 발달, 사고의 발달, 근접발달대, 학습잠재력을 발달시키기 위한 역동적인 측정 방법, 비계(발판), 협동학습 등을 제안하고 있다.

1) 개인적 언어(사적 언어)의 발달

말은 우리의 사고와 주의를 자유롭게 해 주며 말의 사용은 인간을 다른 종들과 구별되게 한다. 말은 눈앞에 없는 사물들도 나타내기 때문에 우리는 말을 통해서 보이지는 않는 대상을 생각하고 찾을 수 있다.

인간은 내적인 언어를 사용하는데, 이를 사적 언어라고 한다. 사적 언어는 아동이 문제를 해결하는 과정에서 개인적으로 하는 말들이다. 사적 언어는 사고를 조절하고 발달을 돕는다. 따라서 아동에게 사적 언어를 사용하도록 격려하는 것은 큰 의미를 가진다. 성인의 도움을 필요로 할 때 아동이 아무 말도 하지 않는다면 어떻게 도와야 할지 판단하기 어렵다. 하지만 아동이 사적 언어를 사용할 경우 성인은 아동의 학습 도중 어느 부분에 문제가 있는지 파악하고 도움을 줄 수 있다. 사적 언어와 관련하여 Vygotsky는 인지발달이란 아동이 성인이나 보다 유능한 또래와 대화하고 상호작용하는 과정을 통해서 일어난다고 한다. 성인은 아동을 주의 깊게 관찰하고 아동의 이해를 높이기 위해서 도움을 준다. 따라서 아동은 이 세상에서 혼자서 탐구하고 발견하는 과학자가 아니라 타인의 도움을 받으면서 성장하는 존재이며, 그 성장 과정의 중심에는 언어의 전달이 있다.

Vygotsky에 의하면 개인적 언어(사적 언어)인 내적 대화는 다음과 같은 네 단계로 발달한다고 한다(김언주, 구광현, 1998; 송길연, 유봉현, 2011; Vygotsky, 1934).

(1) 1단계: 원시적-자연적 언어 단계

이 단계는 출생에서 2세까지 계속되며 이 시기에는 세 가지의 원시적인 비인지적 언어활동이 나타난다. 첫 번째는 배가 고프면 울고, 배부르면 웃는 것과 같은 반사적인 표현들을 하는 단계이다. 두 번째는 타인의 모습이나 행동에 대한 사회적 반응을 표현하는 단계이다. 세 번째는 알아들을 수 없는 단어들을 발음하고 표현하는 단계이다.

(2) 2단계: 순수 심리적인 언어 단계

아동과 성인 간에는 현재 없는 사물들에 대해서 이야기를 나눌 수 있다. 예를 들어 만 2세인 여아는 엄마에게 어떤 특정한 물건을 찾는 것을 도와 달라고 요청한다. 엄마는 다음과 같이 아이에게 말함으로써 현재 주위에 없는 물건들을 찾아보도록 말할 수 있다. "지금 공원에 갈 거야. 그러니 네가 다시 한 번 작은 통과 삽을 찾아보렴."

(3) 3단계: 자기중심적 언어 단계

이 시기는 타인이 한 말을 자기 자신에게 되풀이하여 말하기 시작한다. 3세경의 아동은 엄마가 한 말과 유사한 말을 자신에게 한다. 장난감을 가지고 놀면서 "삽이 어디 있을까?" "나는 삽이 필요해." 하면서 자기 주변에 없는 물건을 찾기 시작한다. 아동은 자기 지시적인 사적 언어를 소리 내어 말한다. 아동은 놀거나 문제를 풀면서도 혼잣말을 한다.

(4) 4단계: 내적 언어 단계

8세 정도가 되면 개인적 언어를 사용하지 않는다. 하지만 아동의 개인적 언어가 사라지는 것이 아니다. 그것은 단지 보이지 않는 표면 밑으로 내려가 자기 자신과 대화하는 말인 내적 언어로 바뀌는 것이다. 따라서 Vygotsky는 언어발달이란 사회적 상호작용의 내면화라고 하였다. 부모, 또래와의 상호작용에서 시작한 언어들은 아동의 내부에서 일어나는 정신 내적인 과정이 된다. 그는 내적 언어의 발달이 더 높은 수준의 정신발달로 이행하는 과정이라고 말한다.

2) 개념 형성의 발달(사고의 발달)

Vygotsky는 개념 형성의 발달(사고의 발달)이 다음의 세 가지 주요 단계를 거쳐 이루어진다고 주장했다.

(1) 1단계: 비조직화된 더미의 사고 단계

이 단계에서 아동은 본질적으로는 아무런 관련성이 없는 대상들에 대해서 조직하거나 이름을 붙인다. 이 단계에서 아동에게 단어란 마음속에 하나의 이미지로 합쳐지는 개별 대상들을 아무 근거 없이 혼합하여 놓은 덩어리를 말한다. 이때 아동은 자신의 지각, 사고를 통해서 다양한 요소들을 우연한 인상에 근거하여 분명하지 않은 하나의 이미지로 통합하려는 경향이 있다. 이 단계는 세 가지의 하위 단계로 나뉘는데, ① 개별 대상들을 우연하게 구성하고 추측이나 시행착오에 의해서 단어를 추가하는 시행착오 단계, ② 공간 및 시간상으로 동시에 일어나는 것으로 보이는 사물들의 집합에 명칭을 부여하는 시각 장의 조직 단계, ③ 아동이 이미 형성된 상이한 더미들을 수정하고 변형하는 단계이다. 이 단계에서 아동은 새로운 단어에 의미를 부여하지만 의미 있는 연결성은 이루어지지 못한다.

(2) 2단계: 복합적 사고 단계

이 시기에 아동은 단순히 자신의 주관적인 인상뿐만 아니라 객관적인 연결에 의해서 복합적 사고를 하게 된다. Vygotsky는 복합적 사고 단계에 대해서 다음과 같이 언급하고 있다.

> 아동들은 복합적 사고 단계에서 개별 대상들을 마음속에 결합시킨다. 결합은 아동의 주관적인 인상뿐만 아니라 이들 대상 간에 실제로 존재하는 관계에 기초하여 이루어진다(Vygotsky, 1986).

복합적 사고 단계는 5단계로 나뉜다. ① 아동의 사고는 사물의 색깔, 모양, 상호 간의 근접성과 같은 특정한 연합에 의해서 특성화된다. 이 시기에 아동은 부분적으로 자기중심성을 극복한다. 이때에는 더 이상 인상들 간의 관계를 대상들 간의 관계로 오해하지 않는다. ② 아동의 사고는 대상들 또는 대상들이 아동에게 남긴 구체적인 인상들을 결합한 집합적 복합 단계로 발전한다. 이 단계에서 아동은 대상들을 속성에 따라서 분류하는데, 아동은 블록을 다양한 색깔이나 형태에 따라서 분류하기 시작한다. ③ 집합적 복합 단계 이후에는 하나의 고리에서 다음 고리로 이동하면서 연결고리들이 역동적이고 연속적으로 연쇄 속으로 합류되어 들어가는 연쇄적 복합 단계로 발전한다. 아동이 찾아야 할 대상이 노란색 삼각형이라면 아동은 몇 개의 삼각형 블록들을 추가적으로 찾아낸다. 그리고는 파란색 블록을 보게 되면 모양, 각, 원 등과 상관없이 파란색 블록을 고르기 시작한다. ④ 다음은 확산적 복합 단계이다. 이 단계는 단일 요소들을 통합하는 속성들의 유동성에 의해서 특징지어진다. 이 단계에서 아동은 처음에는 노란색 삼각형을 찾고, 사각형을 찾고, 오각형을 찾고, 이후에는 원을 찾는다. ⑤ 마지막은 유사 개념의 복합 단계이다. 이 시기에 아동의 마음속에는 성인의 사고 개념과 유사한 개념이 형성된다. 하지만 이는 성인의 사고 개념과는 다르다. 예를 들어 아동이 노란색 삼각형을 중심으로 모든 삼각형을 찾을 때 비록 삼각형들을 잘 찾기는 하지만

'삼각형이란 무엇이다'라는 개념을 갖고 찾지는 않는다. 이 시기에는 단지 유사성만으로 삼각형과 유사한 것들을 찾을 뿐이다.

(3) 3단계: 개념적 사고 단계

이 단계는 유사 개념에서 진짜 개념을 분리해 내는 시기이다. 이 시기에 아동은 사물을 종합하고 분석하는 능력을 갖추게 된다. 지금까지 설명한 언어발달과 사고발달에 대한 Vygotsky 관점을 도식으로 나타내면 [그림 4-2]와 같다(김언주, 구광현, 1999).

이 그림에서 언어발달의 단계와 사고발달의 단계에는 언어적 사고의 발달이 수반된다는 것을 알 수 있다. 처음에는 비개념적 언어와 비언어적 사고가 독립되어 발달하지만 나중에는 아동의 인지발달에서 이 두 가지가 결합되어 언어적 사고를 형성한다.

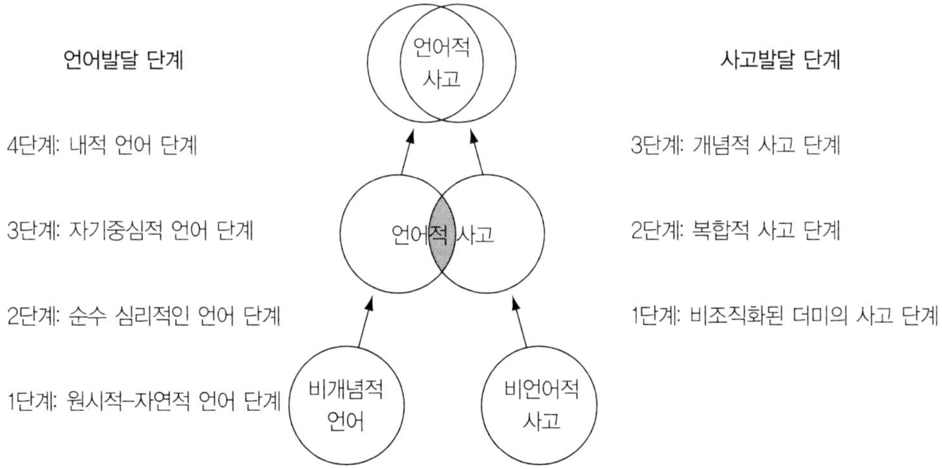

[그림 4-2] 언어발달과 사고발달에 대한 Vygotsky의 관점

3) Vygotsky의 근접발달대 개념(ZPD)

Vygotsky는 인간의 고등정신기능이 어떻게 발달하는가에 대해 특히 깊은 관심을 갖고 있었다. 그는 고등정신기능의 발달을 설명하기 위해서 근접발달대(The Zone of Proximal Development: ZPD)라는 개념을 만들어 내었다. 그는 학습이 근접발달대 내에서 활동할 때 발생하는 것이라고 보았다. 아동은 근접발달대에 있는 문제들을 스스로 해결할 수는 없지만 동료나 성인의 도움을 받으면 학습이 가능하다. 교육자들은 아동이나 집단이 주어진 개념에 대해서 정확하게 받아들일 준비가 되어 있는 시점이 바로 배우는 데 적합한 시기라고 본다(Slavin, 2012). 근접발달대는 독립적인 문제해결에 의해서 결정된 실제적 발달 수준과 성인의 안내 또는 보다 유능한 동년배와의 공동노력을 통해 문제를 해결하는 잠재적 발달 수준 간의 거리라고 정의된다.

근접발달대의 개념에서 발견할 수 있는 기본적인 논제는 아동이 도움을 받지 않고 수행하게 되면 성인의 도움에 의해서 반응을 분석할 수 있는 정신적인 기능을 알기 어렵다는 점이다. 근접발달대의 개념 뒤에 깔려 있는 또 하나의 논제는 아동이 지금 도움을 받아 무엇인가를 성취할 수 있다면, 그들은 곧 그것을 스스로 성취할 수 있게 된다는 것이다. 이를 Vygotsky는 다음과 같이 말하고 있다.

> 아직 성숙하지 않았지만 성숙 과정에 있는 기능, 내일 성숙할 것이지만 미발달 상태에 있는 기능, 이 기능들은 발달의 과실이기보다는 꽃봉오리나 꽃일 수 있다. 실제적 발달 수준은 발달이 완료되었기 때문에 정신발달을 회고적으로 특징짓는 반면에, 아직 발달이 이루어지지 않은 근접발달대는 정신발달을 전망적으로 특징짓는다(한순미, 1994; Vygotsky, 1978).

근접발달대의 개념은 다른 사람과의 사회적 상호작용, 점진적 내면화의 중요성 그리고 인지발달의 과정에 있어서 사회적 상호작용을 강조하는 지적 발달과 Vygotsky의 학습 이론에 기초를 두고 있다. Vygotsky(1978)에 의하면 아동은 거의 모든 영역에서 근접발달대를 통과해 간다고 한다. 하지만 근접발달대로의 이동은 아동이 그들의 환경에서 사람들과 상호작용을 하고 동료들과 협력해야만 가능하다. 만일 이러한 과정이 내면화된다면 이것은 아동의 독립된 발달성취로 바뀌게 된다. 발달 완료 영역과 발달 가능 영역을 근접발달대와 관련하여 설명하면 [그림 4-3]과 같다.

발달 가능 영역	ZPD(근접발달대) [꽃봉오리 또는 꽃] 아동이 타인의 도움을 받아서 수행할 수 있는 수준
발달 완료 영역	발달된 능력(실제 발달 수준) [열매] 아동이 독립적으로 수행할 수 있는 수준

[그림 4-3] 발달이 이루어진 영역과 근접발달대(ZPD)

결론적으로 내면화의 개념은 Vygotsky의 인지발달 개념의 근간이 된다. Vygotsky(1978)에 의하면 인간의 고등심리적인 과정은 아동과 성인의 상호작용 과정에 의해서 이루어진다고 한다. 내면화란 타인의 통제에서 자아통제로의 발달로 진보하는 것이다. 아동은 처음에는 다른 사람, 특히 성인의 도움에 의해서 문제를 해결해 나가지만 점차적으로 이러한 기능을 독립적으로 수행하게 된다. 이를 구체적으로 설명하면 다음과 같다.

첫째, 문제 상황에서 아동은 그들이 해결할 수 없는 문제 상황에 직면하게 되는데, 여기에서는 타인의 도움이 요구된다. 둘째, 성인이 개입을 하고 아동의 행동을 인도한다. 셋째, 어른과 아동은 문제해결 기능을 공유하게 된다. 아동이 먼저 문제를 풀고 성인은 아동이 틀렸을 때 안내를 하고 교정해 준다. 결국 성인은 지지자로 그리고 조력자로 아동을 안내하고 이끌어 준다. 발판 또는 도제와 같은 은유는 이러한 상황에서 사용되어 왔다. 본질적으로 Vygotsky 이론은 학습자 중심의 인지주의와 과제 중심의 행동주의가 균형을 이룬 인지발달 모형이다(Savron, 1989).

학습자가 다른 사람과 상호작용할 때 그들의 학습은 인지발달을 자극하게 된다. 인지발달이 진행됨에 따라서 근접발달대는 학습자의 실제 발달과 잠재적 발달 간의 차이를 반영하도록 기술된다. 그러므로 Vygotsky에 있어서 전통적인 정적 검사 환경이 아닌 잠재적 발달에서의 역동적인 검사에서는 학습의 잠재성을 고려하는 것이 중요하다. 왜냐하면 아동의 잠재성은 아동과 타인 사이의 협력적인 사회화 과정에서 나타나기 때문이다.

구소련에서 Vygotsky의 영향은 학습잠재력의 측정에 이어서 새로운 방법을 연구하도록 이끌었다. 구소련에서는 아동의 잠재성을 진단하기 위해서 검사-훈련-검사(test-training-test)를 개발했다. 아동은 처음에 과제에 대한 검사를 받고, 과제를 어떻게 수행하는지에 관해서 훈련을 받은 이후에 과제에 대한 검사를 다시 받는다. 구소련에서는 모든 아동들이 주어진 근접발달대 안에서 학습할 수 있다고 간주하고 있다. 특별한 과제로 아동을 훈련시키는 것은 이 아동이 다음 단계의 근접발달대로 이동할 준비가 되어 있는지를 알아보기 위한 것이다. 이 과정에서 교사는 아동이 현재 수준보다 멀리 떨어져 있는 발달대(멀리 떨어진 전이 문제)로 나아가도록 많은 시간을 보내고 다양한 전략을 도입하였다. 그러므로 검사-훈련-검사의 절차에서 학습이란 측정의 통합적인 부분이라고 볼 수 있다(Savron, 1989).

4) 학습잠재력을 발달시키기 위한 역동적인 측정 방법

학습잠재력을 측정하기 위한 역동적 접근은 임상실험과 경험연구에 있어서 상당히 새로운 분야이다. 최근에는 학습의 개인차와 인지적인 차이를 이해하기 위한 연구와 노력이 역동적인 방향으로 이행하고 있다. Vygotsky가 제안한 학습잠재성에 대한 역동적인 접근은 정적인 측정 방법이 교사들이 필요로 하는 정보를 제공해 주지 못함에 따라서 동기화된 방법이다. 정적인 측정의 문제점은 다음과 같다.

정적인 측정은 이전 학습의 결과를 반영하지만 수행 수준에서의 증가된 잠재성을 측정하지 못한다. 또한 정적인 측정은 다문화가정의 학생들의 능력을 과소 추정한다. 게다가 정적인 측정은 아동들의 수행에 있어서 최적의 수준에 관한 명확한 정보를 제공해 주지 못하고 있다(Campione, Brown, & Ferrata, 1982).

역동적인 측정은 전통적인 정적인 측정과 비교하여 볼 때 다음과 같은 중요한 차이가 있다.

첫째, 역동적인 측정에서 사용되는 과제들은 정적인 측정에 사용되는 과제들과 유사하다. 하지만 역동적인 측정 절차는 기본적으로 정적인 측정 절차와는 다르다. 이전 학습에 대해서 정적인 측정을 하는 지능검사는 학습한 정도만을 예언할 수 있다. 반면에 역동적인 접근은 학습자가 학습을 하는 동안에 학습행위를 관찰하고, 학습의 장애에 대해서 진단을 한다. 결론적으로 역동적인 측정에 있어서는 학습의 결과보다 과정을 중시한다. 아동의 발달 수준에 관한 추론은 아동이 혼자서 독립적으로 문제를 해결하는 것뿐만 아니라 더 유능한 사람의 도움을 받았을 때 아동의 수행이 얼마나 향상되는가를 판단한다. 역동적인 측정에서 지능이란 고정된 것이 아니고 변화되고 발전될 수 있다는 가정을 한다. 그러므로 역동적인 측정의 중요한 목적은 아동의 미래발달을 예언하는 것뿐만 아니라 측정 과정 내에서 그리고 측정의 결과로서 아동에게 변화의 영향을 주는 것이다. 이러한 의미에서 역동적인 측정은 수업의 형태가 된다.

둘째, 정적인 측정에서 지능을 측정하는 표준화된 절차들은 아동들에게 같은 환경을 제공한다. 검사자는 중립성을 지녀야 한다. 즉, 아동의 반응에 답을 해서도 안 되고 어떤 방법으로든 아동을 도와주어서도 안 된다. 그러나 격려의 말 그리고 성공에 대한 강화는 할 수 있다(McAllister, 1988). 반면에 역동적인 측정에서 검사 절차들은 상당히 상호적이다. 여기에서의 절차는 아동이 최적의 수준으로 성취할 수 있도록 검사자가 도움을 주고 인도를 할 수 있다.

〈표 4-1〉 학습잠재력에 대한 정적-역동적 접근의 비교

정적 접근	역동적 접근
1. 아동의 수행에 있어서 환경적인 요인의 영향을 설명하지 못한다. 예를 들어 학습에서 뒤처진 아이들 또는 문화적으로 소외된 학생들을 고려하지 못한다.	1. 아동의 이전 학습경험을 고려하여 검사를 수행한다.
2. 학생들을 분류하기 위해서 검사를 실시한다.	2. 수업은 측정을 동반한다. 내용과 수업 전략의 결핍이 무엇인지 고려하고 개별학습에 대한 프로그램 수업이 추천된다.
3. 지능은 고정된 것이라는 불변적인 가정을 한다.	3. 지능은 수업과 매개된 경험들에 의해서 유동적으로 변한다는 가정을 한다.
4. 언어의 사용과 언어의 획득으로 이해할 수 있는 개념의 깊이를 허용하지 않는다. 문화적으로 소수민족은 그들의 언어를 제공받지 못하고 제2언어로 제공받는다.	4. 아동은 모국어로 수업을 받을 수 있고 격려를 받는다. 과제의 특성에 따라서 비언어적으로 전달하는 것이 가능하다.
5. 과거의 학습과 성취결과를 측정한다.	5. 수업에 적합한 능력을 갖고 있는가, 원래의 학습 상황에서 새로운 학습 상황으로 잘 전이시키는가를 측정한다.
6. 예방적이고 치료적인 요소는 갖고 있지 않다. 검사에서 낮은 점수를 받으면 인지적으로 낮거나 지능이 낮아서 그렇다고 판단한다.	6. 인지적으로 낮게 나타난 것이 일시적인 것인지 그렇지 않은지를 추정한다. 교사들은 교실에서 학생들의 인지적인 문제점들을 찾고 문화적으로 다른 학생들에게서 발생할 수 있는 무력감을 해소하기 위해서 노력한다.
7. 타당성과 신뢰성이 확보된 검사를 바탕으로 개인의 상대적인 위치를 확인한다.	7. 측정결과는 계속 새로운 정보들로 교체된다.

검사자는 아동들이 혼자서는 수행할 수 없는 과제에 힌트를 줌으로써 조력을 할 수도 있고 협력자의 역할을 할 수도 있다. 이를 구체적으로 요약하면 〈표 4-1〉과 같다(Gamlin, 1989).

Vygotsky의 관점에서 보면 정적 접근은 지능의 전통적인 접근을 말한다. IQ가 130이라는 것은 Vygotsky의 관점에서 보면 이미 발달된 능력이다. 다시 말하면 아동이 혼자서 문제를 풀고 얻은 점수이기 때문에 발달 가능한 지능점수가 아닌 현재 그 학생의 완료된 지능점수를 의미한다.

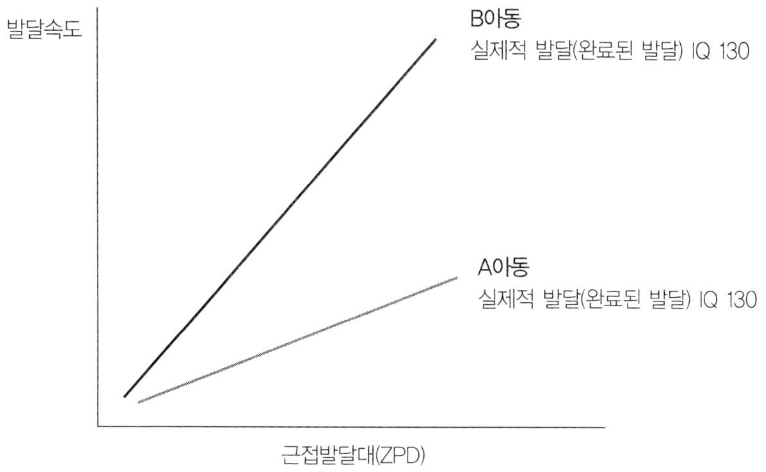

[그림 4-4] 역동적인 평가에서 학습잠재력의 발달(지능의 발달) 차이

Vygotsky가 생각하고 있는 지능의 역동적인 측정은 전통적인 지능검사의 측면과는 다르다. 그는 아동이 성인과 상호작용을 하면서 문제를 풀어 나가는 방법을 지능의 역동적인 평가 방법이라고 보았다. 지능의 역동적인 접근에서는 똑같이 IQ가 130인 아동들이 있다고 하더라도 잠재력에서는 차이가 있을 수 있다고 본다. 이를 그래프상에 표시하면 [그림 4-4]와 같다.

5) 비계(발판, scaffold): 성인의 도움

아동의 발달을 이끌어 낼 수 있는 방법의 하나로 비계설정(scaffolding)이라는 개념이 있다. 이 개념은 Vygotsky가 만들어 낸 개념은 아니고 그의 이론을 적용하여 효과적인 개별화 교수의 주요 요소를 파악하려고 했던 Wood와 Middleton(1975), Wood(1989) 등에 의해서 만들어진 개념이다. 비계(scaffold)의 사전적인 정의는 '건물을 건축하거나 수리할 때 인부들이 건축 재료를 운반하며 오르내릴 수 있도록 건물 주변에 세우는 장재와 두꺼운 판자로 된 발판' 이다. 심리학과 교육심리학에서는 비계설정이라는 개념을 근접발달대 속

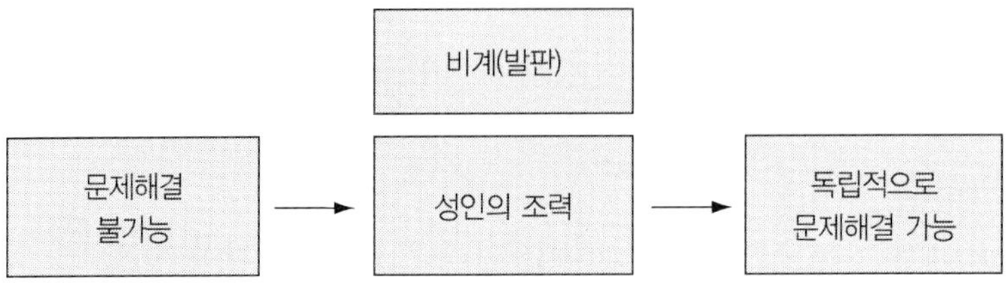

[그림 4-5] 비계(발판)의 역할

에서 아동을 효과적으로 지도하기 위하여 성인이 아동과의 상호작용을 하면서 도움을 적절히 조절하며 제공하는 것을 묘사하기 위한 은유로 사용한다.

비계는 동료나 성인들에 의해서 제공되는 도움을 말한다. 전형적으로 비계는 학습의 초기에 많은 도움을 주고 점차적으로 도움을 감소시켜 결국 아동이 독립적으로 문제해결을 하도록 돕는 데 있다. 비계의 역할은 [그림 4-5]와 같다.

Vygotsky는 비계설정의 구성요소를 공동의 문제해결, 상호 주관성, 따뜻함과 반응, 언어의 매개로 설명하였다(한순미, 2000; Vygotsky, 1978).

(1) 공동의 문제해결

아동들은 흥미롭고 문화적으로 의미 있는 공동의 문제해결 활동에 참여함으로써 또래 및 성인과 상호작용하며 문제를 해결하기 위해서 노력한다. 이때 공동의 문제해결에서 주된 참여자는 성인-아동, 아동-아동이 된다.

(2) 상호 주관성

상호 주관성은 어떤 과제를 시작할 때에는 서로 다르게 이해하던 두 참여자가 공동의 이해에 도달하는 것을 말한다. 즉, 공동 활동의 각 참여자가 상대방의 관점에 자신의 관점을 조정하여 맞춤으로써 의사소통을 위한 공동의 화제를 만들어 가는 것을 말한다. 이때 성인은 자신의 생각을 아동이 이해할 수 있는 수준으로 만들어 줌으로써 상호 주관성을 높이려고 한다. 그리고 교사는 새로운 과제를 아동이 이미 알고 있는 내용들과 연관시킨다.

(3) 따뜻함과 반응

아동의 과제에 대한 집중과 도전하려는 태도는 성인이 따뜻하고 반응적일 때, 그리고 언어적으로 칭찬해 주고 자신감을 북돋아 줄 때에 최대화된다.

(4) 언어를 통한 매개

비계설정에서는 언어의 중요성이 강조된다. 언어를 통한 매개는 거리두기 전략을 사용함으로써 아동의 문제해결을 증진시킬 수 있는 효과적인 교수-학습 방법이다. 거리두기에는 세 가지 형태가 있다. 낮은 단계의 거리두기는 성인이 인접한 환경에 놓여 있는 사물들을 언급하거나 질문하는 것을 말한다(예: "이것은 무엇으로 만든 것이니?" "이 모자는 빨간 모자이구나!" 등). 중간 단계의 거리두기는 성인이 인접한 환경에 놓여 있는 두 가지 사물의 관계를 언급함으로써 어떤 것을 자세히 설명하기 위해서 사용된다(예: "어떤 것이 더 크지?" "이 둘은 삼각형과 사각형이구나!"). 높은 단계의 거리두기는 성인이 아동으로 하여금 인접 환경에 놓여 있는 것을 넘어서서 가설을 세우거나 생각을 정교하게 가다듬도록 하기 위해서 사용된다(예: "앞에 있는 숫자들 간의 관계로 미루어 볼 때 다음에는 어떤 숫자들이 와야 할까?").

비계설정의 목표는 첫째, 아동을 근접발달대에 머물도록 하는 것이다. 이를 위해서는 아동이 근접발달대에서 과제를 해결하도록 해야 한다. 이때 과제의 난이도가 보통 이상의 수준으로 구성되면 아동은 도전의식을 갖게 되고 과제와 주변 환경을 구성하여 문제를 해결해 나간다. 또한 아동의 현재 요구와 능력에 맞도록 성인의 개입을 조절한다. 둘째는 자기조절학습을 증진시킨다. 이는 아동으로 하여금 가능한 한 많은 공동 활동을 조절하게 함으로써 자기조절 훈련을 하도록 하는 것으로 이를 위해서 성인은 아동이 독립적으로 수행할 수 있게 되면 가능한 한 빨리 조절과 도움을 멈추어야 한다.

효과적인 비계설정을 위해서 교사는 학습자의 현재 지식 및 기능과 새로운 과제의 요구 간에 다리를 제공해야 한다. 또한 교사는 아동의 활동 맥락에서 도움을 줌으로써 아동의 문제해결을 지지할 구조를 제공해 주어야 한다. 아동은 처음에는 스스로 해결할 수 없는 문제에서 시작할지라도 타인의 도움을 받아서 참여함으로써 학습에서 능동적인 역할을 하고 성공적으로 문제를 해결할 수 있다.

6) 협동학습

Vygotsky의 이론에서는 아동들이 함께 학습하는 협동학습을 사용하도록 하고 있다. 협동학습은 아동이 다른 아동과 내적인 이야기를 할 수 있도록 해 줄 뿐만 아니라 다른 아동이 얻은 통찰을 이해할 수 있도록 해 주는 역할을 한다. Freund(1990)의 연구에 의하면 성인의 도움을 받아서 가구를 배치한 아동은 배치 능력에서 향상되었지만 혼자서 과제를 수행한 아동은 실험자에게서 적절한 피드백을 받더라도 향상을 보이지 않았다. Azmitia(1992)의 연구에서도 아동이 혼자서 수행할 때보다 또래와 협동할 때 문제해결 능력이 향상된다고 밝히고 있다. Vygotsky의 근접발달대 이론에서 협동학습이 효과적이라고 보는 이유는 다음과 같다(송길연, 유봉현, 2011; Johnson & Johnson, 1989).

첫째, 아동은 함께 문제를 해결할 때에 동기가 높아진다. 혼자서 문제를 해결할 때에는 다양한 생각이 생기고 의욕도 떨어지지만 함께 문제를 해결할 때에는 긴장감이나 부담감이 사라지고 과제에 대해서 긍정적인 태도가 형성된다. 또한 같이 할 수 있는 또래가 있을 때 하고자 하는 동기와 자율성이 높아진다.

둘째, 협동학습은 아동이 자신의 생각을 설명하고 분쟁을 해결하도록 만든다. 이러한 활동을 통해서 아동들은 서로의 생각을 보다 자세히 검토해 보고 상대방이 이해할 수 있도록 이를 명확하게 표현할 수 있다.

셋째, 아동은 함께 문제를 해결할 때 고도의 인지 전략을 사용하는 경향이 있으며 이러한 전략을 통해서 혼자서는 결코 생각해 낼 수 없었던 생각과 해결책을 찾아낸다.

2. 아동의 근접발달대 측정: ZPD-도형유추 검사

도형유추 검사에서 문제는「A : B = C : ?」의 형태로 나타난다. 이때 아동들의 추론에서 오류가 생기는 경우는 A, B, C 각각의 모양이 어떠한지를 제대로 확인하지 못해서 생기는 경우, 「A : B」 간의 관계를 추론하지 못하는 경우, 「A : C」 간의 관계를 추론하지 못하는 경우, 「A : B = C」의 관계를 가지고 D를 추론하지 못하는 경우 등이 있다.

아동의 근접발달대 측정을 위한 ZPD-도형유추 검사의 내용은 다음과 같다(조한익, 1995; 한순미, 1994; Brown & Ferrara, 1985).

1) 도형유추 과제의 구성

Sternberg(1986)에 의하면 도형유추 영역에서 추리해야 할 관계는 첨가, 소거, 변형, 크기, 명암, 위치이동, 대칭, 회전 등이 있다고 한다. 도형유추 영역에서의 변화형태는 문제해결에서 난이도와 관련이 있다. Wagner(1981)에 의하면, 3×1구조, 1×3구조와 2×2 구조의 수행은 질적으로 다른데 그 이유는 과제해결에 요구되는 작업기억의 용량이 다르기 때문이라고 한다. 1×3 구조의 과제와 3×1 구조의 과제는 구체적 조작기 아동들이 해결할 수 있지만 2×2 구조의 과제는 형식적 조작기가 되어야 해결할 수 있다는 것이다. 여기에서는 11세 이상의 학생들을 가정하고 2×2 구조의 과제들을 사용한다. 도형유추 과제의 구성은 〈표 4-2〉와 같다.

〈표 4-2〉 도형유추 과제의 구성

문제 유형	과제구조	A : B 변환방식	A : C 변환방식
학습 문제	2×2	크기, 명암	모양, 첨가
가까운 전이	2×2	모양, 크기	명암, 위치
먼 전이	3×3	대칭, 명암, 명암	모양, 모양, 첨가

일반적으로 도형유추 과제에서는 한 영역의 근접발달대를 측정하기 위해 여러 문항을 사용하지만 여기에서는 각 문제 유형마다 한 문항씩으로 구성하였다. 근접발달대를 측정하기 위해서는 문제의 수준을 정할 때 실험대상의 인지발달에 해당할 것으로 보이는 보통의 문제부터 시작하여 난이도에 따라

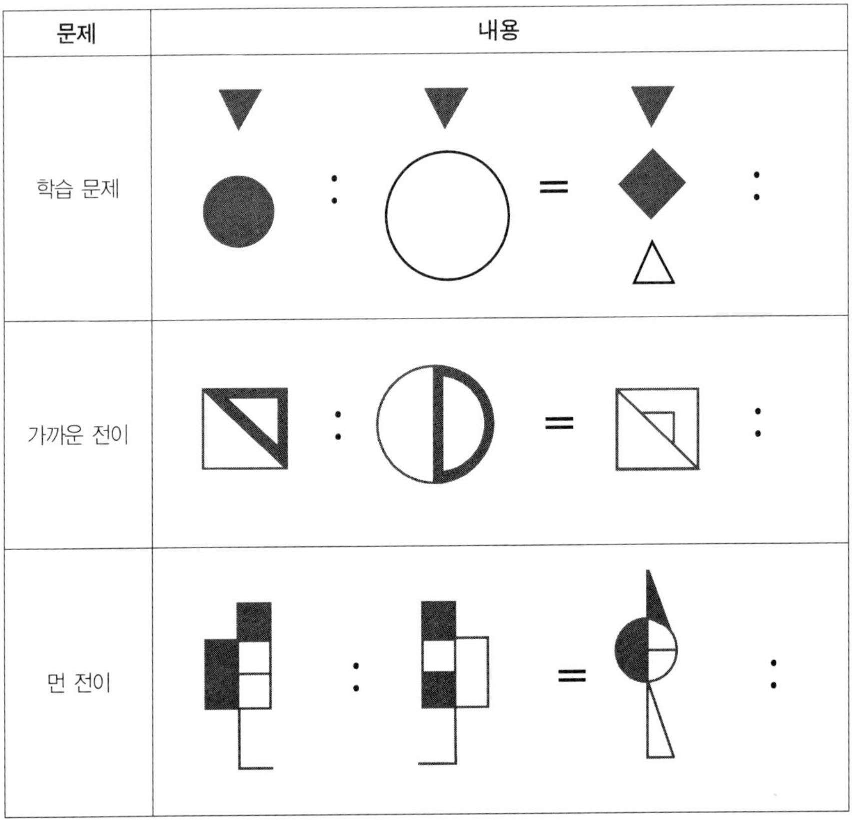

[그림 4-6] ZPD-도형유추 과제

서 문제의 수준을 달리한다. 여기에서 학습 문제와 근전이 문제는 똑같이 2×2이지만 위치 문제는 모양, 명암보다는 어려운 문제로 본다. 도형유추 과제를 난이도별로 구성한 이후에는 문항을 개발한다. ZPD-도형유추 문제는 보통 수준의 문제부터 시작하여 난이도 수준을 높여 나간다. ZPD-도형유추 과제는 [그림 4-6]과 같다.

2) 아동의 수행에 따른 힌트 제시 방법

먼저 도형유추 영역에서 학생의 잠재력(근접발달대)을 측정하기 전에 아동과 성인 간에는 편안한 분위기가 조성되어야 한다. 서로 불편한 관계에서는 아동의 학습잠재력을 측정하기 어렵다. 먼저, 아동 스스로 문제를 풀어 보도록 한다. 아동이 문제를 풀지 못하는 경우 성인은 아동이 어떤 오류를 저질렀는지를 파악하고 해당되는 오류와 관련되는 힌트를 제공한다. 힌트는 1번부터 9번까지 순서대로 주는 것이 아니라 아동의 오류를 짚어 줄 수 있는 가장

〈표 4-3〉 힌트 제시 유형과 내용

아동의 수행오류	힌트번호
A, B의 그림을 제대로 확인하지 않은 경우	1. 첫 번째 그림을 잘 보렴. (첫 번째 그림에 대한 부연 설명)
	2. 두 번째 그림을 잘 보렴. (두 번째 그림에 대한 부연 설명)
A:B의 추리를 잘 하지 못하는 경우	3. 첫 번째 그림과 두 번째 그림은 어떻게 다르니?
	4. 첫 번째 그림과 두 번째 그림의 차이점은 무엇이니? (첫 번째 그림과 두 번째 그림의 차이에 관한 부연 설명)
C의 그림을 제대로 인식하지 못하는 경우	5. 세 번째 그림을 잘 보렴. 어떻게 되어 있니? (세 번째 그림에 대한 부연 설명)
A:C의 관계를 파악하지 못하는 경우	6. 첫 번째 그림과 세 번째 그림은 어떻게 다르니?
	7. 첫 번째 그림과 세 번째 그림의 차이점 (첫 번째 그림과 세 번째 그림의 차이에 관한 부연 설명)
D의 적용을 잘 못하는 경우	8. 첫 번째 그림과 두 번째 그림의 관계가 세 번째 그림과 네 번째 그림의 관계에서도 이루어지게 해 보렴.
약간의 반응오류	9. 틀린 것 같은데 다시 해 보겠니?

적절한 힌트를 제시해 준다. 성인은 힌트를 제시해 줄 때마다 힌트문항을 적어 놓는다. 구체적인 힌트 제시 방법과 힌트 문항은 〈표 4-3〉과 같다.

채점방식은 한 문제당 학생에게 알려준 전체 힌트 수이다. 힌트 수가 적으면 근접발달대를 빠르게 통과하는 것으로 판단하고 힌트 수가 많으면 근접발달대를 느리게 통과하는 것으로 본다. 한 문제당 힌트를 12개 주었는데도 문제를 해결하지 못하는 아동은 그다음 문제로 들어간다. 일반적으로 앞의 문제를 풀지 못했을 경우 뒤의 문제는 해결하지 못한다.

본 자료에서는 학습 문제, 가까운 전이, 먼 전이로 구분하였지만 경우에 따라서는 학습 문제, 가까운 전이, 먼 전이, 아주 먼 전이 문제까지 구성할 수 있다. 이렇게 구성할 경우 전이 문제들 간에는 문제의 난이도도 달라져야 한다.

3) 근접발달대 연구의 의의

ZPD-도형유추 검사를 통해서 아동의 학습잠재력을 측정하게 되는데, 이러한 연구는 이론적 측면, 연구 방법론적 측면, 교육적 측면에서 다음과 같은 의의를 갖는다.

첫째, 이론적 측면이다. 종래의 지능검사들은 연령 내에서 아동의 지적인 과제 수행 정도에서 상대적인 위치를 측정하는 데 초점을 맞추었으나 ZPD-도형유추 검사에서는 인간의 지능을 학습잠재력으로 보고 지능의 측정은 타인의 도움을 받아서 성취할 수 있는 수준인 잠재적 발달 수준까지를 포함한 것으로 보아 지능검사의 새로운 관점을 제시하고 있다.

둘째, 연구 방법론적 측면이다. 지금까지 지능검사는 통제된 상황 내에서 아동 스스로 문제를 풀고 이에 대한 정신 능력을 측정하는 방법을 취하고 있다. 그러나 ZPD-도형유추 검사는 아동과 성인의 상호작용을 통해서 이루어진다. 아동은 성인의 도움에 의해서 문제를 해결해 나가고, 성인은 아동의 학습잠재력을 측정할 수 있다. 성인은 아동이 어떤 인지 과정의 오류를 범했느냐에 따라서 그 오류를 교정해 주기 때문에 힌트 수에 비추어 설명할 수 있다. 여기에서 문제해결에 이르지 못하는 아동들의 경우 그들이 어려움을 겪는 인지 과정은 서로 다르므로 각 아동마다 그 아동이 범하는 인지 과정을 교정하는 데 적합한 힌트를 제시하는 것이 필요하다. 따라서 아동의 사고 과정에 대해서 미시적인 수준에서 오류를 진단하고 처방할 수 있다.

셋째, 교육적 측면이다. ZPD-도형유추 검사에서 측정한 잠재적 발달 수준은 아동이 어떤 문제를 해결하는 과정에서 성인의 도움을 자신의 문제해결 과정에서의 오류를 교정할 수 있는 단서로 활용할 수 있다. 이것은 개별화의 중요한 시사점이 된다. 또한 ZPD-도형유추 검사에서 성인은 아동의 오류를 정확히 진단하여 교육적으로 적절한 처방을 내리고 교육적인 상황에서도 응용할 수 있다. ZPD-도형유추 검사에서의 근접발달대 측정은 전이의 과정이 포함되어 있다. 따라서 근접발달대 검사를 받은 아동은 이후의 지능검사를 측정했을 때 그렇지 않은 학생들보다 점수가 높게 나온다. 그러므로 ZPD-도형유추 검사 또는 근접발달대 측정은 학교학습은 물론 일생생활에서 당면하는 문제해결에 활용되거나 도움이 될 것으로 보인다.

3. Vygotsky 이론 요약과 수업 적용

지금까지 설명한 Vygotsky 이론을 전체적으로 정리하면 다음과 같다.

첫째, Vygotsky의 사회 · 문화적 이론은 Piaget와 관련 학자들이 간과하였던 사회적 과정의 중요성을 강조한 인지발달 이론이다. Vygotsky에 의하면 아동의 정신은 근접발달대 내에 있는 과제를 수행하는 데 있어서 유능한 또래와의 협동적 대화에 참여하고, 성인과 아동이 상호작용을 함으로써 발달해 나간다. 사회적 언어는 사적 언어 및 내적 언어로 전환된다.

둘째, 각 문화는 신념, 가치 및 그 문화에서 우월한 사고방식이나 문제해결 방식을 다음 세대에 전수한다. 따라서 문화는 아동에게 무엇을 생각할 것인가와 어떻게 행동할 것인가를 가르친다.

셋째, Vygotsky는 아동이 속한 문화가 어떤 문화이냐에 따라서 아동의 경험이 달라지므로 문화별로 인지발달이 다양해진다고 보았다.

넷째, 아동은 근접발달대 영역에서 과제를 수행하기 위해서 교사의 가르침을 내재화하고, 능숙한 파트너와의 협동적인 대화를 통해 문화적인 신념과 가치 및 문제해결을 습득한다.

다섯째, 아동의 독백 또는 자기중심적 언어는 문제해결 능력을 조정하여 언어적인 사고로 내재화한다. 최근 연구들에서도 언어가 아동의 지적 발달에서 중요한 역할을 수행한다고 보고 있다.

교사들은 다음과 같이 교실활동을 조직함으로써 Vygotsky의 근접발달대 개념에 기초한 수업을 해 나갈 수 있다(Slavin, 2012; Sternberg & Williams, 2010).

첫째, 아동은 외적인 대화를 내면화함으로써 학습한다. 아동은 주위 환경을 관찰함으로써 사고를 발달시키기 때문에 학교에서 교사는 아동의 역할모델이 될 필요가 있다. 아동은 많은 행동을 모방하고 배우므로 역할모델은 아동이 스스로 행동하는 데 자극이 된다.

둘째, 수업은 아동들이 근접발달대 내에서 활동 가능하도록 설계되어야 한다. 수업의 내용과 교사의 진도는 학생이 이미 알고 있는 지식을 반복해서 가르치는 것이 아니라, 근접발달대 내에서 학습잠재력을 발현할 수 있는 것이어야 한다. 수업시간에 교사가 개별 아동들에게 질문하는 것, 돌아다니며 힌트를 주는 것, 정서적인 지원 등은 아동이 문제해결을 하는 데 도움이 된다.

셋째, 비계설정은 아동의 근접발달대 내에서 성인이 다양한 힌트와 격려를 하면서 도울 수 있는 전략이다. 비계를 제공하는 데 있어서 성인의 역할은 점진적인 개입을 통해서 아동이 문제를 해결하도록 돕는 데 있다. 또한 교사와 아동, 아동과 아동 간에 사적 언어를 사용하도록 하면 아동의 근접발달대 내의 정신활동이 더욱 촉진된다.

넷째, 서로 다른 능력을 가진 학생들로 하여금 집단을 구성하게 하여 수업하는 협동학습은 아동들이 문제를 함께 해결하는 방법을 배우고 사회화를 배우는 좋은 방법이다. 협동학습은 아동의 내적 언어를 소리 내어 표현하도록 하며 다른 친구들의 추론 과정에 대해서 통찰을 얻을 수 있게 한다. 또한 협동학습을 통해 과제를 수행하면서 서로 간에 정보를 교환하고 사회적으로 더불어 생활하는 것도 배울 수 있다. 협동학습에서 교사는 단순히 가르치는 사람이 아니라 스스로 능동적인 참여자의 역할을 하게 되어 학습의 효과는 높아질 수 있다.

다섯째, 교사 또는 타인의 승인은 과제를 집중하도록 하는 데 도움이 된다. 그리고 이 과정은 교사와 학생 간에 서로 신뢰하고 상호 지원적인 행동을 형성하는 데 도움이 된다. '지금 풀고 있는 문제는 어렵지만 선생님의 도움을 받아서 문제를 해결하면 나중에는 혼자서 문제를 잘 풀 수 있다'는 인정의 말은 아동의 긍정적인 동기를 높여 준다.

4. Vygotsky 이론에 대한 비판점

첫째, Vygotsky 이론에서 강조한 언어적 지시에 의존하는 유도된 참여는 일부 문화권에서는 유용하지 않은 것으로 나타났다. 예를 들어, 오지 마을에서 먹이를 추적하거나 쌀을 키워서 재배하는 법을 학습하는 아동들은 언어적 지시나 격려보다는 관찰과 연습을 통해서 더 많은 것을 배운다.

둘째, 또래 내에서의 협동적인 문제해결 방식은 그 집단 내의 참여자들에게 항상 유익하지는 않으며, 보다 능숙한 참여자가 자신이 알고 있는 바에 대해서 확신하지 못하거나 자신의 가르침을 또래 아동들의 이해 수준으로 맞추지 못하는 경우에는 실제로 과제수행 능력이 떨어질 수 있는 것으로 나타났다.

셋째, Vygotsky의 이론은 Piaget 이론과는 달리 후속 실험들을 통해서 뒷받침되어야 할 이론이다. Piaget의 이론은 후속 연구자들에 의해서 반복 연구되고 재검증되었지만 Vygotsky의 이론은 상대적으로 최근에 와서야 전 세계에 알려지고 관심을 끌게 되었다. 따라서 Vygotsky 이론에 대해서는 앞으로 더 많은 연구가 필요하다.

Part 3

학습 이론

제3부에서는 학습 이론을 다룬다. 5장 '행동주의 이론'에서는 Pavlov의 고전적 조건화, Thorndike의 시행착오설, Skinner의 조작적 조건화, Bandura의 사회인지 이론을 다룬다. Bandura의 이론과 관련해서는 보보 인형 실험을 통한 관찰학습, 자기효능감, 자기조절학습을 다룬다. 6장 '인지심리학과 정보처리 이론'에서는 초기의 인지심리학 이론(신행동주의 이론, 통찰 이론, 장 이론, 스키마 이론)들과 기억의 정보처리 모형을 다룬다. 7장 '구성주의 이론'에서는 초기의 구성주의 학자들인 Ausubel과 Bruner의 이론들을 다루고 현대의 구성주의에서 인지적 구성주의와 사회적 구성주의는 어떠한 차이가 있는가를 다룬다.

chapter 05 행동주의 이론

행동주의에서 학습이란 개인을 둘러싸고 있는 주변 환경으로부터 주어지는 외적 자극에 의한 행동의 변화(DeGrandpre & Buskist, 2000) 또는 경험의 결과로 발생하는 행동의 변화(Yussen & Santrock, 1982)를 의미한다. 행동주의에서는 학습에 관한 몇 가지 가정을 한다(김언주, 1987; Sternberg & Williams, 2010).

첫째, 연구 대상에 대한 가정이다. 심리학이 하나의 과학으로써 발전하기 위해서는 연구 대상이 관찰 가능하고, 측정 가능하며, 비교 가능해야 한다고 본다. 과학적 연구라는 것은 객관적인 학문이기 때문에 행동주의 이론에서는 자극(S)과 반응(R)에 의한 외적인 행동만을 연구한다.

둘째, 인과론에 관한 가정이다. 행동주의에서는 모든 현상을 인과론적 관점에서 이해한다. 따라서 행동주의에서는 인간과 동물의 행동은 수많은 자극과 반응이 연합되어 나타나는 것으로 보고 있다.

셋째, 인간의 학습과 동물의 학습에 대한 가정이다. 자극-반응(S-R) 이론에서는 인간의 학습과 동물의 학습 간에는 양적인 차이만 존재할 뿐 질적인 차이는 없다고 가정한다. 인간의 반응이 동물의 반응보다 복잡하기는 하지만 인간의 반응을 분석해 보면 동물의 단순반응들로 나뉠 수 있다고 본다.

넷째, 전체와 부분 간의 관계에 관한 가정이다. S-R 이론에서는 학습이 수많은 자극과 반응의 연합으로 이루어져 있다고 본다. 따라서 S-R 이론 학습을 이해하고, 외적인 여건만 갖추어진다면 어떠한 행동도 만들어 낼 수 있다는 것이다.

행동주의 이론은 Ivan Pavlov(1849~1936)의 연구에서부터 시작되었다. 그는 개의 소화 과정에 관한 연구로 노벨상을 수상했으며 행동주의 심리학에 큰 영향을 끼쳤다.

1. Pavlov의 고전적 조건화

Pavlov의 원래 실험은 개가 소화액을 분비하는 데 걸리는 시간을 포함한 개의 소화 체계에 관한 연구였다. 그의 고전적 조건화 실험은 [그림 5-1]과 같다(Yerkes & Morgulis, 1909).

그의 실험에서 처음에는 개가 먹이를 먹으면서 침을 흘렸으나 나중에는 먹

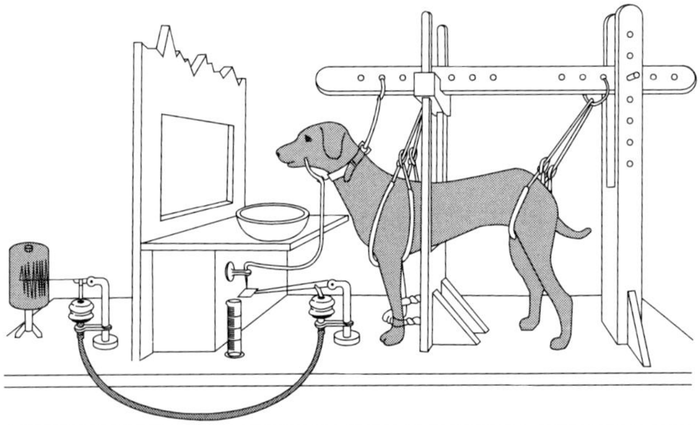

[그림 5-1] Pavlov의 동물 실험

이를 주는 사람이 나타나기만 해도 침을 흘렸다. 이러한 관찰을 통해서 그는 개가 어떻게 침 흘리는 것을 학습하는지에 관해 연구하기 시작하였다. Pavlov의 조건화 과정을 정리하면 〈표 5-1〉과 같다.

고전적 조건화에서는 학습이 이루어지더라도 조건자극(conditional stimulus: CS)이 무조건자극(unconditional stimulus: UCS)과 연합되어 제시되지 않는다면 결국 조건자극은 소멸된다. 즉, 종소리만 들려주고 음식이 제공되지 않는다면 개는 더 이상 종소리를 듣고 침을 흘리지 않는다는 것이다.

Pavlov는 고전적 조건화에서 일반화(generalization), 변별(discrimination), 소거(extinction) 등의 현상이 발생한다는 것을 밝혔다.

일반화란 고전적 조건화의 초기 단계에서 조건자극과 비슷한 자극에 대해서도 조건반응(conditinal response: R)이 일어나는 것을 말한다. 개가 어떤 특정한 소리를 듣고 반응하여 침을 분비하도록 학습을 시킨 이후에 이보다 조금 높거나 낮은 소리를 들려주어도 개는 침을 흘리는 반응을 한다.

변별이란 조건화가 진행되면 처음부터 주어졌던 자극에 대해서만 조건반응이 일어나고 유사한 자극에는 조건반응이 일어나지 않는 것을 말한다. 즉,

〈표 5-1〉 Pavlov의 조건화 과정

단계	내용	과정
1단계: 조건 형성 이전	무조건자극과 자동적인 반사반응인 무조건반응	무조건자극(음식) → 무조건반응(타액분비)
2단계: 조건 형성 과정	중립적이지만 원하는 반응을 일으킬 수 있는 자극을 결합 (무조건자극과 조건자극이 결합되도록 반복적으로 짝지어 제시함)	무조건자극(음식) + 조건자극(종소리) → 무조건반응(침을 흘림)
3단계: 조건 형성 이후	고전적 조건화 형성	조건자극(종소리) → 조건반응(침을 흘림)

두 자극을 구별하는 것을 말한다. Pavlov는 다른 소리에는 먹이를 주지 않고 오직 특정한 소리 이후에만 먹이를 줌으로써 개들에게 변별을 가르칠 수 있었다고 밝히고 있다.

소거란 조건화가 성립된 이후에 무조건자극인 먹이를 제공하지 않고 조건자극인 소리만 들려주면 조건반응이 사라지는 것을 말한다. 하지만 소거 이후에 휴식 기간을 둔 다음 다시 조건자극을 제시하면 조건반응이 형성되는데, 이를 자발적 회복(spontaneous recovery)이라고 한다.

2. Thorndike의 시행착오학습

자극과 반응의 결합에서 강화를 강조하는 입장은 Thorndike에 의해서 제안되었다. 그는 학습이 시행착오를 통해서 이루어진다고 보았다. Thorndike의 시행착오학습 이론은 결합설(connectionism)이라고 불리기도 한다.

Thorndike는 문제상자 속에 굶주린 고양이를 가두고 이 고양이가 지렛대를 밟으면 상자의 문이 열려 상자 밖에 있는 먹이를 먹을 수 있도록 하였다. 이때 상자에 갇힌 고양이는 여러 가지 시행착오 행동을 하다가 나중에는 우연히 지렛대를 누르는데, 이때 문이 열리게 된다. 학습의 초기에 고양이는 여러 행동을 하다가 지렛대를 누르지만, 학습이 진행될수록 고양이가 지렛대를 누르는 행동은 더 빨라진다. Thorndike는 이러한 고양이의 학습을 통해서 다음과 같은 여러 가지 법칙을 제시하였다([그림 5-2] 참조).

첫째, 준비성의 법칙이다. 준비성의 법칙은 학습자의 준비성에 따라서 효과가 달라진다는 것으로, 여기에서는 고양이가 배고플 때 더 적극적으로 지렛대를 누르는 것을 말한다.

둘째, 효과의 법칙이다. 효과의 법칙은 학습자가 만족감을 얻은 반응들은 효과가 높다는 것으로, 여기에서는 먹이가 만족스러우면 고양이의 학습은 강화가 더 잘 이루어진다는 것을 말한다.

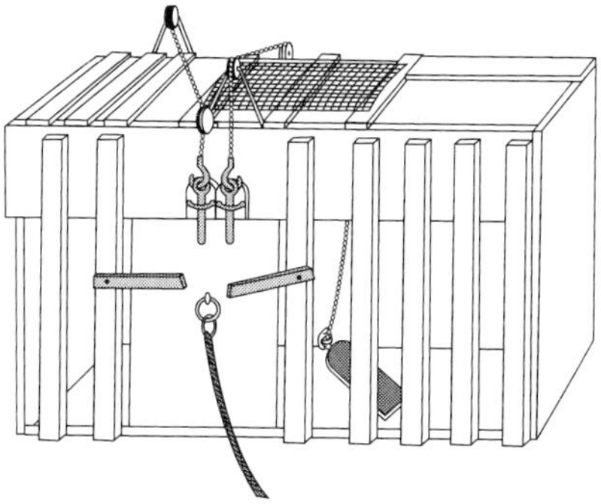

[그림 5-2] Thorndike의 시행착오 학습 실험에 사용된 장치

셋째, 연습의 법칙이다. 연습의 법칙은 연습의 횟수나 사용 빈도가 증가할수록 결합이 강화되는 것으로, 여기에서는 반복 시행으로 고양이가 지렛대를 열고 문제상자를 빠져나오는 것이 학습되는 것을 말한다.

3. Skinner의 조작적 조건화

조작적 조건화는 유기체가 독특한 결과를 획득하거나 회피하기 위해서 환경을 조작하는 것을 말한다. 즉, 동물이나 인간의 다양하고 자발적인 반응이 강화되었을 때는 그러한 반응이 더욱 강해지고, 무시당하거나 처벌을 받게 되면 약해진다는 것을 의미한다.

Skinner는 통제된 상황에서 동물의 행동을 체계적으로 바꿀 때 나타나는 행동상의 변화에 초점을 두었다. 그는 Skinner 상자(Skinner box)라는 것을 만들고 상자 속에 쥐나 비둘기 같은 동물을 넣어 그 동물들의 행동을 연구하였다. 이 상자는 누르는 막대기, 먹이가 나오는 통, 물통 등으로 구성되어 있으며 쥐는 상자 밖을 볼 수 없도록 통제되어 있다. Skinner 상자는 [그림 5-3]과 같다.

Skinner 상자를 통해 실험한 것은 크게 세 가지로 나뉜다.

첫째는 정적 강화이다. Skinner 상자에서 쥐는 배회하다가 우연히 막대기

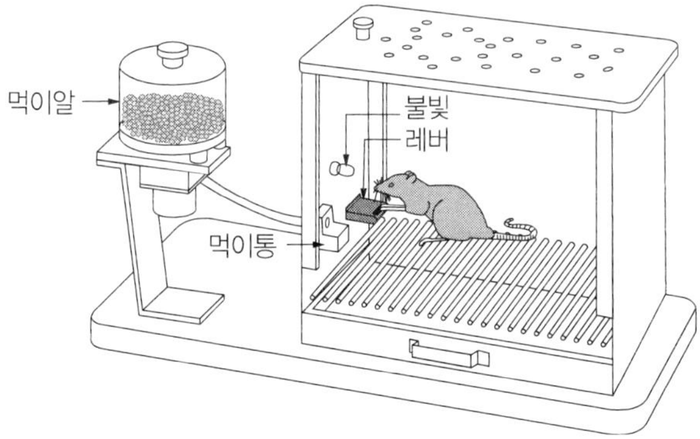

[그림 5-3] Skinner 상자

를 눌렀는데 이때 먹이가 나왔다. 이후 쥐는 막대기를 누르는 행동을 자주 함으로써 먹이를 쉽게 얻을 수 있었다. 먹이라는 보상은 막대기를 누르도록 강화하고 상자 안을 배회하는 것과 같은 행동을 약화시킴으로써 쥐의 행동을 조건화시킨다. 막대기를 자주 누르는 행동(R: response)은 먹이라는 긍정적인 강화자극(S^{R+}: positive reinforcement stimulus)을 얻기 위해 촉진된다.

둘째는 부적 강화이다. 이번에는 비둘기 실험으로 Skinner 상자 바닥에서 전류가 흐르고 있다고 할 때 비둘기는 우연히 버튼을 누른다. 이때 전류가 멈추었다고 하면 비둘기는 전류라는 혐오자극을 회피하기 위해서 쪼는 행동을 증가시킬 것이다. 이때에 전류는 부적 강화자극이다. 비둘기가 버튼을 쪼는 행동(R: response)은 부적 강화자극(S^{R-}: negative reinforcement stimulus)인 전류(S: stimulus)를 멈추도록 하기 위해서 계속된다.

셋째는 처벌이다. 처벌은 원하는 어떤 행동의 발생비율을 약화시키기 위한 것들이다. 불만족스러운 결과가 뒤따르는 행동의 빈도를 줄이지 못한다면 이는 처벌이 아니다. 일반적으로 부적 강화와 처벌이 혼동되는 경우가 있다. 부적 강화는 행동을 계속하도록 만드는 것이지만 처벌은 행동을 약하게 만든다. 처벌은 두 가지가 있다. 하나는 유쾌한 자극을 제거함으로써 바람직하지 않은 행동을 줄이는 것이다. 다른 하나는 불쾌한 자극이나 혐오자극을 제시

〈표 5-2〉 Skinner의 조작적 조건화

반응(R) 후 자극 제시 유무 \ 반응(R) 후 자극의 성격		자극의 성격	
		정적 자극(+)	부적 자극(-)
자극	제시	정적 강화 증가(R^+)	처벌(혐오자극 제공)
	제거	처벌(유쾌한 자극 제거)	부적 강화 증가(R^-)

함으로써 바람직하지 못한 행동을 줄이는 방법이다. Skinner의 조작적 조건화를 정리하면 〈표 5-2〉와 같다.

행동이 일단 학습되면 복잡한 행동과 원하는 반응이 긍정적으로 강화되고 원하지 않는 행동은 소거될 때 학습은 최대로 이루어진다고 본다. 이를 연속강화 계획(continuous reinforcement schedule)이라고 한다. 연속강화 계획에서 개인은 목표행동을 수행할 때마다 강화를 받는다. 연속강화 행동은 처음에 원하는 반응을 하도록 하기 위해서 사용된다. 연속강화로 S-R의 강화가 이루어진 이후에는 규칙적이거나 불규칙적인 강화들을 사용함으로써 행동을 유지시킨다. 이것이 간헐적 강화 계획이다. 간헐적 강화 계획(intermittent reinforcement schedule)은 크게 네 가지로 나뉜다(〈표 5-3〉 참조).

〈표 5-3〉 간헐적 강화 계획

	간격(마지막 강화 후 시간)	비율(마지막 강화 후 반응 수)
고정(시간간격이나 개수)	고정간격 강화 계획	고정비율 강화 계획
변동(시간간격이나 개수)	변동간격 강화 계획	변동비율 강화 계획

(1) 고정간격 강화 계획

고정간격 강화 계획은 일정한 시간 간격 후의 반응을 강화하는 것이다. 강화된 행동의 빈도는 시간이 지나면서 낮아지지만 강화가 주어질 시간이 가까워지면 다시 증가한다.

(2) 고정비율 강화 계획

고정비율 강화 계획은 일정한 횟수의 반응을 한 뒤 강화가 주어지는 것이다. 예를 들어 4:1 고정비율 강화 계획이라고 한다면 4번째 반응마다 강화가 주어지는 것으로, 예를 들어 Skinner 상자에서 쥐가 막대기를 4번 누를 때마다 먹이가 나오는 것을 말한다.

(3) 변동간격 강화 계획

변동간격 강화 계획은 일정한 시간마다 강화를 주지만 그 시간은 고정된 시간보다 조금 빠를 수도 있고 늦을 수도 있다. 교육심리학 강좌에서 6번의 수행평가를 보는데, 중간평가 이전에 수행평가를 3번 보고 중간평가 이후에 3번을 본다고 했을 때 각각의 수행평가를 예고 없이 보는 경우가 이 강화 계획에 속한다.

(4) 변동비율 강화 계획

변동비율 강화 계획은 특정 행동이 일어나는 횟수와 관련 없이 불규칙하게 강화를 제공해 주는 것을 말한다. 강화가 어떤 때는 주어지지만 어떤 때는 주어지지 않아서 언제 강화가 이루어질지 모르는 강화 계획이다.

네 가지 강화 계획을 정리하면 [그림 5-4]와 같다(Liebert & Liebert, 1997).

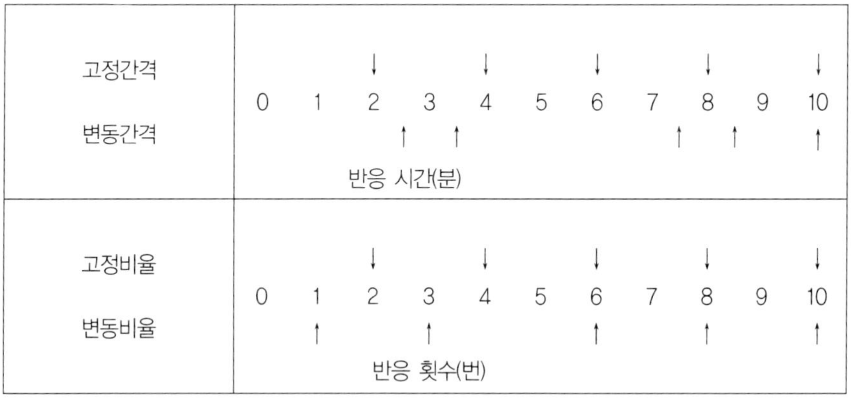

[그림 5-4] 강화 계획

4. 사회인지 이론: Bandura

1) 사회학습 이론: 관찰학습

행동주의 심리학자들의 주장에 따르면, 학습은 행동의 강화에 의해 이루어질 뿐 아니라 타인의 행동을 관찰하고 모방함으로써 이루어지기도 하는데, 이를 사회학습 이론이라고 한다. 사회학습 이론은 행동주의 이론에 바탕을 두고 생겨난 이론이다. Bandura는 자극과 반응뿐만 아니라 관찰학습(observational learning)을 통해서도 즉각적인 행동의 변화가 일어난다는 점을 발견하였는데, 이를 인지적 행동주의(cognitive behaviorism of learning), 사회적 학습(social learning) 등으로 부른다. 이렇게 불리는 이유는 Bandura의 이론이 행동주의 이론의 원리를 대부분 받아들였지만 행동에 대한 사고 그리고 사고에 대한 행동의 영향을 강조하면서 행동에 대한 단서와 내적 정신 과정들의 영향에 더 많은 초점을 두었기 때문이다(Bandura, 1986). 사회학습 이론은 Bandura(1965)의 보보 인형 실험을 통해서 형성되었다.

(1) 보보 인형 실험

이 실험에서는 유치원 아이들에게 동영상을 시청하게 하는데, 한 모델이 등장해서 보보 인형(Bobo doll)을 때리고 발로 차고 던지는 등 세 가지의 공격적인 행동을 보여 준다. 보보 인형의 실험 상황은 [그림 5-5]와 같다(Bandura, 1965).

이후 유아들을 세 집단으로 나누는데, 첫 번째 집단은 성인 모델이 보보 인형에 대해 공격적인 행동을 한 후에 제3자로부터 칭찬을 받는 동영상을 추가로 본다. 두 번째 집단은 성인 모델이 보보 인형에 대해 공격적인 행동을 한 후 이에 대한 처벌을 받는 동영상을 본다. 세 번째 집단은 성인 모델이 보보 인형에 대한 공격적인 행동을 보인 이후에 아무런 칭찬이나 처벌도 받지 않

공격성 1	모델이 보보 인형을 때리는 공격성	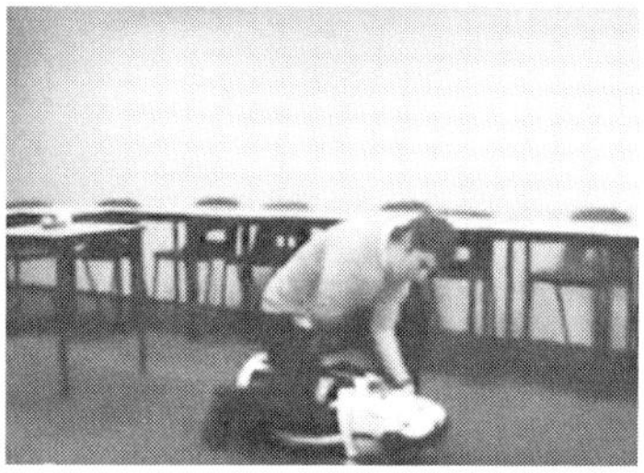
공격성 2	모델이 보보 인형을 발로 차는 공격성	
공격성 3	모델이 보보 인형에게 공을 던지는 공격성	

[그림 5-5] 보보 인형의 실험 상황

는 내용이다.

동영상을 본 후 유아들은 각자 방으로 들어가는데, 이 방에는 보보 인형과 모델이 인형에게 공격을 가하는 데 사용한 모든 소품들이 있다. 관찰자들(유아)은 모델이 보보 인형에게 가했던 것과 유사한 공격적인 행동들을 보여 주었다. 관찰 결과 모델이 칭찬을 받는 동영상이나 칭찬도 처벌도 받지 않는 동영상을 본 유아들은 모델이 처벌받는 동영상을 본 유아들보다 공격성이 훨씬 더 높았다.

이후 Bandura는 모델관찰을 통해서 얼마나 많은 학습을 했는가를 알아보기 위한 검사를 실시하였다. 아동들에게 동영상에서 본 모델의 행동을 재현한다면 보상을 주겠다고 했을 때에는 모델이 처벌받는 동영상을 본 아이들까지 모델의 행동을 모방하는 강도가 높아졌다. 모델이 처벌받는 동영상을 본 아이들은 보보 인형을 때리면 자신도 모델처럼 처벌을 받지 않을까 하는 두려움을 가지고 있었지만 보상이 제시되자 모방의 강도가 높아진 것이다.

관찰학습은 어른이 아이들에게 가르치는 것이 없어도 아이들 스스로 흥미와 관심을 느끼는 대상에 대해서는 매우 빠르게 학습한다는 사실을 보여 준다. Bandura는 아동들이 관찰을 통해서 바람직한 행동과 바람직하지 않은 행동 모두를 지속적으로 학습한다고 보았다. Bandura의 관찰학습 단계는 [그림 5-6]과 같다.

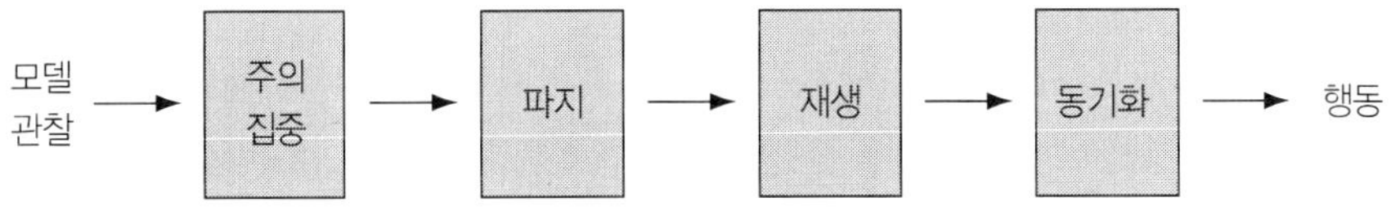

[그림 5-6] 관찰학습의 단계

(2) 관찰학습의 과정

Bandura는 아동들이 관찰을 통해서 학습하는 경우 학습이 성공하기 위해서는 다음과 같은 관찰 단계들이 필요하다고 보았다.

① 주의집중

관찰학습의 첫 번째 단계는 능동적으로 모델의 행동에 주의를 기울이는 것이다. 학습자가 관찰할 수 있는 모델들은 너무나도 많다. 관찰 가능한 수많은 모델들 가운데서 학습자는 적절한 모델을 선택하여 관심을 기울여야 한다. 따라서 관찰학습이 이루어지기 위해서는 주의집중 과정이 필요하다. 주의집중 과정은 사람들에게 노출된 여러 가지 모델 가운데서 어느 것을 선택적으로 관찰하고 무엇을 주목해야 할 것인가를 결정하는 것이다. 주의는 많은 정보들 중에서 특정 정보를 선택하는 과정이기 때문에 관찰학습에서 중요하며 주의를 기울이지 않으면 학습은 이루어지지 않는다.

② 파지

아무리 주의 깊게 모델의 행동을 관찰했다 하더라도 기억하지 못한다면 관찰의 영향은 거의 없어질 것이다. 관찰자는 모델을 관찰한 후 어느 정도 시간이 지난 다음에 모방하기 때문에 일정 시기에 본 행동을 상징적인 형태로 기억하는 어떤 방식을 가져야 한다. 파지는 학습한 것을 미래에 정확하게 회상할 수 있도록 장기기억 속에 보존하는 과정을 뜻한다. 심상과 언어는 기억과 학습의 중요한 수단이다.

③ 재생

재생은 기억 속에 저장한 내용들을 실제적인 행동으로 다시 재연하는 과정이다. 즉, 관찰한 내용을 행동으로 재생하는 과정이라고 할 수 있다. 그러나 관찰자가 관찰한 모든 행동을 재생할 수 있는 것은 아니다. 관찰자가 행동으로 재생이 가능할 만큼 구체적인 심상적, 언어적 정보를 기억하고 있다고 하더라도 그것을 실행할 수 있는 능력이 없다면 행동 또한 일어날 수 없는 것이다. 모방한 행동을 실행하기 위해서는 신체적인 능력과 더불어 연습 및 피드백이 필요하다.

④ 동기화

관찰에 의해서 학습된 행동들은 강화를 주면 다시 나타나는데 이를 동기화라고 한다. 동기화를 촉진하는 강화의 유형에는 직접강화, 대리적 강화, 자기강화가 있다. 직접강화(direct reinforcement)는 바람직한 행동을 한 학생이 직접 보상을 받는 것으로 모델이나 또 다른 개인들에 의해서 보상을 받는다. 대리적 강화(vicarious reinforcement)는 타인이 강화 받는 것을 관찰함으로써 자신의 행동도 강화되는 것을 말한다. 자기강화(self-reinforcement)는 스스로에게 보상을 줌으로써 자신의 행동을 강화하는 방법이다.

2) 사회인지 이론: 자기효능감 이론

사회학습 이론은 정보처리 이론을 포함시키면서 사회인지 이론(social cognitive theory)으로 명칭이 바뀌었다. 사회인지 이론의 기본 전제는 인간의 행동은 자기조절 체계 속에서 이해되어야 한다는 것으로 대표적으로는 자기효능감 이론이 있다(Bandura, 1986). Bandura는 1977년 「자기효능감」이라는 논문을 *Psychological Review*에 발표했는데, 이것이 자기효능감 연구의 시초이다.

자기효능감은 개인이 결과를 얻는 데 필요한 행동을 성공적으로 수행할 수 있는 신념이라고 정의된다(Bandura, 1977). 즉, 자기효능감이란 어떤 구체적인 과제를 수행하는 데 필요한 동기나 인지적인 자원 그리고 일련의 활동을 하도록 하는 개인의 능력에 대한 신념이다. 자기효능감은 지각된 능력에 대한 개념을 공식화하고 그것이 어떻게 발달하고, 어떻게 인간 활동에 영향을 주는지에 관한 이론을 제공한다.

사회인지 이론에 따르면, 자기효능감 신념에는 수준, 강도, 일반성의 세 가지 차원이 있다.

첫째는 자기효능감의 수준 차원이다. 개인마다 지각된 효능감의 수준이 다르다는 것을 말하는데, 이는 과제나 수행에 대한 난이도를 어떻게 지각하느냐에 달려 있다. 과제가 어렵다고 지각하면 자기효능감 수준이 낮아져 낮은 성취기대를 보이고, 과제가 쉽다고 판단되면 자기 효능감이 높아져서 높은 성취기대를 보인다는 것이다.

둘째는 자기효능감의 강도 차원이다. 이는 어려운 상황에서 자기효능감이 얼마나 오랫동안 지속되는가와 관련된 변인으로서 약한 자기효능감은 어려운 상황에서 회피하거나 쉽게 소거되지만 강한 자기효능감은 인내심을 높이고 자신이 추구하는 활동을 성공적으로 수행할 수 있게 한다.

셋째는 자기효능감의 일반화 차원이다. 이는 자기효능감이 어느 정도 범위의 상황이나 대상에까지 적용될 수 있는가와 관련된 차원이다. 개인의 경험에 따라서 상황이나 대상에 일반화되는 효능감의 정도가 좁혀지거나 넓어질 수도 있다.

자기효능감에서 자기조절 체계는 개인의 인지적, 정의적 구조 속에 내재되어 있는 자기 체계(self-system)로서 들어오는 자극을 상징화하고, 타인으로부터 배우며, 다양한 전략들을 계획하고, 자신의 행위를 조절하며, 반성적으로 사고하는 능력을 포함한다(김아영, 2010). 사회인지 이론에서는 학습과 행동 수행에 관하여 다음과 같은 몇 가지 가정을 한다.

(1) 개인, 환경, 행동의 상호작용

Bandura에 의하면 인간은 내적인 힘에 끌려 다니지 않고 외적인 자극에 의해서도 정형화되거나 통제되지 않는다. 그리고 인간은 행동, 환경, 개인적 요소들과 상호작용을 한다. Bandura의 상호작용 모델을 도식화하면 [그림 5-7]과 같다.

학생들의 자기효능감 신념은 과제의 선택, 노력과 같은 성취 행동들에 영향을 미친다(개인 → 행동). 또한 학생들이 목표도달을 위해서 노력하고 목표에 도달하는 것은 자아효능감을 높이는 계기가 된다(행동 → 개인). 교사의 긍정적 강화는 학생들의 자기효능감을 높이지만(환경 → 개인), 지적 능력이 떨

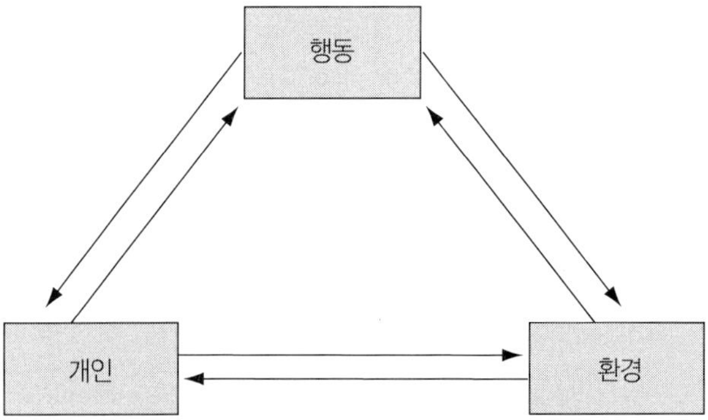

[그림 5-7] Bandura의 상호작용 모델

어지는 학생들의 경우는 낮은 자기효능감을 갖게 된다(개인 → 환경). 교실수업에서 학생이 문제에 대해 틀린 대답을 하면 교사는 다시 이 부분을 반복해서 가르치고(행동 → 환경), 열심히 공부하는 학급의 환경은 학생들에게 공부하고자 하는 의욕을 높여 준다(환경 → 행동).

(2) 성공의 경험과 대리적 관찰

성공의 경험은 자기효능감에 큰 영향을 미친다. 성공경험을 대리적으로 관찰하는 것도 자기효능감에 영향을 미친다. 자기와 비슷한 수준의 학생이 우수한 성적을 거두고 선생님의 칭찬을 받는 모습을 관찰하는 것은 자신감을 향상시키고, 상황에 대한 예측과 통제 가능성을 높인다.

(3) 언어적인 설득과 정서 상태

언어적인 설득과 정서상태도 자기효능감에 영향을 미친다. 어려움에 처했을 때 다른 사람들의 언어적인 설득이나 격려 등은 자기효능감을 증진시킨다. 마지막으로 자신의 생리적 상태나 정서상태가 긍정적으로 각성되었을 때에도 자기효능감이 높아진다.

〈표 5-4〉 인지적 수행과 행동에서의 자기효능감 차이

	자기효능감이 높은 학생	자기효능감이 낮은 학생
과제 지향	도전적인 과제를 선택하여 수행함	도전적인 과제를 회피함
포기	해결하지 못하는 과제가 있더라도 풀릴 때까지 끈기 있게 노력함	목표에 도달하지 못하면 포기함
노력	과제가 달라져도 많은 노력을 기울임	과제가 달라지면 노력을 하지 않음
신념	노력 여하에 따라서 성공할 것이라고 믿으며 목표를 달성하지 못하더라도 불안감, 스트레스, 환경을 제어할 수 있다고 믿음	과제를 해결할 능력이 없다고 믿으며, 목표를 달성하지 못했을 때 불안감과 우울, 좌절감이 커지고, 환경의 여건을 제어할 수 없다고 봄
수행 전략	비생산적인 전략은 버리고 새로운 전략을 사용하여 과제를 수행함	비생산적인 전략을 계속 사용하여 실패를 경험하게 됨

인지적 수행과 행동에서의 자기효능감 차이를 분석한 결과는 〈표 5-4〉와 같다.

〈표 5-5〉 자기효능감 내용

인지적 자기효능감	사회적 자기효능감
• 나는 계획대로 일을 추진해 나갈 수 있다. • 나는 일을 해야 할 때라는 판단이 들면 바로 시작한다. • 나는 어떤 일을 처음에 잘 못했어도 끝까지 해 본다. • 나는 중요한 목표를 설정하면 성취할 수 있다. • 나는 어떤 일을 끝마치기 전에는 포기하지 않는다. • 나는 어려운 일에 부딪히더라도 피하지 않는다. • 나는 어떤 일이 너무 복잡해 보이더라도 해 보려고 시도한다. • 별로 유쾌하지 않은 일을 할 때에도 나는 그것을 끝마칠 때까지 반드시 한다. • 나는 어떤 일이 주어지면 바로 그 일을 시작한다. • 새로운 어떤 일을 배우려고 시도할 때 성공할 것 같지 않더라도 해 본다. • 예기치 못한 문제가 발생하더라도 잘 대처할 수 있다. • 나는 어떤 새로운 일이 너무 어렵더라도 배우려고 한다. • 실패는 나로 하여금 더 열심히 노력하도록 만들 뿐이다. • 나는 어떤 일을 할 수 있는 내 능력에 행복감을 느낀다. • 나는 스스로 자신감이 높다고 생각한다. • 나는 쉽게 포기하지 않는 편이다.	• 나는 사교성이 좋기 때문에 친구를 잘 사귄다. • 나는 어떤 친구가 보고 싶으면 내가 먼저 다가간다. • 내가 관심이 있는 친구가 사귀기 어려운 사람이라도 나는 포기하지 않고 다가간다. • 처음에 마음에 들지 않는 친구라도 나는 그 친구와 친하게 지내려고 노력한다. • 나는 친구들과의 모임에서 내가 어떻게 행동해야 할지를 잘 안다. • 나는 새로운 친구를 사귀는 것이 크게 어렵거나 부담되지 않는다.

자기효능감이 높은 학생은 도적적인 과제를 선택하여 수행하며, 해결하기 어려운 과제가 있더라도 끈기 있게 노력한다. 이들은 자신의 노력에 따라서 성공 가능성이 높아진다고 생각하며, 목표에 도달하지 못한다고 하더라도 불안감과 스트레스에 대처하는 능력이 뛰어나다. 또한 이들은 자신이 세운 전략을 통해서 문제를 해결하지 못할 경우 새로운 전략을 세워서 과제를 수행한다.

반면에 자기효능감이 낮은 학생은 도전적인 과제를 회피하며, 목표에 도달하기 어렵다고 판단되는 과제들은 쉽게 포기하는 경향이 있다. 이들은 스스로에게 과제를 해결할 능력이 없다고 믿으며 목표도달에 실패하는 경우에 불안감, 우울증, 좌절감이 커진다. 또한 이들은 자신이 세운 전략이 비생산적이더라도 전략을 수정하지 않고 실패 전략을 사용하는 경향이 있다.

자기효능감을 측정하기 위한 도구는 다양하지만 여기에서는 Sherer와 동료들(1982)이 개발한 도구의 일부를 소개한다. 그는 자기효능감을 인지적 자기효능감과 사회적 자기효능감으로 구분하였다. 인지적 자기효능감은 목표를 설정하고 동기를 갖고 이를 성취하는 영역에서 자신이 얼마나 능력이 있는가에 관한 효능감이다. 사회적 자기효능감은 사회화와 대인관계에서 자신이 얼마나 잘하고 있는가에 관한 효능감이다. 구체적인 효능감 문항들은 〈표 5-5〉와 같다(Sherer et al., 1982).

3) 자기조절학습

사회인지 이론에서 또 하나의 중요한 개념은 자기조절학습(self-regulated learning)이다. 자기조절학습은 자기규제학습(self-controlled learning) 또는 자기주도학습(self-directed learning)과 혼용되어 사용되기도 한다. 자기조절학습은 Zimmerman 등을 중심으로 하여 연구되어 온 이론으로, 학습활동이란 단순히 새로운 정보의 획득이 아니라 학습자 자신에게 의미 있는 지식을 획득하는 것이라는 새로운 입장을 말한다. Zimmerman(1983)은 자기조절학습이란 능동적이고 적극적인 학습활동에 있어서 학습자가 자신의 학습 과정을 점검하고, 조절하여 보다 효과적인 학습이 이루어질 수 있도록 하는 방법이라고 보았다. 그는 학생이 스스로 학습목적을 달성하기 위해서 인지적, 동기적, 행동적으로 자기의 학습 과정을 관리하고 통제한다고 주장했다(Zimmerman, 1989; Zimmerman & Martinez-Pons, 1986). Simons(1993)는 자기조절학습이란 학생 스스로 학습을 준비하고 학습에 필요한 단계를 선택하고, 학습을 조절하고, 피드백과 판단에 필요한 높은 집중력과 동기를 유지하는 것이라고 주장했다. Pintrich(1995)도 자기조절학습을 학습자가 과제를 해결하기 위해서 목적 지향적으로 자신의 인지, 동기, 행동을 통제하는 것으로 정의했다. 자기조절학습의 전략에는 인지조절, 메타인지조절(초인지조절), 동기조절, 행동조절 등이 있다.

인지조절은 일반적으로 정보의 습득, 저장, 활용을 촉진시키는 과정들 또는 개인이 특정 학습장면에서 지식이나 기술을 습득하고 촉진시키기 위해서 사용하는 인지기능으로 정의된다. 인지조절은 인지 전략이라고도 하는데, 시연(rehearsal), 정교화(elaboration), 조직화(organization)를 포함한다. 시연은 글의 중요한 부분에 관심을 갖고 집중하는 전략으로 정보를 효과적으로 저장하는 방법이다. 자료에 밑줄을 긋거나, 암송하기, 원본을 그대로 베끼거나 정리하는 것은 시연에 속한다. 정교화는 학습 자료를 의미 있게 하는 새로운 정보를 첨가하거나 그와 관련된 정보들을 연관시키는 과정을 통해서 주요한 핵심 내용들이 부각되도록 하는 방법이다. 이해한 내용을 자신의 말로 바꾸어 보기, 텍스트를 요약하기, 질문과 답하기 등은 정교화 전략에 속한다. 조직화는 여러 위계 정보들을 서열화하거나 범주화하는 것을 말한다. 산발적으로 나열된 정보들을 이해하기 쉽도록 재구조화하고 전환하는 기술, 개요를 작성하는 것, 개념화하기 등은 조직화 전략에 속한다.

메타인지조절은 학습자가 자신의 학습 과정 전반을 효과적으로 조절하거나 통제하는 전략이다. Flavell(1985)은 1970년대에 메타인지라는 개념을 처음 사용하면서 메타인지는 '인지에 관한 인지(cognition about cognition)' 라고 정의하였다. 메타인지는 언어, 주의집중, 기억, 문제해결, 사회인지 등의 다양한 활동에서 중요한 역할을 한다. 메타인지는 학습자가 스스로 얼마나 알고 있는가를 인식함으로써 자신의 수행을 계획하고, 점검하고, 조절하는 것을 말한다. 계획은 학습자가 학습을 시작하기 전에 무엇을 학습하고, 어떤 방법으로 학습하며, 진도는 어느 정도 나갈 것인가에 관한 방법이다. 점검은 학습을 어느 정도 진행한 후 자신이 세운 목표에 어느 정도 접근했는지 검토하는 것을 말한다. 자신이 얼마나 그 내용을 알고 있는지 확인하기 위해 스스로 질문해 볼 수 있으며, 각 단원 끝에 제시되어 있는 과제나 질문을 활용하는 것도 점검이다. 또한 지속적으로 자신의 학습 과정을 기록함으로써 학습 진척 상황과 스스로 사용했던 전략을 확인하고 수정 · 변경할 수 있는 기회를 가지는 것도 점검이다. 조절은 그동안 학습 과정에서의 효율성을 검토하며 시간을 늘리거나 학습시간의 질을 개선하는 것 등을 포함한다.

동기조절은 자기조절학습에서 학습을 하는 이유와 목적에 대한 동기적인 특성으로 숙달목표, 자기효능감, 성취가치를 포함한다. 숙달목표는 과제를 철저히 공부하겠다는 것으로 과제에 대한 도전의식과 학업에 대한 만족감을 높여 준다. 자기효능감은 학습자로 하여금 최선을 다해서 자신의 능력을 발휘하도록 만든다. 성취가치는 학습의 중요성과 유용성을 알고 흥미를 갖고 노력해 나가는 것을 말한다.

행동조절은 자기조절학습에서 학습활동의 자발적인 참여에 관한 것으로 행동통제, 학습시간의 관리, 도움 구하기를 포함한다. 행동통제는 여러 가지 어려움에 부딪혀도 포기하지 않고 학습을 계속해 나가는 능력이다. 학습시간의 관리는 효과적으로 학업시간을 관리하기 위해서 특정 전략을 사용하는 능력이다. 도움 구하기는 자신의 힘으로 해결하기 어려운 과제들을 자신보다 더 잘 알고 있다고 여겨지는 타인에게 도움을 요청하는 것을 말한다. 자기조절학습에 관한 양명희(2000)의 측정도구 일부를 소개하면 〈표 5-6〉과 같다.

〈표 5-6〉 자기조절학습의 영역과 내용

인지조절	인지 전략	시연	• 노트나 교과서를 소리 내서 외운다. • 공부할 때 교과서, 노트를 읽고 또 읽는다.
		정교화	• 나는 중요한 개념이 있으면 쉬운 말로 풀어 본다. • 새로운 내용을 배울 때 그것과 관련된 상황을 머릿속으로 상상해 보면서 이해한다.
		조직화	• 내용이 복잡할 때에는 도표를 그리거나 요약해 본다. • 공부한 내용은 내 방식대로 정리해 놓는다.
	메타 인지 전략	계획	• 나는 공부를 시작하기 전에 계획을 짜 본다. • 나는 공부시작 전에 무엇을, 어떻게 공부할지 미리 머릿속으로 생각해 본다.
		점검	• 나는 공부하는 도중에 내용을 잘 이해하고 있는지 스스로에게 질문을 해 보곤 한다. • 나는 공부하는 도중에 내용을 확실히 이해하고 있는지 점검해 본다.
		조절	• 나는 책을 읽다가 시간이 모자라면 중요한 부분만 찾아서 읽는다. • 나는 시험공부를 하다가 시간이 모자라면 중요한 부분만 찾아서 공부한다.
동기조절	동기 전략	숙달 목표	• 나는 새로운 지식을 배우는 것 자체를 중요하게 생각한다. • 나는 내용을 그냥 외우는 것보다 깊이 있게 이해하는 것에 중점을 둔다.
		자기 효능감	• 나는 우리 반 다른 친구들보다 공부를 잘할 수 있다. • 나는 실수를 하더라도 무엇인가 배울 수 있는 조금 어려운 내용을 좋아한다.
		성취 가치	• 공부는 내 인생에서 중요한 목표이다. • 나는 앞으로도 좋은 성적을 올릴 수 있다.
행동조절	행동 전략	행동 통제	• 나는 공부를 하고자 결심하면 곧 실천하는 편이다. • 나는 하던 공부를 끝낼 때까지는 거기에 집중한다.
		학습 시간 관리	• 나는 몇 시간 동안 공부할지, 얼마나 공부할지 목표를 분명히 한 다음 공부를 시작한다. • 나는 효율적으로 공부하기 위해서 시간 계획을 세워서 공부한다.
		도움 요청	• 나는 잘 모르는 내용이 있으면 도서관 등에서 다른 자료를 찾아본다. • 나는 모르는 내용이 있으면 아는 사람에게 물어본다.

chapter 06 인지심리학과 정보처리 이론

1. 인지심리학의 기본 가정

인지심리학은 인간의 정신이 어떻게 작용하는가를 연구하는 학문이다. 인지심리학에서는 지식을 구성하기 위해 인간의 정신과 환경이 상호작용하는 방법과 이러한 지식을 바탕으로 다양한 과제를 해결해 나가는 방법을 다룬다. 인지심리학에서는 모든 학습이 자극과 반응의 연합형성으로 이루어진다고 하는 행동주의 이론을 비판한다. 인지심리학자들은 외적인 조건들보다는 자극과 반응을 중재하는 내적인 과정에 관심을 둔다. 인지심리학은 다음과 같은 가정에서 출발한다(김언주, 1987).

첫째, 연구 대상에 대한 가정이다. 행동주의 심리학자들이 외적인 행동을 연구 대상으로 삼는 반면, 인지심리학자들은 인간의 내적 과정에 초점을 둔다. 그리고 인간의 고등정신은 행동주의 이론보다는 인지이론에 의해서 더 명확하게 설명될 수 있다고 보고 있다.

둘째, 학습의 단위에 대한 가정이다. 행동주의 심리학에서는 학습의 단위를 자극과 반응의 연결로 보며 이 과정은 연습에 의해서 습득된다고 보고 있다. 하지만 인지심리학자들은 학습을 외적 정보와 내적 인지구조 간의 관계로 보고 있다.

셋째, 연구 대상의 차이에 대한 가정이다. 행동주의 심리학에서는 외부의 자극에 대해서 동물들이 기계적으로 반응한다고 보고 있지만 인지심리학자들은 인간의 학습은 자극을 능동적으로 지각하고, 해석하고 판단한다고 보고 있다.

2. 초기의 인지심리학

초기의 인지심리학 이론으로는 게슈탈트 심리학과 관련된 통찰 이론, 장 이론, 기호형태설 등이 있다.

1) 게슈탈트 심리학

1900년대 초반 미국에서는 Watson에 의해서 행동주의 심리학이 연구되면서 Guthrie, Skinner, Hull 등에 의해서 발전되었다. 이와는 달리, 동시대에 독일에서는 또 다른 심리학 이론이 발전하였다. 이 심리학 이론은 Wertheimer, Koffka, Köhler 등에 의해서 전개되었는데, 이를 게슈탈트(Gestalt) 심리학 또는 형태주의 심리학이라고 한다.

(1) Wertheimer: 지각의 원리

게슈탈트 심리학의 초기 학자인 Wertheimer는 1910년 여름 기차여행을 하고 있었다. 그는 기차의 불투명한 벽과 창틀이 부분적으로 자신의 시야를 가리고 있는데도 바깥 경치를 볼 수 있다는 것을 깨달았다. 이를 통해 그는 시각이라는 것은 단순하게 모든 영상자극을 받아들이지만, 뇌는 이러한 감각을 일관된 이미지로 정리한다고 보았다. 게슈탈트 심리학자들은 Wertheimer의 연구를 심화시켜 영상인식이 감각적인 요소와 형태를 다양한 그룹으로 조직한 결과라고 보았다. 게슈탈트 심리학의 게슈탈트(Gestalt)라는 말은 '형태' 또는 '모양'을 의미한다. 게슈탈트 심리학에서는 전체란 단순히 부분의 합이 아니라 그 이상을 의미한다고 주장했다. 따라서 학습자는 학습 상황에서 전체를 지각한다고 보고 있다. 게슈탈트 심리학에서 중요하게 다루는 것은 지각이며, 지각에서 가장 기본적인 조직화는 전경(figure)과 배경(ground)의 관계이다. 전경은 지각의 장에서 주의의 초점이 되는 부분이며, 배경은 전경을 감싸고 있는 부분이다. 게슈탈트 심리학자들은 지각의 원리들이 문제해결을 위한 사고 과정이며, 문제해결 상황에 직면했을 때 그 상황을 어떻게 지각하느냐가 중요한 관건이라고 보고 있다. 게슈탈트 심리학에는 다음 네 가지 원리들이 포함되어 있다(이현림, 김영숙, 2006).

첫째, 근접성의 원리이다. 근접성의 원리는 어떤 사물을 지각할 때 멀리 떨어져 있는 것보다는 공간적으로 서로 가까이 있는 것들을 묶어서 지각하는 경향성을 말한다.

둘째, 유사성의 원리이다. 유사성의 원리는 서로 비슷한 것끼리 묶어서 지각하는 경향성으로 형태, 색깔, 질감 등에서 유사한 시각적인 요소들이 전체적으로 지각되는 현상을 말한다.

셋째, 연속성의 원리이다. 연속성의 원리는 유사한 배열이 하나로 연결된 것처럼 보이는 현상을 의미한다.

넷째, 폐쇄성의 원리이다. 폐쇄성의 원리는 공간적, 구조적으로 하나의 단위가 되도록 묶은 것을 그 주위의 것들과 구별하여 지각하도록 하는 경향성을 말한다. 게슈탈트 심리학에서 지각의 원리는 [그림 6-1]과 같다.

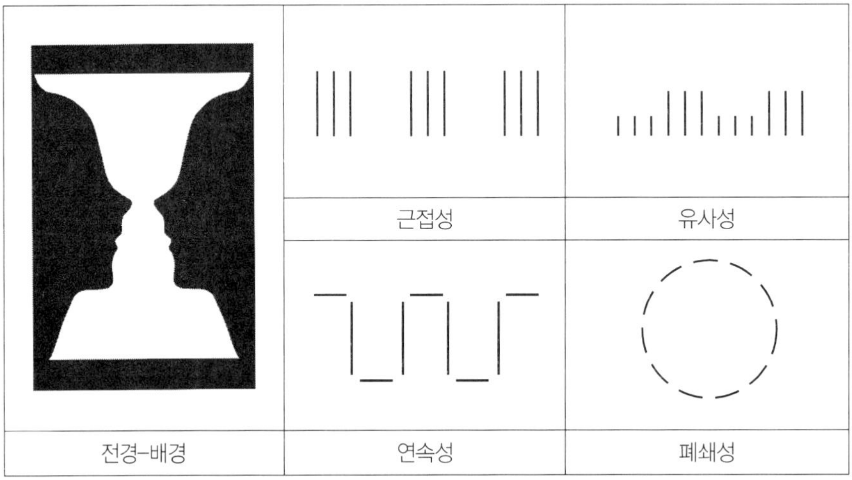

[그림 6-1] 게슈탈트 심리학에서 지각의 원리

(2) Köhler: 통찰 이론

Köhler의 통찰 이론에서는 학습이라는 것을 분석적인 것이 아니라 전체적인 것이라고 보고 있다. 그는 아프리카의 테네리페라는 섬에서 침팬지 연구소를 차려 많은 실험을 하였으며 이러한 실험결과를 통해서 그의 학습 이론을 정리하였다. 실험의 내용은 다음과 같다. 먼저 우리 속에 침팬지를 가두고 막대기 두 개를 넣어 준다. 우리 밖에 바나나 몇 개를 놓아 둔 이후 관찰을 시작한다. 처음에 침팬지는 두 개의 막대 중 그 어느 것도 먹이에 닿지 않자 생각을 짜내어 하나의 막대기를 다른 막대 끝에 꽂아 바나나를 당겨 먹었다. 이와 같이 막대기를 꽂아 두 개를 연결해야 한다는 것을 통찰함으로써 목적과 수단, 전체와 부분의 관계를 파악한 것이다.

Köhler의 또 다른 실험에서는 침팬지가 어떻게 바나나를 먹을 수 있는지 관찰하기 위해 침팬지를 우리 안에 가두고 천장에는 바나나를 매단 후 여러 개의 상자들을 넣어 주었다. 침팬지는 처음에는 바나나를 먹기 위해서 껑충껑충 뛰어 보다가 나중에는 상자들과 바나나를 쳐다보는 행동을 반복한다. 그리고 상자들을 쌓고 그 위로 올라가서 바나나를 따 먹는다. 즉, 침팬지가

통찰실험 A(우리 밖의 음식 가져오기)

통찰실험 B(천장 위의 바나나 먹기)

[그림 6-2] Köhler의 실험들

바나나를 따는 학습이 이루어진 것이다. 이러한 과정은 S-R 이론의 시행착오설로는 설명하기 어렵다.

2) Lewin: 장 이론(field theory)

Lewin은 학습을 개체와 환경과의 상호작용으로 보았다. 학습이란 개인과 외부의 생활공간 속에서 이루어지는 것이라고 본 것이다. 생활공간이란 지리적, 물리적으로 표현되는 공간이 아니라 행동을 일으키는 요인으로서 개체 내에 성립하고 있는 주관적인 공간이다. 따라서 객관적으로는 동일한 환경이라 하더라도 개인에 따라서는 다른 생활공간이 될 수 있다.

그는 학습이라는 것을 장(場)의 인지구조가 변화하는 것으로 보며 행동의 방정식을 $B = f(P \times E)$로 보았다. 여기에서 B는 행동(behavior), f는 함수(function), P는 사람(person), E는 환경(environment)이다. Lewin은 인간의 행동을 개인과 그 개인이 처해 있는 환경(심리적, 물리적 환경)과의 상호작용 결과로 일어나는 역동적인 과정이라고 보았다. 행동의 방향은 양립하는 환경적

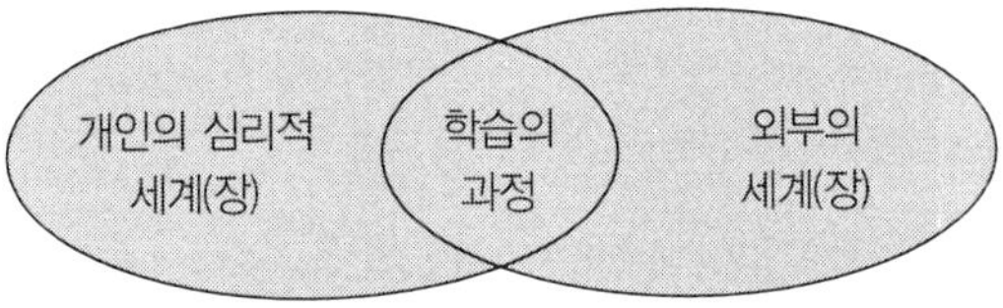

[그림 6-3] Lewin의 장 이론

인 힘의 강도와 자기 자신의 요구와의 관계에 의해서 결정된다고 보았다.

3) Bartlett: 스키마 이론

스키마(schema)란 정신적인 지식 덩어리를 말한다. 스키마 이론이란 이러한 지식 덩어리가 기억에 부호화되어, 경험을 이해하고 저장하는 데 이용된다고 가정하는 이론이다.

영국의 Bartlett은 행동이 스키마로 조직된 지식의 커다란 단위에 의해 영향을 받는다고 주장했다. Bartlett(1932)은 인간이 기억을 하기 위해서 어떠한 정신 과정을 이용하는가를 연구한 결과, 새로운 자료의 의미를 깨닫기 위해서는 의미를 찾는 노력이 필요하고 회상 과정에는 능동적인 구성 과정이 필요하다는 결론을 내렸다. 그리고 회상을 하는 동안에는 하나의 기존 스키마가 그것과 일치하는 구체적인 것을 생산하고 구성하기 위해서 사용된다고 보았다. 기억이란 상세한 것이 아니라 내적으로 재조직된 스키마들을 다시 인출하는 것이라고 본 것이다.

Brewer와 Nakamura(1984)는 S-R 이론과 스키마 이론 사이에 존재하는 차이점을 다음과 같이 제시하고 있다.

첫째, 부분-전체이다. S-R 이론에서는 전체는 부분들로 이루어진 합과 같은 의미라고 보지만 스키마 이론에서는 전체는 부분들의 합으로는 설명하지 못한다고 보고 있다.

둘째, 결합주의-비결합주의이다. S-R 이론은 자극과 반응 간의 결합 학습을 요구하지만 스키마는 특정 경험의 여러 측면을 해석하고 부호화하는 데 필요한 지식구조이다.

셋째, 특수성-보편성이다. S-R 이론은 특정 자극과 반응 사이의 결합이지만 스키마는 보다 보편적이고 다양한 구체적인 보기를 표상한다.

넷째, 수동성-능동성이다. S-R 이론은 자극과 반응 간의 결합이 수동적인 방법에 의해서 학습된다고 보지만 스키마를 이끌어 내는 것은 능동적인 과정이다.

4) Toleman: 기호형태설

Toleman은 신행동주의자이면서도 인지적인 입장을 취하고 있다. 그의 이론은 기호학습설(Sign-learning), 기호유의미설(sign-signification), 기호형태설(sign-gestalt) 등 다양한 명칭으로 불리고 있다. Toleman은 행동주의자들과 달리 눈에 보이지 않는 인지적 변화도 학습에 포함된다고 보았다. 이를 입증하기 위해 Toleman은 다음과 같은 두 가지 실험을 하였다.

첫 번째는 쥐의 미로실험이다. Toleman은 쥐들을 서로 다른 강화조건을 가진 세 집단으로 구분하였다. 첫 번째 집단의 쥐들에게는 목적지점에 도달할 때마다 먹이를 주어 강화를 하였다. 두 번째 집단의 쥐들에게는 강화를 주지 않았다. 세 번째 집단의 쥐들에게는 10일 이후 목표지점에 도달할 때마다 강화를 주었다. 그 결과 첫 번째 집단의 쥐들은 실수를 범하는 횟수가 꾸준히 줄어들었으나 두 번째 집단의 쥐들은 실수를 범하는 횟수에 큰 차이 없었다. 하지만 11일째부터 강화를 준 집단은 단 하루만의 강화로써 첫 번째 집단보다 우수한 효과를 나타내었다. 쥐의 미로실험을 정리하면 〈표 6-1〉과 같다.

구체적인 자극은 유기체의 입장에서 볼 때에는 어떤 결과를 도출하게 한다. 그러므로 자극이란 어떤 수단이 어떠한 결과를 가져올 것이라고 하는 수단-결과의 관계를 성립하게 한다. 이는 행동이 아닌 사전 인지이며 인지도가 머릿속에 형성되는 것이다. 즉, 미로 속에서 어떤 통로를 통과하면 어떤 장소

〈표 6-1〉 쥐의 미로 실험

집단	처치	결과
첫 번째 집단 (실험집단 A)	• 목표지점에 도달할 때마다 강화를 줌	일정하게 목표도달
두 번째 집단 (통제집단)	• 목표지점에 도달하더라도 강화를 주지 않음	목표도달에 흥미 없음
세 번째 집단 (실험집단 B)	• 처음에는 목표지점에 도달하더라도 강화를 주지 않음 • 11일째부터 목표지점에 도달하면 강화를 줌	11일 이후 실험집단 A보다 목표도달 우수

에 도달하고 그 이후에는 강화가 주어지는지 그렇지 않은지에 관한 지도가 머릿속에 그려지는 것이다. 그러므로 학습은 눈에 보이지 않는 인지적 변화를 포함하며 이러한 학습은 강화와 관계없이 일어날 수 있다고 보았다.

두 번째는 쥐의 판별실험이다. Toleman은 장치를 만들어 쥐가 흰 창문을 통과해서 그 안에 있는 먹이에 이르도록 하는 판별상자 실험을 하였다. Toleman은 쥐를 훈련시켜 검은 창문이 아닌 흰 창문을 뚫고 먹이에 도달하도록 하였다. 이후 쥐들은 검은 창문이 아닌 흰 창문으로만 향하였다. 이 실험을 통해서 Toleman은 쥐가 흰 창문을 통과해서 먹이가 있는 곳으로 가게 하는 것을 학습하는 과정에서 흰 창문과 검은 창문을 변별해 내고 있으며 흰 창문 안에 먹이가 있을 것이라는 기대를 인지하고 있다고 보았다. 결국 기호형태설에서는 학습을 단순한 자극-반응의 결합이 아니라 전체 환경에 대한 인지구조가 형성되는 것으로 보았다.

3. 기억의 정보처리 이론

정보는 우리의 감각기관을 통해서 끊임없이 정신 속으로 들어온다. 어떤 정보는 바로 망각되기도 하지만 어떤 정보는 평생 저장되기도 한다. 정보는 어떻게 처리되는가, 학교교육에서 교사는 학생들이 중요한 정보나 기술을 습득하도록 하기 위해서 어떠한 도움을 줄 수 있을까? 이러한 정보처리 이론가들의 관심은 1970년대부터 학습과 기억 이론을 발전시키는 계기가 되어 왔다.

정보처리 이론은 인간이 어떻게 외적인 환경에 주의를 기울이고 학습한 내용을 부호화하여 기억속의 지식과 관련지으며, 새로운 지식을 기억 속에 저장하고 필요한 경우 인출하는가에 관한 이론이다(Shuell, 1986). 정보처리 이론에서 학습은 정신적인 표상을 습득하는 것으로 본다. 여기에서 인간은 정보처리자이고, 정신은 정보처리 시스템이며, 인지는 정보를 처리하는 일련의 과정이다(Mayer, 1996).

1) 초기의 정보처리 모형과 발달

학습 이론가들은 어떠한 정보들이 기억되고 망각되는지를 이해하기 위해서 인간의 기억에 관한 연구를 시작해 왔다. 초기의 정보처리 모형은 Atkinson과 Shiffrin(1968)의 모형이며 [그림 6-4]와 같다.

초기 모형에서의 첫 번째 요소는 감각등록기(감각저장)이다. 감각등록기에

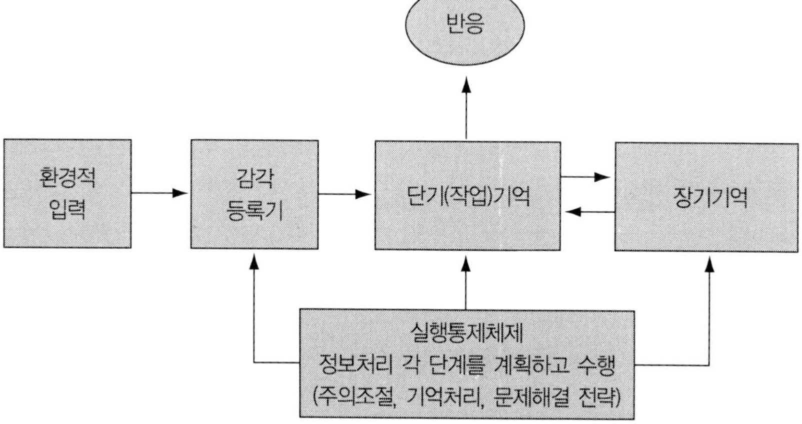

[그림 6-4] 초기 정보처리 모형

서는 우리가 감지한 원래의 감각입력을 단순한 잔상의 형태로 저장한다. 감각등록기에 있는 정보에 대해서 주의를 기울이면 이 정보는 단기기억으로 들어간다. 단기기억에서 처리된 정보는 장기기억에 저장된다. 이러한 모형은 정보처리 과정에서 인간의 역할을 기계적으로 해석하는 것일 수도 있다. 하지만 인간은 어떤 정보에 주의를 기울일지, 정보를 좀 더 수월히게 처리하기 위하여 어떠한 전략을 사용할 것인지 결정해야 한다. 정보나 지식은 단순히 처리 단위 사이를 흘러 다니는 것이 아니다. 우리는 적극적으로 입력된 정보들에 대한 통로를 만들어야 하는데, 이를 실행통제체제(executive control process)라고 한다. 실행통제체제는 메타인지(meta cognition)라고도 불린다.

Atkinson과 Shiffrin(1971)은 「단기기억의 통제 과정」이라는 논문에서 좀 더 발전된 정보처리 모형을 발표하였는데, 이는 [그림 6-5]와 같다.

이 모형에서 특징적인 것은 실행통제체제(통제 과정들)가 단기기억 중 작동기억에 머문다는 점이다. 통제 과정들은 기억 체계에서 정보의 흐름을 통제하며 인간의 의지에 따라서 수행에 큰 영향을 미친다. 통제 과정들은 단기저장 장치 내의 작업기억에 머물면서 의사결정을 하고, 정보의 흐름을 조정하고 학습과 망각을 통제한다. 통제 과정들이 작업기억에서 어떤 역할을 하는지에 관해서는 단기기억의 영역에서 구체적으로 설명하기로 하며 여기에서는 정보처리 모형을 순서대로 살펴보고자 한다.

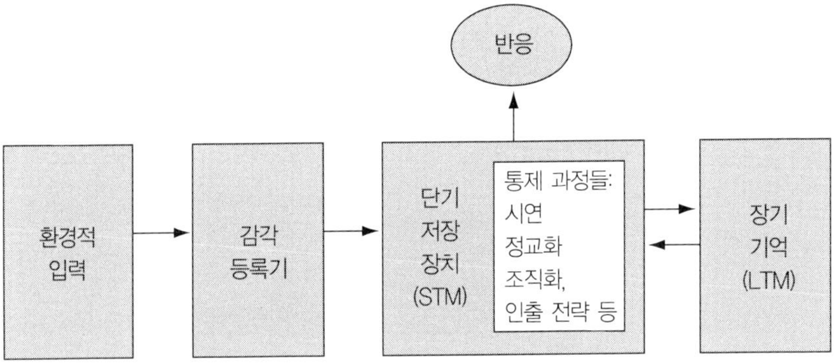

[그림 6-5] 수정된 정보처리 모형

(1) 감각등록기

외부자극은 인간의 주위에 있는 다양한 자극들이다. 외부자극에 대한 첫 번째 기억 체계는 감각등록기(sensory register)이다. 학습자의 정보처리 과정은 환경적인 자극으로부터 시작한다. 감각등록기는 끊임없이 시각, 청각, 촉각, 후각, 미각 등의 자극에 영향을 받는다. 이와 같은 경험은 감각등록기인 기억저장고에 기록된다(Snowman & Biehler, 2003). 감각등록기는 감각기관으로부터 많은 정보를 받아들이지만 단지 몇 초 동안만 기억한다. 만약 정보와 아무 관련이 없다면 그 정보는 빠르게 사라진다. Mayer(1981)는 감각등록기에 대해서 다음과 같이 언급하고 있다. 감각기관 저장고의 용량은 무제한적이며 감각기관에서의 정보는 아주 짧은 시간 동안 저장되고 시각적 저장은 0.3~0.5초 이내에 사라지는 순간촬영과 같은 것이며, 각각의 감각별로 구별되는 저장고가 있다는 것이다.

(2) 단기기억

정보에 의식을 갖고 주의를 기울이면 이 정보는 단기기억(short-term memory)으로 옮겨간다. 단기기억은 대체로 20초 정도 지속되며 관련되지 않은 여러 개의 정보 덩어리를 기억하고 나타낼 수 있다. 이 시간 동안 단기기억은 제한된 양의 정보(7±2개의 덩어리)를 활성화시킬 수 있다. 어떤 순간에 우리가 의식적으로 생각하는 것은 단기기억 속에 존재한다. 단기기억에 있는 정보에 대한 생각을 멈추면 그 정보는 단기기억에서 사라지게 된다. 단기기억을 지칭하는 또 다른 용어로는 작업기억(working memory)이 있다. 작업기억은 단기기억에서의 정보가 활성화된다는 것을 의미한다. 작업기억은 정보를 조작하고 저장하고 버리기도 하며, 정보를 조직하고 다른 정보와 관련짓기도 한다(Slavin, 2012). Kyllonen(1996)은 작업기억은 단기기억, 장기기억과 함께 학습에 연관된 높은 지적 능력이며 또 다른 인지요소라고 보고 있다.

단기기억의 용량은 제한적이다. 따라서 정보가 사라지거나 망각되는 것을 막고 단기기억에서 장기기억으로 정보를 저장하기 위해서는 다음과 같은 전략들이 필요한데 이를 인지 전략(실행통제체제, 통제 과정)이라고 한다.

① 시연

시연은 어떤 것을 반복하거나, 소리 내어 읽는 것을 말한다. 시연의 목적은 단기기억에 정보를 유지하거나, 이후 사용할 정보를 기억하는 데 있다. 학교학습과 관련한 시연 방법으로는 '노트나 교과서를 소리 내서 외운다' '공부할 때 교과서, 노트를 읽고 또 읽는다' '공부를 할 때 될 수 있는 한 많이 외우려고 한다' 등이 있다.

② 정교화

정교화는 우리가 장기기억에 저장된 정보를 이용하여 새로운 정보를 세밀하게 재구성하고자 할 때 사용하는 전략이다. 정교화 전략은 새로운 아이디어의 의미를 명확하게 하고, 추론하고, 유사성을 찾아내는 방법으로 장기기억에 있는 정보들을 서로 연결시키고 유지하도록 한다. 학교학습의 정교화 방법으로는 '중요한 개념이 있으면 쉬운 말로 풀어 본다' '주요 개념을 공부할 때에는 이를 내 말로 바꾸어 본다' '새로운 내용을 배울 때에는 그것과 관련된 상황을 머릿속으로 상상해 보면서 이해한다' 등이 있다.

③ 조직화

우리가 학습하는 정보는 복잡하지만 상호 관련성이 있다. 조직화란 위계적으로 구성된 정보의 덩어리를 여러 개의 하위 정보 조각으로 나누어 기억하는 것을 말한다. 학교학습의 조직화 방법으로는 '나는 어떤 주제에 대해서 공부할 때 나름대로 내 생각을 정리해 본다' '내용이 복잡할 때에는 도표를 그리거나 요약해 본다' '공부한 내용은 내 방식대로 정리해 놓는다' 등이 있다. 조직화 목록의 예는 [그림 6-6]과 같다(Bower, Clark, Winzens, & Lesgold, 1969).

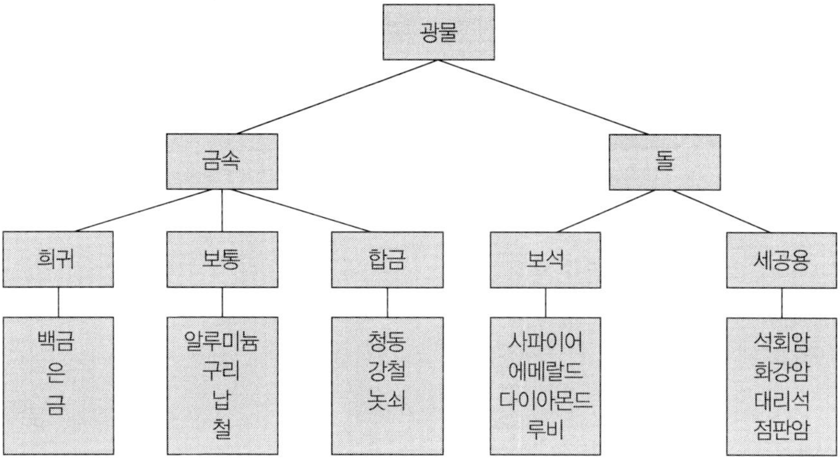

[그림 6-6] 조직화된 목록

(3) 장기기억

장기기억은 오랜 기간 동안 정보를 보유하고 저장할 수 있는 기억 체계이다. Tulving과 Craik(2000)는 장기기억 속의 정보 저장 용량은 무제한이며, 장기기억 속으로 들어간 정보는 인출하지 못하는 경우는 있을 수 있지만 잊어버리지는 않는다고 보고 있다.

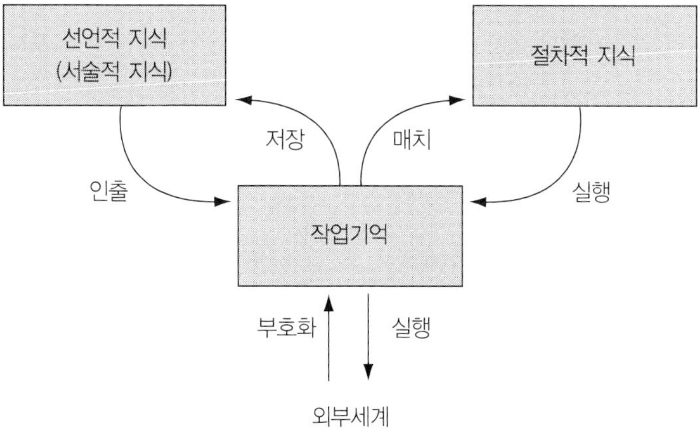

[그림 6-7] 장기기억에서의 선언적 지식과 절차적 지식

장기기억에는 두 가지의 저장고가 있다고 본다. 하나는 선언적 지식의 저장고이고 다른 하나는 절차적 지식의 저장고이다(Anderson, 1996). 이를 정리하면 [그림 6-7]과 같다.

① **선언적 지식**(서술적 지식: know that)

선언적 지식에는 사실, 신념, 개념, 일반론, 이론, 가설, 개인과 타인, 세상일에 관한 태도 등이 포함된다. 선언적 지식은 새로운 명제가 장기기억 속에 저장되는 것이다(Anderson, 1990). 명제란 실제의 문장이 아니라 문장의 의미를 나타내거나 문장의 이면에 있는 추상적인 아이디어를 말한다. 예를 들어, '쓰라린 전쟁 중에 대통령이었던 링컨은 노예를 해방시켰다'는 문장을 다음과 같이 세 문장으로 나눌 수 있다(문선모, 2008).

링컨은 전쟁 중에 대통령이었다.	(링컨, 전쟁, 대통령)	: 기본적 명제
전쟁은 쓰라렸다.	(쓰라린, 전쟁)	: 기본적 명제
링컨은 노예를 해방시켰다.	(링컨, 노예, 해방)	: 기본적 명제

선언적 지식은 학습자가 교사의 말을 듣거나 책의 문장을 읽을 때 새로운 정보로서 수용된다. 그런 다음 새로운 정보는 학습자의 작업기억 속에서 명제들로 바뀜과 동시에 장기기억 속의 관련 명제들에게 신호가 보내어진다. 새 명제들은 활성화되어 작업기억 속의 관련 명제들과 결합된다. 이때 학습자는 부가적인 명제들을 생성할 수 있다. 마지막으로 학습자가 수용하고 생성해 낸 새로운 명제들은 장기기억 속에 함께 저장된다. 이러한 과정을 도표로 제시하면 [그림 6-8]과 같다(노석준 외, 2006; Schunk, 2006).

교사가 미국 헌법에 관한 단원을 소개하고 학생들에게 "미국 부통령은 상원 의장직을 맡지만 찬반 투표 결과가 같은 경우를 제외하고는 투표하지 않는다"라고 말했다면 교사의 이 말은 부통령과 관련해서 학생들의 기억 속에 저장되어 있는 다른 명제적인 지식들(예: 대통령과 함께 선출된다, 대통령이 사

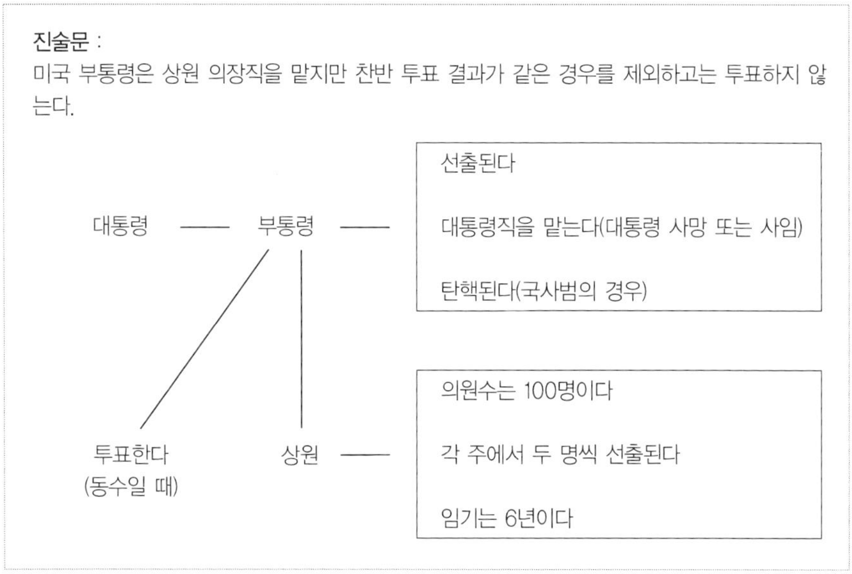

[그림 6-8] 선언적 지식(실선-새로운 지식, 상자-장기기억 지식)

망하거나 사임할 시에 대통령직을 맡는다, 국사범의 경우 탄핵할 수 있다) 및 상원과 관련하여 저장되어 있는 명제적인 지식들(예: 의원 수는 100명이고 각 주에서 두 명씩 선출되며, 6년 임기이다)에게 신호를 보낼 것이다. 학생들은 이러한 명제들을 바탕으로 어떤 법안에 대해서 50명의 상원 의원들이 찬성하고 50명의 상원의원들이 반대할 경우 부통령이 투표할 것을 추론할 수 있다.

② 절차적 지식(know how)

절차적 지식은 어떤 것을 하는 방법에 대해서 아는 것으로 반복된 경험 또는 연습을 통해서 점진적으로 획득된다. 절차적 지식은 긴 나눗셈 또는 진술형 문제를 풀기, 글을 요약하기, 생물실험을 하는 것, 자전거 타기, 롤러스케이트 타기, 악기 배우기, 공작 등 다양하다. 절차적 지식의 저장고는 지식을 암기하여 저장하는 선언적 지식과는 다르다. ACT 이론(사고적응통제, Adaptive Control of Thought: ACT)에 의하면 이 두 가지 지식 저장고는 장기기억에서 필수적인 것들이며 두 저장고는 상호작용을 한다고 본다. 절차적 지식은 인지활동에서 수행 방법을 아는 것으로 정보를 변환시킨다는 점에서 서술적 지식과 다르다(Anderson, 1990). 서술적 지식과 절차적 지식은 다음과 같은 차이점을 갖는다.

첫째, 서술적 지식은 세상, 자신, 타인에 관한 정보를 장기기억 속에 들어 있는 지식과 관련지음으로써 그 정보에서 의미를 발견하는 유의미학습을 이룬다. 하지만 절차적 지식은 정보의 조작, 변환과 관련이 깊다.

둘째, 서술적 지식의 활성화 또는 인출은 느리고 의식적이다. 사람들이 질문에 대한 답을 안다고 가정할 때조차도 답을 하기 위해 얼마 동안 생각할 시간이 필요하다. 하지만 절차적 지식은 일단 기억에 정착되면 신속히 그리고 자동적으로 인출된다.

2) 정보처리 접근의 최근 모형

정보처리 모형의 최근 접근에서는 감각기억, 작업기억, 장기기억이 상호 연결되어 있다고 본다(Jarrold, Tam, Baddeley, & Harvey, 2011; Woolfolk, 2014). 구체적인 모형은 [그림 6-9]와 같다.

외부의 정보들은 감각기억에서 부호화하여 작업기억과 장기기억으로 동시에 들어간다. 감각기억에서는 지각과 주의를 통해서 어떤 정보들을 작업기억으로 보낼 것인가를 결정한다. 작업기억의 실행 과정들은 정보의 흐름을 관리하고 새로운 정보를 장기기억에 있는 정보와 통합시킨다. 작업기억에서 철저하게 처리되고 연결된 정보들은 장기기억으로 들어가며 다시 활성화되면 작업기억의 일부가 된다. 감각기억과 작업기억의 내재적인 기억들은 의식적인 노력 없이도 형성되며 장기기억에 저장된다. 감각기억, 작업기억, 장기기억은 지각을 이끌어 내고, 정보를 표현하고, 조직하고 해석하며, 명제, 개념, 심상, 스키마, 전략을 적용하고 수정하며, 지식을 구성하고, 문제를 해결하기 위해서 상호작용을 한다. 주의도 이 세 기억 기억들을 처리하고 세 가지 기억들의 상호작용에 있어서 중요한 역할을 한다.

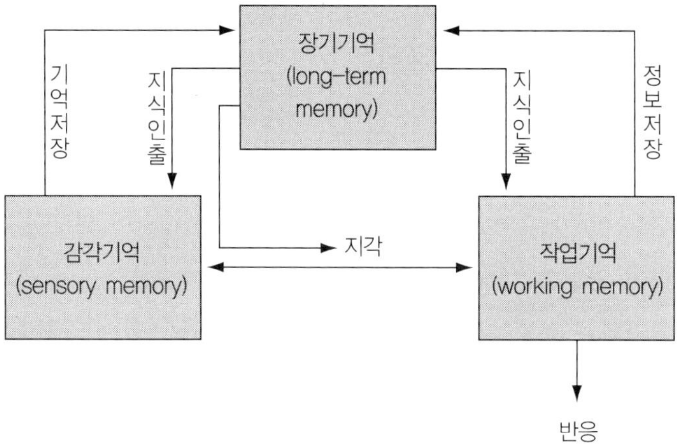

[그림 6-9] 정보처리 모형의 최근 접근

(1) 감각기억

환경으로부터의 자극들인 시각, 소리, 냄새 등은 끊임없이 우리의 감각에 들어온다. 감각기억은 외적인 자극을 우리가 인지할 수 있도록 변형시키는 최초의 과정이다. 감각기억이라는 말은 감각 버퍼(sensory buffer)라고도 한다. 감각기억의 용량은 매우 크며 우리가 다룰 수 있는 정보보다 더 많은 정보를 받아들일 수 있다. 하지만 감각기억의 정보들은 지속성이 짧아서 3초 이내에 사라진다.

(2) 작업기억

작업기억은 기억체제의 작업공간이다. 작업기억은 새로운 정보가 일시적으로 머물기도 하며 장기기억의 지식과 결합되기도 한다. 작업기억은 우리들이 순간 생각하는 것들을 포함하는 장소이다. 이러한 이유로 심리학자들은 작업기억을 의식(consciousness)과 같은 의미로 생각한다(Sweller, van Merrienboer, & Paas, 1998). 감각기억이나 장기기억과는 달리 작업기억의 용량은 제한되어 있다.

최근에 Baddeley와 동료들은 작업기억의 연구에서 가장 중요한 역할을 하고 있다(Baddeley, Hitch, & Allen, 2009; Jarrold, Tam, Baddeley, & Harvey, 2011). 이들은 작업기억이 네 가지로 구성되어 있다고 보고 있다. 즉, 중앙실행체제(central executive)는 작업기억의 자원들을 통제하고, 음성학적 루프(phonological loop)는 언어적이고 청각적인 정보들을 유지하며, 시공간적인 스케치패드(visuospatial sketchpad)는 시각적이고 공간적인 정보를 다루며, 에피소딕 버퍼(episodic buffer)는 음성학적인 루프, 시공간적인 스케치패드, 그리고 장기기억의 정보들을 통합한다. 음성학적인 루프와 시공간적인 스케치패드는 소리와 이미지를 위한 단기기억 저장고로 앞에서 설명한 단기기억과 같은 의미이다. 이를 정리하면 [그림 6-10]과 같다.

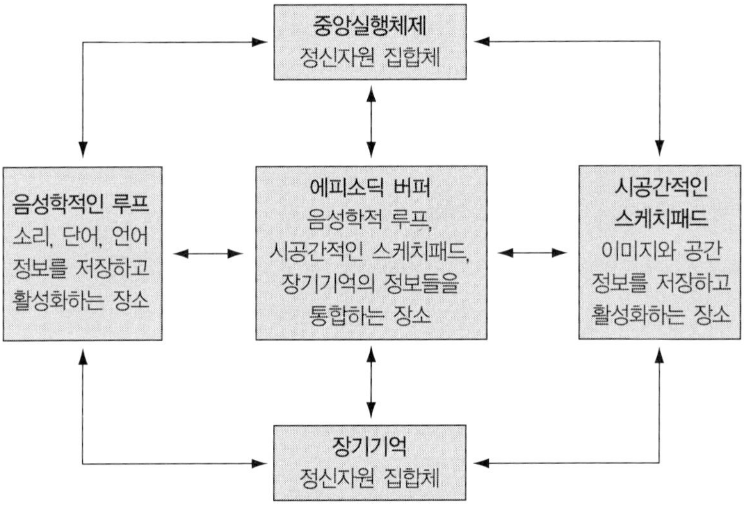

[그림 6-10] 작업기억 모형

(3) 장기기억

장기기억은 크게 명시적 기억과 암묵적 기억으로 나뉜다(Gray, 2011; Woolfolk Hoy, 2014).

명시적 기억은 의식을 할 수 있는 기억으로 일화적 기억과 선언적 기억으로 나뉜다. 일화적 기억은 우리 자신의 경험을 담고 있는 기억이며, 선언적 기억은 정보처리 이론의 장기기억에서 설명한 선언적 지식과 같은 의미이다. 선언적 지식은 명제적 지식이라고도 하며 일반적인 지식과 사실 등을 담고 있는 기억저장고이다.

암묵적 기억은 고전적 조건화, 절차적 기억, 활성화 등의 기억들로 나뉜다. 고전적 조건화는 조건화된 정서 반응들을 담고 있는 기억이며, 절차적 기억은 앞에서 설명한 절차적 지식들을 담고 있는 기억이며, 활성화는 장기기억에 있는 정보를 암묵적으로 활성화시키는 기억이다. 예를 들어, 정보처리 이론과 관련하여 기억을 영어로 쓸 때 memoir, member, 또는 그 밖의 유사한 단어를 쓰는 대신 memory라는 단어를 쓰게 되는 것은 정보처리 이론 단원에서 여러 번 memory라는 단어가 등장해 우리가 memory를 활성화했기 때문이다. 활성화는 기억 체계에서 연합되는 단어들을 인출하는 기본적인 과정이다. 장기기억의 구조는 [그림 6-11]과 같다.

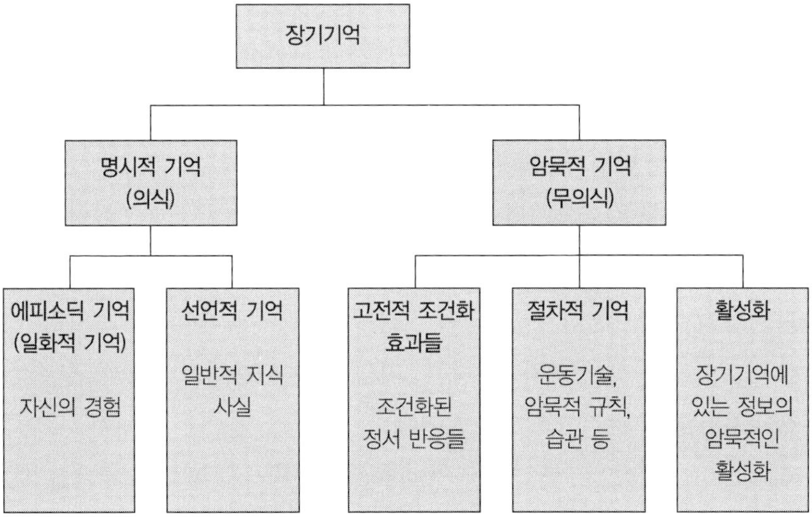

[그림 6-11] 장기기억의 기억 구조

4. 기타 정보처리 모형(대안 모형)

정보처리 모형에는 표준적인 모형 이외에 다양한 모형들이 있다. 여기에서는 처리 수준 모형, 연결주의 모형, 작업기억 모형, 흔적 모형을 설명하고자 한다.

1) 처리 수준 모형

대부분의 학자들은 감각기억-단기기억-장기기억이라는 Atkinson-Shiffrin의 정보처리 모형을 수용했지만 Craik와 Lockhart(1972)는 단기기억과 장기기억을 구분짓는 증거가 불분명하다고 보았다. 이들은 단기기억의 용량이 7±2개보다는 훨씬 가변적이며, 단기기억은 음운적이며 장기기억은 의미적이라고 하지만 이 부분도 객관적이지 않다고 보았다. 또한 단기기억의 정보소멸은 빠르고 장기기억의 정보소멸이 느리다는 것도 학습된 내용에 따라서 다르기 때문에 단기기억과 장기기억을 구분짓지 못한다고 보았다. 그들은 감각기억, 단기기억, 장기기억의 차이는 단지 그 기억들이 어떻게 달라야 한다고 구분하는 이상적인 견해라고 보았다.

처리 수준 모형은 단기기억이나 장기기억과 같은 단계나 구조적인 요소들로 설명하기보다는 정보처리에 각각 다른 처리 수준들이 있다고 본다. 처리 수준은 물리적 정보처리 수준, 청각적 정보처리 수준, 의미적 정보처리 수준으로 나뉘며 물리적 정보처리 수준이 가장 낮은 수준이고 의미적 정보처리 수준이 가장 깊은 수준이라고 보고 있다.

예를 들어, 나무라는 물리적인 정보를 인식하더라도 별다른 주목을 하지 않을 수 있다. 이는 정보처리에서 가장 낮은 단계에 속하고 여러분은 나무를 기억하지 못할 것이다. 하지만 나무에 단풍이나 떡갈나무라고 이름을 붙여주었다고 가정하면 우리는 그 나무를 기억하기 쉬워진다. 가장 깊은 수준의

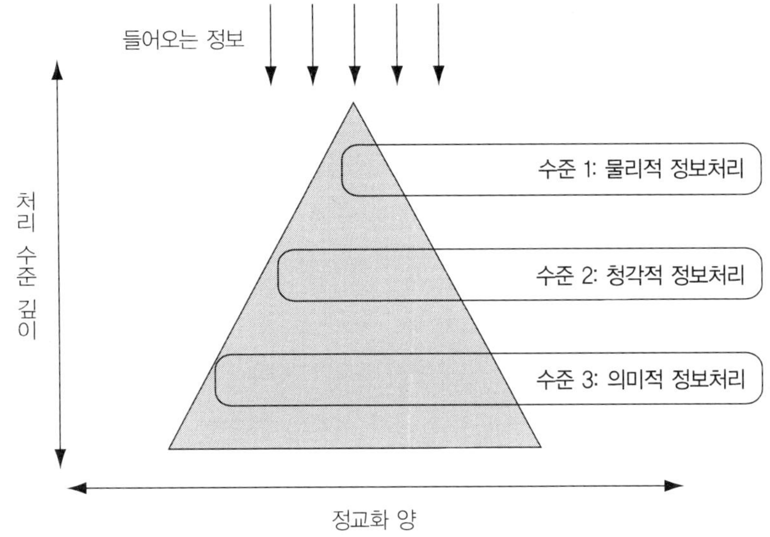

[그림 6-12] 처리 수준 이론

정보처리는 나무에 의미를 부여하는 것이다. 나무에 올라탄 경험이 있다든지, 나무의 특이한 생김새에 대해서 이야기한 적이 있었다는 것을 기억하거나 번개에 의해서 나무가 집 위에 쓰러지지 않을까 상상하는 것 등이다. 처리 수준을 깊게 할수록 정보처리가 더 많이 이루어지고 기억하기에 쉬울 것이다(Slavin, 2012). 처리 수준 이론을 도식화하면 [그림 6-12]와 같다.

처리 수준 이론은 기억연구에 강력한 영향을 끼쳤음에도 불구하고 다음과 같은 비판을 받았다. 첫째, 망각속도의 차이가 처리 수준 차이 때문에 생긴다는 것은 아주 단순한 주장이며 처리 수준을 측정하지 않고서도 그러한 주장을 펼 수 있다고 보았다. 둘째, 상이한 기억부호의 깊이에 대한 객관적인 서열을 매길 수는 있지만 왜 어떤 부호화는 다른 부호화보다 더 효과적인지에 관해서 설명하지 못하고 있다는 점이다.

2) 연결주의 모형

1980년대 후반부터 일어난 변화 중 하나는 연결주의 모형의 출현이다. 이 모형에서는 정보처리의 기본 단위들이 신경의 기능처럼 연결된다고 하여 신경망 접근이라고도 불린다. 또한 단위들의 연결 방식을 중시하는 의미에서 연결주의라고도 불리며, 기억의 구조를 활성화시킨다고 하여 활성화 수준이라고도 불린다.

연결주의 모형은 선언적 지식과 절차적 지식들이 일련의 연결을 통해서 조합된다고 보고 있다. 연결주의 모형에서 연결마다는 몇 가지 종류의 자극에 의해서 활성화된다. 이러한 견해에 따르면 우리는 개별적인 기억구조를 갖고 있는 것이 아니라 활성화 상태가 다른 기억을 지니고 있다고 본다. 활성화된 정보는 정보처리 시스템에 들어가는 정보와 기억에 저장된 정보를 포함한다. 활성화된 정보는 작업기억과 유사하지만 훨씬 포괄적이다. 작업기억은 즉시 지각되는 정보를 포함하지만 활성화된 정보는 그러한 정보뿐만 아니라 쉽게 접근할 수 있는 정보들도 포함된다. 예를 들어 내가 친척을 방문하여 정원에

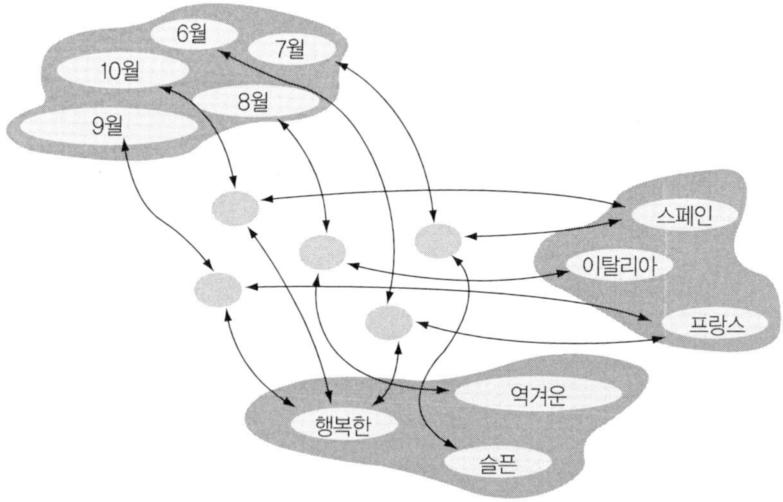

[그림 6-13] 연결주의 기억 모형

대해서 칭찬하고 있을 때 정원에 대한 정보는 내 작업기억에 있지만 친척의 정원과 관련된 정보들 예를 들어, 숲, 나무, 개 등은 활성중인 상태로 있을 것이다(Schunk, 2004). 연결주의 모형을 도식화하면 [그림 6-13]과 같다(김정섭 외, 2010; Sternberg & Williams, 2010).

연결주의 모형에서 중요한 한 가지는 지식이 연결마디 사이의 연결점에 있다는 점이다. 예를 들어 6월을 프랑스로 여행을 다녀온 즐거운 달로 기억한다고 가정했을 때, 이는 월, 국가, 정서의 군집들이 상호 연결된 것이라고 볼 수 있다.

연결주의 모형은 기억으로부터 정보를 불러오는 것을 분명하게 설명하고 있다. 이 모형은 개별적인 기억저장소라는 개념을 사용하지 않음으로써 한 저장소에서 다른 저장소로 옮기는 데에 따른 잠재적인 문제점을 제거하고 있다. 하지만 정보가 활성화되기 위해서는 어느 정도 수준의 활성화가 필요한지, 학습과 수업에서 연결주의 이론을 어떻게 적용할 것인지 등에 대해서는 추가적인 연구가 필요한 실정이다.

3) 작업기억 모형

앞에서도 소개한 작업기억 모형은 1980년대 Baddeley에 의해서 제안된 모형으로 모든 인지활동의 초점은 작업기억에 있다고 본다. 작업기억 모형에서 단기기억은 더 이상 단순한 임시저장고가 아니며 좀 더 복잡한 기능을 갖고 있다. Baddeley에 의하면 작업기억은 음성학적 루프, 시공간적인 스케치패드, 중앙실행체제, 에피소딕 버퍼라는 네 가지 구성요소를 포함하고 있다.

음성학적 루프는 소리에 기초한 정보를 유지하고 조작하는 곳으로 음운저장고와 조음통제 과정의 두 가지 구성요소로 이루어져 있다. 음운저장고는 짧은 시간 동안 말에 기초한 정보를 유지할 수 있는 기억 저장 장소이다. 조음통제 과정은 시각정보를 말에 기초한 부호로 전환시켜 음운저장고에 넣어둔다. 시공간적인 스케치패드는 시각적인 정보와 공간적인 정보를 다루는 공

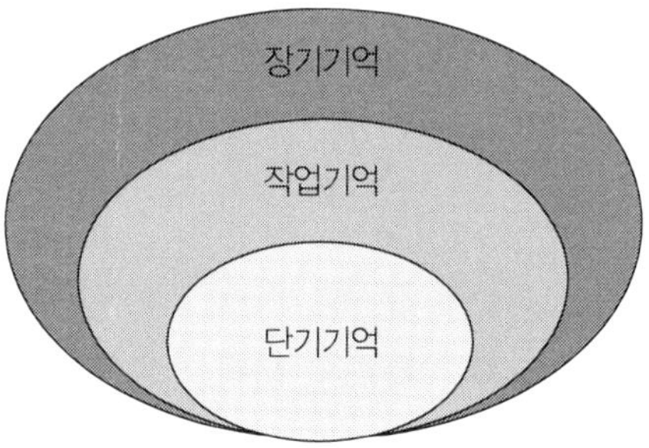

[그림 6-14] 작업기억 모형

간이다. 이 공간은 시각적인 정보를 형성하고 유지하는 동시에 청각적, 공간적인 처리를 수행한다. 중앙실행체제는 작업기억에서 작업을 통제하고 처리하는 장치이다. 중앙실행체제는 정보를 음성학적 루프와 시공간적인 스케치패드에 할당하며 상호 조정을 담당한다. 그리고 정보를 언제 장기기억으로 보낼지, 언제 인출하고 통합할지, 심상은 언제 만들지, 언제 처리를 중단하고 다른 일을 할 것인가를 관리한다. 마지막으로 에피소딕 버퍼는 음성학적 루프, 시공간적인 스케치패드, 중앙실행체제의 정보를 통합한다.

Baddeley에 의하면 작업기억은 장기기억의 일부이며 단기기억을 포함하는 모형이다. 작업기억에서 우리는 장기기억에서 정보를 인출하기도 하며 작업기억에 생성된 정보를 장기기억에 저장하기도 한다. 또한 작업기억에서는 단기기억에 있는 정보를 저장하고 처리하는 능력을 가지고 있다.

4) 흔적 모형

정보처리 이론의 전통적인 관점은 우리가 제한된 수의 정보를 부호화하고 이를 사용하여 문제를 해결한다고 보고 있다. 두 자릿수와 두 자릿수의 덧셈을 계산할 경우에 우리는 문제를 해결하기 위해서 두 자릿수를 정확하게 부호화하고 그다음에 정신적으로 계산하여 답을 구할 수 있다. 그러나 우리의 모든 사고가 이렇게 숫자를 축약하고 처리하는 것만은 아니다. 우리는 일상생활에서 정확한 계산보다는 부정확한 정보들을 가지고 문제를 해결하려고 하는데, 이를 흔적 모형(fuzzy-trace model)이라고 한다(Brainerd & Reyna, 2001).

흔적 모형은 우리가 세부적으로 정확한 값을 외우지 않고 본질적인 요지만 가지고 문제를 해결하려는 것을 말하는데, 흔적이라는 것은 희미한 표상을 의미한다. 우리는 많은 정보들을 축약하여 사용하려고 노력하는데, 이러한 노력은 흔적 모형을 사용하는 데 방해가 된다. 예를 들어, 학교에서 윤동주의 〈별헤는 밤〉이라는 시를 공부한다면 그 시를 축약적 정보를 사용하여 원문 그대로 외울 수 있을 것이다. 하지만 〈별헤는 밤〉이라는 시를 몇 번 읽어 보고 이후에 그 시를 떠올리면 시 자체를 그대로 외울 수는 없지만 어렴풋하게 그 시가 어떤 시였는지 흔적을 찾아가면서 생각해 볼 수 있다. 이를 흔적 모형이라고 한다. 긴 글을 읽고 구체적인 정보가 무엇이었는가를 묻는 문제들은 축약적 정보를 요구하는 것이지만, 글의 요지가 무엇이었는지 묻는 것은 흔적 모형에 의한 요지를 묻는 것이다.

우리는 흔적 모형을 수업시간에만 사용하지는 않는다. 예를 들어, 옷을 사기 위해서 쇼핑을 할 때 한 가게에서 옷을 사지는 않는다. 여러 가게를 둘러보며 옷을 고르면서 가격을 비교하는데, 우리는 옷값을 정확하게 기억하지는 못하지만 희미한 흔적으로 A가게의 옷이 B가게의 옷보다 싸더라 하는 정보의 요지는 갖게 된다. 따라서 마음에 드는 비슷한 옷이 두 가게에 있을 때 우리는 흔적 모형을 사용하여 A가게로 간다.

축약적인 세부정보를 인출하는 것은 시간이 많이 걸리지만 흔적 모형에 의한 요지를 인출하는 것은 시간이 적게 걸리며 수많은 문제들을 해결하는 데 효율적이다. 축약적 정보를 사용하는 학생들은 사고형태가 느리고 비효율적인데 그 이유는 불필요한 축어적인 세부정보를 외우고 처리하느라 제한된 인지자원을 소모하여 효율적인 문제해결을 방해하기 때문이라고 한다. 따라서 흔적 모형은 아동이 정보를 부호화하고 이를 이용하여 문제를 해결하는 데 있어서 유용하다고 보고 있다.

5. 정보처리 이론에 대한 비판점

오늘날 정보처리 이론은 인간의 학습과 지적 발달에서 중요한 연구 분야가 되었다. 정보처리 이론은 인간의 주의집중, 기억, 메타인지가 정신구조에서 어떻게 이루어지는지, 그리고 어떠한 역할을 하는지, 사고에 어떠한 영향을 미치는가를 자세하게 설명하고 있다. 하지만 정보처리 이론은 인지발달 이론에서 다음과 같은 면에서 볼 때 불완전하며 해결해야 할 점들이 많이 남아 있다.

첫째, 정보처리 이론은 지적 성장의 원인이 되는 진화적이고 신경학적인 측면을 전혀 설명하지 못한다. 정보처리 이론에서는 뇌와 인간발달과의 관계를 탐색하거나 통합하지 못하고 있다.

둘째, 정보처리 이론에서는 Vygotsky 이론에서 강조하는 것과 달리 문화가 인지에 미치는 영향에 대해서 설명하지 못하고 있다. Piaget나 Vygotsky의 연구를 계승한 인지심리학자들은 정보처리 이론에서 설명하는 지식의 습득과 처리 및 저장 방법에 대해서 단편적인 접근이라고 비판한다.

셋째, Kuhn(1992)과 같은 학자들은 정보처리 이론에서는 인간의 마음을 컴퓨터의 활동에 비유하는데, 이는 인간의 풍부한 인지활동을 과소평가한 것이라는 비판이 있다. 꿈을 꾸거나 사고하고, 창조하고 반성해 나가는 우리의 고등정신기능은 정보처리 이론에서는 다룰 수 없다는 것이다.

chapter 07 구성주의 이론

구성주의(constructivism)는 학습자가 스스로 지식을 형성하고 구성한다고 주장하는 심리학자와 철학자들의 관점이다. 엄밀히 말하면 구성주의는 이론이라기보다는 학습의 본질에 대한 인식론과 철학적 해석이라고 보아야 한다(Schunk, 2006; Simpson, 2002). 하지만 이를 묶어서 구성주의라고 쓰는 것은 여러 학자들의 견해에서 일관적인 부분이 있기 때문이다. 구성주의는 학습자 스스로 자기만의 지식을 구성한다고 하는 견해이며 Dewey, Bruner, Piaget, Vygotsky 등의 학자들에 의해서 강조되어 왔다. 최근에는 학교교육에서 구성주의 이론을 받아들임으로써 과거의 설명식 수업이 아닌 학생들이 새롭게 발견하고 창조할 수 있는 수업을 하고 있다.

구성주의는 1980년대 후반부터 객관주의에 대한 대안적인 입장으로 등장하였다. 구성주의 등장 이전의 수업설계와 수업의 실제에서는 행동주의적인 목표설정과 강화, 반복, 피드백을 제공하고 평가를 하는 데 초점을 두었다.

1960년대 후반부터 행동주의에 대한 비판과 더불어 정보처리 이론에 바탕을 둔 인지심리학이 발전하였지만 행동주의 심리학과 마찬가지로 합리주의와 객관주에 기반을 두고 있었다. 인지심리학은 행동주의 심리학과는 달리 마음이라는 요소가 인지구조의 변화에 영향을 미치는 것으로 보고 있으며, 행동주의보다는 능동적이고 적극적인 학습자관을 취하고 있다. 인지심리학에서는 인지과제 분석기법, 정보의 구조화, 계열화, 전이를 촉진하는 학습환경을 중시하고 있기는 하지만 행동주의 심리학과 같이 학습자에게 외적인 지식을 전달하는 데 초점을 맞추고 있다.

이와 같이 행동주의, 인지주의로 대변되는 객관주의에서는 지식을 독립된 실체로 보고 외부의 지식을 학습자 내부로 전이시키는 것을 학습이라고 본다. 따라서 객관주의 심리학에서는 사전에 목표를 설정해 두고 주어진 조건의 특성을 분석하여 이를 성취하기 위한 체계적 노력을 강조한다. 이러한 객관주의 입장은 합리성에 치우쳐 학습에서 비구조적인 측면을 고려하지 못한다는 비판을 받고 있다.

구성주의는 학습자가 유의미한 맥락 속에서 자신에게 의미 있는 지식을 스스로 구성한다고 하는 주관적 인식론에 근거를 하고 있다. 구성주의에서는 새로운 시대정신을 반영하여 행동주의와 인지주의에 기반을 두었던 이론들도 나름대로 수용하고 있다. 행동주의, 인지주의로 대변되는 객관주의와 주관적인 의미구성인 구성주의를 간략하게 비교하면 〈표 7-1〉과 같다.

구성주의는 학교현장을 위한 새로운 패러다임이라고 할 수 있다. 학교현장에서 교사는 학생들에게 지식을 전달하지만 학생들은 교사가 가르친 대로 받아들이지 않고, 교사가 가르친 내용을 바탕으로 자신의 마음속에서 지식을 구성해 나간다. 앞에서 언급한 스키마, 스키마타 등을 가지고 학생들은 자신이 이전에 알고 있던 지식을 바탕으로 새롭게 지식을 쌓아 가는 것이다. 지식의 구성 방법은 학생의 인원수만큼 다양하다. 따라서 학교교육에서 교사는 학생으로 하여금 자신의 생각을 발견하고 적용할 수 있는 기회를 제공하고, 지식의 구성 과정을 촉진시켜 나가야 한다. 교사가 할 일은 학생들이 지식을

〈표 7-1〉 객관주의와 구성주의 비교

		객관주의	구성주의
관점	지식	사람의 외부에 존재하며 확인할 수 있는 대상	사회적 경험을 바탕으로 하여 개인의 인지작용에 의해서 구성되고 재구성되는 것으로, 인식주체에 의해 결정됨
	특징	지식은 초역사적, 초공간적, 범우주적인 것	지식은 특정 사회, 문화, 역사, 상황적 성격이 반영된 것
	이론	행동주의, 인지주의	객관주의에서 구성주의 관점 수용
	상징	외적인 실재를 내적으로 표상하는 것	내부 실재의 표상
	목표	보편타당한 절대적 진리와 지식 추구	개인에게 의미 있고 타당하고 적합하다고 여겨지는 지식들에 대한 구성
학교 학습	학습	추상적인 외적인 지식의 학습	구체적인 상황을 배경으로 한 지식의 구성
	설계	지식을 소화시킬 수 있도록 작은 단위로 세분화하여 제시함	현실적인 복잡성을 그대로 제시하여 인지적인 도전을 유도함
	계획	모든 지식은 수업 이전에 미리 설계하고 구조화하고 순서화함	모든 지식과 과제는 실제적인 상황을 전제로 하며, 과제는 가정과 사회에서 대면하게 되는 것들을 대상으로 함
	역할	교사는 지식을 전달하고 학생은 지식을 습득함	교사는 학생의 학습을 도와주는 조언자이고 촉매자이고, 학생은 적극적이고 책임감 있는 학습의 주체임
	성취	개인의 성취를 중시함	다양한 견해에 대한 인식과 견해를 배움
	지식 습득	지식의 암기와 축적	문제해결력, 사고력, 인지적 전략, 전이
	용어	발견, 일치	창조, 구성

구성하도록 도와주는 것이며 궁극적으로 학생 스스로가 지식을 쌓아 가야 한다. 이것이 학습에서의 구성주의 이론이다. 학생들이 복잡한 지식을 그들 자신의 것으로 만들고자 한다면 학생 스스로 그 지식을 받아들이고 발견하고 변형해야 한다(Fosnot, 2005; Slavin, 2012; Waxman, Padron, & Arnold, 2001).

1. 구성주의의 가정

첫째, 구성주의는 학생들이 지식을 습득하고 정교화하는 데 있어서 개인과 상황이 상호작용을 한다고 본다. 이는 개인과 행동, 환경이 상호작용을 한다고 가정하는 사회적 인지주의와 같은 견해이다.

둘째, 구성주의에서 학생들은 스스로 지식을 구성해 나가는 적극적인 존재이다. 학생들은 스스로 원리나 법칙을 발견함으로써 지식을 쌓아 간다.

셋째, 구성주의에서는 교사가 학생들에게 지식을 전달해 주어서는 안 된다고 본다. 교사는 학생들과 상호작용을 함으로써 학생들이 직접 학습내용에 몰입할 수 있도록 지원해 주어야 한다. 즉, 학생들이 직접 다루어 보고, 관찰과 자료수집 등을 통해 스스로 가설을 만들어 내고 검증하며 서로 간에 협력하여 공부할 수 있도록 지원해야 한다. 이러한 이유로 구성주의는 학교현장에서의 수업설계와 교수-학습 과정에 커다란 영향을 미치고 있다.

2. 초기의 구성주의 관점

여기에서는 Ausubel과 Bruner의 관점을 소개한다. 엄밀하게 말하면 Ausubel과 Bruner는 구성주의 학자들이 아니지만 이들의 이론은 구성주의와 관련된다.

1) Ausubel의 유의미학습

구성주의에 있어서 '유의미학습'은 학생들이 적극적으로 세상을 이해하고자 할 때, 새로운 지식이나 경험을 받아들일 때 일어난다고 한다. 유의미학습은 개인적인 경험에서 얻은 개념이나 법칙, 가설, 연합 등과 같은 지식의 능동적인 구축이다(Snowman & Biehler, 2003). 유의미학습은 Ausubel(1963)까지 거슬러 올라간다. Ausubel은 『유의미 언어학습 심리학(*The psychology of meaningful verbal learning*)』이라는 책에서 유의미학습이란 언어적인 정보 또는 관념들이 이미 존재하는 학습자의 인지구조와 상호작용하여 그 안으로 포섭되는 것이라고 보고 있다. Ausubel은 학습자의 인지구조에 변화를 가져오는 학습을 진정한 학습이라고 보았으며 이를 위해서는 유의미한 설명식 수업이 필요하다고 보았다. 수업의 가치는 이해를 얼마만큼 했느냐에 달려 있기 때문에 유의미학습은 수동적인 것이 아니라 능동적인 것이다. 그 이유로 논리적인 과제와 학습자의 인지구조가 연관성을 가지고 있을 때 의미 있는 과제가 된다.

유의미학습의 이론적 기반은 학습내용을 의미 있게 구성하는 선행조직자에 있다. 선행조직자는 새로운 정보와 학생이 현재 가지고 있는 지식을 연결하는 개념적인 다리와 같은 것이다(Faw & Waller, 1976). 문선모(2004)도 선행조직자를 '학습자가 이미 알고 있는 것'과 '현재 다루려는 과제를 유의미하게 학습할 수 있기 전에 알 필요가 있는 것' 간의 다리라고 보고 있다. 전성연 등(2004)은 교수-학습에서 선행조직자의 위치와 역할을 [그림 7-1]과 같이 도식화하고 있다.

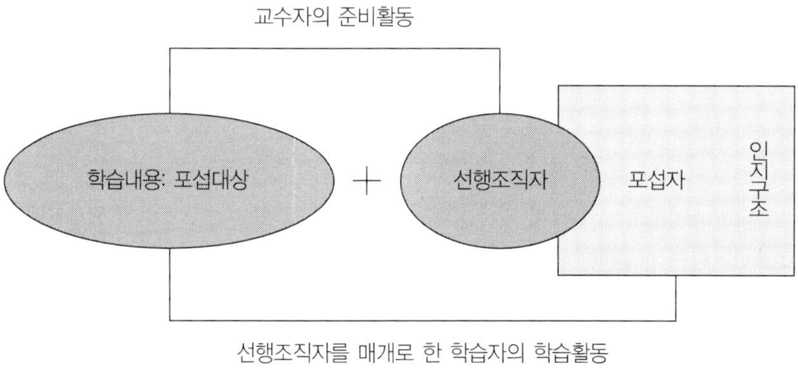

[그림 7-1] 교수-학습 과정에서 선행조직자의 위치와 역할

이 그림에서 사람들은 내적인 인지구조를 가지고 있다고 본다. 인지구조란 기억에 저장되어 있는 체계적으로 조직화된 일련의 아이디어나 개념을 의미한다. 내적인 인지구조는 일련의 위계적인 조직으로 구성되어 있다. Ausubel은 인지구조의 최상위에는 가장 일반적이고 추상적인 지식들이 위치하고, 아래로 내려갈수록 일반성, 포괄성이 낮아지며 최하위에는 가장 낮은 수준의 아이디어들로 구성되어 있다고 본다. 인지구조를 포섭자라고 부르기도 하는데, 이유는 인지구조가 다른 개념이나 아이디어들을 흡수하고 접착시킨다고 보기 때문이다. 학생들이 새롭게 배우게 되는 학습내용은 포섭대상이 된다. 새로운 학습내용이 기존에 있는 인지구조와 다를 경우 인지구조 속에 쉽게 포섭되지 않는다. 따라서 인지구조의 지식 덩어리와 새로운 학습 간에는 다리가 필요한데 이것이 바로 선행조직자이다. 선행조직자는 학습을 하기 전에 이전에 배웠던 내용은 무엇이고, 오늘 배울 내용은 이전 학습과 어떻게 관련되는지를 설명하기 때문에 학습의 초반부에 제시된다. 또한 선행조직자는 기존의 인지구조를 활성화시키며 선행지식과 학습 자료 간의 관련성을 명확하게 해 준다.

선행조직자는 두 가지 종류가 있는데, 하나는 설명조직자이고 다른 하나는 비교조직자이다(권대훈, 2009).

설명조직자는 학습 자료에 대한 선행지식을 전혀 가지고 있지 않을 때 또는 학습과제와 인지구조의 유사성이 전혀 없는 경우 학습 자료를 설명해 주는 아이디어나 개념을 말한다. 사전활용법을 학습하는 시간이 되었을 때 교사는 수업의 도입 부분에서 다음과 같이 설명조직자에 대해 말함으로써 학생들이 수업시간에 어떤 내용을 배우는가를 미리 알 수 있도록 한다. 예를 들면, "오늘 수업은 지금까지 수업시간에 사용하지 않았던 사전을 이용한 공부를 할 거예요. 사전은 우리가 모르는 단어의 뜻을 명확하게 알려 줍니다. 여러분과 선생님은 오늘 읽기 수업시간에 사전을 이용하여 어려운 낱말에 대한 뜻을 찾아보도록 할 거예요"

비교조직자는 학습과제에 대한 선행지식이 있을 경우 선행지식과 새로운 학습 자료의 유사성과 차이점을 인식시켜 변별력을 높이기 위한 개념이나 아이디어를 말한다. 전체항의 합을 구하는 공식을 발견하는 수학 학습 위계에서 최종목표는 수열 전체항의 합을 구하는 공식이다. 부호 인지, 형태 인지, 수 인지에서 단계별로 학습하게 되면 아래에 배열되어 있는 내용들은 인지적으로 학습이 이루어지게 되며 윗 부분에 배열되어 있는 내용들은 이미 배운 내용과 차별화되는 비교조직자가 된다. 전체항의 합을 구하는 비교조직자는 [그림 7-2]와 같다.

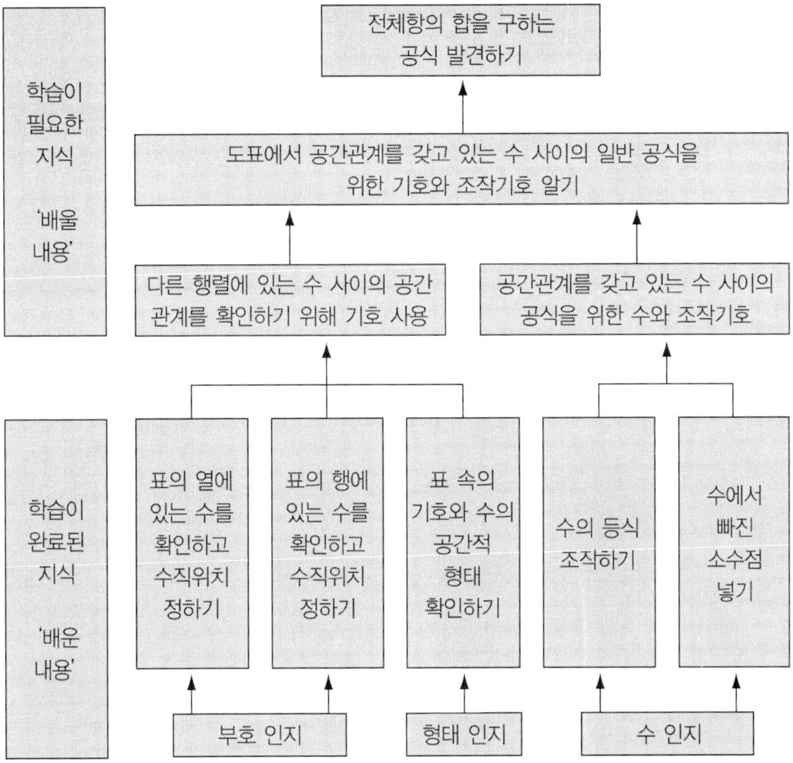

[그림 7-2] 전체항의 합을 구하기 위한 비교조직자

2) Bruner의 발견학습

발견학습은 교육혁신의 역사를 지니고 있는 중요한 구성주의 수업 방법 중 하나이다. 1957년 소련이 Sputnik라고 불리는 인공위성을 쏘아올린 최초의 국가가 됨으로써 미국에서는 새로운 교육에 대한 필요성이 대두되었고 이에 Bruner와 관련 학자들은 새로운 교육개혁을 위한 이론을 발표하였다.

Bruner의 학문중심 교육과정과 더불어 강조되고 있는 것은 발견학습이다. 발견학습은 학습자에게 교과를 최종적인 형태로 제공하는 것이 아니라 학습자 스스로 최종 형태를 조직하도록 요구되는 상황에서 일어나는 학습이라고 정의된다(Bruner, 1961). 발견학습에서는 학생들이 스스로 개념과 원리들을 학습하도록 동기를 부여해야 하며, 학생들이 실험을 통해서 새로운 사실들을 발견할 수 있도록 해야 한다. 발견학습은 다른 수업 방법에 비교해 볼 때 수업이 시작되는 단계에서 교사의 도움이 적다. 수업이 시작되는 때에 교사의 지시를 최소화하고 학습자가 스스로 탐구하여 원리를 발견할 수 있는 시간을 준다.

Bruner의 수업 모형을 발견식 수업이라고 하는 이유는 그가 강조하는 지식의 구조란 정형화된 것이라기보다는 개인이 지식을 구성해 나가는 구조와 관련하여 발견학습을 강조하였기 때문이다. Bruner의 발견식 수업 모형은 [그림 7-3]과 같다(진위교 외, 1991).

Bruner의 발견식 수업 모형을 구성하는 독립변인은 개인을 둘러싼 환경이 되고, 매개변인인 개념화 능력, 지각 과정, 내적 동기는 개념화 과정이 되며

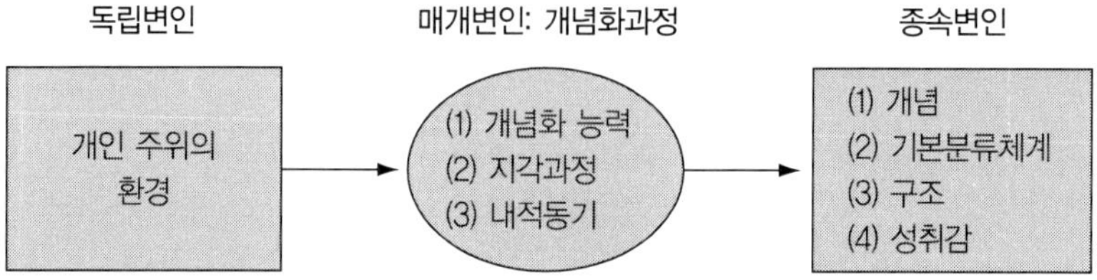

[그림 7-3] Bruner의 발견식 수업 모형

그 결과 종속변인인 개념이 형성되고, 기본분류 체계와 구조가 만들어지며 성취감이 생긴다. 이들 각각을 구체적으로 살펴보면 다음과 같다.

(1) 독립변인

Bruner의 이론에서 독립변인은 학습자 주위의 환경이다. Bruner의 학습 이론에서 학습자가 처음 직면하는 환경은 논리성과 구조성이 없는 것이다. 학생들은 학습을 통해서 주어진 대상 간의 공통성과 차이성을 찾아서 분류하고, 유목화하고, 개념화하고, 구조화해야 한다. 학생들에게 구조화되어 있지 않고 불확실한 환경이 적절한 학습환경이 되기 위해서는 학습자의 내적인 동기를 자극하는 환경이어야 한다. 또한 학습 자료의 구조화 정도도 학습자의 발달 정도에 따라서 차별화가 필요하다. Bruner의 발달 단계에 따른 변별이란 인지 과정상의 발달 수준에 따라서 변별이 가능하도록 자극을 달리하여 제시해야 한다는 것이다. 이를 표현양식(mode of representation)의 변별화라고 한다.

표현양식의 변별화에는 세 가지 단계가 있다. 작동적 표현양식은 학습자에게 개념과 구조를 이해시키는 데 있어서 사물을 그대로 제시하는 것을 말한다. 영상적 표현양식은 학습자에게 영상을 제시함으로써 이해하도록 하는 것을 말한다. 상징적 표현양식은 연령이 높아지면서 추상적이고 상징적인 명제로 제시하는 것을 말한다.

(2) 매개변인

Bruner의 수업 모형에서 매개변인은 개념화 과정, 지각 과정, 내적 동기가 있다.

먼저, 개념화 과정은 환경에 대해서 기술하고, 묘사하고, 분류화하는 능력을 말한다. 이는 주위의 세계를 이해하여 표상(representation)하는 것과 같다. 이때의 표상은 이해한 것을 머릿속에 각인시키는 것이다. 지각 과정은 자극에 대해서 학습하는 과정을 말한다. 이는 외적인 자극들을 유목화하고 분류하고 이렇게 분류된 지식의 덩어리를 구별지을 수 있다는 것을 의미한다. 학습동기는 학습이 이루어지도록 하는 동기를 말한다. 학습자가 학습 자체에 만족감을 느낄 때 학습은 잘 이루어진다. Bruner는 학습이 이루어지기 위해서는 학습자의 내부에서 우러나오는 흥미와 욕구가 중요함을 강조하고 있다. 이를 학습동기라고 한다.

(3) 종속변인

종속변인에는 개념, 기본분류 체계, 지식의 구조, 성취감 등이 포함된다.

개념은 Bruner의 용어로 말하면 유목화이다. Bruner는 개념이 형성되는 유목화의 이점을 다음과 같이 정리하고 있다. 첫째, 유목화는 복잡한 환경을 단순화시킨다. 둘째, 유목화는 지식을 재생시키는 데 용이하다. 셋째, 유목화를 하면 반복적으로 암기할 필요가 없어진다. 넷째, 유목화는 활동의 방향을 만들어 준다. 예를 들어 성난 사자를 보면 도망가야 한다는 것을 알려 준다. 마지막으로, 유목화는 대상과 대상을 관련짓도록 해 준다.

기본분류 체계는 같은 범주에 속하는 것들을 묶어 주는 것이다. 사과, 오렌지, 딸기, 바나나 등은 과일이라는 범주로 분류된다. 기본분류 체계가 형성되면 파지(retention), 발견(discovery), 전이(transfer)와 같은 지적 활동이 촉진된다.

지식의 구조는 단순한 분류 체계를 넘어서는 개념이다. 학교교육은 분류 체계뿐만 아니라 지식의 구조와 관련이 깊다. 그냥 보아서는 관련 없는 것처럼 보이는 대상, 사실, 사태를 서로 관련짓고, 기존의 정보를 이용하여 새로운 정보를 학습하기 위해서는 지식의 구조를 학습할 필요가 있다. 지식의 구조는 분류 체계를 심화시킨 것으로 각 학문 분야의 지식을 분류하여 체계화한 것이다. 학습자가 지식의 구조를 학습하게 되면 정보를 단순화하는 능력, 새로운 원리를 생성하는 능력, 지식을 조작하는 능력이 높아진다.

마지막으로 성취감은 학교교육에서 가르치는 내용을 이해했을 때 느끼는 쾌감을 말한다. 이는 교사가 제시하는 다양한 자극에 대해서 학생들이 선행

지식과 관련지어 지식의 구조를 쌓으면서 느끼는 만족감이다.

(4) 발견학습의 조건들

Bruner는 발견학습이 잘 이루어지기 위한 조건으로 학습태세(set), 요구 상황(need state), 관련 정보의 학습(mastery of specifics), 연습의 다양화(diversity of training)를 제시하고 있다.

학습태세란 학습자가 학습 상황에서 보이는 내적인 경향성을 말한다. 발견지향적인 사람은 일상적으로 그가 가지고 있는 정보 간의 관계를 찾으려고 노력한다. 발견학습을 촉진하기 위해서는 발견을 위한 지시를 자주 하며, 학생 스스로 발견할 기회를 충분히 제공해 주어야 한다.

요구 상황이란 학습자의 학습동기 수준을 의미한다. Bruner에 의하면 보통의 동기 수준은 지나치게 높거나 낮은 동기 수준보다 분류 체계의 발견에 도움이 된다고 한다.

관련 정보의 학습은 학습자가 관련된 구체적인 정보를 알고 있는 정도를 말한다. Bruner는 발견이라는 것은 뜻밖의 우연이 아니라고 말한다. 학습자가 구체적인 정보를 많이 알고 있을 때 발견학습이 잘 이루어진다고 본다.

연습의 다양화는 같은 정보를 갖고 있다고 하더라도 그 정보에 접촉하는 사태가 다양할수록 그 정보를 조직할 수 있는 체계가 잘 발달한다는 것이다.

(5) 발견학습의 교육적 의의

Bruner의 발견학습은 다음과 같은 교육적인 의의를 갖는다.

첫째, 한 교과의 구조를 알거나 교과에 포함된 기본적인 원리를 알면 그 정보를 조직할 수 있는 능력이 증진된다는 것이다. 교과의 조직이 잘 구조화되어 있으면 학습은 쉽게 이루어지지만 교과의 조직이 구조화되어 있지 않으면 학습력과 전이력이 떨어진다는 것이다.

둘째, 기본적인 원리를 조직하도록 돕는 것은 학문의 분류 체계를 학습하는 데 도움이 된다는 점이다. 학습자에게 개념을 구체적이고 단순하게 가르치면 쉽게 이해할 수 있다는 것이 Bruner의 생각이다. 따라서 어떠한 교과에서든지 어려운 내용을 쉬운 개념으로 바꾸어 설명하면 어떤 학생이든 이해할 수 있다고 본다.

셋째, Bruner는 학습자에게 추측이라는 것은 중요한 학습조건이 된다는 점을 강조하고 있다. 따라서 추측이라는 것도 훈련시켜야 한다고 본다. 훈련된 추측은 맹목적인 시도 이상의 것이며 배운 내용과 유사한 상황에서 알고 있는 사실을 바탕으로 예측을 하게 된다.

3. 현대의 구성주의

구성주의는 유의미한 학습이 개인의 체험을 토대로 능동적으로 재구성된 것이라고 볼 수 있다. 학습자들은 기존 지식, 흥미, 목표, 동기, 최신의 정보를 통해 세상에 대한 관점을 구축한다. 따라서 한 사람이 구성한 지식은 다른 사람에게 그대로 적용할 수 없다. 지식은 학습자의 성별, 인종, 종교, 배경, 선행지식의 학습 등과 어우러져 학습자 자신이 만든 경험이라고 볼 수 있다. 구성주의는 두 가지 관점이 있는데, 하나는 인지적 구성주의(cognitive constructivism)이고 다른 하나는 사회적 구성주의(social constructivism)이다.

1) 인지적 구성주의

인지적 구성주의는 어떻게 학습자가 지식을 표상하고 구성하는지와 관련되며 Piaget의 인지발달 이론과 정보처리 이론을 포함하고 있다(Derry, 1996). 인지적 구성주의를 대표하는 학자로는 Piaget, Mayer, Glasersfeld, Fosnot 등이 있다.

Piaget에 의하면 인간의 지적 발달은 환경과 끊임없이 상호작용을 하면서 이루어지는 적응 과정이라고 한다. 그리고 인간과 환경 사이에서 일어나는 상호작용의 본질은 내적인 인지적 갈등을 해결하기 위한 평형화 과정에 있다. 평형화는 동화와 조절을 균형 있게 하는 역동적인 과정이다. 동화는 자기 자신의 논리적인 구조나 이해력을 토대로 경험을 조직해 나가는 것으로, 개인의 자기주장과 같은 성향이며 세상을 자신의 틀로 보려는 현상이다. 그러나 새로운 지식이 등장하였을 경우, 인간은 그 기능을 보존하기 위해서 이전의 행동을 재구성하려고 한다. 하지만 현재 이해하고 있는 인지구조와 맞지 않는 새로운 경험이나 지식이 주어지면 인지구조는 이전의 이해가 불충분하다는 것을 인식함으로써 혼란과 불균형상태를 인식하게 되고 결국은 스스로 조절하게 된다. 따라서 조절은 반성적이고 통합적인 과정이며 자신의 자아를 변화시키고 인지적인 평형을 이룰 수 있도록 도와주는 역할을 한다.

정보처리 접근에서의 구성주의는 인간정신을 상징처리체제로 간주한다. 정보처리 이론에서는 감각으로 들어온 정보는 시연과 정교화를 통해서 명제, 심상, 도식 등으로 전환된 다음 기억 속에 유지되며 인출되는 상징구조이다. 외부세계는 무한하지만 감각기관과 작업기억으로 들어간 정보는 개인마다 독특한 방법으로 장기기억에 저장된다(Mayer, 1996).

Glasersfeld는 Piaget의 이론에서 큰 영향을 받았으며 급진적 구성주의자(radical constructivist)로 분류된다. 급진적 구성주의라는 말은 지식이 객관적으로 존재하는 실체라는 것에 반대하는 입장으로, 지식이나 실체는 학습자에 의해서 구성되며 학습자는 지식 구성의 과정에서 능동적인 입장을 취한다. 지식과 실체는 객관적이거나 절대적인 가치를 지닌 것이 아니다. 학습자는 그의 경험과 환경과의 상호작용에 기초하여 실체를 해석하고 구성해 나간다. 그는 실체에 대한 정답과 오답의 측면에서 진리를 추구하는 것이 아니라 적합성이라는 것에 초점을 맞춘다. 구성주의에서는 개념, 모델, 이론 등이 맥락에서 적합하다고 여겨지면 가치가 있다고 본다(Glasersfeld, 1980).

Fosnot는 구성주의를 인지적인 관점과 사회문화적인 관점으로 구분하는 것은 보편적으로 받아들여지고 있다고 보고 있다. Fosnot는 구성주의가 인간의 학습에 관한 중요한 이론이라고 보며 다음과 같은 교육적인 의의가 있다고 보고 있다(Fosnot, 1989).

첫째, 학습이란 발달의 결과가 아니다. 학습 그 자체가 발달이다. 학생들은 질문하고 가능한 가설과 모형을 만들어 검증한다.

둘째, 반성적 사고는 학습의 원동력이다. 배운 내용에 대해서 왜 그럴까라는 것을 이해하는 것은 지식을 구성하는 것뿐만 아니라 후속적인 학습을 촉진시킨다.

셋째, 다른 사람과의 상호작용은 더 나은 사고를 촉진시킨다. 교실은 학생들의 다양한 활동과 상호작용을 일으키는 대화의 장소가 되어야 한다. 교실에서 타인의 생각을 공유하고 가장 좋은 의견을 찾아내는 것은 공유된 관점을 발전시키는 노력이다.

넷째, 학습은 인지구조를 발전시킨다. 학습자가 새로운 내용을 받아들여 인지구조를 변화시켜 나가면 인지구조에서 변화가 일어나 창조적인 발전이 이루어진다.

2) 사회적 구성주의

사회적 구성주의는 인간이 어떤 특정한 사회에 태어나 자라면서 그들의 사회만이 지니고 있는 독특한 문화와 행동적 양식을 습득하는데, 이때 그가 속한 사회와 구성원들 간에는 상호작용이 필요하다고 보고 있다. 사회적 구성주의는 Vygotsky의 이론을 토대로 하고 있으며 인간의 인지적 발달과 기능은 사회적 상호작용이 내면화되어 이루어지는 것으로 본다. Vygotsky는 인간들 사이에서 이루어지는 상호작용을 가능하게 하는 언어, 중재, 역사성 등이 인간의 지식형성에 미치는 문제에 관심을 가지고 있으며 모든 지식의 구성은 사회적 요인에 의해서 중재된다고 보고 있다. 사회적 구성주의를 대표하는 학자들은 Vygotsky, Rogoff 등이 있다.

Vygotsky가 관심을 둔 부분은 개인과 사회가 상호작용을 하는 것과 언어 및 문화가 학습에 미치는 영향에 관한 것이었다. Vygotsky는 아동의 자발적인 학습이 체계적이고 논리적인 성인의 추론과 만나는 지점을 근접발달대라고 보았다. 근접발달대는 학습자의 학습에 대해서 전문적인 지식과 기술을 지닌 사람이 도와줄 경우 학습자 개인이 도달할 수 있는 인지적인 수준보다 더 발전된 수준에 이를 수 있다는 개념이다. Bruner와 Ratner(1978)는 Vygotsky의 이론을 확장하여 비계설정(scaffolding)이라는 개념을 제안하였다. 이들은 엄마와 영아가 상호작용하는 과정에서 이루어지는 대화를 연구하였는데, 엄마는 영아의 반응을 모방함과 더불어 영아의 인지적 활동을 자극하고, 확장시킴으로써 영아가 언어발달을 촉진하도록 도와주는 것을 발견하였다. 이러한 과정은 아동의 초기 언어발달에 영향을 미치며 영아가 성장하면서 점차 내적인 언어를 사용하는 데 도움이 된다고 보았다.

Rogoff는 아동이 능동적으로 관찰하고 타인과의 상호작용에 참여할 때 이

〈표 7-2〉 인지적 구성주의와 사회적 구성주의의 비교

구분	기본특성	수업함의
인지적 구성주의	• 기존의 지식과 스키마는 연관성이 있다고 판단되는 새로운 아이디어를 받아들인다(동화). • 새로운 지식은 기존 지식구조와 모순이 되어 기존의 도식은 새롭게 변화한다(조절). • 동화와 조절의 과정은 선천적인 기제이며 동료나 환경과의 상호작용으로 인해서 내면화된다.	• 교사는 학생들이 알고 있지 못한 새로운 아이디어를 제시함으로써 아동이 현재 가지고 있는 인지 체계와 불균형 상태를 만든다. • 아동은 새롭고 유용한 인지 체계를 구성하기 위해서 혼자서 또는 친구들과 함께 공부한다. • 아동은 새로운 지식을 통해서 내적인 도식을 발전시켜 나간다.
사회적 구성주의	• 학습은 지식을 대면하는 상황에서 일어나고 좀 더 유능한 또래나 성인에 의해서 영향을 받는다. • 타인의 도움을 통해서 획득되는 지식과 기능은 기존 도식과 연결되고 점차 내면화된다. 이러한 내면화는 학습자가 점점 자기조절학습을 하도록 이끌어 준다.	• 교사는 실제적이고 개방적인 과제들을 활용하는 비계설정(scaffolding)을 함으로써 아동이 지식을 재구성하도록 돕는다. • 교사의 도움 아래에서 아동은 새로운 개념을 구성하기 위해서 협동학습을 한다. • 상호작용 속에서 아동은 공유된 의미를 구성하고 내면화한다.

미 아동은 사회적 활동에 열중하는 것이라고 함으로써 Vygotsky 이론을 지지하고 있다. 그는 아동이 사회적인 상호작용을 한다는 것은 결코 외부에서 일어나는 것이 아니며 내면화와 분리된 과정으로 보면 안 된다고 보고 있다. 사회적 실제에 아동이 능동적으로 참여하고 있다는 것은 아동이 상호작용을 통해 학습에 열중하고 있으며 학습에서 공유된 이해를 하고 있다는 것이다(Rogoff, 1990). 인지적 구성주의와 사회적 구성주의를 비교 · 분석한 것은 〈표 7-2〉와 같다(Snowman & Biehler, 2003).

4. 구성주의 이론에 따른 주요 학습 모형

1) 인지적 도제 모형

인지적 도제(Cognitive Apprenticeship) 모형은 구성주의 학습 이론에서 가장 널리 사용되는 모형이다. 인지적 도제라는 용어는 Collins, Brown과 Newman(1980)이 수업 모형을 개발하면서 전통적인 도제 개념에 기초하여 사용한 용어이다. 이후 인지심리학에서는 Vygotsky 학파의 Rogoff(1990)가 아동은 사회적 상호작용을 통해서 사고 능력을 발달시킨다고 보고 이에 기초하여 인지적 도제 모형을 설명하였다.

인지적 도제 모형은 사회적 구성주의를 기초로 하고 있다. 인지적 도제 모형은 개인의 인지발달을 향상시키기 위한 목적으로 전문가와 초보자가 사회적으로 상호작용을 하는 가운데 초보자가 전문가의 인지적 수준을 점차 내면화하도록 도와주는 상호작용 유형이다(Granott, 1993). 인지적 도제는 개인이 가지고 있는 지식을 다양한 상황에서 활용하기 위해서는 지식습득의 과정에서 지식을 구조화하여 학습해야 하고, 그 지식을 활용할 수 있는 고차적인 인지기능도 함께 학습하는 것이 필요하다는 것을 전제로 하고 있다. 또한 학습자의 지식 구조화와 고차적 인지기능의 숙달 그리고 상황에 기초한 지식의 습득을 도와주기 위해서는 실제 상황에서 전문가가 과제 수행 방식에서 시범을 보이고, 이를 관찰한 학습자가 전문가의 도움과 안내를 받아 가며 과제를 수행함으로써 전문가의 과제수행 방식을 점차로 내면화하고, 다양한 실제 상황에 일반화시켜 보도록 하는 과정이 필요하다는 것을 전제로 하고 있다(송명은, 2003).

인지적 도제 모형에 따르면, 학습은 전문가가 시험을 보이는 모델링(modeling), 문제해결을 위한 인지적 틀을 제시하는 비계설정(scaffolding), 학습자 스스로가 문제해결을 할 수 있는 교수적 도움의 감소 단계(fading)의 순서로 이루어진다.

2) 상황적 학습 모형

상황적 학습 모형(Situated Cognition Theory)에서는 지식이란 단독으로 제공되는 것이 아니라 상황적인 것이며 활동, 맥락, 문화 안에서 만들어지는 것이라고 본다. 학습자들은 구체적인 상황 속에서 학습을 하고 구체적인 상황 속에서 어려움을 해결해 나가며, 새로운 상황을 나름대로 이해하여 조직하며, 구조화된 지식을 자료로 활용하여 또 다른 상황에 적용한다고 한다. 이렇게 볼 때 상황적 학습은 실제적인 학습을 학습자에게 제공하는 문화적응의 과정이다.

Dewey의 경험주의 학습에 기반을 둔 상황적 학습 모형은 실제와 유사한 상황에서 이루어지는 학습만이 의미 있는 학습이라고 주장한다. 상황적 학습 모형은 교사와 학생 간에 지속적으로 탐색할 수 있는 의미 있는 문제해결 과정을 통해서 학습자들이 다양한 상황에서 전문가들이 부딪히는 문제와 기회들을 이해하고, 지식을 도구로 활용하여 문제를 정의하고, 표현하고, 해결하는 방법을 이해할 수 있도록 도와줌으로써 생산적인 학습활동에 몰입할 수 있도록 하는 것이다.

상황적 학습 모형은 학생들이 독립적이고 개인적인 인지적 성찰 과정과 능력을 계발할 수 있도록 하는 데 초점을 둔다. 이 모형은 학생들이 어떤 문제를 해결해 나가는 데 있어서 문제형성 과정에서부터 시작하여 문제해결과 평가에 이르는 전 과정을 주도해 나가는 학생 주도형 학습 모형이다. 이때 복잡한 문제를 제시함으로써 학생들의 인지적 활동을 자극하고 복잡한 문제를 다룸으로써 학생들이 더욱 재미있고 의미 있는 학습이 되도록 동기부여를 한다.

상황적 학습 모형의 특징은 다음과 같다.

첫째, 상황적 학습 모형은 수업시간에 배운 지식을 다양한 환경에서 도구로 활용하여 새로운 문제해결의 연결고리로 활용될 수 있도록 한다.

둘째, 상황적 학습 모형은 거시적 맥락을 제시함으로써 문제해결에 필요한 지식들이 일련의 학문적 연계성을 갖추고 학습자의 인지활동이 활발해질 수 있도록 돕는다.

셋째, 개인이 경험한 사실들이 소집단에 반영되는 협동학습을 지향하며 소집단에서의 개별화 학습을 중시한다.

3) 인지적 유연성 모형

인지적 유연성(cognitive flexibility) 모형은 Piaget의 개인적 구성주의에 근거하고 있다. 인지적 유연성은 여러 지식의 범주를 넘나들고 연결 지으면서 상황적 요구에 탄력성 있게 대처하는 능력을 말한다. 인지적 유연성은 창의적이고 새로운 아이디어를 생각해 낼 수 있는 능력과 다양한 관점에서 문제를 바라보고 해결할 수 있는 능력, 복잡하고 새로운 상황과 문제에 흥미를 느끼고 회피하지 않는 인지 등으로 정의된다(Martin & Rubin, 1995). 인지적 유연성은 인지구조에 관한 것이며 실제로 존재하는 구조를 의미하는 것이 아니라 각 개인이 스스로에 대해서 인지하는 방식에 관한 것이다. 인지적 유연성 모형에서는 학교학습에 다음과 같은 변화가 필요하다고 밝히고 있다.

첫째, 학교학습에서는 인지적 융통성 이론을 바탕으로 중요하면서도 어려운 내용을 학생들이 잘 학습할 수 있도록 도와주어야 한다. 개념을 피상적으로 이해하고 사실을 기억하는 것보다는 의미 있고 깊은 이해를 하도록 해야 한다.

둘째, 학교학습에서는 실제 생활에서 학습한 지식을 보다 융통성 있게 적용할 수 있는 능력을 길러 주어야 한다. 인지적 유연성 이론의 가장 핵심적인 목표는 학습자들이 배운 지식을 융통성 있게 재구성하여 새로운 상황에 적용할 수 있도록 하는 것이다.

셋째, 학교학습에서는 인지적 유연성을 바탕으로 학생들이 생각하는 방식을 바꾸어 주어야 한다. 인지적 유연성 모형에서는 개인이 특정한 지식을 습득하는 것보다는 개인이 어떻게 지식에 접근하여 습득할 수 있는지에 관한 개념의 틀로 바꾸어 주어야 한다고 본다. 인지적 유연성 모형에서는 실제로 지식의 다양성, 관련성을 찾는 것이 중요하다고 본다.

넷째, 교육공학에서는 구성주의를 받아들여 컴퓨터를 통한 개별화수업에 활용하고 있다. 학교학습에서 복잡한 개념과 다양한 지식을 적용하고 신장시키기 위해서는 컴퓨터를 활용한 학습환경을 발전시켜야 한다. 컴퓨터를 활용한 학습환경에서는 학습자 개개인의 수준에 따라서 학습자가 어려운 개념을 몇 번이고 학습하고 재학습하는 것이 가능하다. 하이퍼텍스트의 학습환경은 학습내용을 다양한 관점으로 학습할 기회를 제공함으로써 학습자가 폭넓고 융통성 있는 인지구조를 갖도록 해야 한다.

인지적 도제 모형, 상황적 학습 모형, 인지적 유연성 모형의 특성 및 차이점은 〈표 7-3〉과 같다(강인애, 2003).

인지적 도제 모형에서는 처음에는 주변적 참여에서 시작하지만 이후 완전한 참여를 통해서 문제를 해결해 나간다. 문제를 해결할 때에는 문제해결에 대한 대안들을 탐색하고, 명료화하고, 비교 · 분석한다. 학생들은 교사 및 동료 학생들과의 관계에서 학습하는 방법을 익히며 자신의 인지적인 활동을 통제하는 능력을 습득한다. 교사는 학생들의 학습을 도와주는 촉매자의 역할을 한다. 문제해결의 과제는 실제생활과 관련된 과제를 다룸으로써 사회와 문화

〈표 7-3〉 구성주의 모형들의 이론적 특성과 차이점

구성주의 원칙	인지적 도제 모형	상황적 학습 모형	인지적 유연성 모형
학습의 주도권	문제해결은 주변적 참여에서 시작하여 완전한 참여와 주도	생활과 관련된 문제 자체의 형성에서 시작하여 문제해결안을 제시	언급되지 않음
인지적 자기성찰	메타인지적 능력을 강조: 과제 해결 대안들에 대한 탐색, 명료화, 비교분석 능력	인지적 도제 모형과 동일	인지적 도제 모형과 동일
협동 학습	동료학생, 교사와의 사회적 관계에서 학습을 하고 자신의 인지적 활동을 조절하는 능력을 배움	인지적 도제 모형과 동일	언급되지 않음
교사의 역할	학생들의 학습을 도와주는 촉매자로서의 역할을 강조	학생들의 학습을 도와주는 촉매자 역할과 동료 학습자로서의 역할을 강조	인지적 도제 모형과 유사한 역할을 강조
복잡하고 실제적인 과제	사회집단에 문화적 동화가 이루어질 수 있도록 실제 상황과 관련된 과제를 다룸	다양한 지식을 활용하여 복잡한 문제를 다룸	구조화하거나 정형화하기 힘든 복잡한 과제를 다룸
상황이 강조되는 학습환경	특정 사회집단에서 필요로 하는 실제적이고 다양한 특성이 포함되어 있는 학습환경	복잡하고 실제적인 문제가 컴퓨터 프로그램을 통해 서술적 형태로 제시되는 학습환경	실제적 과제를 단편적으로 나누어서 과제에 깃들인 복잡함을 학습하도록 하는 학습환경

에 동화되도록 한다.

상황적 학습 모형에서는 생활과 관련된 문제를 형성하고 이에 대한 문제해결 방법을 찾아 나간다. 문제해결을 위해서는 관련된 대안들을 탐색하고 명료화하며 비교분석을 한다. 인지적 도제 모형과 마찬가지로 학생들은 교사 및 동료 학생들과의 상호작용을 통해서 학습을 발전시켜 나간다. 교사는 학생들의 학습을 도와주는 촉매자의 역할과 더불어 동료 학습자의 역할 모두를 해야 한다. 학생들은 여러 상황을 함축하고 다양한 지식을 활용하여 복잡한 문제를 해결해 나간다.

인지적 유연성 모형에서는 인지적 도제 모형과 마찬가지로 학생들은 문제를 해결해 나가는 데 있어서 인지적인 능력이 강조되며 과제를 해결하기 위한 대안들을 탐색하고 명료화하고 비교 · 분석을 한다. 교사는 학생들의 학습을 도와주는 촉매자의 역할을 한다. 여기에서는 구조화하거나 정형화하기 힘든 복잡한 과제를 다루며 실제적 과제를 다양한 각도에서 살펴보면서 문제를 해결해 나간다.

5. 구성주의 교수-학습 원칙

강인애(2003)는 구성주의 인식론적 입장에 근거하여 교수-학습 원칙을 제시하고 있다. 여기에서는 학습자를 자율적인 지식의 형성자이며, 반성적인 실천가라고 본다. 따라서 학습자에게는 구체적인 상황을 배경으로 하여 실제적인 과제를 제시하고, 협동학습을 통해서 학생들의 구성 능력을 발전시켜 나아가야 한다고 보고 있다.

1) 학습자는 자율적인 지식의 형성자

강인애(2003)의 견해는 현상과 사물을 인지하는 주체로서 학습자의 주관적인 인지작용과 그 학습자의 사회 · 문화적인 배경과의 상호작용을 통해 지식이 형성되고 구성된다는 인식론적 입장에 근거한 것이다. 이와 관련하여 학습자는 더 이상 수동적인 지식의 습득자가 되기보다는 적극적이고 자율적인 지식의 형성자가 되어야 한다고 본다. 따라서 모든 학습환경도 적극적이고 자율적인 학습자의 생각과 지식, 그리고 능력을 적극 발휘할 수 있도록 조성되어야 한다.

학습에 대한 구성주의적인 입장에서는 자기조절학습 능력이 필요하다고 본다. 학습자 스스로 자율적이고, 자신감 있고, 책임감 있게 자신의 학습을 관리하고 학습의 목표와 방향을 설정해 나갈 수 있는 능력이 필요한 것이다. 문제해결에 대한 자율적인 결정을 통해서 얻는 것은 단순히 인지적인 요소들만을 의미하지는 않는다. 궁극적인 목적은 학습자가 사회의 규범, 사고방식 등을 배우고 자율적으로 실천하도록 하는 데 있다.

2) 반성적 실천

반성적 실천(reflective practice)이라는 것은 개인이 자신의 경험이나 일상적인 사건 또는 현상에 대해서 무심코 지나쳐 버리는 것이 아니라 그 의미와 중요성에 대해서 의문을 가지는 인지적인 습관을 말한다. 당연하게 받아들이던 모든 것에 질문을 던지고, 분석하고, 대안을 구해 보는 것이다. 즉, '무슨 일이 일어났는가?' '나는 그것에 어떤 식으로 대응하고 행동했는가?' '나는 왜 그런 식으로 대응할 수밖에 없었는가?' '이런 일이 또 발생하면 나는 어떻게 행동할 것인가?' 등과 같은 반성적인 질문들은 자아를 성찰하게 한다. 이러한 인지적인 사고는 지금까지 당연하게 받아들여 왔던 현상이나 이해에 대한 새로운 시각을 발견하게 하고, 나아가 자신의 생각이나 견해를 논리적이고 설득력 있게 제시하고 판단할 수 있게 해 준다.

3) 구체적인 상황을 배경으로 한 실제적 과제

객관주의 이론들이 비난받는 이유는 상황이 지니고 있는 구체적인 성격을 배제하고 일반화와 보편성만을 추구했다는 점이며, 학생들이 사회에서 직면하게 되는 문제들과는 달리 교과서적이고 인위적인 것들만을 다루었다는 점이다. 상황이 강조되는 구성주의에 따르면, 우리가 무엇을 '이해했다' '배웠다'고 말하기 위해서는 구체적 상황이 전제되어야 한다. 예를 들어, 물리 공식을 배웠다는 것만으로는 학습했다고 보기 어렵다. 그 지식을 이용하여 구체적인 상황이 담긴 문제를 풀어 가면서 그 공식에 대한 근본적인 이해를 할 수 있어야 한다. 또한 그 공식이 어떤 의미로 어떻게, 왜, 언제 쓰이는지를 알 수 있어야 한다. 그때서야 비로소 '배웠다' '이해했다'는 말을 할 수 있는 것이다.

실재성이란 어떤 과제가 특정한 학습목표의 달성과 얼마나 관계가 있는가를 보여 주는 것이다. 학교수업에서 역사를 배운다고 할 때 실제적 과제라는 것은 학생의 인지 수준에 맞게 가족의 역사를 알아 온다든지, 할머니 할아버지와의 인터뷰를 통해서 우리 조상의 전통문화를 알아오는 것 등이 될 것이다. 이러한 방식으로 학생은 주어진 과제를 통해서 역사학자들이 어떤 방식으로 역사를 연구하고 있고 연구에 참여해 나가고 있는가를 이해하게 된다. 따라서 역사를 공부할 때 역사적 사건이나 인물을 연대순으로 암기하도록 하는 것은 실제적인 과제가 아니다.

4) 협동학습환경의 활용

구성주의를 극단적인 상대주의 또는 극단적인 주관주의와 구분하도록 하는 것이 바로 협동학습환경이다. 지식의 습득과 형성은 단지 인간의 개인적인 인지작용으로만 이루어지는 것이 아니라 개인이 속한 사회 · 문화적인 특성과 상호작용하는 것을 전제하고 있다. 이때 학교라는 환경에서 이루어지는 사회 · 문화적인 배경과의 접촉은 바로 학생들 간에 또는 교사와 학생 간의 협동학습을 통해서 이루어진다.

협동학습은 그룹과제나 그룹토의 등을 통해서 이루어지는데, 흔히 협동학습의 목적은 어렵고 복잡한 문제를 해결해 나가는데 있어 서로 과제를 나눔으로써 인지적인 부담을 덜어 주는 것이라고 이해하는 경향이 있다. 그러나 구성주의에서 의미하는 협동학습은 사람들마다 얼마나 다양한 생각과 견해를 지니고 있는지를 배우게 하는 데 있다. 나아가서 여러 가지 다른 견해와 생각을 어떻게 하면 잘 조율해서 공동의 이해와 생각에 도달할 수 있는가가 중요하다. 이런 협동학습 체제를 활용하다 보면 자연적으로 자신의 견해와 생각을 논리적으로 설득력 있게 제시하는 기술을 익히게 되며 토론과 협력의 기술도 익힐 수 있다. 이때 협동학습의 중요성은 공유된 시각과 견해에 도달하는 데에만 있지는 않다. 서로 견해를 좁힐 수 없게 되더라도 이러한 차이점, 갈등에 노출되는 것만으로도 다차원적인 접근을 이해하는 시각을 길러 주며 좀 더 깊이 사고할 수 있는 기회와 자극을 제공한다.

6. 구성주의에 기초한 수업에서 교사의 역할

구성주의를 수업설계와 수업에 적용하기 위한 주요 원리들은 다음과 같다(Dunlap & Grabinger, 1996; Snowman & Biehler, 2003).

첫째, 구성주의 학습은 지속적인 자기 구성의 과정이다. 따라서 학생 스스로 학습에 대한 주인의식을 갖도록 하고 학습 과정과 결과에 책임을 질 수 있도록 해 주어야 한다. 이를 위해서는 지식을 구성하는 과정을 직접 경험할 수 있는 기회를 제공해야 한다.

둘째, 구성주의에서 교사는 주변 상황이나 목적에 맞는 최선의 교육 방법이나 접근 방법을 알아 둘 필요가 있다. 때로는 사실적인 정보를 암기하는 것이 필요할 수 있고, 명확하게 정리된 설명식 수업과 탐구적인 방법이 효과적이기도 하다.

셋째, 학생들에게 학습이 의미 있게 다가가기 위해서는 이러한 공부가 왜 필요하며 그 이유는 무엇인지를 명료하게 밝혀 주고, 학습한 내용이 실제 상황에서 효율적으로 적용될 수 있도록 해야 한다. 이를 위해서는 선행지식을 최대한 활용하고 수업을 실제 상황과 관련시킴으로써 내용의 유의미성을 증진시키고 다양한 수업 방법을 활용하여 내용을 학습하는 기회를 제공해 주어야 한다.

넷째, 구성주의 수업에서 교사는 예술가가 되어야 한다. 구성주의 수업에서 교사는 안내하면서 학생들이 어떻게 반응하느냐에 따라서 교사의 역할을 변화시켜야 한다. 교사는 자신이 설계한 수업안을 가지고 학생들을 끌고 가는 것이 아니라 학생들의 반응과 관점에 따라서 수업을 변형시키는 예술가의 능력이 필요하다.

다섯째, 교사는 지식과 기능을 단순히 전달하기보다는 학생 스스로 자신에게 의미 있는 지식을 구성하도록 환경을 조성해 주어야 한다. 특정 상황에 대한 예측과 가설설정, 실험 계획을 세우고 탐구해 나가도록 하고 다양한 조건들이 주어졌을 때 내용과 문제를 서로 다른 관점에서 재조명하도록 해 주어야 한다.

여섯째, 교사는 협동학습을 통해서 사회적 상호작용을 촉진시킬 필요가 있다. 학습은 대화적이고 사회적인 과정이다. 구성주의 학습에서는 협동학습의 상황을 강조한다. 구성주의에서 협동학습은 집단 구성원들과 상호작용을 하면서 사회적 기능을 배우고 대안적인 견해를 공유하고 발전시키는 데 목적이 있다.

일곱째, 학습내용과 학습의 과정 및 성과에 대해서 스스로 반성해 보도록 해야 한다. 학생 자신이 학습에 대해서 그리고 자신이 학습으로부터 무엇인가 중요한 것을 얻기 위해서는 학습한 내용과 학습 성과에 대해서 반성적으로 생각해 보는 것이 필요하다.

Part 4

정의적 특성과 발달

제4부에서는 정의적 특성과 발달을 다루는데, 범위도 넓고 내용도 다양하다. 8장 '학생의 동기'에서는 전통적인 동기 이론(행동주의, 정신분석학, 인본주의, 인지주의)과 현대의 동기 이론(성취목표지향성, 자기결정성, 희망 이론)을 제시하였다. 9장 '학생의 정서'에서는 정서, 정서지능, 정서조절의 발달을 다룬다. 10장 '심리성적 발달과 사회적 발달'에서는 Erikson의 심리사회적 발달과 자아정체감 발달을 소개하고 Marcia에 의해서 발전된 자아정체감의 유형을 다루었다. 11장 '도덕성 발달 이론'에서는 Piaget와 Kohlberg의 도덕성 발달 이론을 다룬다. 그리고 신 Kohlberg 이론가 중 한 사람인 Rest의 도덕발달 요소를 소개하고 도덕발달을 위한 교육적 의의에는 어떤 것들이 있는가를 제시하였다.

chapter 08 학생의 동기

동기를 국어사전에서 살펴보면 어떤 일이나 행동을 일으키게 하거나 마음을 먹게 하는 원인이나 계기라고 정의되어 있다. 동기는 인간이 어떠한 행동을 하도록 하는 에너지 또는 근원이라고 할 수 있다. 김아영(2010)은 동기를 행동의 시작을 이끌고, 방향을 결정하며, 끈기와 강도를 결정하는 힘이라고 정의했다. Chunk, Pintrich와 Meece(2008)는 동기를 목표 지향 활동이 유발되고 유지되는 심리적 과정이라고 정의했다.

동기에 대한 관점은 학자 또는 학파에 따라 다양하다. 여기에서는 교육심리학과 관련되는 동기 이론을 행동주의 접근, 정신분석학적 접근, 인본주의적 접근으로 나누어 살펴보고자 한다.

1. 전통적인 동기 이론

1) 행동주의 동기 이론

Thorndike는 자극과 반응이 연합되어 학습이 일어난다고 보았다. 그의 실험에서 학습은 고양이가 어슬렁거리며 하는 행동 중 시행착오에 의해서 우연히 일어났다. 고양이는 먹이를 먹거나 상자에서 나가려는 목표를 갖고 있으며 목표를 향한 여러 가지 행동들 중 우연히 행한 한 가지 방법에 의해서 목표에 도달하게 된다. 이때 학습은 바로 일어나는 것이 아니라 점진적으로 일어난다. 자극과 반응 사이의 시행착오적인 행동들이 계속 줄어들며 나중에는 자극(배고픔)과 원하는 반응(지렛대를 누르면 음식이 나옴)이 바로 나타난다. 고양이는 반응을 얻는 데 성공한 행동들을 계속 시도하게 되고 그렇지 못한 행동들은 버리게 된다. 이러한 연결주의 이론에서는 결과가 만족스럽게 되면 동기가 형성된다고 본다.

Skinner의 조작적 조건화는 동기 분야에 있어서 특히 중요하다. Skinner의 정적 강화와 부적 강화는 행동할 수 있는 가능성을 높여 준다. Skinner의 강화는 행동을 유발하는 데 매우 강력하고 효과적이다. 그는 행동이라는 것은 효과적인 강화를 통해서 증가된 반응행동이라고 본다.

신행동주의자인 Hull은 자극이 반응으로 나타나고 그 반응이 생리적인 욕구를 만족시키면 해당 자극과 반응의 결합은 강해진다고 본다. 그는 인간의 행동은 특정한 결핍에 의해서 발생하는 욕구를 해소하기 위한 충동(drive)을 감소시키는 것으로 보았다. 이를 충동-감소 이론(drive reduction theory)이라고 하는데, 욕구는 배고픔이나 결핍상태이고 유기체는 그 결핍을 보충하기 위해서 음식을 먹는 행동을 한다. 이후에는 배고픔이 생기면 바로 먹는 행동을 하는데, 이러한 행동은 배고픔의 욕구를 감소시키기 위한 것이라고 본다. 목이 마르면 물을 마시게 되는 경우도 마찬가지이다. 목이 마르면 물을 마심으로써 목이 마르는 결핍상태를 줄인다.

이와 같이 행동주의에서는 연합학습, 강화, 충동이 동기가 되어 목표를 도달하는 원동력이 된다고 보고 있다.

2) 정신분석학적 동기 이론

Freud는 인간의 성격을 원자아(id), 자아(ego), 초자아(superego)로 나누고 동기의 원천은 원자아 속에 있는 정신 에너지(리비도)라고 믿었다. 그리고 원자아는 원시적이고 쾌락적인 충동을, 자아는 합리적인 자기를, 초자아는 내재화된 사회적인 가치를 추구한다고 보았다. 원자아는 기본적 욕구충족을 위해서 전념하는 성격 구조로 심리적 에너지는 원자아 속에 구축된다. 정신 에너지는 욕구가 생길 때 발생한다. Freud는 사람이 정신활동에 사용할 수 있는 정신 에너지의 양은 정해져 있다고 보고 정신 에너지는 더해지지도 않고 없어지는 것도 아니라고 보았다. 따라서 정신 에너지는 폐쇄된 체계이다. 정신 에너지는 상상, 공상, 생각 등 심적 표상에 투여된다. 투여된 강도는 투여된 에너지의 양이다. 투여된 에너지가 많을수록 다른 정신활동에서 이용할 수 있는 정신 에너지는 줄어든다고 본다.

Adler는 Freud와 같이 무의식이나 본능과 같은 에너지보다는 사회적으로 열등의식이 지각되면 이를 보상받기 위해서 우월을 추구한다고 보았다. 그는 열등감은 새로운 도약을 위한 원천이라고 보았다. 그리고 열등감을 극복하려는 욕구와 우월감을 추구하려는 욕구가 상호작용을 하여 인간의 동기를 만들어 낸다고 생각했다. 우리가 살아가면서 느끼는 많은 동기나 욕구의 밑바닥에는 열등감을 극복하고 보상하기 위한 목적이 있다는 것이다. 살아가는 동안 부족하다고 느끼는 부분을 보충하고 이를 뛰어넘어 완벽함을 추구하는 것이 인간이라고 본 것이다. Adler는 우리가 느끼는 부족함 자체가 중요한 것이 아니라 우리가 가지고 있는 결점을 어떻게 받아들이고 대응하는가가 중요하다고 보았다. 그에 따르면, 건강한 사람들은 살아가면서 현실을 직시하고, 인생에서 무력감을 안겨 주는 여러 가지 일을 수용하고 받아들인다고 한다. 그리고 그것을 극복하기 위해서 용기와 자신감을 갖고 열등감을 극복하기 위해 현실적인 목표를 잡아 삶을 설계한다. 하지만 건강하지 못한 성격을 가진 경우에 긍정적으로 보상되지 못한 결점은 열등 콤플렉스나 우월 콤플렉스로 진행되어 과장되고 신경증적 증상이 나타날 수 있다고 보았다.

3) 인본주의 동기 이론

인본주의 심리학은 1960년대 초 Rogers, Maslow, Allport 등에 의해서 발전되었다. 그중 Maslow는 인본주의 심리학의 창시자로 여겨진다. 그는 정신분석학적인 입장과 행동주의를 강하게 비판하였으며 건강한 사람들의 성격에 관한 연구를 바탕으로 그의 이론을 형성하였다. 그는 인간의 건강한 면을 알아야 정신적으로 병든 것들을 이해할 수 있다고 보고 건강한 인간의 본성에 관심을 가졌다.

Maslow는 인간이 자신의 잠재력을 성장시키고 완성시킬 수 있는 본능적인 욕구를 가지고 태어난다고 보았다. 그는 인간이 정신적으로 성장하는 데 더 많은 관심이 있다고 보았고 욕구위계 이론을 제안하였다. 이 이론에서는 인간이 하나의 욕구를 충족하면 위계적으로 높은 욕구가 발생하고 그것을 충족시키려고 한다고 본다. 그의 중요한 공헌은 동기가 어떻게 위계적으로 조직되는가를 설명하는 욕구위계 이론을 개발했다는 점과 건강한 성격에 대한 기술을 바탕으로 하여 만든 자아실현에 관한 것이다.

(1) 생리적 욕구

생리적 욕구는 인간의 모든 욕구 중에서 가장 강력한 욕구이며 이 욕구가 충족되지 않으면 다른 욕구들이 차단될 수 있다. 생존을 위해서 필요한 물, 음식, 공기, 수면 등에 관한 욕구는 다른 욕구에 비해서 강하며 기본적인 것이다.

(2) 안전의 욕구

안전의 욕구는 신체적인 위협이나 불확실성에서 벗어나고자 하는 욕구를 말한다. 이 욕구는 일반적으로 안전을 추구하는 도구로서 기능하며 현대사회에서 안정성 있는 직업의 선호, 돈에 대한 선호 등이 여기에 포함된다고 할 수 있다.

(3) 소속감과 애정의 욕구

소속감과 애정의 욕구는 다른 사람과 친밀한 관계나 특별한 관계를 맺고 싶어 하고, 사랑하고 사랑받고 싶은 욕구이다. 일반적으로 타인과 우호적인 관계를 형성하고 유지하려고 하는 것 등이 여기에 포함된다.

(4) 자존감 욕구

자존감 욕구는 자신으로부터의 존중과 타인으로부터의 존경을 받고 싶어 하는 욕구를 말한다. 자존감의 욕구를 이루기 위해서 개인은 유능감, 자신감, 숙달, 성취, 독립, 자유 등을 갖추어야 하며, 그렇지 못하면 열등감과 무력감에 빠질 수 있다는 것이다.

(5) 자아실현 욕구

자아실현 욕구는 발달의 마지막 단계이며 자신의 모든 잠재력과 능력을 인식하고 충족시키는 것을 말한다. Shultz(1982)에 의하면 자아실현을 이룬 사람들은 현실에 대한 객관적인 지각 능력과 판단 능력을 가지며, 자기 자신과 타인에 대해서 수용적이며, 자발적이고 자연스러운 자기표현을 하며, 타인과의 인간적인 유대관계가 강하고, 인간이 처한 상황에 대한 공감과 애정을 느끼며, 독립성과 자율성에 대한 욕구가 강하고, 창의적이라고 한다.

4) 인지주의 동기 이론

인지주의 관점에서는 인간이 능동적으로 지식을 구성하고 사고하는 존재라고 본다. 여기에서는 인지주의 동기 이론 중에서도 기대-가치 이론과 귀인 이론을 소개하고자 한다.

(1) McClelland의 성취동기

성취동기 개념을 처음 사용한 사람은 McClelland(1953)이다. 그는 성취동기를 30여 년간 연구하면서 성취동기는 과연 학습될 수 있는 것인가에 초점을 두었다. 그는 성취동기란 우수한 수준에 머무르지 않고 더 잘하기 위해서 노력하는 욕구라고 보았다. 그는 성취동기를 측정하기 위해 주제통각검사(TAT)를 선택하였다. 주제통각검사(TAT)는 1936년 Murray에 의해서 개발된 검사도구로서, 인물의 주체적인 욕구와 환경이 갖는 객관적인 압력에 대한 공상적인 주제의 이야기를 통해 개인의 역동적인 심리구조를 분석하는 방법이다.

McClelland는 성취동기가 높은 사람과 낮은 사람을 비교하면서 성취동기가 높은 사람은 다음과 같은 특징이 있다고 밝히고 있다.

첫째, 성취동기가 높은 사람들은 어려운 과제를 좋아하고, 신중하고 적절한 모험을 즐긴다. 둘째, 성취동기가 높은 사람들은 그들 스스로의 능력에 대한 자신감을 갖는다. 셋째, 성취동기가 높은 사람들은 도전할 만한 과업이 아니면 쉽게 동기화되지 않는다. 넷째, 성취동기가 높은 사람들은 그들의 과업을 수행하는 데 있어서 어떻게 하면 잘할 것인가 하는 구체적인 생각에 관심을 갖는다. 다섯째, 성취동기가 높은 사람들은 금전적인 것 자체에 의해서는 동기화되지 않지만 금전적인 것이 성취의 상징이나 성공의 척도가 될 때에는 금전적인 것을 추구한다. 여섯째, 성취동기가 높은 사람들은 호의에 감사할 줄 안다. 일곱째, 성취동기가 높은 사람들은 성공확률이 아주 많거나 적은 과업보다는 오히려 성공확률이 중간 정도인 직업을 갖고자 한다.

(2) Atkinson의 기대-가치 이론

Atkinson(1964)은 Murray의 기본적인 욕구 개념에 포함된 성취욕구를 성취동기라고 바꾸고 체계적인 동기 이론으로 발전시켰다. 그는 McClelland의 성취동기 개념과 Lewin, Toleman, Hull의 이론을 바탕으로 하여 성취동기에 관한 기대-가치 이론(expectancy-value theory of achievement motivation)을 정립하였다.

$$\text{동기 (M)} = \text{성취에 대한 가능성 } (P_S) + \text{성취에 대한 유인가 } (I_S)$$

이 이론에서는 인간의 동기(M: motivation)를 성취에 대한 가능성(P_S: possibility of success)과 성취에 대한 유인가(I_S: incentive of success)의 합으로 본다. 이 공식을 기대-가치 모형이라고 하는 이유는 보상에 대한 개인의 기대에 크게 의존하기 때문이다. 이 이론에서는 성취동기가 성취에 대한 가능성과 성취와 관련하여 부여되는 가치, 즉 성취에 대한 유인가에 달려 있다고 본다.

성취동기 이론에서는 성취 접근동기(M_S)와 실패 회피동기(M_{af})의 두 가지 기본적인 성취동기가 있다고 보고 있다. 먼저, 성취 접근 경향성은 다음과 같은 함수로 표현된다.

$$\text{성취 접근 경향성 } (T_S) = \text{성취 접근동기 } (M_S) \times \text{성취확률 } (P_S) \times \text{유인가 } (I_S)$$

성취 접근 경향성(T_S: tendency to success)은 성취 접근동기(M_S: motivation for success), 성취확률(P_S: probability of success), 성취에 대한 유인가(I_S: incentive value of success)를 곱한 점수이다. 여기에서 주목할 것은 성취 접근 경향성은 성취 접근동기, 성취확률, 성취에 대한 유인가의 곱이기 때문에 어느 하나라도 0의 값을 가지면 성취 접근 경향성은 없다고 본다는 점이다. Atkinson은 성취동기(M_S)는 성공을 위한 안정적인 성향이라고 보았다. 성취확률(P_S)은 $1-I_S$의 관계를 가진다고 보았다. 성취확률이 낮으면 성공에 대한 유인가는 높아지고, 성취확률이 높으면 성공에 대한 유인가는 낮아진다는 것이다. 즉, 개인은 쉬운 과제보다는 어려운 과제에서 더 큰 유인가를 가지고 있다는 것이다.

Atkinson에 따르면, 인간에게는 성공하고자 하는 동기인 성취 접근동기도 있지만 실패를 회피하려는 동기인 실패 회피동기도 있다. 실패 회피 경향성의 함수는 다음과 같다.

실패 회피 경향성 (T_{af}) = 실패 회피동기 (M_{af}) × 실패확률 (P_f) × 부적 유인가 (I_f)

실패 회피 경향성(T_{af}: tendency to afraid failure)은 실패 회피동기(M_{af}: motive to avoid failure), 실패확률(P_f: probability of failure), 실패에 대한 부적 유인가(I_f: negative incentive value of failure)라는 세 가지 동기의 곱으로 나타난다.

Atkinson은 성취 접근 경향성에서 실패 회피 경향성을 빼면 결과성취동기(T_a: resultant achievement motivation)가 된다고 보았다.

결과 성취동기 (T_a) = 성취 접근 경향성 (T_s) − 실패 회피 경향성 (T_{af})

위의 공식에서 성취 접근 경향성이 실패 회피 경향성보다 높으면 결과 성취동기는 정적인 값이 되고, 이와 반대이면 결과 성취동기는 부적인 값이 된다. 따라서 결과 성취동기는 단순히 성취에 대한 동기만으로는 설명할 수 있는 것이 아니라 실패 회피 경향성이라고 하는 동기도 고려되어야 한다.

(3) 귀인 이론

귀인이란 사건이나 행동이 발생했을 때 왜 그런가에 관한 원인을 탐색하는 행위이다. 귀인 이론은 성공과 실패라는 행동의 원인을 해석하는 것과 관련이 있다. Kelley(1973)는 사람들이 어떻게 인과론적인 설명을 하며, '왜' 로 시작되는 질문에 어떻게 대답하는가에 관한 이론을 귀인 이론이라고 하였다. 여기에서 인과론적 설명은 성공과 실패에 대한 지각된 이유에 관한 것을 의미한다. 귀인 이론은 Heider(1957)에서 시작되었다. 그는 사람들이 자신이 어떤 사건을 겪으면 그것에 대한 원인이 있다고 믿는 것에 아이디어를 얻었다. 이후 귀인 이론은 Weiner에 의해서 발전되었다. 귀인 이론에 대한 Weiner의 모형은 〈표 8-1〉과 같다.

〈표 8-1〉 귀인 이론에 대한 Weiner 모형

	내적 차원		외적 차원	
	안정성 차원	불안정성 차원	안정성 차원	불안정성 차원
통제 가능성	일반적 노력	일시적 노력	교사의 불공평 (편견)	타인의 도움 여부
통제 불가능성	능력	기분	과제난이도	운

귀인 이론에서는 내적-외적 차원, 안정성-불안정성 차원, 통제 가능성-통제 불가능성 차원의 세 가지가 모두 동기에 중요한 영향을 미친다고 보고 있다.

첫 번째는 내적-외적 차원이다. 노력, 능력, 기분은 자기 자신으로부터 나오는 것이기 때문에 내적 차원에 포함시킨다. 교사의 불공평, 타인의 도움 여부, 과제난이도, 운은 자신의 외적인 부분에서 발생하는 것이기 때문에 외적 차원에 포함시킨다. 내적 차원과 외적 차원은 자신감, 자부심과 같은 긍정적인 정서를 느끼게 만들 수도 있고 수치심, 죄책감, 절망감 등의 부정적인 정서를 느끼게 만들 수도 있다. 사람들은 성공을 내적 차원으로 귀인시키면 자신감과 자부심이 높아지지만 성공을 외적 차원으로 귀인시키면 자신감과 자부심이 약해진다. 실패를 내적 차원으로 돌리면 죄책감과 절망감이 들지만 실패를 외적 차원으로 돌리면 죄책감과 절망감은 약해진다.

두 번째는 안정성-불안정성 차원이다. 안정성이란 시간이 경과하거나 상황이 바뀌어도 크게 변하지 않는 것을 의미하고, 불안정성이란 때와 장소, 시간의 변화에 따라서 변하는 것을 말한다. 노력, 능력, 교사의 불공평, 과제난이도는 대체로 안정성 차원에 속하고 일시적 노력, 기분, 타인의 도움 여부, 운은 불안정성 차원에 속한다. 시험 이후에 시험점수를 낮게 받은 학생들은 나는 공부를 안 해서, 나는 머리가 나빠서, 시험 문제가 어려워서, 선생님이 잘못 가르쳐 주셔서 등의 안정성 차원에 귀인을 하거나, 그 과목에 대한 공부를 안 해서, 그날 기분이 좋지 않아서, 친구나 부모님이 도와주지 않아서, 운이 나빠서 등 불안정성 차원에 귀인을 한다. 성공에 대한 안정성 차원들(높은 능력, 꾸준한 노력, 낮은 과제 난이도)은 불안정성 차원들(일시적 노력, 운, 기분, 타인의 도움 여부)보다 미래 성공에 대한 기대감을 높이는 것으로 나타났다. 실패를 했을 때 안정성 차원(낮은 능력, 높은 과제난이도)의 탓으로 돌리면 불안정성 차원(불충분한 노력, 운)을 탓하는 것보다 미래 성공에 대한 기대감이 낮아지는 것으로 나타났다.

세 번째는 통제 가능성-통제 불가능성 차원이다. 통제 가능성은 학생들이 자신의 힘으로 통제할 수 있는 것을 말하고, 통제 불가능성은 자신의 힘으로 통제하지 못하는 것을 말한다. 여기에서는 노력, 교사의 편견이나 불공정, 타인의 도움 여부는 통제 가능성 차원으로, 능력, 과제난이도, 운, 기분 등은 통제 불가능성 차원으로 간주된다. 학생들은 자신이 통제할 수 있다고 느끼면 과제가 어렵거나 노력이 필요한 경우에도 이를 지속하는 것으로 나타났다(Dweck & Bempechat, 1983). 자신이 통제할 수 없다고 느끼는 학생들은 성공에 대한 기대감도 낮고 성공에 대한 동기도 낮은 것으로 나타났다(Licht & Kistner, 1986). 귀인성향의 하위요인인 능력, 노력, 타인, 운에 따른 문항들은 〈표 8-2〉와 같다(Levenson, 1981).

Levenson(1981)은 내적 차원인 능력과 노력, 외적 차원인 타인과 운에 관해서 설명하고 있다. 내적 차원인 능력을 높게 지각하는 학생들은 자신이 공부를 잘하는 것은 능력이 좋아서 그런 것이며, 자신의 앞날을 스스로 개척할 수 있다고 본다. 노력을 높게 지각하는 학생들은 열심히 노력하면 그만한 성과를 거둔다고 보고 꾸준히 노력해 나간다. 외적 차원인 타인(교사)을 높게

〈표 8-2〉 귀인성향에 따른 하위요인과 문항예시

하위요인	문항예시
능력	• 내가 공부를 잘 하느냐 그렇지 못하느냐는 주로 나의 능력에 달려 있다.
	• 나는 내 앞날을 스스로 개척해 나갈 수 있다고 생각한다.
노력	• 사람이 열심히 노력을 하면 반드시 그만한 성과를 거둔다고 생각한다.
	• 내 성적은 전적으로 내가 얼마나 노력하느냐에 달려 있다.
타인	• 주위에서 도와주는 사람이 없으면 목적을 달성하기가 매우 어려운 것이 세상이다.
	• 선생님이 잘 보아주시지 않으면 좋은 성적을 받기 어려운 경우가 많다.
운	• 아무리 잘 하려고 애를 써도 운이 나쁘면 잘 되지 않는 일이 세상에 참 많다.
	• 시험을 잘 보는 것은 그날의 운에 달려 있다.

지각하는 학생은 주위에서 도와주는 사람이 없으면 목적을 달성하기가 매우 어려운 것이 세상이라고 보며, 선생님이 잘 보아주시지 않으면 좋은 성적을 받기 어려운 경우가 많다고 본다. 운에 대해서 높게 지각하는 학생들은 시험을 잘 보는 것은 운에 달려 있으며 세상은 운이 나쁘면 잘 되지 않는다고 본다.

학생들이 결과에 대한 귀인을 어떻게 하는가에 따라서 정서, 기대감, 후속 행동이 달라지기 때문에 귀인 이론은 교육에서 중요한 시사점을 갖는다. 예를 들어, 학생들이 자신의 능력에 대해서 낮게 평가한다면 그는 낮은 학업 성취도를 받고 결국에는 무기력에 빠질 수 있다. 이와는 반대로 학생이 노력을 해서 좋은 성적을 받았다면 내적인 동기가 높아져 이후의 학습에서도 열심히 노력해 나갈 것이다. 또한 성공은 자부심과 동기를 높여 주고, 실패는 좌절감이나 절망감을 가져오기 때문에 성공을 했을 경우 내적 차원과 관련짓고, 실패를 했을 경우 외적 차원에 귀인시키는 것도 때로는 도움이 된다. 성격에서의 낙관적, 비관적 귀인양식은 〈표 8-3〉과 같다(정영숙 외, 2013; Miserandino, 2012).

성격에서 귀인성향을 보면 긍정적인 사람들은 나쁜 일이 있을 때 외재적이고 불안정적이고 특정적인 면에 귀인시키지만, 좋은 일에서는 내재적, 안정

〈표 8-3〉 성격에서의 낙관적, 비관적 귀인양식

	긍정적(낙관적) 귀인양식	부정적(비관적) 설명양식
나쁜 일	• 외재적: 나 때문이 아니야.	• 내재적: 나 때문에 일어난 일이야.
	• 불안정적: 그냥 일시적으로 그런 거야.	• 안정적: 앞으로도 계속 이런 일이 일어날 거야.
	• 특정적: 이번에만 그런 거야.	• 전반적: 내가 하는 일들은 모두 잘 안 되는구나.
좋은 일	• 내재적: 나 때문이야.	• 외재적: 나한테 우연히 일어난 일이야.
	• 안정적: 나는 또 할 수 있어.	• 불안정적: 이번에만 그런 거야.
	• 전반적: 앞으로도 좋은 일이 생길거야.	• 특정적: 이 상황에서만 좋은 거야.

적, 전반적인 면에 귀인시킨다. 하지만 부정적인 사람들은 나쁜 일이 있을 때 내재적, 안정적, 전반적인 면에 귀인시키지만, 좋은 일이 있을 때에는 외재적, 불안정적, 특정적인 면에 귀인시킨다.

2. 현대의 동기 이론

긍정심리학의 발전과 더불어 현재 동기 이론은 다양하게 발전하고 있다. 여기에서는 성취목표지향성 이론, 자기결정성 이론, 희망 이론을 중심으로 동기 이론을 설명한다.

1) 성취목표지향성 이론

성취목표지향성 이론은 1980년대부터 소개된 동기 이론 중 하나이다. 성취목표지향성 이론에서는 학생들이 학습 상황에서 세우는 다양한 목표에 관심을 두었으며, 학생들이 왜 다른 목표를 세우는가에 관해서 연구해 왔다 (Urdan, 1997).

전통적인 동기 이론에서 언급했듯이 기대-가치 이론, 귀인 이론 등은 학생의 성공과 실패에 대한 원인을 설명한다. 하지만 같은 동기 수준을 가진 학생들의 귀인 유형 차이를 설명하지는 못하였다. 같은 동기 수준을 가진 학생들이 왜 다른 성취를 갖는지에 관해서 성취목표지향성 이론에서는 성취 상황에서 갖게 되는 과제 수행의 이유가 다르기 때문이라고 해석한다.

학생들의 성취행동에서의 차이를 설명하기 위해서 성취목표지향성 이론에서는 두 가지 대조적인 목표 지향성을 제안하였다. 하나는 숙달목표지향성이고 다른 하나는 수행목표지향성이다. 숙달목표지향성은 과제 관련 목표, 숙달목표, 학습 지향적 목표 등으로 불린다. 숙달목표지향성은 과제 또는 공부 자체에 흥미를 가지고 과제의 숙달이나 이해력을 높이기 위한 것과 관련이 깊다. 수행목표지향성은 자아 관련 목표, 수행 지향적 목표, 능력중심 목표 등으로 불리며 다른 사람과 비교하여 더 잘하는 것, 남보다 더 인정을 받는 것과 관련된다.

숙달목표지향성과 수행목표지향성은 동기나 과제에 대해서 대조적인 입장을 보인다.

숙달목표지향성이 높은 사람들은 새로운 지식이나 기능을 배우고 익히는 것에 흥미를 가지며 주어진 과제를 완벽하게 학습하기 위해서 노력하며, 자신의 학습이 과거보다 향상되었는가에 관심을 갖는다. 숙달목표지향적인 사람들은 과제에 대한 내적인 흥미, 과제와 관련된 내적인 가치, 과제의 유용성 때문에 과제를 수행하고 내적인 보상에 강화를 받는다. 또한 과제를 선택함에 있어서도 새로운 능력을 개발시킬 수 있는 도전적인 과제를 추구하고, 과제를 수행하는 도중에 어려움을 겪어도 이를 극복하고 지속시키려고 하며, 자신의 능력에 대한 판단을 할 때에는 투입한 노력의 양과 과제의 숙달 수준을 고려하여 판단한다. 이들은 주의집중 면에서도 과제의 수행 과정에 주의를 기울이며 메타인지적인 학습 전략을 사용하여 학습한다.

수행목표지향성이 높은 사람들은 다른 사람보다 자신이 더 우수하다는 것을 보이기 위해서 애쓰고 자신의 지식이나 기능의 향상보다는 다른 사람과 비교하여 자신의 수행 정도를 평가하기 때문에 경쟁적인 경향성이 높다. 따라서 수행지향적인 목표를 가진 사람들은 다른 학생들보다 우수한 수행을 하거나 사회적인 인정을 받는 등의 외적인 보상을 얻기 위해서 노력한다. 이들은 과제를 선택할 때 자신의 무능함이 드러나는 것을 피하기 위해서 도전적인 과제보다는 자신이 성공할 수 있는 과제를 선택하고, 과제를 수행하는 도중에도 어려움에 직면하면 쉽게 포기하는 경향도 있다. 이들은 주의집중 면에서도 자기 자신에 집중하고, 자신에 대한 외적인 평가에 주의를 기울인다. 이들은 수업시간에도 수업에 대한 흥미보다는 지루함이나 부적인 정서를 많이 경험한다.

일반적으로 숙달목표지향성과 수행목표지향성의 차이는 〈표 8-4〉와 같다(Ames & Archer, 1988).

〈표 8-4〉 숙달목표지향성과 수행목표지향성

	숙달목표지향성	수행목표지향성
성공 여부	학습의 향상과 진보	상대적으로 높은 점수
가치	노력, 배움의 즐거움	우수한 능력
교사의 관점	학생이 어떻게 배우는가?	학생이 어떠한 수행을 하는가?
실수에 대한 관점	배움의 일부라고 생각함	불안의 요소
관심	배우는 과정	타인과의 비교
공부하는 이유	새로운 것을 배우기 위해서	높은 점수, 타인보다 우월 추구
평가기준	절대적	상대적

숙달목표지향성에서는 학습, 과제, 과제몰입 등 학습과 관련된 다양한 성취목표들이 제안되었고, 수행목표지향성에서도 수행, 자기몰입, 상대평가와 관련된 목표들이 제안되었다. 수행목표지향성은 부정적인 학습결과를 가져오는 것으로, 숙달목표지향성은 긍정적인 학습결과를 가져오는 것으로 인식되었다(Dweck & Leggett, 1988; Elliot & Church, 1997).

이후 성취목표지향성 연구에서는 숙달목표와 수행목표지향성에 접근과 회피 동기를 포함하여 2×2 성취목표지향성 척도가 개발되었다(Elliot &

〈표 8-5〉 2×2 성취목표지향성 개념 틀

	숙달접근 목표지향성	수행접근 목표지향성
정의	학습과제를 심층적으로 이해하고 이를 통해서 내적인 성장을 지향하는 경향성	높은 성적과 점수를 획득하고 이를 통해 타인의 인정을 받고 자기 과시를 적극적으로 지향하는 경향성
판단기준	과제의 숙달, 학습의 이해, 과제의 심층적 이해, 자기발전	뛰어남, 우월함, 남보다 똑똑함, 남보다 높은 성취
예시문항	1. 나는 수업시간에 배우는 내용을 완전히 알고 싶다. 2. 나는 수업시간에 가능한 잘 이해하려고 노력한다. 3. 나는 수업시간에 배운 교과내용을 빠뜨리지 않고 이해하려고 노력한다.	1. 학급에서 내 목표는 다른 학생들보다 더 좋은 성적을 얻는 것이다. 2. 내가 학급에서 다른 학생들과 비교해서 잘하는 것은 중요하다. 3. 나는 다른 학생들보다 잘하는 것이 중요하다.
	숙달회피 목표지향성	**수행회피 목표지향성**
정의	학습과제를 이해하고 이를 통해서 내적인 성장을 소극적으로 지향하는 경향성	성적과 점수를 획득하고 이를 통해서 인정과 과시를 소극적으로 지향하는 경향성
판단기준	과제를 틀리지 않기, 정확하게 수행하기, 과제에 대한 학습 회피, 숙달에 대한 회피	열등감 회피, 타인보다 못하는 것을 드러내기 싫어함
예시문항	1. 나는 수업시간에 배운 내용을 이해하지 못할까 봐 두렵다. 2. 나는 수업내용을 완벽하게 이해하지 못할까 봐 두렵다. 3. 나는 수업시간에 반드시 알아야 하는 것을 배우지 못할까 봐 두렵다.	1. 나는 수업시간에 내가 공부를 못하는 것이 드러나지 않기를 바란다. 2. 나는 다른 학생들보다 나쁜 성적을 받는 것이 두려워 공부한다. 3. 나의 목표는 다른 학생들과 비교해서 나쁜 성적을 받지 않는 것이다.

McGregor, 2001). 2×2 성취목표지향성의 개념적인 틀은 〈표 8-5〉와 같다(박병기, 이종욱, 2005).

2×2 성취목표지향성 척도는 숙달목표지향성을 숙달접근 목표지향성과 숙달회피 목표지향성으로 나누고, 수행목표지향성도 수행접근 목표지향성과 수행회피 목표지향성으로 구분한다. 숙달목표지향성은 과제학습, 과제이해, 지식탐구, 내적 성장을 목표로 한다. 수행목표지향성은 능력과시, 경쟁에서의

우위, 체면유지, 타인의 인정 등을 목표로 한다. 접근목표는 능동적이고, 적극적이며, 도전적인 특성을 포함한다. 회피목표는 수동적이고, 소극적이며, 방어적이고, 도피적인 특성을 포함한다.

숙달접근 목표지향성은 과제학습, 과제이해, 지식탐구, 내적 성장의 숙달목표와 적극적, 능동적, 모험적인 접근특성이 결합된 것이다. 따라서 숙달접근 목표지향성은 과제학습, 과제이해, 지식탐구, 내적 성장 등을 능동적이고 적극적으로 지향하는 경향성이라고 본다. 숙달접근 목표지향성의 예로는 '나는 수업시간에 배우는 내용을 완전히 알고 싶다' '나는 수업시간에 가능한 잘 이해하려고 노력한다' '나는 수업시간에 배운 교과내용을 빠뜨리지 않고 이해하려고 노력한다' 등이 있다.

수행접근 목표지향성은 뛰어남, 우월함, 남보다 똑똑함, 남보다 높은 성취, 최고, 일등이라는 수행목표와 적극적, 능동적, 모험적, 도전적, 혁신적이라는 접근 특성이 결합된 것이다. 따라서 수행접근 목표지향성은 높은 성적과 점수의 획득, 남보다 높은 성취, 최고를 적극적으로 지향하는 경향성이라고 본다. 수행접근 목표지향성의 예로는 '학급에서 내 목표는 다른 학생들보다 더 좋은 성적을 얻는 것이다' '내가 학급에서 다른 학생들과 비교해서 잘하는 것은 중요하다' '나는 다른 학생들보다 잘하는 것이 중요하다' 등이 있다.

숙달회피 목표지향성은 과제학습, 과제이해, 지식탐구, 지혜획득, 내적 성장을 수동적, 소극적, 방어적으로 지향하는 경향성이라고 본다. 숙달회피 목표지향성의 예로는 '나는 수업시간에 배운 내용을 이해하지 못할까 봐 두렵다' '나는 수업내용을 완벽하게 이해하지 못할까 봐 두렵다' '나는 수업시간에 반드시 알아야 하는 것을 배우지 못할까 봐 두렵다' 등이 있다.

수행회피 목표지향성은 뛰어남, 우월함, 남보다 똑똑함, 남보다 높은 성취, 최고, 일등이라는 수행목표를 소극적이고 방어적이고 도피적으로 지향하는 경향성이라고 본다. 수행회피 목표지향성의 예로는 '나는 수업시간에 내가 공부 못하는 것이 드러나지 않기를 바란다' '나는 다른 학생들보다 나쁜 성적을 받는 것이 두려워 공부한다' '나의 목표는 다른 학생들과 비교해서 나쁜 성적을 받지 않는 것이다' 등이 있다.

2) 자기결정성 이론

사람들은 의식주 없이는 세상을 살아갈 수 없다. 이는 사람들이 살아가는 데 꼭 필요한 것으로 인식된다. 물과 공기, 음식이 없으면 안 되는 것처럼 우리 마음과 정신에서도 없어서는 안 되는 것이 있다. 이는 인간의 본성과 같은 것으로, Deci와 Ryan은 이에 착안하여 자기결정성 이론을 고안했다(Deci & Ryan, 2000).

자기결정성(self-determination) 이론에서는 자기 자신이 중요한 존재이다. 사람은 태어날 때부터 본능적으로 능동적인 성향을 가지고 태어났기 때문에 자율적으로 세상을 살아가고자 하고, 자신의 성장과 발달에서 능동적으로 자신의 능력을 나타내고자 하며, 자신이 속한 사회의 사람들과 좋은 관계를 갖고자 하는 경향성을 가지고 있다고 본다. 이는 사람이 살아가는 데 가장 기본적인 욕구라고 본 것이다.

자기결정성 이론은 인지평가 이론과 유기적 통합 이론을 결합하여 체계화함으로써 시작된 내적 동기 이론이다. 자기결정성 이론에서는 내적 동기가 중요하다고 보고 있지만 내적 동기 이외에도 다양한 동기들이 있다고 본다. 동기라는 것은 개인이 지각하는 상대적인 자율성 정도에 따라서 달라지기 때문에 스스로의 사고와 행동을 조절하는 자기조절의 정도에 따라서 다양한 동기들이 존재한다는 것이다. 아무런 동기가 없는 상태인 무동기, 외적 조절동기, 내사된 조절동기, 확인된 조절동기, 통합된 조절동기, 내재동기가 연속선상에 놓이는 것이다. 따라서 개인의 동기는 내재동기가 어떤 상태이냐에 따라서 동기의 위치가 달라진다. 김아영(2010)은 자기결정성과 관련되는 동기 유형을 [그림 8-1]과 같이 소개하고 있다.

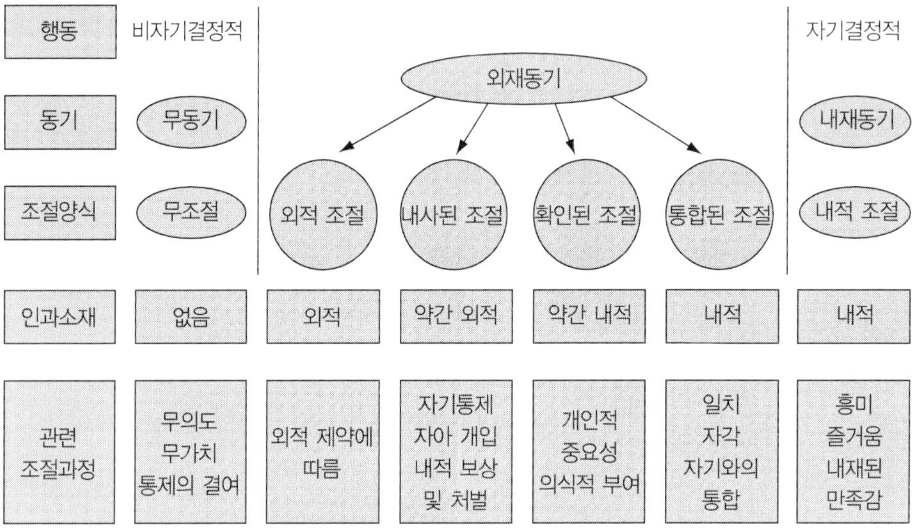

[그림 8-1] 자기결정성과 관련된 동기 유형

무동기(amotivation)는 자기결정성이 전혀 없는 상태로 행동하려는 의지가 결핍된 상태이다. 무동기 상태의 학생들은 공부를 아예 하지 않거나, 한다고 하더라도 자신의 의지가 없는 상태에서 한다. 무동기의 예로는 '나는 숙제를 왜 해야 하는지 모르겠다' '공부는 나의 관심거리가 아니다' 등이 있다.

외적 조절동기(external regulation motivation)는 외재적 동기 중에서 자기결정성이 부족한 상태로, 보상이나 마감시간과 같은 전형적인 외적 제약 때문에 공부하려는 것을 말한다. 공부는 학생의 의무이니까, 부모님과 선생님이 시키니까, 상을 받거나 처벌을 면하기 위해서 등의 이유로 공부하는 것이며, 자기결정성이 거의 없는 상태이다. 외적 조절동기의 예로는 '공부를 해야 부모님께서 야단치시지 않으니까 할 수 없이 한다' '공부를 하지 않으면 나는 어려움에 처해질 것 같아서 공부한다' 등이 있다.

내사된 조절동기(introjected regulation motivation)는 행동에 대한 원인을 내재화하기 시작하는 단계로, 자신의 의지가 어느 정도 개입된 상태이다. 그러나 근본적으로는 외부의 압력에 기초한 것이므로 자신과 다른 사람들의 인정을 받거나 비판을 피하기 위해서 행동한다. 내사된 조절동기의 예로는 '나는 숙제를 안 하면 선생님께 미안한 마음이 들 것 같아서 숙제한다' '나는 성적을 잘 받으면 선생님께서 나를 똑똑하다고 생각할 것 같아서 노력한다' 등이 있다.

확인된 조절동기(identified regulation motivation)는 개인이 행동의 목표를 자신의 것으로 완전히 내재화하지는 않았어도 그 가치를 인정하고 수용한 상태를 말한다. 따라서 스스로 공부하는 것은 가치 있는 일이라고 판단하여 공부하지만, 공부하는 것 자체에 대한 기쁨이나 자기만족보다는 어떤 목표를 달성하기 위해서 행동하기 때문에 완전히 내재화된 것이 아니므로 외적 동기로 분류된다. 확인된 조절동기의 예로는 '숙제를 잘하면 학습내용 이해에 도움이 될 것 같아 숙제한다' '성적은 나의 실력을 객관적으로 보여 주는 것이므로 노력한다' 등이 있다.

통합된 조절동기(integrated regulation motivation)는 자율적인 형태로 개인이 자신에 완전히 동화되어 선택한 조절에 의해서 행위를 하지만 여전히 행위 자체의 고유한 속성 때문에 행동하는 것은 아니다. 통합된 조절동기의 예로는 '공부를 잘하는 것은 인간적인 성장에 도움이 될 것 같아 스스로 공부한다' '숙제하는 것은 나의 가치관에 비추어 당연하므로 스스로 숙제한다' 등이 있다.

내재동기(intrinsic motivation)는 순전히 내적인 조절의 결과로 나타나는 유형으로 과제 자체에 대한 관심과 만족감 때문에 행동하는 동기이다. 이 동기는 자율성과 자기결정성이 가장 높은 동기 유형이다. 내재동기의 예로는 '공부 자체가 재미있어서 공부한다' '숙제하는 것 자체가 즐겁다' 등이다.

자기결정성 이론에서는 사람들이 자율성, 유능성, 관계성의 세 가지 기본 심리욕구를 갖는다고 제안한다. 자율성 욕구는 자신의 행동에 대해서 자신이 통제를 하는 것을 의미하고, 유능성 욕구는 자신의 효능감과 관련된 욕구이며, 관계성 욕구는 타인과의 관계에서 친밀한 정도를 나타내는 욕구이다 (Deci & Ryan, 1990). 이를 구체적으로 설명하면 자율성은 자신이 행동에 대한 주체이고 조절자라는 신념을 말한다. 자율성에 대한 욕구는 자신의 행동을 자발적인 것으로 경험하려는 기본욕구와 관련이 있다. 유능성은 자신이 환경과 효과적으로 상호작용을 할 수 있다는 신념이다. 유능성의 욕구는 자신의 능력을 키우고 확장시킴으로써 만족감을 경험하고자 하는 욕구이다. 관계성은 다른 사람과의 관계를 추구하고 발전시키는 것을 의미한다. 관계성에 대한 욕구는 유의미한 타인들과 연결되어 있다는 것과 관련이 있다. 학생들은 기본욕구가 충분히 만족된 상태일 때 새로운 상황에서도 도전의식을 갖고 적극적으로 참여한다고 한다(Deci & Ryan, 2000; Ryan & Deci, 2000).

Johnston과 Finney(2010)가 자기결정성을 측정하기 위해 고안한 척도는 〈표 8-6〉과 같다.

〈표 8-6〉 자기결정성 측정 문항

자율성	1. 나는 내가 어떻게 삶을 살아갈 것인가에 관해서 스스로 결정한다. 2. 나는 내 삶에 대해서 자율적으로 결정할 수 있다. 3. 일상생활에서 내가 만나는 사람들은 내 생각을 존중해 준다. 4. 일상생활에서 나는 내가 어떻게 할 것인가를 스스로 결정할 기회가 많다.
유능성	5. 나는 내가 능력이 있다고 느낀다. 6. 나를 아는 사람들은 내가 무엇을 하든지 잘한다고 생각한다. 7. 나는 내가 하는 일에서 성취감을 느낀다. 8. 나는 살아가면서 내가 가진 능력을 보여 줄 기회가 많다.
관계성	9. 나는 내가 만나는 사람들과 잘 어울린다. 10. 나는 내가 꾸준히 만나 온 사람들을 친구라고 생각한다. 11. 나를 꾸준히 만나 온 사람들은 나를 좋아한다. 12. 일반적으로 사람들은 나에게 호의적이다.

3) 희망 이론

그리스-로마 신화에서는 판도라가 상자를 열어 모든 재앙들이 세상으로 퍼져 나가고 마지막으로 상자 안에 남아 있던 것이 희망이라고 전해진다. 이후 희망에 관한 논쟁은 학자들 사이에서 계속되었다. St. Paul은 희망이 크리

스천의 덕성 중 하나라 보았고, Dante도 희망이 없는 것은 지옥과 같다고 말하며 희망을 긍정적인 것으로 판단하였다. 이와는 반대로 Sophocles는 희망이란 인간에게 고통만을 가져다준다고 주장했고, Platon은 희망의 소리에 귀를 기울이는 사람을 어리석은 사람이라고 하였으며, Franklin도 희망과 함께하는 사람은 굶주려 죽을 것이라고 말하며 희망을 부정적인 것으로 판단하였다(Magaletta & Oliver, 1999).

시간이 흘러 희망 연구는 1950년대부터 심리학 문헌에 등장하기 시작하였다. Menninger(1959)는 치료법의 변화와 학습에 대한 자발성, 안녕감 등에서 희망이 중요하다고 보았고, Gottschalk(1985)도 희망이 좋은 결과가 생길 것이라고 기대하는 낙관성과 같은 것이며 개인이 심리적인 문제들을 극복할 수 있는 추진력 있는 힘이라고 보았다. Breznitz(1986)도 희망을 흘러가는 사고 또는 인지적인 상태를 기술하는 것이라고 하여 희망을 인지적인 관점에서 정의하였다. 희망은 적응을 위한 중요한 예언의 역할을 한다는 것이 이후 밝혀졌다(Bunston et al., 1995). 그러나 희망의 변인이 무엇이고 어떻게 측정할 것이며 학습과 적응에 어떤 영향을 미치는지를 체계적으로 연구해 온 학자는 Snyder와 그의 동료들이다.

Snyder와 그의 동료들(Snyder et al., 1991, 1997, 2000)은 기존 학자들의 희망 개념이 모호한 인상을 주며 희망에 대한 이해를 어렵게 하고 있어 이를 통해서는 희망을 측정하기 어렵다고 판단하였다. 이에 희망의 인지적인 과정을 강조하면서 새롭게 희망 이론을 제안하였다. 그들은 희망을 목표 지향성을 통해서 설명할 수 있다고 보았다. 그들은 희망이란 원하는 목표를 달성하기 위해서 다양한 경로를 모색하는 희망 경로, 그리고 희망 경로를 활용하기 위한 동기인 희망 주도로 이루어졌다고 보았다. 따라서 Snyder와 동료 연구자들은 희망을 '목표 지향적 에너지인 희망 주도와 목표를 성취하기 위한 계획인 희망 경로가 상호작용하여 만들어 내는 인지적인 동기 상태' 라고 정의하였다(Snyder et al., 1991). 이후 Snyder 등(2003)은 기존의 희망 주도 및 희망 경로 개념에 희망 목표를 추가하여 상세하게 설명하였다. 희망 목표는 희망의 중심에 있으며 희망을 안착시키는 인지적 구성요소이다. 희망 목표는 우리가 희망하는 목표에 도달하기 위해서 한 가지나 그 이상의 효과적인 방법들을 찾는 생각인 희망 경로와 결합된다. 희망 경로는 바라는 목표에 도달하기 위한 동기적인 요소인 희망 주도와 상호작용한다고 본다.

(1) 희망 목표(목표 설정)

Snyder의 희망 이론은 인간의 행동이 목표 지향성을 갖고 있다는 것에서 출발한다. 희망 목표(hope goal)는 단기적인 것에서부터 장기적인 것에 이르기까지 다양하며, 목표 성취의 난이도에 있어서도 다양하다. 희망 목표는 사람이 추구하고 몰입할 만큼 가치가 있고 도달 가능한 것이어야 하지만 일반적으로 어느 정도의 불확실성을 포함한다(Snyder et al., 1997). 인터뷰 결과에 의하면 희망 목표의 도달 가능성이 보통 이상인 경우 희망 수준이 높아진다고 한다(Averill, Catlin, & Chon, 1990).

(2) 희망 주도(의지적 동기)

희망 주도(hope agency)는 바라는 목표에 도달하기 위해 희망 경로를 사용하기 위한 능력인 동기적 요소이다. 다시 말하면 희망 주도는 목표를 추구하는 단계에서 여러 가지 방법들을 추진하도록 하는 정신적인 에너지이다(Snyder, 2002). 희망 주도는 희망 경로를 만들고 추진하는 것에 관한 자기참조적인 사고를 반영한다. 희망이 높은 사람은 목표를 성취하는 데 있어서 '나는 해낼 수 있어' '나는 열심히 노력할 거야' '나는 목표달성을 위한 준비가 다 되어 있어' 와 같이 내적인 자신감과 에너지를 부여하는 자기 암시의 말들을 자주 한다(Snyder et al., 1998). 희망 주도는 목표 지향적인 사고에서 중요하며 사람들이 목표를 추구하다가 어려움이 생길 때 특히 중요한 역할을 한다. 목표를 추구하는 데 있어 어려움에 처하면 희망 주도는 사람들로 하여금 필요한 동기를 끌어내고 대안적인 방법을 찾도록 해 준다(Snyder, 1994).

(3) 희망 경로(방법적 동기)

목표는 우리 마음에서 다른 개념과 떨어져서 존재하지 않고 희망 경로(hope pathway)에 관한 사고와 결합된다. 목표를 달성하기 위해서 노력하는 사람들은 자신의 목표를 달성하기 위해 실행 가능한 경로들을 생성할 수 있어야 한다. 희망 경로는 방해를 받지 않고 목표를 추진하는 구체적인 실천 방안뿐만 아니라 목표를 향해 나아가다가 어려움에 부딪혔을 때 새로운 방법을 찾는 것 등을 포함하는 개념이다. 희망 경로는 목표달성을 위한 마음속의 계획이나 방법으로 '나는 이것을 해낼 수 있는 방법을 찾을 수 있다'와 같은 자기 피드백을 들 수 있다. Snyder 등(Snyder et al., 1991, 1998)은 실제적으로 높은 목표를 가지고 있는 사람은 대안적인 경로들을 만들어 내는 데 매우 유능하다고 밝히고 있다.

(4) 희망 이론에서 목표도달 과정

희망 이론에서는 희망이 목표 지향적인 사고이며, 희망 주도와 희망 경로에 기초한 긍정적인 동기부여 상태라고 정의된다. 희망 이론은 인지적인 면을 강조하지만 정서와 관련이 없는 것은 아니다. 정서는 목표 추구 과정에서 중요한 역할을 한다. 긍정적인 정서는 목표 추구에 대한 성공을 지각할 때 나타나고 부정적인 정서는 실패를 지각할 때 나타난다. 목표달성을 할 수 있을 거라는 지각이 생기면 이에 대한 정서상태가 나타난다(Snyder, 2002). 희망이 높은 사람은 목표 성취에 대해서 비교적 높은 가능성을 생각하고 실패보다는 성공에 초점을 맞추며 도전의식을 가지고 긍정적인 정서 상태를 나타낸다. 반대로 희망이 낮은 사람은 목표를 추구하는 동안 목표 성취에 대해서 비교적 낮은 가능성을 생각하고 성공보다는 실패에 초점을 맞추며 부정적인 정서 상태를 보인다(Snyder et al., 1991). 또한 목표 추구 과정에서 어려움에 부딪혔을 때에도 희망이 높은 사람들은 적응을 잘하고 긍정적인 정서 반응을 나타내는데, 이는 그들이 다른 추가적인 대안들을 만들어 낼 수 있기 때문이다(Snyder, 1994, 2002).

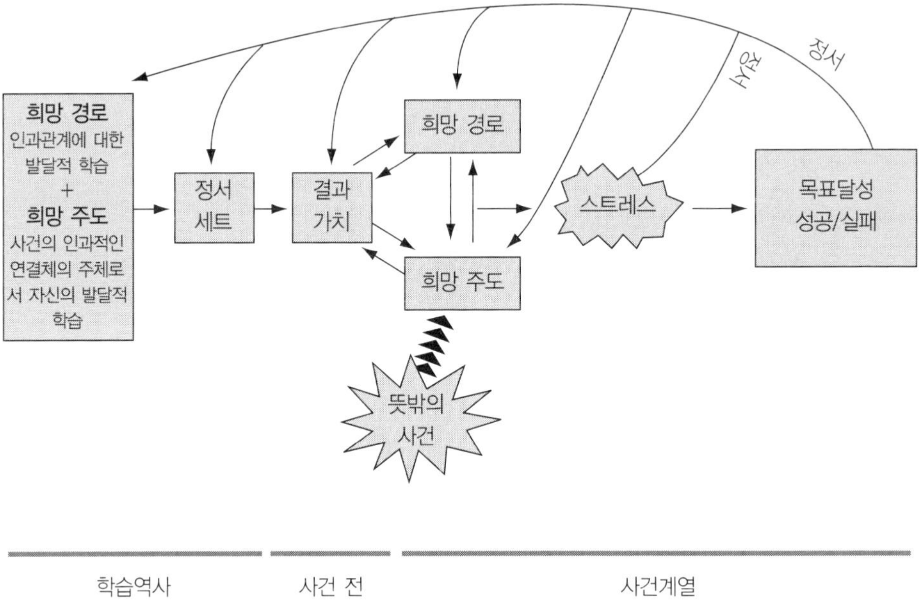

[그림 8-2] 희망 이론에서 목표도달 과정

희망 이론이 목표 지향적인 관점으로서 인지적, 동기적인 요소를 함께 가지고 있다는 것을 도식화하면 [그림 8-2]와 같다(Snyder, 2002).

그림을 보면 가장 왼쪽에서 오른쪽으로 이동하면서 희망이라는 목표 지향적인 사고가 시간순서에 따라서 전개된다.

가장 왼쪽은 희망 주도와 희망 경로가 어떻게 발생하는가에 관한 학습역사이다. 희망 주도와 희망 경로는 인과관계의 주체로서 발달 과정에서 나타난다. 희망 주도와 희망 경로는 정서를 수반하며 그 정서는 목표추구 과정에 영향을 미친다.

사건 전 단계에서는 미래에 일어날 결과에 대한 가치 평가가 이루어진다. 목표추구 과정에서 만들어지는 결과가 정신적 에너지를 계속 유지할 만큼 중요하다면 다음 단계로 이동한다.

사건계열에서 희망 경로와 희망 주도는 지속적으로 반복되며 앞으로의 잠재적인 결과가 인지 과정을 계속할 만큼 충분히 중요한지 아닌지를 점검한다. 목표 추구 과정에서 스트레스에 직면하게 되는 경우가 생긴다. 희망 이론에 따르면 스트레스는 행복하고자 하는 목표를 방해하는 것을 말한다. 스트레스에 직면했을 때 사람들은 목표도달을 위한 대안적인 경로를 찾아내고 이러한 경로를 활용하고자 한다. 희망이 낮은 사람은 스트레스에 굴복하고 목표에서 벗어날 여지가 많다. 또한 그 과정에서 부정적인 정서가 발생하여 희망주도에 부정적인 영향을 미친다. 그러나 희망이 높은 사람은 스트레스를 하나의 도전으로 여긴다(Snyder et al., 1991). 희망이 높은 사람들은 스트레스에 직면했을 때 여러 가지 대안 경로들을 만들어 내고 그러한 경로를 사용하기 위한 동기를 활성화하면서 스트레스에 성공적으로 대처해 나간다. 그 과정에서 일어난 긍정적인 정서는 개인의 희망적 사고를 더욱 강화시킨다. 이러한 과정들을 거치면서 개인은 목표 추구에서 성공이나 실패에 대한 지각을 하게 되며 이러한 지각과 연합된 정서는 목표추구 과정에서 다시 순환된다.

마지막 단계인 목표달성이나 실패에서 유발되는 정서는 다시 순환하여 전체적인 목표추구 과정에 영향을 미친다.

Snyder 등(1991)은 개인의 희망을 측정하기 위한 도구를 개발하였으며 이를 특성희망척도라고 하였다. 특성희망척도는 학생의 상태에 따라서 희망이 변화하는 것이 아니라 일정하게 유지되고 있는 특성을 말한다.

〈표 8-7〉 특성희망척도

희망척도	문항
희망 주도	• 나는 내가 스스로 정한 목표를 도달하기 위해서 노력한다.
	• 나는 인생에서 꽤 성공적이었다고 본다.
	• 나는 과거부터 열심히 해 왔기 때문에 미래에도 잘해 나갈 자신이 있다.
	• 나는 나의 목표를 정하면 의욕적으로 추구한다.
희망 경로	• 나는 복잡한 일이 생기면 이를 해결하기 위한 여러 가지 방법을 생각해 낼 수 있다.
	• 나는 인생에서 중요한 것을 얻기 위해서 많은 방법들을 생각해 낼 수 있다.
	• 다른 사람들이 낙담할 때에도 나는 문제를 해결할 방법을 찾을 수 있다.
	• 문제를 해결하는 데에는 많은 방법이 있다.

chapter 09 학생의 정서

1. 정서

교육심리학에서는 그동안 정서에 대한 연구가 활발하게 이루어지지 못했다. 이는 다음과 같은 몇 가지의 이유 때문이다(Izard, 1977). 첫째, 현대 심리학의 역사상 중요한 시기에 정서연구는 일반적으로 소홀히 다루어졌다. 행동주의가 우세를 지키는 동안에 내적인 느낌과 상태를 설명하는 것은 불필요한 것으로 취급되었고, 정서는 행동을 설명하는 데 부적합한 것으로 간주되었다. 둘째, 1950년대부터 정서를 연구한 학자들은 정서를 단지 각성 또는 활성화와 같은 의미로만 보았다. 셋째, 학자들은 정서적 반응의 원인을 이론으로 도식화하는 것을 꺼렸는데, 그 이유는 정서적인 반응의 원인이 당연한 일에 의해서 생긴다고 보았기 때문이다. 예를 들어, '곰을 만나면 공포가 생긴다' '행운을 잃으면 슬픔이 생긴다' '상대방에게 모욕을 당하면 분노가 생긴다'

등과 같은 주장을 뒷받침할 필요성이 없다고 보았다. 넷째, 학자들은 정서적인 반응의 원인을 규정하는 것이 불가능하다고 보았기 때문에 특정한 정서반응의 원인을 규정하려고 하지 않았다. 이들은 분노를 느끼는 상황을 정하거나, 느낌에 영향을 미치는 상황의 모든 특징을 규명하려고 하지 않았다. 따라서 그동안은 검사불안, 귀인 이론과 관련된 정서를 제외하고는 학교학습과 관련하여 연구가 거의 이루어지지 않았다(Weiner, 1985; Zeidner, 1998). 또한 이 당시에는 정서가 인지 과정에 미치는 효과에 관한 연구 등과 같이 정서의 단일한 기능에 초점을 둔 분절적인 연구만이 이루어졌다(Ashby, Isen, & Turken, 1999).

하지만 정서지능 개념의 발달과 더불어 최근에 정서연구는 크게 발전해 왔다. Mayer, Salovey와 Caruso(2000)는 정서를 느낌과 관련한 독특한 사고 형태로 보고, 심리적이고 생물학적인 상태, 행동 경향의 범위와 관련지었다. 이후 Reeve(2004)는 정서란 짧은 사건들로 인해서 발생하여 사고와 행동을 바꾸어 놓는 정의적인 특성이라고 보았다. 최근에는 정서를 서로 다른 정보처리 유형이나 문제해결 과정을 유발하기도 하고, 학습자의 자기 조절 과정을 촉진시키거나 제한하는 역할을 한다고 보고 있다(양명희, 2009; Pekrun, Elliot, & Maier, 2006).

1) 정서의 차원성

정서의 정의와 더불어 정서의 차원을 어떻게 나눌 것인가에 대해서는 학자들마다 생각이 조금씩 다르다. 어떤 학자들은 정서를 유쾌 정서, 각성 정서, 정적 정서, 부적 정서로 나눈다(조한익, 2008; Mayer & Gaschke, 1988). 하지만 일반적으로 정서는 정적 정서와 부적 정서로 나뉜다(양명희, 김은진, 2010; 한선화, 현온강, 2006; Watson, Clark, & Tellegen, 1988). 일반적으로 정서의 차원을 정적 정서와 부적 정서로 나누어 연구하는 것은 정서가 어떻게 학습과 관련되는가를 정보처리적 접근 방법으로 연구하는 학자들과 같은 맥락이다(양

〈표 9-1〉 정서의 차원성

정적 정서	부적 정서	중성 정서
명랑한	슬픈	놀라는
행복한	지루한	
배려하는	우울한	
만족한	초조한	
기운 넘치는	기운 없는	
활발한	불만족스러운	
차분한	짜증나는	
다정한	싫증나는	

명희, 김은진, 2010; 조한익, 2013; Hamiltion et al., 2009). 일반적인 정서의 차원성은 〈표 9-1〉과 같다.

정적 정서는 어떤 자극이 유익하다고 판단되거나 유쾌함을 줄 때에 생기는 정서이고, 부적 정서는 어떤 자극이 유해하거나 불쾌하다고 판단될 때 생기는 정서이다(Compton, 2005). 중성 정서는 긍정적인 사건으로 인해서 발생하기도 하고 부정적인 사건으로 인해서 발생하기도 하는데, 놀람과 같은 정서를 말한다. 놀람은 좋은 일 때문에도 발생하지만 나쁜 일 때문에도 발생하는 정서이다.

학교학습과 관련하여 정서가 중요하게 연구되고 있는 이유는 바로 정서 속에 중요한 의미들이 내포되어 있기 때문이다. 이는 Schutz와 Davis(2000)의 연구에서 제시된 바와 같이 학교학습에서 학생들이 창조하고, 표현하고 조절하는 정서는 잠재적인 성공에 영향을 미친다고 한다는 것과 같은 맥락이다. 정서 및 학교학습과 관련된 연구들을 살펴보면, 정명화 등(2009)은 정적 정서가 학습 상황에서 학생들의 학업 성취도를 높이는 것으로 보고하고 있다. 대학생을 대상으로 한 연구에서 정적 정서는 학습에 긍정적인 영향을 미치며, 부적 정서는 학습에 부정적인 영향을 미치는 것으로 나타났다(Linnenbrink & Pintrich, 2002). 초등학생을 대상으로 한 연구에서도 정적 정서는 학업 성취도에 긍정적인 영향을 미치고, 부적 정서는 학업 성취도에 부정적인 영향을 미치는 것으로 나타났다(조한익, 2013). 하지만 정적 정서가 언제나 학교학습에 긍정적인 영향을 미치고, 부적 정서가 학교학습에 부정적인 영향만을 미치는 것은 아니라는 연구도 있다. 이러한 연구에 따르면, 정적 정서는 내적인 동기를 높이고 부적 정서는 외적인 요인에 의해서 동기화된다고 한다(Grieder et al., 2006). 또한 정적 정서는 총체적이고 직관적인 문제해결과 관련되어 있고 부적 정서는 분석적이고 세부적인 절차의 정보처리와 관련되어 있다고 한다(양명희, 김은진, 2010; Bower, 1981). Fiedler(2000)는 학교학습에서 부적 정서의 역할에 대해 구체적으로 제시하고 있다. Fiedler는 부적 정서가 일반적으로 위험과 위협에 대한 경계를 출발점으로 하는 정서로서 학습 상황에서의 기피나 회피 지향성과 관련이 있으며, 외부 정보와 세부 사항에 초점을 두고 실수를 하지 않으려는 것 등을 포함하는 순응적인 기능도 있다고 보고 있다.

2) 정서발달

(1) 영아기 정서발달

아이가 태어날 때부터 나타나는 분명한 정서표현은 울음이다. 울음은 불쾌하거나 혐오스러운 것을 표현하는 것이라고 한다(Kalat & Shiota, 2007). 또한 신생아는 다른 신생아가 울면 동시에 울음을 터트린다. 조금 지나면 미소 짓기도 시작한다. 이렇게 영아는 태어나면서부터 정서표현을 시작하는데, 어떤 학자들은 신생아들이 기본 정서를 갖고 태어난다고 보고 있고 어떤 학자들은 정서가 사회적으로 구성된다고 본다. 또한 어떤 정서가 어느 연령에서 나타나는가에 대해서는 충분한 연구가 되어 있지는 않지만 대체로 영유아들이 〈표 9-2〉와 같은 정서를 표현한다고 본다(정옥분, 정순화, 임정하, 2007; Izard & Malatesta, 1987).

영아들이 개별 정서를 가지고 있는가와 상관없이 생후 초기 2~3년간 정서가 크게 변화하고 발달하는 것은 분명한 사실이다. 한두 살이 되면 유아는 기

〈표 9-2〉 영아기의 정서표현 발달

정서표현	표현되는 시기	정서표현	표현되는 시기
흥미	출생 시	슬픔	출생~3개월
불쾌	출생 시	공포	5~7개월
혐오	출생 시	수줍음	6~8개월
기쁨	4~6주	수치심	12~24개월
분노	3~4개월	당혹감	24~36개월
놀람	3~6개월	죄책감	24~36개월

뻠, 슬픔, 분노, 공포, 수치심, 당혹감, 죄책감 등의 표정을 보인다.

(2) 유아기 정서발달

유아기에 이르면 정서에 대해서 많은 것들을 이해하고 표현하게 된다. 이때에는 신체적인 성숙과 더불어 운동 능력이 성숙하게 되므로 더욱 분명하고 다양한 정서표현을 하게 된다. 정서를 표현하는 단어를 사용하거나 이해하는 능력이 증가하며 긍정적인 정서를 더 쉽게 이해한다.

이들은 인지적인 성장으로 인해서 자신이 경험하고 느끼는 사건들을 평가하고 이를 정서로 표현한다. 인지발달은 학습을 가능하게 하기 때문에 자기인식, 자기인지를 바탕으로 내적 기준이 생기면서 새로운 정서를 경험한다. 또한 4세 정도가 되면 유아는 다른 사람들에게도 마음이 있다는 것을 알게 되고 다른 사람이 자신을 어떻게 평가하는가에 대해서 이해를 시작한다. 이때에는 타인인식에 대한 정서도 발달한다.

이들은 사회적 상호작용을 통해서 많은 정서를 경험한다. 새로운 대상이나 사건들에 대해서 어떻게 반응해야 하는가를 알아보기 위해서 애착관계에 있는 대상이나 또래를 보면서 정서적인 공유를 하고 정서적인 의사소통을 한다. 예를 들어 유아는 또래의 다양한 정서적인 표현에 대해서 다양하게 반응한다. 슬픈 표정을 짓는 또래를 보면서 슬픈 표정으로 반응하고, 행복한 표정을 짓는 또래를 보면서 행복한 표정을 짓는다.

(3) 아동기 정서발달

아동기의 정서발달에서 특징적인 것은, 얼굴 표정이 그 사람의 진실한 감정이 아닐 수 있음을 아는 것이다. 또한 아동은 한 가지 이상의 정서를 동시에 경험하기도 하는데, 그 정서는 둘 다 긍정적일 수도 부정적일 수도 있으며, 또는 긍정적인 정서와 부정적인 정서를 동시에 경험할 수도 있다. 이때의 정서적인 경험의 강도는 유아기에 비해서 훨씬 강하다.

(4) 청소년기 정서발달

청소년기에는 정서이해 능력이 계속해서 발달한다. 이 시기의 정서발달은 자아발달 수준과 관련이 있는데, 언어 능력이 뛰어나고 자아가 발달할수록 성숙된 방식으로 자신의 정서를 이해하고 표현한다. 또한 목표의식이 강해지기 때문에 정서이해 능력과 더불어 정서조절 능력도 발달하게 된다. 하지만 청소년기의 정서발달이 긍정적으로만 발전하는 것은 아니다.

청소년기는 사춘기, 즉 질풍노도의 시기이다. 이 시기는 스트레스를 일으키는 정서가 강하게 나타나고 매우 혼란스러운 시기이다. 부모와의 갈등도 증가하고 때로는 분노를 조절하지 못하고 폭발하기도 한다. 이와 관련하여 청소년기의 정서발달에서 독특한 점은 여학생들의 우울증이다. 청소년기에 들어서면 여학생들의 우울증 빈도는 남학생들이 겪는 우울증 빈도의 2~3배에 이르며 이러한 차이는 성인기에서도 지속되는 것으로 나타났다(Ge, Conger, & Elder, 2001). 이러한 경우를 제외하고는 청소년들은 큰 어려움이나 갈등 없이 사춘기를 보낸다. 비록 가정에서는 가치관의 차이, 문화의 차이 등으로 인해서 부모와 갈등을 겪거나 형제 또는 자매와의 싸움이 자주 일어나더라도 집 밖에서의 친구나 또래와의 관계는 긍정적일 수 있다(Kalat & Shiota, 2007).

(5) 성인기 정서발달

성인기에는 정서발달이 안정적이고 전 생애에 걸쳐서 발달하지만 성인기 동안의 정서발달에서는 시점에 따라서 차이가 생긴다.

성인 초기에는 현재를 즐겁게 보내고 주말에 다른 사람들과 관계를 강화하고 새로운 사람들을 만나는 것을 좋아한다. 또한 미래를 위한 설계를 하고 자원을 구축하기 위해서 노력한다. 이때에는 직업을 탐색하거나 직장에서 업무에 대한 스트레스를 갖거나 상사와 갈등이 생기는 등 여러 가지 이유로 인해서 부적 정서도 커진다. 즉, 이 시기에는 정적 정서와 더불어 부적 정서도 강하게 나타나며 그로 인해 타인과의 말다툼도 생긴다.

하지만 노년으로 갈수록 부적 정서는 약해지고 정적 정서가 강해진다. 노년기에는 부적 정서를 덜 느끼기도 하지만 정적 정서와 부적 정서를 동시에 느낌으로써 보다 복잡한 정서를 경험한다. 이들은 생애에서 남은 시간이 얼마 없다고 생각하기 때문에 사회생활에서 최대한 정서적인 즐거움을 추구하기 위해서 노력한다. 또한 새로운 사람을 만나는 것보다는 가족이나 오래된 친구와 함께하는 것을 선호한다. 이들은 말다툼을 덜 하고 서로 의논하거나 애정을 더 많이 표현하는 경향이 있다(Carstensen et al., 2000).

3) 애착 이론

영국의 정신분석가인 Bowlby(1969)는 삶에서 특정한 사람에게 느끼는 강한 정서가 있다는 것을 밝혀내었는데, 이를 애착이라고 한다. 그는 따뜻하고 친근하고 지속적인 어머니와 아이와의 관계에서 만족과 즐거움을 느낄 때 애착이 일어난다고 보고 있다. 또한 안전하게 애착이 형성된 사람은 상호작용을 할 때 즐거움을 느끼고 스트레스를 받거나 불안감을 느낄 때에도 애착관계에 있는 사람이 옆에 있으면 심리적인 편안함을 느낀다고 하였다.

Bowlby의 애착 이론은 이후 Ainsworth(1978)에 의해서 발전되었다. Ainsworth는 애착기간 동안 엄마와 아이의 상호작용은 아이의 현재와 미래에 중요한 영향을 미치며 애착의 형태는 유아마다 다르다고 하였다. 그의 애착 이론 중 가장 많이 인용되는 실험은 '낯선 상황 실험' 이다.

(1) 유아기의 애착 이론

실험자가 엄마와 아이에게 놀이방을 소개하고 떠나면 아기가 노는 동안 엄마는 옆에 앉아 있는다(안전기지로서의 엄마). 이후 낯선 사람이 들어와 엄마와 이야기를 한다(낯선 사람 불안). 엄마는 나가고 낯선 사람과 있게 된다(분리불안). 낯선 사람이 떠나고 엄마가 들어온 후 아이를 위로한다(재결합 행동). 이러한 실험에서 유아의 행동을 관찰한 결과 다음과 같은 네 가지 유형의 특성이 나타났다.

① 안정애착

대체로 많은 유아들이 이 유형에 속하는데, 안정적인 애착이 형성된 유아는 엄마와 함께 있는 동안 적극적으로 활동하고 엄마가 없는 상황에서는 불안을 느낀다. 유아는 엄마가 다시 돌아오면 좋아하고 안도감이 생긴다. 엄마가 없는 동안 스트레스를 많이 받았다면 엄마가 돌아온 이후 엄마와의 신체적인 접촉은 스트레스를 완화하는 데 도움이 된다. 아동은 엄마가 있는 동안 낯선 사람과도 잘 지낸다.

② 저항애착

저항애착을 가진 유아들은 엄마와 가까이 있으려고만 하고 주위를 탐색하지 않는다. 그저 엄마 옆에 딱 달라붙어 울고 보채다가 엄마가 방을 나가면 매우 심한 스트레스 행동을 보인다. 엄마가 잠시 후 돌아와 안아 주어도 계속 울면서 화를 내거나 쉽게 진정되지 않는 모습을 보인다. 이들은 엄마의 신체 접촉에 대해서 저항하면서도 엄마 곁에 남아 있으며 엄마가 있을 때조차 낯선 사람을 경계한다.

③ 회피애착

이들은 엄마와 함께 있어도 별로 반응을 보이지 않는다. 또한 엄마가 주위를 끌려고 할 때에도 돌아서서 계속 엄마를 무시한다. 또 엄마가 방을 떠나도 아무렇지 않은 듯 행동하며 잠시 후 엄마가 돌아와도 시선이나 몸을 돌리는 등 회피 행동을 보인다. 회피애착을 가진 유아는 낯선 사람에 대해서도 다소 사교적이지만 때로는 엄마에게 했던 것처럼 낯선 사람을 회피하거나 무시하는 것과 같은 행동을 한다.

④ 혼란애착

이들은 낯선 상황에서 가장 큰 스트레스를 받고 가장 불안정하다. 엄마에게 접근을 할지 회피를 할지 갈등하며 엄마가 밖에 나갔다가 돌아오더라도 멍하니 얼어붙은 듯 행동한다. 이후 엄마에게 다가가는 듯 행동을 보이다가 엄마가 가까이 오면 다시 멀리 피한다.

유아기에 발달된 애착 유형은 내적으로 유지되다가 성인기에서도 그대로 나타난다. 그리고 안정애착과 불안정애착(저항애착, 회피애착, 혼란애착)은 부모에 의해서 자녀에게로 대물림되는 현상을 갖고 있다. 부모에게서 학대를 받은 유아가 나중에 성인이 되어서 학대하는 부모가 되는 것은 유전보다는 애착이 잘못되어 나타나는 현상이라고 보면 된다.

(2) 성인기의 애착 이론

유아기의 애착과 마찬가지로 성인기의 애착도 다음과 같이 네 가지의 형태로 나타난다(Brennan, 1998).

① 안정애착(자기긍정-타인긍정)

이 애착 유형을 가진 성인은 비교적 쉽게 다른 사람과 정서적으로 가까워지는 편이다. 이들은 자신이 남들에게 의지하든 남들이 자신에게 의지하든 간에 편안하게 느낀다. 또한 이들은 혼자서 지내거나 남들이 나를 받아들이지 않는다고 해서 걱정하지는 않는다. 이성 간의 관계에서도 상대방에 친밀감을 느끼며 수용적이며 정서에 솔직하고 긍정적인 정서 상태를 유지한다.

Ainsworth 등(1978)의 연구에 의하면 안정애착을 가진 성인들은 연애 경험에 대해서도 행복하고, 친밀하고, 신뢰할 수 있었다고 기술하고 있다. 이들은 애인과 사귀기 전에도 서로 호감을 갖게 되면서 사랑에 대한 낭만적인 감정이 오갔으며 이러한 감정은 연애를 하면서 강해졌다고 한다. 안정애착을 형성한 성인들은 부모와 따뜻한 관계를 맺고 있었고 부모도 서로의 반려자에 대해 온정적이었다고 밝히고 있다.

② 회피애착(자기긍정-타인부정)

이들은 남들과 가까운 정서적 관계를 맺지 않고 지내는 것을 편하게 생각한다. 독립심과 자기 충족감을 느끼는 것이 이들에게는 중요하고 남들에게 의지하거나 남들이 자신에게 의지하는 것을 좋아하지 않는다. 무엇보다도 자신의 독립성이 중요하기 때문에 상대방에 대해서 비판하는 행동이 자연스럽다. 주로 자신의 욕구 충족, 성공에 관심이 많다.

회피애착을 형성한 연인들은 친밀감에 대해서 두려움과 질투심을 보이고, 감정적으로 고조되거나 냉담한 관계를 맺고 있었다. 이들은 영화에서 묘사되는 것처럼 사랑에 완전히 몰입될 정도의 낭만은 존재하지 않는다고 믿었다. 또한 이들은 진정한 낭만적인 사랑은 지속되기 힘들다고 믿었으며 진정한 사랑에 빠질 수 있는 사람은 드물다고 믿고 있었다. 회피애착을 형성한 성인들은 자신의 엄마를 차갑고 거부적인 사람으로 묘사했다(Ainsworth et al., 1978).

③ 양가애착(자기부정-타인긍정)

이들은 자신이 남들과 정서적으로 완전히 친밀해지기를 원하지만, 남들은 자신이 원하는 만큼 가까워지기를 꺼린다. 이들은 누군가와 친밀한 관계를 맺어야 안심이 되고 때때로 내가 남을 소중하게 생각하는 만큼 남들이 나를 소중하게 생각하지 않을까 봐 염려한다. 이들은 이성 간에도 사랑에 빠지는 일이 쉽게 그리고 자주 일어난다고 말했지만 사랑이 지속되지 않는다는 의견을 갖고 있었다. 과거에 타인에 대해 안 좋은 기억을 갖고 있어서 관계에 대한 두려움을 갖지만 그럼에도 불구하고 타인긍정 성향을 갖고 있기 때문에 다른 사람과 가까워지기를 바라고 집착적인 면을 보인다.

양가애착을 형성한 연인들은 애인관계에서 강박, 보답과 결속에 대한 갈망, 극단적 정서, 강한 성적 끌림, 그리고 질투심을 경험했다. 이들은 쉽게 사랑에 빠졌지만 진정한 사랑을 거의 찾지 못했다. 양가애착을 형성한 성인들은 외롭다고 느끼는 경우가 많은 것으로 나타났다(Ainsworth et al., 1978).

④ 저항애착(자기부정-타인부정)

이들은 남들과 가까워지면 왠지 편하지가 않다. 남들과 정서적으로 가까운 관계를 원하지만 그렇다고 남들을 완전히 신뢰하거나 남들에게 전적으로 의지하기가 어렵다. 남들과 가까워지면 자신이 크게 상처를 받을까 봐 걱정을 한다.

성인애착 유형의 측정도구는 〈표 9-3〉과 같다(정영숙 외, 2013; Hazan & Shaver, 1987).

〈표 9-3〉 성인애착 유형

애착 유형	특징
안정 애착	나는 비교적 다른 사람들과 쉽게 가까워지는 편이고, 타인에게 편안하게 의지할 수 있으며, 그들이 나에게 의존하는 것조차 자연스럽게 받아들인다. 나는 내가 버림을 받거나 누군가가 나와 지나치게 가까워지는 것에 대해서 대체로 걱정하지 않는 편이다.
회피 애착	나는 타인과 가까워지는 것에 대해서 불편하다. 나는 타인을 전적으로 믿기도 힘들고, 내 스스로를 타인에게 의지하는 것도 힘들다. 어느 누구든 나에게 지나치게 가까이 다가오면 긴장된다.
양가 애착	나는 다른 사람에게 다가가고자 하는 마음이 있지만 다른 사람들은 나와 가까워지는 것을 꺼리는 것 같다. 나는 종종 내 애인이 실제로는 나를 사랑하지 않거나 더 이상 나와 함께하려 하지 않을까 봐 걱정된다. 나는 다른 사람들과 친밀하게 지내고 싶지만 이러한 소망은 때때로 사람들이 나에게서 떠나는 원인이 된다.
저항 애착	나는 다른 사람들과 가까워지는 것이 불편하다. 또한 다른 사람들이 나에게 다가오는 것도 불편하다. 남들과 내가 친해지다 보면 서로 간에 상처를 받을까 봐 두렵다.

2. 정서지능

정서지능(emotional intelligence) 또는 정서지수(emotion quotient: EQ)라는 개념을 최초로 사용한 사람은 미국의 심리학자인 Mayer와 Salovey(1990)이다. 이들은 처음에 정서지능을 자신의 정서와 다른 사람들의 정서를 점검하는 능력, 그 정서를 구별하는 능력, 그리고 이러한 정보를 이용하여 자신의 사고와 행동을 이끄는 능력으로 정의하였다. 달리 표현하면, 정서지능은 정서 정보처리 능력이다. 정서 정보처리 능력은 자신과 다른 사람들의 정서를 정확히 지각하고 인식하고 표현하는 능력, 삶을 긍정적으로 바라보기 위해서 자신과 타인의 정서를 효과적으로 조절하는 능력, 정서에 동기를 부여하고 계획을 수립하고 목표를 성취하기 위해 정서를 이용하여 자신의 행동을 이해하고 발전시키는 능력이다(Mayer, DiPaolo, & Salovey, 1990).

1) 정서지능의 초기 모형

정서지능의 초기 모형(Mayer & Salovey, 1990)에서는 자신과 타인의 정서를

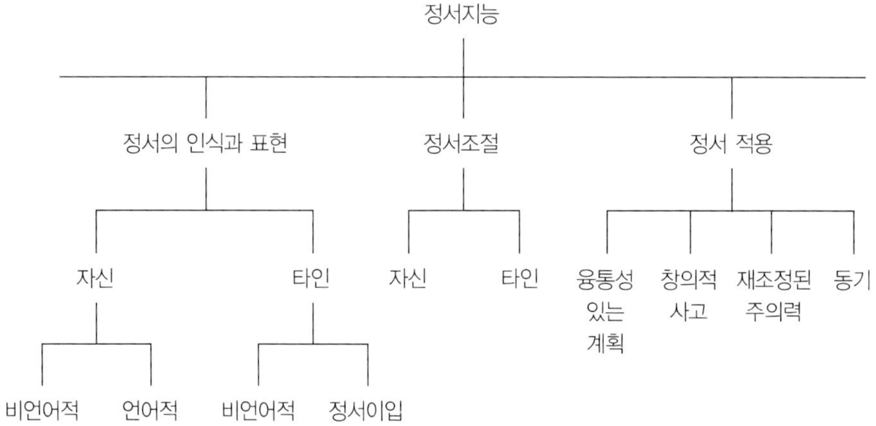

[그림 9-1] 정서지능의 초기 모형

인식하고 표현하는 능력, 자신과 타인의 정서를 조절하는 능력, 정서를 긍정적으로 적용하는 능력 등을 정서지능으로 보고 있다. 정서지능의 초기 모형은 [그림 9-1]과 같다.

(1) 정서의 인식과 표현

정서의 인식과 표현 능력에는 자신의 정서를 인식하고 표현하는 능력, 타인의 정서를 인식하고 표현하는 능력이 있다.

먼저, 자신의 정서를 인식하고 표현하는 능력에서 정서는 언어로 표현된다. 정서에 대한 학습은 정서에 대해서 명료하게 말하는 것에 달려 있다. 정서에 관한 심리 검사에서는 정서 내용의 표현에 초점을 맞춘다. 정서는 비언어로도 표현된다. 그동안 정서의 인식과 표현을 정신 능력으로 보지 않았던 이유는 정서가 비언어적으로 표현되기 때문이다. 많은 정서 전달이 비언어적인 경로로 발생하며 정서 표현의 개인차는 특히 비언어적인 전달에서 두드러진다.

자신의 정서를 잘 파악하고 있는 사람들은 자신의 정서를 더 빨리 지각하고 반응할 수 있으며 이 정서를 타인에게도 잘 표현할 수 있다. 정서지능이 높은 사람들은 자신들의 정서에 더 적절히 반응할 수 있다. 왜냐하면, 그들은 자신의 정서를 정확히 지각하기 때문이다.

타인의 정서를 인식하고 표현하는 능력에서 비언어적인 부분은 사람들이 자신의 정서뿐만 아니라 주변 사람들의 정서를 지각할 수 있다는 사실을 알려 준다. 이러한 지각 능력으로 인하여 원만한 인간관계가 이루어진다. 얼굴 표정을 통하여 정서를 이해하는 데 있어서 여자들은 남자들보다 뛰어나다고 한다. 타인의 정서를 인식하고 표현하는 것은 정서이입과 관계가 있다. 정서이입(empathy)은 다른 사람의 정서를 이해하고 그 정서를 다시 경험하는 능력이다. 정서이입은 이타적 행동을 위한 동기이다. 정서지능이 높은 사람들은 원만한 인간관계를 형성하기 위해 필요한 사회적 능력을 갖고 있다. 정서지능이 높은 친구들, 친척들, 동료들이 많을수록 더 많은 정서이입이 가능하고 친밀한 분위기가 형성된다.

타인의 정서를 인식하고 표현하는 기술이 뛰어난 사람들은 다른 사람들의 정서 반응을 정확히 판단할 수 있고 사회적으로 적합한 행동을 할 수 있다. 이러한 기술을 가지고 있는 사람들은 진실하고 다정한 사람으로 인식되지만 그렇지 않은 사람들은 인간적이지 못하게 비추어질 수도 있다.

(2) 정서조절

정서조절에는 자신의 정서조절과 타인의 정서조절이 포함된다. 사람이 즐거운 정서를 경험한다면, 그 정서를 다시 불러일으키기 위하여 그 원인을 찾으려고 노력한다. 부정적인 정서가 발생했을 때에는 이를 낮추기 위해서 긍정적인 정서가 발생했을 때를 기억하려고 노력한다. 사람들은 친한 동료와의 관계 속에서 자신의 정서를 조절할 수 있다. 예를 들어 어려운 일이 있을 때 친한 사람과 만난다든가, 성공한 사람들과 사회적인 친밀감을 유지하는 것은 긍정적 정서를 형성하는 데 도움이 된다. 사람들은 자신들에 관한 긍정적 정서를 유지하는 데 도움을 주는 정보를 찾음으로써 긍정적 정서를 유지하고 부정적 정서를 회피하려고 한다. Tesser는 이를 자기-평가 유지(self-evaluation maintenance)라고 불렀다. 더구나, 사람들은 부정적 기분을 가라앉히기 위해서 다른 사람들에게 도움이 되는 행동을 할 수도 있다. 이를 이타적인 행동이라고 한다. Isen은 사람들은 유쾌한 정서와 기분을 유지하거나 확장하려고 하고 불쾌한 기분은 가라앉히려고 한다고 주장하였으며, 이러한 경향을 정서 유지와 정서 회복이라고 표현했다. 이는 정서가 기억 부호화와 회상에 미치는 영향은 부정적인 정서 상태보다는 긍정적 정서 상태에서 일반적으로 강하다는 연구 결과와 관련된다(Isen, 1993).

타인의 정서조절은 다른 사람들의 정서 반응을 조절하고 바꾸는 능력을 포함한다. 예를 들어, 정서지능이 높은 연설가는 청중들의 반응을 강하게 이끌어 낼 수 있다. 또한 정서지능이 높은 구직자는 민첩한 행동을 하고 호감을 주는 의상을 입는다. Goffman은 사람들이 자신들의 인상을 관리하고 통제하기 위하여 다른 사람들에게 자신의 활동들을 잘 보여 줄 수 있는 방법을 설명한다고 보았다. 그는 자신의 저서인 『인상 관리 기술(*The art of impression management*)』에서 사적인 문제에 대하여 정서 반응을 감추는 행동인 장면 연출 또는 냉정한 마음의 중요성을 설명하였다.

대부분의 사람들은 자신의 정서와 다른 사람들의 정서를 조절하고, 정서지능이 높은 사람들일수록 이 과정이 뛰어나다. 정서조절의 긍정적인 측면을 보면, 정서지능이 높은 사람들은 자신의 기분은 물론 다른 사람들의 기분까지 고양시키며, 다른 사람들에게 올바른 동기를 부여하기 위하여 정서관리까지 한다.

(3) 정서 적용

정서를 적용하여 문제를 해결하는 능력은 개인에 따라 다르다. 정서는 문제해결에 포함된 구성 요소들과 전략들에 대하여 우리가 인식하지 못하는 사이에 체계적으로 영향을 미친다. 이에 해당하는 정서의 기능으로는 융통성 있는 계획, 창의적인 사고, 재조정된 주의력, 동기 등이 있다.

첫 번째는 융통성 있는 계획이다. 융통성 있는 계획에서 가장 중요한 측면은 기분 전환이다. 정서 전환의 빈도와 폭은 개인에 따라 차이가 있다. 기분이 좋은 상태에 있는 사람은 긍정적인 사건들을 더 지각하고 부정적인 사건들을 덜 지각한다. 기분이 나쁜 상태에 있는 사람은 그 반대이다. 기분 전환은 사람들의 정형적인 틀을 깨는 데 도움을 주고 보다 다양하고 가능한 결과들을 생각하도록 도와준다. 결과적으로, 그들은 자신들의 힘으로 다양한 계획을 세우고 기회를 이용하기 위해 더 잘 준비할 것이다.

두 번째는 창의적 사고이다. 정서는 기억 속에 있는 정보의 조직과 활용에 영향을 줌으로써 문제해결에 도움을 줄 것이다. 예를 들어, 기분이 좋은 상태에 있을 때, 문제와의 관련성을 쉽게 파악할 수 있다. 정보를 명료하게 분류하는 것은 문제를 해결하는 데 긍정적인 영향을 준다. 원격 연합 과제, 인지분류 검사와 같은 창의성 과제들을 해결하는 데 정서가 영향을 미친다는 것이다. 예를 들어, Isen과 그의 동료들은 긍정적 기분이 Dunker 촛불 과제(상자에 담겨 있는 초를 관찰한 학생들보다 상자 옆에 있는 초를 관찰한 학생들이 상자 위에 초를 세워 불을 켜는 새로운 과제를 더 잘 수행함)에 있어서 보다 창의적 반응을 촉진한다는 사실을 발견하였다. 게다가 긍정적인 사람들은 개념을 형성하는 원리들을 더 많이 발견하고, 정보를 통합하고 기억하기 위하여 정서를 이용하는 것으로 나타났다.

세 번째는 재조정된 주의력이다. 정서와 기분은 관심과 주의를 전환시킨다. 사람들이 자신의 정서에 주의를 기울일 때, 그들은 현재 진행 중인 문제에서 더 중요한 새로운 문제로 주의를 돌린다. 이혼이 진행 중인 판매원은 개인적인 문제보다 대인관계에 주의를 돌린다. 이러한 방식으로, 사람들은 가장 중요한 자극에 주의를 집중시키며 정서를 처리하는 능력을 배운다. 정서가 현재 진행 중인 인지 활동을 방해하기보다는 정서는 사람들이 내 · 외적으로 필요한 활동들을 결정하는 데 도움을 준다.

네 번째는 동기이다. 정서는 동기를 부여한다. 예를 들어, 어떤 학생들은 시험 불안을 긍정적으로 이용하여 시험 준비를 더 철저히 함으로써 좋은 성적을 얻을 수 있다. 또 어떤 사람들은 부정적 결과들을 동기부여의 한 방법으로 생각하기도 한다. 사람들은 좋은 기분을 이용하여 자신감을 증가시키고 그 힘으로 방해물과 혐오스런 경험을 밀어낸다. 또한 부정적인 기분이나 정서가 느껴지더라도 긍정적인 정서를 동기화시켜 긍정적인 사고를 유지한다.

2) 정서지능의 후기 모형: Goleman의 정서지능

Goleman은 『정서지능(*Emotional intelligence*)』(1995)이라는 책에서 정서지능을 다섯 가지로 나누고 있다. 이는 자신의 정서를 인식하기, 타인의 정서를 인식하기, 자신에게 동기를 부여하기, 자신의 정서를 조절하기, 타인의 정서를 조절하기 등이다. 이를 구체적으로 살펴보면 다음과 같다.

(1) 자신의 정서를 인식하기

자신의 정서를 정확히 인식하고 표현하는 것은 정서지능의 핵심이다. 정서 인식의 중요성을 함축하고 있는 예화를 제시하면 다음과 같다(Goleman, 1995).

> 일본의 어떤 사무라이가 고승에게 천당과 지옥의 의미를 설명해 달라고 했다. 이때, 그 고승은 "너 같은 얼간이를 위해 귀한 시간을 낭비할 수 없다" 하고 모욕적으로 말했다. 이에 격분한 그 사무라이는 칼을 빼면서 "당신의 그 무례함 때문에 나는 당신을 단칼에 베겠다" 하고 소리쳤다. 이에 대해 그 고승은 "그것이 바로 지옥이오" 하고 조용히 말했다. 이때 그 사무라이는 그 고승의 훌륭한 가르침을 깨닫고 칼을 도로 칼집에 넣으면서 고개 숙여 감사했다. 그 때, 그 고승은 "그것이 바로 천당이오"라고 말했다.

어떤 식으로 대처하느냐에 따라 그 개인이 경험하는 정서의 결과가 확연히 달라진다. 주의 깊게 대처하는 사람은 강렬한 정서 반응을 보일 것이나 주의를 다른 데로 분산시키는 사람은 자신의 정서에 관심을 덜 갖게 된다. 이 예는 정서를 잘 인식하는 사람이 어떠한 능력을 가지고 있는가를 시사한다.

(2) 타인의 정서를 인식하기

사람들이 자신들의 정서뿐만 아니라 주변 사람들의 정서를 지각하는 것은 정서지능의 핵심이다. 앞서 설명한 것처럼, 타인의 정서를 인식하는 능력을 정서이입(empathy)이라고 한다. 'empathy'는 '타인의 정서를 자신에게 가져오는 것'을 의미하는 그리스어 'empatheia'에서 유래한 것이다. 처음에 심리학자들은 '다른 사람의 주관적인 경험을 인식하는 능력'이라는 뜻으로 정서이입이라는 용어를 사용하였다. 정서이입은 다른 사람의 정서를 이해하고 그 정서를 다시 경험하는 능력이다. 즉, 정서이입은 다른 사람의 입장을 이해하고, 다른 사람의 정서를 정확히 인식하고, 그 정서에 따라서 똑같거나 유사한 정서를 경험하고, 이러한 내적 경험을 전달하고 그 내적 경험에 따라 행동하는 것이다. 따라서 정서이입은 정서가 서로 조화되는 현상이며, 자기 인식(self-awareness)의 토대가 될 뿐만 아니라 이타주의의 근원이며, 도덕적 판단과 행위의 기초가 된다.

다른 사람들의 정서 반응에 능숙하게 정서를 이입하여 반응하는 사람들은 다른 사람들의 정서 반응을 정확히 판단할 수 있고 사회적으로 적절한 행동을 할 수 있다. 이러한 기술을 가지고 있는 사람들은 진실하고 다정한 사람으로 인식된다.

(3) 자신에게 동기를 부여하기

적극적인 동기(열심히 하는 것, 열성을 갖는 것, 자신감이 있는 것)는 성공을 위한 필수 요소이다. 올림픽 선수들, 세계 일류의 음악가들이 갖고 있는 공통된 특징은 혹독한 훈련을 하면서 스스로 자신에게 동기를 부여하는 능력을 갖고 있다는 사실이다. 사람들은 열정과 쾌락 또는 적절한 불안을 통해서도 동기를 부여받는다. 정서는 사고하고 새로운 것을 개척하며 원대한 목표를 달성하기 위해 노력하도록 만들고, 문제해결을 잘 할 수 있도록 도와준다. 즉, 정서지능은 능력을 촉진시킨다. 이러한 의미에서 정서지능을 숙달 적성(master aptitude)이라고도 한다.

(4) 자신의 정서를 조절하기

자신의 정서를 다루는 능력은 곧 자제 능력이다. 자제 능력(self-mastery)은 정서 폭풍을 진정시키고 견디어 내는 능력이다. 자제 능력의 어원은 그리스어 sophrosyne로서 '삶을 다스리는 지혜와 신중' 이라는 뜻이다. 동서고금을 막론하고 정서에 휩쓸리지 않고 이겨 내는 정서 자제는 중요한 덕목으로 간주되어 왔다. 정서 자제의 근본 목적은 정서를 억제하는 데 있는 것이 아니라 균형을 이루는 데 있다. 즉, 정서 중용이다. 정서를 말로 나타내지 않으면 무미건조하고 무의미하며 반대로 정서가 너무 극단적으로 되면 절망, 불안, 분노, 정신적인 동요를 나타내는 병리적인 현상이 생길 수 있다. 정서가 너무 강하거나 너무 길어지면 안정감을 잃게 된다. 우리가 경험하는 정서를 계속적으로 점검하고 관리하는 것이 정서적 행복의 열쇠이다. 긍정적인 정서와 부정적인 정서의 비율은 행복을 결정해 준다.

(5) 타인의 정서를 조절하기

정서지능은 다른 사람들의 정서 반응을 조절하고 바꾸는 능력을 포함한다. 타인의 정서를 돌보는 능력은 다른 사람의 마음을 알고 이러한 정서를 더욱 구체화하는 능력이다. 다른 사람의 정서를 다루는 조절 능력은 인간관계에서 기본적인 핵심이다. 대인 관계 능력을 나타내기 위해서는 자제력(self-control: 분노, 비통, 충동, 흥분을 진정시키는 능력)을 가지고 있어야 한다. 다른 사람의 정서를 돌보기 위해서는 훌륭한 인간관계의 기술, 즉 능숙한 자기 관리와 정서이입이 필요하다. 이것을 기초로 인간관계 기술이 발전한다. 이러한 사회적 능력을 가지고 있는 사람은 대인관계를 잘 맺고, 사람들에게 영향력을 발휘하고, 인간관계를 성공적으로 이끌며, 사람들을 편하게 한다. Hatch와 Gardner(1990)는 인간관계를 빛나게 하는 구성 요소 네 가지를 제시하였다.

- 지도 능력(organizing group): 집단 구성원의 노력을 유발하고 조정하는 능력
- 조절 능력(negotiating solutions): 갈등을 예방하고, 협의하고, 중재하는 능력
- 친화 능력(personal connection): 정서이입과 상호 이해의 능력
- 분석 능력(social analysis): 사람들의 정서, 동기, 관점을 이해하는 능력

3. 정서조절

Campos(1989)는 10년 전만 하더라도 정서를 정의하는 것이 정적이고 주관적인 것이었기 때문에 정서조절을 연구하는 것은 불가능했다고 하였다. 그러나 정서조절 연구에서는 정서와 사고에 대한 정서반응 과정에 초점을 두고 있고, 어떻게 많은 형태의 정서 반응이 서로 관련되어 있는지를 이해하기 위한 노력을 하고 있다. 여러 가지 정서의 관련성 연구는 정서조절 연구에서 핵심적인 것이다.

최근에 정서를 연구하는 학자들이 정서조절에 관심을 갖는 것을 볼 때 정서조절 연구가 부활(resurgence)했다고 생각할 수 있다. Frijda(1988)는 초기의 정서연구도 정서조절에 관심을 가지고 있었다고 말하고 있다. 그는 정서의 초기연구에서도 혐오를 나타내는 얼굴 표정은 싫어하는 음식과의 접촉을 줄이게 되고 결국은 불쾌한 맛을 감소시킨다고 제시하고 있다. Darwin도 정서표현의 어떤 형태들은 기능적이고 조절적인 측면에 기초를 두고 있다고 밝히고 있다(Garber & Dodge, 1991).

1) 정서조절의 개념

정서조절 연구는 1989년에 Kopp와 Dodge가 『발달심리학회지(*Developmental Psychology*)』에 정서조절에 관한 논문을 발표하면서부터 시작되었다. Dodge(1989)는 정서조절을 '한 반응 영역에서 각성상태가 완화되면 다른 반응 영역에서도 완화되는 과정'이라고 정의하였다. 그는 부정적인 정서에 대해서 조절과 통제를 해야 한다고 주장하고 정서조절이 중요한 이론임을 밝혔다. Kopp(1989)도 발달적인 관점에서 절망과 부정적인 정서를 조절해야 한다고 주장하면서 새로이 부상하는 정서조절의 배경과 이론적인 근거 등을 밝혔다.

Thompson(1994)은 정서조절은 집중적이고 현실적인 특징을 가지고 목표를 성취하기 위해서 정서반응들을 점검하고, 평가하고, 수정하는 외적, 내적인 과정으로 구성되어 있다고 정의하였다. Thompson의 이 정의는 다음과 같은 특징을 포함한다.

첫째, 정서조절은 정서각성을 유지하고 향상시키는 것뿐만 아니라 금지하고 억누르는 것을 포함한다. 정서통제에 가치를 두는 문화에서 정서억제를 강조하는 것은 당연하다. 일상생활에서도 정서조절은 부정적인 정서의 각성을 낮추는 데 사용된다. 그러나 정서조절은 불량배와 맞서고 분노의 강도를 강하게 유지하기 위해서, 상대방이 잘못된 행동했을 때 미안함을 갖도록 하기 위해서, 어른들이 저지르는 잘못된 행동을 목격하고 이를 밝히기 위해서 정서각성을 높이거나 유지하는 경우에도 사용된다. 또한 아동은 기쁘고 즐거운 경험을 돌이켜 봄으로써 긍정적인 정서를 높이기도 하지만 부정적인 정서를 바꾸기도 한다.

둘째, 정서조절은 외적인 도움에 의해서 촉진되는데, 이것은 정서조절이 타인의 개입에 의해서 생기기 때문이다. 예를 들어, 유아를 돌보는 사람 또는 부모는 유아의 정서 상태를 점검하고, 해석하고, 조절하는 등 상당한 노력을 기울인다. 즉, 부모는 유아의 정서를 조절해 준다. 유아가 성장함에 따라서 부모는 직접적 또는 간접적인 방법으로 유아의 정서적인 행복을 유지시켜 준다. 게다가, 부모-유아 관계와 중요한 사회적인 결속은 유아가 정서조절을 하는 데 영향을 미친다. 그리고 부모는 정서이입을 통해, 또는 절망적인 상황에서 재치를 사용하여 유아의 정서를 조절해 준다. 그러므로 자신의 정서를 조절하는 데 필요한 기술의 발달은 사회적인 상황에서 생긴다.

셋째, 정서조절은 때때로 개인이 경험하는 정서에 영향을 미치지만 더 흔하게는 정서의 현실적인 특징에 영향을 미친다. 구체적으로 말하면, 정서조절은 이미 경험한 정서의 강도를 높이거나 낮추고, 정서의 회복을 촉진시키거나 늦추며, 시간이 지남에 따라서 정서의 지속성을 높이거나 낮추고, 정서적인 안정 또는 불안정을 높이거나 낮춘다.

넷째, 정서조절은 특정 상황에서 이루고자 하는 목표를 중요하게 고려해야 한다. 정서조절의 목표는 다양하며 자신이나 다른 사람의 긍정적인 성향을 유지하는 것을 훨씬 넘어선다. 정서조절에서 발달적인 변화뿐만 아니라 개인차를 이해하는 것은 정서를 조절하기 위한 목표의 평가에 달려 있다. 목표의 평가는 정서조절에서 목표도달을 중요한 정의적 특징으로 만든다.

Mayer와 Salovey(1997)는 정서조절을 '정서를 조절하고, 평가하고, 변화시키기 위해서 사용하는 평가 시스템의 산물' 이라고 정의하였다. 아동은 자신에 관한 긍정적인 생각을 유지하고 도움을 주는 정보를 찾음으로써 긍정적인 기분을 유지하고 부정적인 기분을 회피하려고 한다. 더구나 아동은 부정적인 기분을 가라앉히기 위해서 친구에게 의지하기도 한다. Mayer와 Salovey(1997)의 정서조절 발달 단계는 [그림 9-2]와 같다.

[그림 9-2]에서 보듯이, 정서조절은 왼쪽에서 오른쪽으로 발달해 나간다. 사람은 정서에 주의를 기울일 때에만 정서에 대해서 무엇인가를 배울 수 있다. 정서에 주의를 기울이지 않으면 아무것도 배우지 못한다. 따라서 정서조절은 정서에 대한 개방성에서 시작된다(정서조절 1).

아동은 성장하면서 정서통제를 배운다. 점차적으로 정서와 행동은 개별적

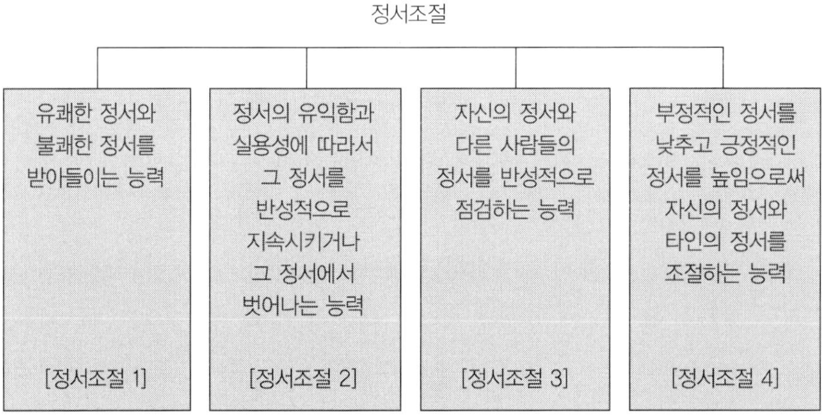

[그림 9-2] 정서조절 발달

으로 아동에게 내면화된다. 아동은 정서와 행동이 분리될 수 있다는 사실을 알게 된다. 부모는 아동에게 기본적인 정서조절을 가르친다. 예를 들면, 분노가 생겼을 때 10까지 수를 세어라 등은 부모가 가르치는 정서조절이다. 아동은 때때로 정서와 행동이 일치하기도 하고, 정서와는 다른 행동을 하는 것을 배운다. 다른 사람에 대한 분노는 상황을 파악하는 데 도움이 되지만 그 분노가 최고에 달하면 도움이 되지 못한다. 분노가 최고로 도달했을 때 정서적으로 성숙한 사람은 자신의 정서를 진정시키고 좀 더 침착한 친구와 문제를 의논할 것이다. 결국 정서통찰과 정서 에너지는 추론하는 데 적용되고 추론 과정에 동기를 부여한다(정서조절 2).

사람이 성숙함에 따라 기분과 정서에 관한 일관성 있는 능력이 나타난다. 이러한 능력은 두 가지로 나눌 수 있다. 하나는 메타평가이고 다른 하나는 메타조절이다. 이 중 메타평가는 자신의 정서에 얼마나 주의를 기울이고 자신의 정서가 얼마나 명료하고 일반적인가를 나타낸다(정서조절 3). 메타조절은 나쁜 기분을 좋은 기분으로 바꾸려고 하는 것, 좋은 기분을 유지하는 것 등과 관계가 있다. 이는 자신의 정서와 다른 사람의 정서에 대해서 정서를 조절하는 것이다(정서조절 4).

Brenner와 Salovey(1997)는 기능주의 관점에서 정서조절을 인지-경험적 요소, 행동-표현적 요소, 생리적-생화학적 요소 내에서 생기는 반응을 운영하는 과정이라고 정의하고 있다. 그들은 정서조절의 도식을 [그림 9-3]과 같이 제시하고 있다.

[그림 9-3]에서 보듯이, 정서조절은 세 가지 측면으로 구성되어 있다. 첫째, 자아의 측면은 인지-경험적 요소, 행동-표현적 요소, 생리적-생화학적 요소로 구성되어 있다. 인지-경험적 요소는 개인의 정서 상태를 인식하고 생각하는 것으로 구성되어 있고, 행동-표현적 요소는 말, 신체활동, 얼굴 표정, 몸짓 등 정서를 눈으로 확인할 수 있는 것들로 구성되어 있고, 생리적-생화학적 요소는 생리적인 상태로 구성되어 있어 뇌의 활동, 심장의 박동, 피부반응, 호르몬 수준 등에 의해서 측정된다. 둘째, 환경적 측면은 지원요소들과 방해

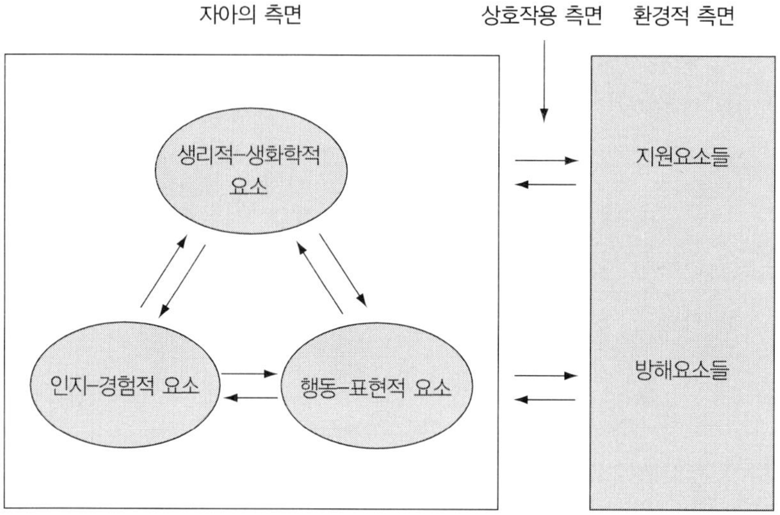

[그림 9-3] 정서조절의 도식

요소들로 구성되어 있다. 셋째, 상호작용 측면은 개인이 세 가지 내적 기제를 통해서 환경적 측면과 상호작용하는 것이다. 이 세 가지의 영역은 서로 상호작용을 하고 있으며 개인은 환경적 측면의 지원요소들을 통해서 조절 능력이 향상되기도 하고, 환경적 측면의 방해요소들을 통해서 조절 능력이 저하되기도 한다. 정서조절은 외부의 환경을 통해서 생기는 부정적인 장애 또는 긍정적인 도움을 유연하게 받아들여 보다 바람직한 생각과 행동을 하는 것을 말한다.

Thompson(1994)과 마찬가지로 Calkins(1994)는 정서조절에 영향을 미치는 많은 요소들이 있다고 생각하였는데, 한 가지는 내적 요소이고 다른 한 가지는 외적 요소라고 하였다. 내적 요소인 개인의 생물학적, 인지적, 행동적 조절이 정서조절의 발달에 중요한 역할을 하고 있으며 이러한 내적 요소는 외적 요소에 의해서 영향을 받고 있다. 내적 요소와 외적 요소에서 중요한 것은 유아와 돌보는 부모와의 상호작용이며 이를 통해서 유아는 사회의 규준, 부모의 기대 등에 따라서 행동하게 된다. 이러한 상호작용은 유아 초기의 기질 그리고 정의적인 자극을 다룰 수 있는 발달 능력 등에 의해서 영향을 받는다. 그렇지만 유아와 부모와의 상호작용은 유아가 인지적 해석과 정서를 형성하는 데 도움을 준다. 예를 들어, 유아가 절망을 조절하는 능력은 엄마가 제공하는 도움을 받아서 자신을 편안하게 하는 능력이다. 반면에 유아에게 이러한 형태의 정서조절이 발달되지 못하면 유아는 움츠린 행동을 하고 불안감을 느끼게 된다.

2) 정서조절의 발달

여기에서는 정서조절의 발달을 영아기, 유아기, 아동기로 구분하여 살펴보고자 한다.

(1) 영아기

생후 첫해에 영아는 자신의 정서조절을 위해서 돌보는 사람 또는 부모에게 주로 의지한다. 이를 통해 영아는 자신의 행복 수준을 높이고 스트레스와 위험을 줄인다. 하지만 영아는 자신의 각성 수준을 스스로 조절하는 기제를 가지고 있다(Rothbart, 1989). 영아는 촉감을 통해서 자극을 받고, 혐오하는 것을 계속 응시함으로써 긍정적인 상태를 만들려고 하거나 부정적인 상태를 줄이려고 한다. 이러한 전략들은 제한되어 있기 때문에 영아는 부모에게 많은 부분을 의지한다. 영아가 부모에게 의지하는 것은 정서조절의 측면에서 나타난다. 영아의 정서는 현재 상태와 욕구에 관한 정보를 알리며 돌보는 사람에게 행동을 요구한다(Bridge & Connell, 1991). 예를 들어, 영아의 울음은 유아 자신이 조절할 수 없는 절망을 알리는 것이다.

영아의 정서표현에 관해서는 잘 알려져 있지 않지만, 영아는 생후 2년 내에 분노, 즐거움, 슬픔, 두려움, 불쾌감, 놀람뿐만 아니라 죄의식 등과 같은 도덕적 정서를 표현한다. 영아가 정서 상태를 인지하고 자기 의식적으로 정서를 경험한다고는 볼 수 없지만, 자신의 경험을 조직하는 감각적인 방법으로 정서를 경험한다(Zahn-Waxler et al., 1995).

영아와 엄마와의 관계는 정서조절의 사회화 과정을 보여 준다. 영아는 초기에 엄마와 얼굴을 맞댐으로써 엄마의 정서적인 유도를 따르지만 여섯 달이 지나면 영아는 자율적으로 정서를 교환한다. 얼굴을 맞대는 상호작용 이외에 부모는 영아가 절망적인 표정을 지을 때 들어올리고, 껴안으며, 우유를 주는 등의 방법으로 상태를 변화시킬 수 있다(Kaye & Fogel, 1980).

영아가 정서조절 능력이 부족하게 되는 이유는 요구에 대한 만족이 적합하지 않기 때문이다. 예를 들면, 영아의 자폐성은 부모와 정서적인 상호작용을 하는 능력과 정서단서를 통해서 의미를 알아내는 능력이 손상되었기 때문이다(Rutter, 1983). 영아기의 정서조절에 장애가 생기는 다른 이유로는 부모의 올바르지 못한 양육을 들 수 있다. 예를 들면, 우울증이 있는 엄마가 영아와 같이 시간을 보내면 영아의 정서조절 능력이 저하된다. 영아의 반응에 대해서 엄마가 조절해 주지 않으면 영아의 정서형태는 변화한다. 이 변화는 안절부절못하는 것, 짜증을 내는 것, 그리고 엄마와의 상호작용에 관심을 갖지 않는 것 등이다(Tronick, 1989). 어떤 영아는 정서전달에 대해서 부모가 부적절한 반응을 하면 우울증, 애착장애와 같은 정신장애를 보인다. 이러한 경우에 영아가 정서 경험을 하는 범위는 제한되고 강도도 단조롭게 된다. 이와 같이 부모와 영아 사이의 상호작용에 장애가 생기면 영아의 정서조절 능력이 손상된다.

(2) 유아기

3살에서 4살 이후 정도가 되면 유아는 짜증, 강한 울음, 절망과 같은 부정적인 정서 경험이 감소한다(Kopp, 1989). 유아의 정서조절 능력은 놀이를 할 때 자신의 정서를 표현하고, 실제적인 상황에서 표정을 조절하는 것을 통해서 알 수 있다. 3살 정도가 되면 아동은 부정적인 정서표현을 숨기거나 줄이는 능력을 갖는다(Fabes, Eisenberg, & Eisenbud, 1993).

정서조절에서 장애가 있는 유아는 정서조절을 잘하는 유아와 구별된다. 행동 문제가 있는 유아는 계속 강한 절망을 보이고 혼자 떨어져 있는 것을 싫어하며, 부정적인 정서를 잘 드러내고, 친구들과의 관계에서 지나치게 밝은 것처럼 행동하고, 실망감을 감추는 것이 필요한 상황에서도 부정적인 정서를 더 빨리 드러낸다(Cole & Smith, 1993).

유아는 새로운 친척, 이웃에 사는 유아 등으로 관계의 범위를 확장시킴으로써 중요한 사회적인 변화를 맞는다. 이러한 사회적인 영향은 정서조절과 사회적인 수용성에 대해서 새롭고 다양한 정보를 제공해 준다. 분노와 같은 강한 정서표현은 낮은 수준의 사회적인 능력과 관련이 있다. 대인관계를 유지하고, 목표성취를 위한 상황적인 요구를 지지하기 위해서는 정서의 강도와 지속성을 조절하려는 능력이 중요한데 이러한 능력은 취학 이전부터 아동기에 걸쳐 나타난다(Fabes et al., 1993).

5~6세 정도가 되면 유아는 행동보다는 언어로 정서를 나타낸다. 5세 정도가 되면 유아는 언어적인 발달을 하게 되고 자신의 정서에 대한 생각을 말하게 된다. 이들의 정서지식은 부모에 의해서 촉진된다. 이 시기의 아동은 부모와 정서적인 상태를 교환함으로써 사회적인 이해가 더 빨라지고, 자아조절기술이 향상된다(Cicchetti, Ganiban, & Barnett, 1991).

요약하면, 유아기에 유아의 정서조절 전략은 향상된다. 유아가 경험하는 새로운 정서 경험은 부모의 개입과 지원을 필요로 한다. 정서적으로 대처하는 것에 어려움을 겪을 때 유아는 거부, 비행과 같은 나쁜 전략을 사용한다. 피로해진 유아는 평소보다 많이 짜증을 내고 나쁜 행동들은 점차 습관화된다. 이것은 정서조절에서 장애가 생기는 한 가지 예이다.

(3) 아동기

초등학교 시기는 정서조절의 발달에서 새로운 발전을 하는 시기이다. 아동은 정서조절을 통해서 인지발달과 사회성 발달에서 생기는 변화를 해결한다. 이 시기에 아동은 정서와 정서조절에 대한 경험을 내면화하는 방식이 더욱 정형화된다.

아동기의 정서조절에서 가장 흥미로운 특징은 정서에 대해서 반성적으로 생각하고, 개념화하고, 언어화하는 능력이 발달한다는 점이다. 정서표출은 유아기의 초기에 시작이 되고, 문화적인 놀이 규칙은 다른 행동규칙과 같은 시기에 나타난다. 하지만 놀이규칙에 대한 명확한 이해는 학령기에 나타난다(Saarni, 1988).

인지조절은 자아조절의 향상에 중요한 역할을 한다. 시간적, 공간적인 기술은 타인의 정서를 인식하는 데 도움을 주며, 정서 상황과 문화적인 놀이규칙에 영향을 미친다. 언어 능력은 심상을 기억과 연결해 주고, 내적인 상태를 전달하는 대안적인 조절 전략을 제공해 준다. 시각-공간적인 장애와 언어장애가 있는 아동은 정서의 혼란을 경험하게 된다(Cantwell, Baker, & Mattison, 1979). 행동 문제가 있는 아동은 정보를 처리하는 데 어려움을 겪는다. 친구들에게 따돌림을 받는 아동과 공격적인 아동은 사회적인 상황을 잘못 해석하여 좌절하고 실망한다(Putallaz & Sheppard, 1992).

인지발달은 행동, 사고, 정서 등에서 자아를 반성해 보는 아동의 능력에 도움을 준다. 이 능력은 동시에 발생하는 혼합된 정서를 경험하는 것에서 나타난다. 임상적인 주제와 발달적인 연구를 통합시킨 대표적인 사례는 Harter (1977)의 연구에서 나타난다. Harter에 의하면 6세의 아동은 어떤 날은 하루 종일 기분이 매우 좋지 않고 마음을 편안하게 하지 못하며, 어떤 날은 기분이 매우 좋아서 나빴던 날에 대해서 생각해 보는 것에 관심을 두지 않는다. Harter는 그 아동에게 정서를 신체적으로 표현하도록 가르침으로써 그 아동이 두 가지의 상반되는 정서를 통합하는 데 도움을 주었다.

Harter의 경험적인 연구는 사회인지에 관한 Piaget의 관점을 사용하여 아동이 혼합된 정서를 개념적으로 이해하도록 하는 데 초점을 두었다. 이 연구에서 통합 과정은 천천히 전개되는 과정으로 나타난다. 아동 초기에는 상반되는 정서를 동시에 잘 받아들이지 못하고 일시적으로 접촉하는 것으로 보인다(나는 처음에 기분이 나빴지만 그러나 지금은 기분이 좋다). 아동 중기가 되어야만 상반되는 정서의 동시성을 이해할 수 있다. 게다가 Harter는 자아와 정서 통합의 복잡하고 다양한 측면들은 청소년기 동안 계속 진행해 가는 계속적인 과정이라고 밝히고 있다(Harter, 1977).

3) 정서조절 프로그램의 적용

그동안 학교교육에서는 학생들의 지적인 발달을 촉진시키기 위해서 노력해 왔다. 지적인 발달과 더불어 학교교육에서 정서조절을 지도하는 것은 매우 중요하다. 정서조절은 각종 반사회적인 행동을 예방할 뿐만 아니라 학생들이 건강한 자아를 형성하는 데 도움이 된다. 여기에서는 정서조절의 다양한 주제 중에서 정서조절이 필요한 적절한 시기, 분노조절 등을 소개한다(조한익, 1999).

(1) 정서를 조절하는 적절한 시기

(수업목표)

- 부정적인 정서를 조절하는 적절한 시기를 안다.

오늘은 여러분들과 정서를 조절하는 적절한 시기에 대하여 알아볼 것입니다. 선생님이 제시해 주는 그림을 보면서 그림 속의 아이가 어떤 감정을 느끼고 있는지, 어떻게 할 것 같은지를 판단해 보고 정서조절을 하는 적절한 시기가 언제인지 살펴봅시다.

[그림 1] 왼쪽 그림은 운동장에서 축구를 하다가 민호가 영수를 민 것이다. 여러분들은 왜 민호가 영수를 밀었다고 생각하는가? (공을 자기가 차고 싶어서, 친구가 공을 몰고 가는 것이 싫어서)

그러면 밀린 영수는 어떨까요? (화가 날 것이다.)

그러면 다음 그림을 보자.

[그림 2] 왼쪽 그림을 보면 영수의 정서는 어떻지? (화가 무척 나 있다.)

영수는 지금 마음속으로 어떻게 생각하고 있을까? (마음속으로 무척 화가 나 있을 것이다. 민호를 무척 싫어할 것이다.)

그러면 영수는 어떻게 행동할 것이라고 생각하는가? (민호를 욕할 것이다. 민호에게 대들어서 싸움이 일어날 것이다.)

영수가 싸우면 영수의 마음이 편하겠는가? (불편할 것이다). 그러면 영수는 이런 경우에 어떻게 하는 것이 바람직하겠는가? (화를 참아야 할 것 같다.) 왜 화를 참고 진정해야 한다고 생각하는가? (그것이 서로의 불편한 감정을 악화시키지 않기 때문에)

그러면 영수와 민호가 서로 불편해지지 않도록 미리 방지하기 위해서 영수는 언제 화를 가라앉혀야 한다고 보는가? (싸움을 하기 전에)

[그림 3] 왼쪽 그림에서 철수는 공부를 안 한다고 엄마에게 무척 혼이 나고 있다. 엄마한테 무척 꾸중을 듣는 철수는 어떤 정서를 느낄까? (두려움, 슬픔, 화)

철수는 엄마에게 무척 혼이 나서 두려움도 느끼겠지만 나중에는 슬픔이나 화를 느낄 것이다. 여러분들은 철수가 엄마한테 심한 꾸중을 듣고 나서 어떤 생각을 할 것이라고 보는가? (엄마가 너무 심하시다. 공부에 대한 싫은 마음을 가질 것이다.)

그러면 철수는 엄마에게 꾸중을 들은 후에 어떤 행동을 할 것이라고 보는가? (동생을 때릴 것이다. 방에 들어가서 물건을 부술 것이다.)

철수가 동생을 때리거나 물건을 부수면 철수의 마음이 편하겠는가? (불편할 것이다.)

그러면 철수는 이런 경우에 어떻게 하는 것이 바람직한 방법이겠는가? (두려움을 가라앉힐 수 있는 올바른 방법을 찾는다 등) 그러면 철수가 마음이 불편해서 나쁜 행동을 하지 않기 위해서는 언제 두려움을 진정시켜야 한다고 보는가? (나쁜 행동을 하기 전에)

[그림 4] 왼쪽 그림은 중요한 시험을 못 본 여자아이가 엄마한테 무척 심하게 혼이 나서 생긴 정서를 나타낸 것이다. 여러분들은 이 여자아이가 어떤 감정을 느낄 것이라고 생각하는가? (절망감)

지금 이 여자아이는 어떤 생각을 하고 있을까? (살기 싫음. 엄마가 밉다.)

지금 이 여자아이는 앞으로 어떤 행동을 할 것이라고 보는가? (자살, 집을 나오고 싶다는 생각 등)

이 여자아이는 불편한 정서를 가라앉히지 못하면 나쁜 행동을 할지 모른다. 그렇다면 불행을 방지하기 위해서 불편한 감정을 언제 가라앉혀야 하는가? (나쁜 행동을 하기 전에)

[그림 5] 영수는 오늘 급한 용무를 보기 위해서 화장실에 갔는데, 무척 안 좋은 냄새가 나고 있었다. 용무를 보려고 화장실에 들어가는데, 냄새가 진동해서 코를 막고 있다. 지금 영수는 어떤 정서를 느낄까? (혐오감)

영수는 어떤 생각을 할까? (너무 더럽다. 너무 역겹다.)

그러면 영수는 어떻게 행동을 할 것으로 보이는가? (너무 냄새가 역겹고 짜증이 나서 화장실 문을 찰 것이다.)

영수는 이런 불편한 감정을 가지고 화장실에 들어가면 바르지 못한 일을 할지도

모른다. 영수의 이런 불편함으로 인해 나쁜 행동을 하는 것을 미리 예방하기 위해서 언제 혐오감을 가라앉혀야 한다고 보는가? (올바르지 못한 행동을 하기 전, 나쁜 생각을 갖기 전에)

[그림 6] 엄마는 동생이 나보다 모든 일에서 훨씬 잘한다고 하면서 나를 혼내셨다. 나는 엄마도 싫고 동생도 싫다. 그리고 모든 것이 싫다.

이때에 나는 어떤 정서를 느끼는가? (절망감)

엄마의 이러한 편애로 인해서 나는 지금 어떤 생각을 하겠는가? (엄마가 싫다. 집에서 있는 것이 싫다.)

그러면 나는 어떤 행동을 할 것이라고 보는가? (동생을 때릴 것이다. 집에서 나와 혼자 거리를 돌아다닐 것이다.)

나의 이러한 생각과 행동은 바람직한 것인가 바람직하지 않은 것인가? (바람직하지 못함)

그렇다면 나는 이런 정서 때문에 생기는 나쁜 것들을 미리 예방하기 위해서 언제 절망감을 가라앉혀야 한다고 보는가? (동생을 때리기 전, 나쁜 일이 생기기 전, 나쁜 마음이 생길 때)

[그림 7] 나는 오늘 오후에 남아서 수학을 공부하는데, 너무 어려워서 얼굴을 찡그리고 있다. 그러면 나는 어떤 감정을 느끼겠는가? (화)

그러면 나는 어떤 생각이 들겠는가? (수학이 싫다. 공부가 싫다.)

내가 지나치게 화가 나면 나는 어떤 행동을 할 것인가? (책을 찢는다. 교실에서 큰 소리를 지른다.)

나의 이런 생각과 행동은 바람직한 것인가 바람직하지 않은 것인가? (바람직하지 않음)

그렇다면 나는 화가 나는 정서 때문에 생길 수 있는 나쁜 일들을 미리 예방하기 위해서 언제 화가 나는 정서를 가라앉혀야 한다고 보는가? (화가 나서 나쁜 행동을 하기 전, 화가 날 때)

[그림 8] 지금 영수는 철수가 놀고 있는 공과 글러브를 빼앗아서 주지 않고 있다. 철수는 영수에게 계속 자기의 공과 글러브를 달라고 하고 있다. 그렇지만 영수는 돌려주지 않고 있다. 철수는 지금 어떤 정서를 느끼고 있는가? (화)

그렇다면 철수는 어떻게 할 것으로 보이는가? (주먹을 쥐고 영수를 때릴 것이다.)

그러면 철수는 어떤 생각이 들겠는가? (친구가 밉다.)

내가 철수처럼 화가 많이 나면 어떤 행동을 할 것인가? (책을 찢는다. 교실에서 큰 소리를 지른다.)

내가 이러한 행동을 한다면 나의 행동은 왜 바람직하지 않을까? (학생의 다양한 얘기를 들어 본다.)

여러분도 철수와 같이 화가 나는 감정 때문에 올바르지 못한 행동들을 할 수 있다. 올바르지 못한 행동들이 나타나기 전에 언제 화가 나는 감정을 가라앉혀야 한다고 보는가? (화가 나서 나쁜 행동을 하기 전, 화가 날 때)

(2) 분노 조절

(수업목표)

- 분노가 생기는 이유를 알아본다.
- 분노가 생길 때 아동들의 인지조절, 행동조절 중 긍정적인 조절을 분류해 본다.

[유의점] 어떤 아이들은 화가 났을 때에 편안함을 느낀다고 말하고 있다. 이것은 아이들이 화가 났다는 것과 화를 밖으로 드러내는 짜릿함을 구분하지 못해서 생겨난 것이다. 아이들이 이러한 구분을 이해하게 되면 그들이 화가 났을 때에 얼마나 화가 났는지 물어보고, 화가 났을 때에는 행동으로 표출시키면 안 된다는 것을 알려주는 것이 도움이 될 수 있다. 아이들이 이러한 차이를 이해하지 못하게 되면 선생님들은 단순히 '대부분의 사람들은 화가 났을 때 불편함을 느낀다'는 말을 해 주면 된다.

오늘은 화에 대해서 공부를 할 것이다. 화가 났다는 것은 다른 사람이 우리에게 상처를 주거나, 우리가 원하는 것을 하지 못할 때, 또는 다른 사람이 약 올릴 때에 생기는 정서이다. (1~2명의 아이에게 "화가 났던 경험을 말해 보겠니?" 하고 묻고 참여한 아이들에 대해서 적절한 칭찬을 하고 이해를 도와준다).

화는 불편한 정서이다. 아래의 도표를 참고한다.

정서조절 전략
(인지, 행동)
정서의 불안정 → 정서의 안정
(부정적 감정)
|
(화, 분노)

우리가 전에 배웠던 것처럼 화가 날 때에는 마음이 매우 불편해진다. 화는 부정적 감정이기 때문에 정서의 불안정에 표시해 놓았다(위의 표에 제시).

먼저, 우리가 화나는 이유를 발표해 보자.

화가 나는 이유

1. 다른 아이가 나를 때릴 때
2. 다른 아이가 나를 조롱할 때
3. 다른 아이가 나를 괴롭힐 때
4. 잠을 자고 싶은데 잘 수 없을 때
5. 다른 아이가 내 별명을 부를 때
6. 다른 아이가 내 머리카락을 잡아당길 때
7. 방을 청소하기 싫은데 해야 할 때
8. 아이스크림을 먹고 싶은데 부모님이 사 주시지 않을 때
9. 친구들과 놀지 못할 때
10. 누나가 내 장난감을 빼앗을 때

여기에서 열거한 몇 가지는 여러분 중 어떤 아이에게는 화가 나는 것이지만 어떤 아이에게는 화가 나지 않는 것일 수도 있다. (아이들에게 있어서 화가 나는 것들이 개인차가 있을 수 있음을 주지시킨다.) 예를 들어, 선생님은 잠을 자고 싶은데 잘 수 없을 때 화가 나지 않지만 여러분들 중에서는 화가 나는 친구들이 많을 것이다. 잠을 자고 싶은데 잘 수 없을 때에 화가 나는 아이는 손을 들어보기 바란다. 좋다. 그렇지 않은 아이는 손을 들어보기 바란다. (아이들이 서로 비교해 보도록 한다.)

여기에 화가 난 두 명의 아이가 있다.

[그림 1] 이 두 아이는 화가 나 있다. 이들은 서로에게 소리를 지르고 있다. 그들의 눈은 매우 화가 나 있는 것으로 보이고 눈썹은 찡그리고 있다. 이 그림은 왜 그들이 화가 났는지를 알려 주고 있지 않지만 우리는 이 그림을 보고 추측을 해 볼 수 있다.

이 아이들이 왜 화가 났는지 추측해 볼 수 있니? (생각을 유도한다.)

[그림 2] 피아노를 치는 아이의 눈은 찌푸리고 있고 매우 날카롭다.

이 아이는 왜 화가 났다고 생각하니?

(생각을 유도한다.)

앞의 그림들을 통해서 화가 날 때에 여러분들이 어떻게 하는지를 살펴보았다. 이제부터는 여러분들이 솔직하게 화가 났을 때 어떻게 하는지를 발표해 보자. (다양한 방법들을 발표하게 한다.)

- 친구에게 욕을 한다.
- 친구를 때린다.
- 깡통을 발로 찬다.
- 화를 참는다.
- 선생님에게 가서 말씀드린다.
- 소리를 지른다.
- 책상을 친다.
- 신경질을 낸다.
- 혼자서 마음을 가라앉힌다.

여러분들이 지금 발표한 많은 내용들을 밖으로 드러내는 행동과 보이지는 않지만 마음속으로 하는 생각으로 분류해 보자.

♣ 마음속으로 하는 생각	♣ 밖으로 드러내는 행동
• 바람직한 생각	• 바람직한 행동
• 바람직하지 못한 생각	• 바람직하지 못한 행동

마음속으로 하는 생각 중에서 바람직하지 않은 생각들을 골라 보자. 어떤 것들이 있을까? (다음에 두고 보자. 이 원수는 꼭 갚을 거야. 가다가 넘어져라.)

이런 것들은 왜 바람직하지 않은가?

마음속으로 하는 생각 중에서 바람직한 것만 같이 골라 보자. 어떤 것들이 있을까? (참는다. 좋게 생각한다. 친구의 입장이 되어서 생각해 본다.)

이런 것들은 왜 바람직한가?

그러면 이제 밖으로 드러내는 행동 중에서 바람직하지 않은 행동들을 골라 보자. 어떤 것들이 있을까? (깡통을 발로 찬다. 욕을 한다. 친구를 때린다.)

이런 것들은 왜 바람직하지 않은가?

밖으로 드러내는 행동 중에서 바람직한 것만 같이 골라 보자. 어떤 것들이 있을까? (조용한 곳으로 가서 안정을 취한다. 평소에 좋아하는 음악을 듣는다. 선생님께 화났던 일에 대해 말씀드린다.)

이런 것들은 왜 바람직한가?

이제는 마음속으로 하는 생각과 밖으로 드러내는 행동 중에서 올바른 것들만 기억해 두자. (칠판을 보면서 교사와 같이 각 항목들을 되짚어 간다). 이 방법들은 정서를 조절하는 중요한 것들이다. 여러분들이 화가 났을 때에는 이 방법들을 회상해서 화난 감정을 조절해 보기 바란다.

이제 이번 시간의 수업을 정리하려고 한다. 화가 나는 정서를 느끼는 것은 좋은 것이다. 그러나 화가 날 때에 화를 조절하지 못하고 바람직하지 않은 행동을 보이는 것은 좋은 것이 아니다. 다음부터는 화가 날 때에 화를 조절하는 것을 생각해 보기 바란다.

[수업내용 요약] 화가 나는 정서를 느끼는 것은 좋은 것이다.

그러나 화가 날 때 잘못된 생각이나 행동은 바람직한 방법들을 통해서 가라앉혀야 한다.

4) 정서조절의 측정

여기에서는 정서조절을 측정하는 측정문항들을 다루고자 한다. 정서조절 중에서 분노조절은 〈표 9-4〉와 같다(Catanzaro & Mearns, 1990).

〈표 9-4〉 분노조절 측정

인지조절	행동조절
• 나는 화가 났을 때 즐거웠던 일을 생각하면 기분이 좋아진다.	• 나는 화가 났을 때 다른 사람과 같이 있는 것이 싫다(R).
• 나는 화가 났을 때 기분 나빴던 이유들을 생각해 보면 기분이 나아진다.	• 나는 화가 났을 때 나를 이해해 줄 수 있는 사람을 찾기 힘들다(R).
• 나는 화가 났을 때 곧 괜찮아질 거라고 생각하면 기분이 좋아진다.	• 나는 화가 났을 때 즐거운 놀이를 하면 기분이 좋아진다.
• 나는 화가 났을 때 머릿속으로 문제를 해결하려고 하면 더 어려워진다(R).	• 나는 화가 났을 때 영화를 보더라도 화가 가라앉지 않는다(R).
• 나는 화가 났을 때 일들이 잘될 것이라고 생각해도 마음이 편해지지 않는다(R).	• 나는 화가 났을 때 새로운 일을 하면 화가 난 마음이 가라앉는다.
• 나는 화가 났을 때는 아무것도 생각할 수 없다(R).	• 나는 화가 났을 때 친구들과 같이 얘기를 나누면 마음이 가라앉는다.

* R은 부정문항임.

우리나라에서는 문용린(1996)의 정서조절 능력 척도검사를 일반적으로 사용한다. 이 검사는 초등학생용 척도로 자신의 정서조절과 타인의 정서조절로 구분되며 〈표 9-5〉와 같다.

〈표 9-5〉 정서조절검사

자신의 정서조절	타인의 정서조절
• 나는 우울할 때 즐거웠던 기억을 떠올려 보려고 노력한다.	• 다른 사람에게 좋은 인상을 주려고 옷차림을 단정히 한다.
• 나는 평소에 기분을 좋게 가지려고 애쓴다.	• 짝의 기분이 안 좋아 보일 때 나는 조심스럽게 행동한다.
• 나는 괴로울 때에도 모든 일이 잘될 거라고 생각한다.	• 다른 사람에게 좋은 인상을 주기 위해서 나는 늘 웃으려고 한다.

• 나는 기분 나쁜 일을 빨리 잊으려고 애쓰는 편이다.	• 부모님께서 화나셨을 때 나는 잘못하는 일이 없도록 조심한다.
• 나는 화가 나면 화를 가라앉히려고 노력한다.	• 선생님께서 기뻐하시도록 나는 얌전하고 똑똑하게 행동한다.
• 나는 행복한 순간의 느낌을 오래 간직하려고 노력한다.	• 친구가 슬퍼 보일 때 나는 기분을 좋게 해 주려고 노력한다.
• 나는 우울한 기분이 들 때 즐거워질 수 있는 나만의 방법을 생각한다.	• 동생(친구)이 울 때 나는 기분을 바꾸어 주려고 노력한다.

4. 성취정서

학생들이 가장 조용하면서 긴장감을 갖고 기다리는 시간은 시험이 끝난 후 시험결과를 확인하기 위해서 담임교사가 학생들에게 채점한 시험지를 나눠줄 때이다. 평소 즐거운 아이들, 말이 없는 아이들, 활발한 아이들 모두 이 시간만큼은 긴장감과 두근거림을 참으면서 담임교사의 행동 하나하나에 주목한다. 담임교사가 나눠 주는 답안지를 펼치면서 어떤 아이들은 자신이 쓴 답안지의 동그라미 개수를 세면서 몇 점을 맞았는지 다시 계산해 보는 학생이 있고, 친구의 점수가 궁금해 돌아다니며 물어보는 학생, 우는 학생도 있다. 이때의 교실 상황은 그 누구도 상상할 수 없는 행복감, 절망감, 슬픔 등이 교차한다. 평소에 시험과는 상관없이 학교생활을 잘하는 학생들도 이때에는 모든 신경을 하나에 집중시키고 자신의 성적을 살펴보며 그 결과에 따른 행복감이 달라진다. 초등학교현장에서 학업 성취도로 인한 기쁨과 슬픔은 학생들에게 그 무엇보다도 크게 다가온다.

최근에 학교학습과 관련하여 성취정서(achievement emotions)가 활발하게 연구되고 있다. 그동안의 정서는 자신이 느끼는 것이 무엇인가를 인식하고 확인하는 것(Salovey, Hsee, & Mayer, 1993) 또는 인간의 심리적, 인지적, 생리적, 경험적인 체계를 포함하고 있는 복잡한 현상(김경희, 2004; Barrett &

Campos, 1987) 등으로 정의되면서 정서와 학습이 어떠한 관련성이 있는가에 관해서 연구되어 왔다(양명희, 2009; 양명희, 김은진, 2010). 하지만 Pekrun 등 (2002, 2005, 2006, 2011)은 다양한 정서 중에서도 학업 성취도와 관련되어 있는 정서를 연구하여 왔다. 이들은 통제-가치 이론에 근거하여 수업 상황, 숙제 상황, 시험 상황에서 학생들이 경험하는 성취정서는 어떠한가를 알아보기 위해서 학생들이 어떤 가치를 가지고 어떻게 자신을 통제하며 성취정서를 경험하는지 계속적으로 연구하였다. 그 결과 학습과제를 수행하면서 학생들이 느끼는 정서는 매우 다양하고, 이러한 정서는 학생들의 인지와 동기에 영향을 주어 학업의 결과 및 성취에 영향을 줄 수 있는 것으로 나타났다. 또한 성취정서는 중요한 사건과 상태에 대해 반응을 준비하고 유지하는 기능을 한다고 보았다. 이들의 연구를 성취정서의 통제-가치 이론(control-value theory)이라고 한다(도승이, 2008; 조한익, 2012; Pekrun, 2006; Pekrun et al., 2006, 2009).

통제-가치 이론은 학업 상황에서 학생들이 경험하는 성취정서를 이해하는 개념적인 틀이다. 다시 말해서 통제평가는 성취와 관련된 행동과 결과에 대해서 지각한 주관적인 통제 가능성이며, 가치평가는 성취와 관련된 활동과 결과에 대해서 주관적으로 얼마나 중요하게 판단하는지와 연관된다. 통제-가치 이론에서는 학습자가 주관적으로 지각하는 환경의 사건에 대해서 어떻게 통제-가치를 평가하는가에 따라 서로 다른 성취정서를 경험한다고 보았다. 그리고 학생들이 경험한 성취정서는 자신들의 인지적, 동기적, 행동적 과정에 영향을 미침으로써 학습과 성취를 예측할 수 있다고 보았다 (Pekrun, 2006; Pekrun et al., 2011). 통제-가치 이론에서의 성취정서는 〈표 9-6〉과 같다.

학생이 시험에 대해서 긍정적으로 기대하고(긍정적 가치) 열심히 공부하면 (높은 통제) 즐거움이 생기지만, 시험에 대해서 불안해하고(부정적 가치) 열심히 공부하지 않으면(낮은 통제) 시험에 대해서 절망감이 생긴다. 시험이 끝난 다음에 시험점수가 높게 나오고(긍정적 가치) 자신이 열심히 공부해서 그런 결과가 나왔다고 생각하면(자신 통제) 자부심이 생기지만, 점수가 낮게 나오

〈표 9-6〉 통제-가치 이론에서의 성취정서

학업 상황	평가(appraisal)		정서(emotion)
초점	가치	통제	
시험결과/예상	긍정적(성공)	높음	즐거움
		중간	희망
		낮음	절망감
	부정적(실패)	높음	안도감
		중간	불안
		낮음	절망감
시험결과/회상	긍정적(성공)	관련 없음	기쁨
		자신	자부심
		타인	감사
	부정적(실패)	관련 없음	슬픔
		자신	수치심
		타인	분노
수업활동	긍정적	높음	즐거움
	부정적	높음	분노
	긍정적/부정적	낮음	좌절감
	없음	높음/낮음	지루함

고(부정적 가치) 자신에게 책임이 있다고 생각하면(통제-자신) 수치심이 생긴다. 수학수업시간에 이 수업이 나에게 중요하다고 판단하고(긍정적 가치) 열심히 공부하면(높은 통제) 즐거움이 생기지만, 수업이 가치가 없다고 판단되는데(부정적 가치) 열심히 해야 한다는 생각이 들면(높은 통제) 분노의 정서가 생긴다.

성취정서와 학업 성취도와의 관련성을 살펴본 Pekrun, Elliot과 Maier (2009)의 연구에 의하면 지루함, 분노, 불안, 절망감, 수치심은 학업 성취도에 부정적인 영향을 미치고, 희망과 자부심은 학업 성취도에 긍정적인 영향을 미치는 것으로 나타났다. Tempelaar 등(2012)의 연구에서 수행목표 지향성은 즐거움을 매개로 학업 성취도에 긍정적인 영향을 미치는 것으로 나타났다.

조한익(2012)의 연구를 보면 즐거움은 학업 성취도에 긍정적인 영향을 미치지만 불안감과 지루함은 학업 성취도에 부정적인 영향을 미치는 것으로 나타났다.

성취정서 측정 설문지는 〈표 9-7〉과 같다(Pekrun et al., 2011).

〈표 9-7〉 성취정서 문항 예시

성취정서	성취 상황	문항 예시
즐거움	수업 상황	• 나는 수업시간이 즐겁다.
	학습 상황	• 나는 새로운 것을 공부하는 것이 즐겁다.
	시험 상황	• 나에게 시험은 즐거운 도전이다.
희망	수업 상황	• 나는 수업시간이 되면 자신감이 넘친다.
	학습 상황	• 나는 공부하는 것에 대해서 긍정적으로 생각한다.
	시험 상황	• 나는 이번 시험에 내 능력이 충분히 발휘될 수 있다고 본다.
자부심	수업 상황	• 나는 수업시간에 내 자신이 자랑스럽다.
	학습 상황	• 나는 내 능력에 대해 자랑스럽게 생각한다.
	시험 상황	• 나는 시험을 보면 내 자신이 자랑스럽다
분노	수업 상황	• 나는 수업시간이 되면 화가 많이 난다.
	학습 상황	• 나는 공부하는 것 때문에 화가 나고 짜증난다.
	시험 상황	• 나는 시험 볼 때 화가 나고 짜증난다.
불안감	수업 상황	• 나는 수업시간만 생각하면 불안해진다.
	학습 상황	• 나는 공부하는 동안 긴장이 되고 불안하다.
	시험 상황	• 나는 시험 볼 때에 초조하고 불안하다.
절망감	수업 상황	• 나는 수업시간에 절망감을 느낀다.
	학습 상황	• 나는 공부에 관해서 생각만하면 절망적이다.
	시험 상황	• 나는 시험을 잘 볼 것이라는 기대도 안하고 모든 것을 포기하고 싶다.

chapter 10 심리성적 발달과 심리사회적 발달

1. Freud의 심리성적 발달 이론

Freud(1856~1939)는 정신분석학이라는 새로운 영역을 만들어 냈으며 그의 학문적인 업적은 Darwin과 비교될 정도로 놀라운 것으로 평가된다. 그는 인간의 행동을 무의식적인 동기와 갈등에 초점을 맞추어 역동적으로 설명하고 있다. 그의 이론은 매우 심오하고 광범위하지만 여기에서는 기본적인 개념에 초점을 맞추어 소개한다.

1) 정신구조의 기본 개념

Freud는 인간의 정신구조를 원자아(id), 자아(ego), 초자아(superego)로 나누고 있다. 원자아(id)는 기본적인 충동과 만족을 요구하는 원시적인 체계의 본능이다. 원자아는 모든 욕구의 저장소이며 신체적 요구와 과정에서 힘을 얻는다. 배고픔과 목마름이 생기면 바로 해결해야 하며 만족에 대한 지연을 참지 못한다. 쾌락을 추구하는 욕구, 성적 본능, 공격성 등은 원자아와 관련된 속성들이다.

자아(ego)는 원자아에서 파생된 것으로 의식적인 부분이다. 자아는 원자아와 초자아 사이를 중재하며 현실적이고 논리적인 부분이다. 자아의 작용은 이드에서 빌려온 에너지를 사용한다. 정신 에너지의 양은 한정되어 있기 때문에 자아에서 사용하는 에너지만큼 원자아의 에너지는 빠져나간다. 자아는 개인이 사회의 일원으로서 살아가는 데 있어서 필요한 정신적 에너지이다. 자아는 경험과 사고를 통해서 발달하며 원자아가 요구하는 본능적이고 충동적인 요소와 초자아가 요구하는 도덕적인 요소를 중재하는 역할을 한다.

초자아(superego)는 완벽을 추구하는 도덕성과 사회적 기준 등을 포함한다. 초자아는 부모의 내면화된 기준과 사회의 내면화된 기준에 따라 옳고 그름을 판단하는 양심, 완벽을 추구하는 이상의 두 부분으로 나뉜다. 초자아는 원자아의 충동을 억제하고자 하며 자아가 현실적인 목표 대신에 도덕적인 목표를 갖도록 유도한다. 또한 초자아는 완벽을 추구하는 특징을 가지고 있다.

Freud의 정신분석학 이론에 따르면 성인의 성격은 유아기 동안의 다양한 경험에서 영향을 받는데, 긍정적인 경험은 좋은 성격을 만들고, 부정적인 경험은 좋지 않은 성격을 만든다. 또한 심리성적인 발달은 선천적으로 타고난 것으로 본능에 따라서 순서적으로 발달해 나간다고 본다.

2) 심리성적 발달

Freud는 인간의 성이 가장 중요한 본능이라고 보았다. 그는 성적 본능이 성숙됨에 따라 그 초점이 신체의 한 부분에서 다른 부분으로 옮겨 가면서 인간은 심리성적인 발달을 해 나간다고 보고 있다. 심리성적(Psycho-sexual)이라는 용어는 성적인 충동, 성적인 에너지가 발달 단계에 따라서 어떻게 달라

〈표 10-1〉 Freud의 심리성적 발달 단계

심리성적 단계	연령	특징
구강기	출생~1세	성적 본능이 구강에 집중되어 있다. 영아는 빨기, 씹기, 물기와 같은 구강활동으로부터 쾌락을 얻는다. 먹는 활동은 특히 중요하다. 예를 들어, 너무 일찍 또는 갑작스럽게 젖을 뗀 영아는 이후에 친밀한 접촉을 갈망하며 배우자나 이성 친구에게 지나치게 의존적으로 변할 수 있다.
항문기	1~3세	자발적인 배뇨와 배변은 성적 본능을 만족시키는 주된 방법이다. 배변훈련은 자녀와 부모 사이에 큰 갈등을 만든다. 부모가 만드는 정서적 분위기는 지속적인 효과를 가질 수 있다. 예를 들면 배변에 대해서 처벌받은 아동은 감정이 억제되고, 충동적이고, 의존적인 성격이 형성된다.
남근기	3~6세	이 시기에는 생식기를 자극하여 쾌감을 얻는다. 아동은 이성 부모를 향한 근친상간적인 욕구(소년: 오이디푸스 콤플렉스, 소녀: 엘렉트라 콤플렉스)를 발달시킨다.
잠복기	6~11세	잠복기에는 성적 갈등을 억압하고 성적 충동을 학업과 활동적인 놀이로 바꾼다. 아동은 학교에서 문제해결 능력을 발달시키고 사회적 가치를 내면화함에 따라서 자아와 초자아가 발달한다.
사춘기 (생식기)	12세 이후	사춘기는 성적 충동을 다시 일깨운다. 청소년들은 이런 충동들이 어떻게 사회적으로 수용될 수 있는 방식으로 표현될 수 있는가를 배운다. 발달이 건전하게 이루어지면 이후 성숙한 성적 본능은 결혼과 자녀 양육에 의해서 충족된다.

지는가에 관심을 두고 만들어졌다. Freud의 5단계 심리성적 발달 단계를 요약하면 〈표 10-1〉과 같다(송길연 외, 2012).

2. Erikson의 심리사회적 발달 이론

Erikson(1902~1994)은 Freud의 딸인 Anna Freud에게서 정신분석을 배웠다. 자아심리학자로 불리는 그는 인간의 자아가 그 자체로서 뿌리를 가지며 환경에 적극적이고 창조적으로 적응한다고 보았다. 그는 우리의 몸이 정해진

순서대로 발달하듯이 우리의 자아와 심리적인 특징들도 정해진 순서에 따라서 발달한다고 보았다. Freud 이론은 발달의 초기 부분(구강기~사춘기)만을 언급한 반면 그는 이후에도 발달이 계속된다고 보았고, 사회 · 문화적인 발달을 강조하였으며, 자아의 기능을 강조하였다. 그의 이론은 개인적, 정서적, 사회적 발달을 통합하기 때문에 심리사회적 발달(psycho-social development) 이론이라고 불린다.

Erikson은 인생에는 여덟 가지 중요한 발달사항이 있다고 생각했다. 이에 따라서 심리사회적인 발달의 8단계가 이루어지며 각 단계의 이름은 초점사항에 따라서 붙여진다. 각 단계에서는 초점 사항에 대한 적응과 부적응의 갈등이 생겨난다. 예를 들어, 기본적 신뢰감과 불신감의 갈등이 생겨난다. 갈등은 그 단계에서 해결되어야 하며 성공적인 해결은 다음 단계의 갈등 해결에 대한 준비가 된다. 성공적 해결은 상대적인 것이고, 적응과 부적응의 갈등에서 적응으로 향하기 위해서는 더 많은 신뢰가 필요하다.

Freud의 심리성적 발달 단계는 5단계인데 비해서 Erikson의 심리사회적 발달 단계는 8단계이다. Freud의 마지막 단계가 사춘기인 데 비해서 Erikson은 성인 초기에서 성숙기까지 세 단계를 확장하였다. 각 발달 단계는 중심적인 과제가 있고 이를 잘 해결하면 긍정적인 결과가 생긴다. 하지만 잘못 해결되면 부정적인 결과가 자아에 남게 된다. 예를 들어 생애 첫해의 초점 사항은 기본적 신뢰감을 발달시키는 것이다. 이때 잘못된 발달은 불신감을 갖게 만든다. Erikson의 두 번째 발달 단계에서는 자율성을 위해서 노력한다. 타율을 지나치게 강요하면 아이들은 올바른 발달에서 벗어나게 된다. 마찬가지로 청소년들은 정체감을 추구한다. 그러나 건강한 자기의식 없이 자신감을 가지려고 하면 자율성에 문제가 생긴다.

Erikson은 각 심리사회적 위기의 결과로 긍정적인 성격과 부정적인 성격을 대비시켜 놓았지만 실제로 개인은 이 두 가지의 성격을 모두 갖고 있고, 부정적인 특질들도 도움이 된다. 예를 들어, 남근기에 올바른 성장이 이루어지면 주도성이 생기지만 어떤 일을 위험에 처하게 했을 때에는 죄책감이 생긴다.

죄책감은 인간이 감당하기에는 무거운 정서이지만 이 단계의 위기를 잘 극복하면 다음 단계의 위기를 극복할 수 있는 능력이 생긴다. 따라서 각 단계에 나타난 두 가지의 상대적인 자아의 모습은 어느 쪽의 모습이 더 낫다는 것보다는 어떻게 문제를 해결해 나가고 극복해 나가는 것이 필요한가를 알려 준다.

사회는 개인들의 삶의 과제 또는 위기 해결을 돕는다. 개인과 사회는 Freud의 이론에서처럼 갈등적이거나 적대적이지 않다. 사회는 개인의 동기를 억압하지 않고 오히려 돕는 역할을 한다. 삶의 초기 단계들에서는 가정이라는 울타리를 법과 관습으로 보호하고, 학교라는 제도적 장치로 아이들의 자아발달을 돕는다. 아이들에게 부모와의 사랑이 절실하게 필요한 시기에 부모들에게 부여된 삶의 과제는 아이들을 보살피고 돌보는 것이다. 또한 인생의 마지막 단계를 성공적으로 마감하는 지혜로운 노인들은 젊은 사람들에게 동일시할 모델이 되고 희망을 준다(홍숙기, 2000).

[그림 10-1]은 Freud의 심리성적 발달 단계가 아니라 Erikson의 심리사회적 발달 단계에 관한 것이다. 왼쪽의 첫 번째 열은 8단계 각각의 초점사항을 나타낸다. 각 초점사항이 중심 갈등이 된 시기는 어두운 그림자로 표시하였다. 청소년기의 중심 갈등(자아정체감-역할혼미)을 제외하고는 청소년기의 나머지 일곱 가지 발달 사항들은 밝은 상자로 제시하였다.

[그림 10-1]에서 Erikson의 심리사회적 발달은 신뢰감-불신감, 자율성-수치심, 주도성-죄의식, 근면성-열등감, 자아정체감-역할혼미, 친밀감-고립감, 생산성-침체감, 자아통합-절망감의 단계로 발달한다. 자아정체감은 시간전망-시간혼미, 자기확신-자의식, 역할실험-역할갈등, 견습-활동불능, 자아정체감-역할혼미, 성역할인식-성역할혼미, 지도성-권위혼란, 이념수행-가치관 혼미 등으로 발달한다. Erikson의 심리사회적 발달과 자아정체감은 일생을 통해서 발달한다.

Ⅷ 성숙기								자아통합-절망감
Ⅶ 성인 중기							생산성-침체감	
Ⅵ 성인 초기						친밀감-고립감		
Ⅴ 청소년기	시간전망-시간혼미	자기확신-자의식	역할실험-역할갈등	견습-활동불능	자아정체감-역할혼미	성역할인식-성역할혼미	지도성-권위혼란	이념수행-가치관 혼미
Ⅳ 학령기 (잠복기)				근면성-열등감				
Ⅲ 학령전기 (남근기)			주도성-죄의식					
Ⅱ 아동초기 (항문기)		자율성-수치심						
Ⅰ 유아기 (구강기)	신뢰감-불신감							
	1	2	3	4	5	6	7	8

[그림 10-1] Erikson의 발달 단계 및 청소년기 발달과업과 관련된 위기

1) Erikson의 심리사회적 발달 단계

Erikson의 심리사회적 발달은 유아기, 아동 초기, 학령전기, 학령기, 청소년기, 성인 초기, 성인 중기, 성인 후기로 발달한다. 구체적인 심리사회적 발달 단계와 내용은 〈표 10-2〉와 같다.

유아기에 유아가 세상이 안전하고 예측 가능한 장소라고 믿거나 신뢰할 수 있다고 믿으면 신뢰감이 생기고 그렇지 않으면 불신감이 생긴다. 아동 초기에 아동은 자신의 사고, 정서, 행동에 대한 독립심을 갖기 시작하며 긍정적인 발달은 자율성을 촉진시키고 그렇지 않으면 수치심이 생긴다. 학령전기에 아

〈표 10-2〉 Erikson의 심리사회적 발달 단계와 내용

단계	심리적 위기		연령	설명
	긍정적인 발달	부정적인 발달		
유아기	신뢰감	불신감	출생~1세	유아는 세상이 안전하고 예측 가능한 장소라고 믿거나 또는 신뢰할 수 있다고 믿는다.
아동 초기	자율성	수치심	1~3세	아동은 자신의 사고, 정서, 행동에 대한 독립심을 발달시킨다.
학령전기	주도성	죄의식	3~6세	아동은 자신의 행동과 상황을 통제하거나 목적의식을 발달시키게 된다.
학령기	근면성	열등감	6~12세	아동들은 다양한 과제들, 특히 학업에서의 능력을 발달시킨다.
청소년기	자아 정체감	역할혼미	12~18세	청소년들은 정체성의 다양한 측면들을 탐색하고 자신이 누구인지에 관한 정체성을 발달시킨다.
성인 초기	친밀감	고립감	20~30세	젊은 성인들은 비이기적으로 사랑을 주고받는 방법을 학습한다.
성인 중기	생산성	침체감	30~60세	성인들은 다음 세대를 돌보거나 그들의 복지에 기여하고 있다는 느낌을 발달시킨다.
성인 후기	통합성	절망감	60세 이후	자신의 삶이 필연적으로 의미 있는 형태로 전개되었다는 느낌을 갖게 된다.

동은 자신의 행동과 상황을 통제하거나 목적의식을 발달시키게 되는데, 긍정적인 발달이 이루어지면 주도성이 생기고 그렇지 못하면 열등감이 생긴다. 학령기에 아동은 학교에서의 다양한 과제에 대한 발달을 경험하는데, 긍정적인 발달이 이루어지면 근면성이 촉진되지만 다른 아동보다 못하게 되면 열등감이 생긴다. 청소년기에는 정체성의 다양한 측면을 탐색하고 자신이 누구인가에 대한 자아정체감이 발달하지만 그렇지 못하면 역할혼미가 생긴다. 성인 초기에 젊은 성인들은 비이기적인 사랑을 하는데, 긍정적인 발달이 이루어지면 친밀감이 형성되고 그렇지 못하면 고립감이 생긴다. 성인 중기에는 다음 세대를 돌보는 역할을 하며 생산성의 발달을 가져오지만, 긍정적이지 못한 발달일 경우 침체감이 생긴다. 성인 후기는 삶이 의미 있는 형태로 전개되었

다는 느낌을 받게 되는데, 긍정적인 발달이 이루어지면 통합성이 생기지만 그렇지 못하면 절망감이 생긴다. Erikson의 발달 단계를 구체적으로 살펴보면 다음과 같다.

(1) 유아기: 신뢰감-불신감

이 시기의 위기는 신뢰감-불신감에 대한 느낌이다. 유아는 자신의 기본적인 욕구를 충족시켜 주는 타인에게 의지한다. 이러한 욕구가 만족되면 신뢰감이 형성된다. 엄마의 행동이 예측 가능하면 유아는 타인이 안전과 만족을 가져다준다고 믿게 되고 엄마가 잠시 안 보이더라도 겁에 질리거나 두려워하지 않는다. 하지만 이유기가 되면 엄마와의 분리는 피할 수 없는 것이 되고 소중한 것을 잃어버렸다는 느낌을 갖게 되는데, 이러한 느낌은 불신감을 형성한다. 불신감은 부모가 유아를 변덕스럽게 다루거나, 정서적인 접근이 제대로 안 되는 경우에도 생긴다. 따라서 이 단계에서 부모들은 유아들에게 엄마가 보이지 않더라도 불안이나 분노를 느끼지 않을 정도의 충분한 신뢰를 발달시켜 주어야 한다. 신뢰는 어머니의 행동에 대한 믿음이기도 하지만, 자신에 대한 믿음이기도 하다. 이 시기는 Freud의 구강기에 해당된다.

(2) 아동 초기: 자율성-수치심

이 시기의 위기는 자율성-수치심의 느낌이다. 이 시기의 아동은 걷고, 말하고, 먹고, 화장실을 자주 사용하는 등 스스로 무엇인가를 하려고 하고 자신의 행동에 대해서 통제감을 얻으려고 한다. Freud 이론에서 언급한 바와 같이 배변훈련을 통해서 자신에 대한 통제감을 얻으면 내 스스로 무엇인가를 잘 할 수 있다는 자율성이 높아진다. 배변훈련은 통제감을 얻는 다양한 일 중 하나이다. 일반적으로 이 시기에는 유아와 부모와의 충돌이 많다. 이 시기의 아동은 남의 물건을 쉽게 취하며 달라고 해도 잘 내놓지 않는 경우가 많다. 물건에 대한 통제를 스스로 하게 되면 아동은 자율성이 높아지고 자부심도 생긴다. 이 시기에 부모가 무관심하거나 과잉 통제를 하거나 무조건 양보를 하게 되면 아동은 통제감을 배우지 못하고 수치심과 의심 등이 생겨난다. 이러한 수치심은 이후 독립성과 자율성을 얻는 데 문제가 된다. 이 시기는 Freud의 항문기에 해당한다.

(3) 학령전기: 주도성-죄의식

이 시기의 위기는 주도성-죄의식의 느낌이다. 이 시기에 아동은 세상에 존재하는 모든 물건들을 만져 보고 조작해 보고 싶어 하며, 자신의 영향력을 행사하고 싶어 한다. 주도성을 가진 아동은 새롭게 발달된 자신의 의지력을 바탕으로 주위에서 일어나는 모든 것에 호기심을 갖고 호기심에 따라서 행동한다. 고집을 피우고, 자신이 하고 싶은 대로 주장하고, 경쟁과 승리에 대한 즐거움을 맛보기도 한다. 이 시기를 성공적으로 통과하면 삶의 목표를 갖게 되지만 주도성에 대한 인정을 받지 못하면 죄의식을 갖게 된다. 이때에 성적으로 공상하는 것도 죄책감을 불러일으키거나 내적인 갈등을 일으킨다. Freud가 말한 오이디푸스 콤플렉스나 엘렉트라 콤플렉스는 이 시기에 일어난다. 따라서 Erikson이 이 시기를 주도성으로 특징지은 이유는 부모와의 권력투쟁이 잠재되어 있다고 보기 때문이다. 이 시기에 아동의 주된 활동은 놀이이다. 아동은 어려운 상황을 해결하는 방법을 놀이를 통해서 배우는데, 이러한 학습은 스스로 용기를 갖고 목표를 향해 나아가는 원동력이 된다.

주도성과 죄책감의 갈등은 학령기 이전에 아동이 경험하는 마지막 갈등이다. 이 시기를 슬기롭게 지나기 위해서는 엄마 또는 아빠에 대한 지나친 관심, 스스로 모든 것을 해 보고 싶은 욕구에 대해서 참는 방법을 배우고, 도덕적인 책임 능력도 발달시켜야 한다. 이 시기는 Freud의 남근기에 해당한다.

(4) 학령기: 근면성-열등감

이 시기의 위기는 근면성-열등감의 느낌이다. 학령기는 자아가 성장하여 능동적인 삶을 꾸려 나가는 단계이다. 근면성은 아동이 삶에 영향을 미치는 일을 행하는 것에 초점이 맞추어져 있는데, 이 시기의 아동들이 근면성을 발휘하는 곳은 학교이다. 아동은 학교에 들어가면서부터 자신이 살아야 할 사회에서 중시되는 다양한 것들을 배운다. 학업적인 것과 더불어 또래와 어울리고 협동하는 것도 배우고, 사회적인 기술도 배운다.

근면성이 높으면 현실에 기초한 행동을 선호하고 결과를 산출함에 있어서도 능력과 노력의 역할을 잘 구별한다. 이들은 학교활동을 열심히 하고 학업성적도 높다. 하지만 이 단계에서 성공적으로 발달하지 못하면 열등감이 생긴다. 자신이 학교생활과 학업에서 모두 부족하다고 느끼고 부모나 또래에 의해서 이끌리는 생활을 할 수도 있다. Erikson은 근면성과 열등감 사이의 위기를 잘 해결하면 유능성이라고 하는 자기결정성이 생긴다고 보고 있다. 이 시기는 Freud의 잠복기에 해당된다.

(5) 청소년기: 자아정체감-역할혼미

이 시기의 위기는 자아정체감-역할혼미의 느낌이다. 이 시기는 이전 단계와는 뚜렷한 차이를 보인다. 그러나 그 차이가 신체적 변화만을 의미하는 것은 아니다. 이 시기에는 그동안 전혀 생각해 보지 못하고, 해 보지도 못했던 생각을 하게 된다. 이들은 자신에 대해서 스스로 알아 가기 위한 단계에 접어든다. 현재의 내가 과거의 나와 연속되고 내가 보는 나 자신이 타인이 보는 나와 일치할 때 자신감을 갖게 되며 이때에 비로소 자아정체감이 형성된다.

'나는 누구인가?' '나는 이 세상에 왜 태어났는가?' '나의 자리는 어디인가?' '나는 어떻게 살아가야 하는가?' 등에 대한 물음을 던지고 많은 방황과 시행착오를 겪으면서 자아정체감이 형성된다. 자아정체감은 자신에 대한 통합된 느낌이다. 자아정체감이 제대로 형성되지 못하면 역할혼미가 생기는데, 역할혼미는 나 자신에 대한 확립된 생각이 없이 복잡한 자신의 모습들에 대해서 혼란해하고 당황해하며 이 세상에서 자신의 자리를 찾지 못하는 상태를 말한다. 이 상태가 지속되면 고독감이 깊어지고 과제에 집중을 하지 못하고 대중적인 스타와 자신을 동일시하며 자기와 생각을 공유할 수 있는 집단에 들어가 집단과 자신을 동일시하며 자신이 속한 가정, 사회, 계층, 성별 등에 대한 거부와 반항을 한다. 또한 역할혼미가 생기면 직업 선택이나 공부를 제대로 하려는 노력이 줄어드는 반면 인기 있는 대상에 대한 과잉 동일시가 이루어지기도 한다.

자아정체감은 Erikson에 의해서 가장 많이 연구되었으며, 그는 청소년기를 인생에서 가장 중요하게 보았다. 이 시기는 Freud의 성기기(사춘기)에 해당된다.

(6) 성인 초기: 친밀감-고립감

자신이 누구인지 그리고 어떤 사람이 될 것인가를 알게 되면 그다음은 자신의 삶을 타인과 공유하는 단계가 된다. 이 시기의 위기는 친밀감-고립감의 느낌이다. 친밀감이란 자신의 정체성을 상실하지 않으면서 다른 사람과 따뜻한 관계를 형성하는 능력을 말한다. 우정, 이성, 경쟁, 협동이라는 신뢰감과 친밀감을 나누는 새로운 관계는 상대방의 성장을 방해하지 않으면서 정체성을 발달시킬 수 있다. 진정한 친밀감은 배려하고 개방적인 방법으로 타인에게 다가가고 자신의 가장 일상적인 모습을 기꺼이 상대방과 나누는 것을 말한다. 또한 상대방의 사소한 면들도 수용하고 받아들이는 것을 말한다. Erikson은 강한 정체감이 형성될 때에 친밀한 관계를 형성하는 능력이 발달한다고 보고 있다.

자아정체감이 제대로 형성되지 못하면 나라는 존재감이 없어질까 두렵기 때문에 타인과의 안정된 관계를 형성하기 어려워진다. 따라서 성인 초기에 이들은 고립감과 고독감을 느끼게 된다. 이들은 잘못하면 친밀감을 확립할 수 없을 정도로 자아에만 집착할 수도 있다. 고독감과 고립감은 사회집단에서의 소속감을 발달시키지 못하게 막는 역할도 한다.

(7) 성인 중기: 생산성-침체감

이 시기의 위기는 생산성-침체감의 느낌이다. Erikson에 의하면 성숙한 사람은 친밀감 이상의 것을 갖추어야 한다고 한다. 생산성은 단순히 다음 세대를 양육하는 것만을 의미하는 것은 아니라 다른 사람을 도와주고 가르치는 것, 문화, 직업, 윤리 등을 다음 세대에게 가르치는 것, 아이디어로 무엇인가를 창조하는 것, 문화와 상징 체계를 창조하고 변형하는 것 등 미래를 위한 긍정적인 창조를 포함한다. 자녀를 양육하지 못하거나 사회에 도움이 되는 생산 또는 창조를 하지 못하는 사람들은 자신의 존재가 쓸모없고 인간관계도 무의미하다고 생각되어 침체감이 형성된다. 이러한 사람들은 주위 세계에 더 깊이 관여하지 못하고 자기중심적으로 변해 버린다.

(8) 성인 후기: 자아통합–절망감

앞의 단계를 잘 지나온 사람들은 노년기에 들어와서 그들의 삶을 되돌아보고 그들이 선택했던 삶에 대해서 숙고해 본다. 이 시기에도 위기가 있는데, 자아통합–절망감의 느낌이다. 앞의 단계들을 잘 지나온 사람들은 자신의 인생에서 삶을 긍정적으로 평가하고 만족감이 생기는 자아통합의 단계에 도달하게 된다. 이들은 노년의 지혜를 얻게 되고 자신이 실수를 했던 것들에 대해서도 수용할 수 있게 된다. 하지만 절망감이 큰 사람은 자신을 증오하고 세상과 타인을 원망한다. 이들은 다른 방식으로 인생을 살았으면 하는 바람이 있기는 하지만 이미 때가 늦었다는 것을 알고 후회하는 삶을 살아간다.

Domino와 Affonso(1990)는 Erikson의 심리사회적 단계에 따라 잘 발달하고 있는지 그렇지 못한지에 관한 검사도구를 개발하였다. 구체적인 예는 〈표 10–3〉과 같다.

〈표 10–3〉 Erikson의 생애 단계 측정 검사

단계	심리적 단계	문항
유아기	신뢰감–불신감	• 나는 다른 사람에게 의지할 수 있다. • 사람들 사이에서 일어나는 대부분의 갈등은 대화로 해결된다.
아동 초기	자율성–수치심	• 나는 잘할 수 있다. • 나는 조직화되어 있는 사람이다.

학령전기	주도성-죄의식	• 문제가 생기면 나는 다양한 해결책을 생각해 낼 수 있다. • 나는 창의적인 일들을 좋아한다.
학령기	근면성-열등감	• 나는 공부를 정말 열심히 한다. • 과제가 주어지면 나는 최선을 다한다.
청소년기	자아정체감-역할혼미	• 일반적으로 나는 내 인생에서 무엇이 필요한가를 안다. • 종종 나는 내가 누구인지 모르겠다.
성인 초기	친밀감-고립감	• 나는 주위에 있는 사람들과 가까운 사이이다. • 나는 내 주변에 사람들이 모여들면 행복하다.
성인 중기	생산성-침체감	• 나는 아이들이 새로운 기술들을 배우는 것을 보면 행복하다. • 미래 세대를 위해서 준비하는 것은 매우 중요하다.
성인 후기	자아통합-절망감	• 나에게 인생은 매우 유익하였다. • 나의 종교적인 신념이나 정신적인 신념은 과거보다 더 강해졌다.

2) 자아정체감의 발달과 위기

Erikson(1968)은 자아정체감의 발달은 주로 청소년기에 이루어지지만 이후에도 평생 지속된다고 보고 있다. 그는 청소년기에 겪게 되는 자아정체감의 발달을 7단계로 세분화하고 이때 나타나는 위기 극복이 자아정체감 형성의 기본이 된다고 보고 있다. 자아정체감 확립과 관련된 일곱 가지 발달과업과 그에 따른 위기를 살펴보면 다음과 같다(안범희, 2000; 양지웅, 2005; Maier, 1965).

(1) 시간전망-시간혼미

유아기의 발달과업과 위기인 신뢰감-불신감이 청소년기에는 시간전망-시간혼미로 나타난다. 자신의 지나온 과거를 인정하고 미래에 대해서 숙고할 줄 아는 것이 시간전망이다. 그러나 과거와 미래를 조정함에 있어서 수많은 기억과 기대, 가능성으로 인해서 시간혼미가 생긴다.

청소년기는 인생의 목표를 달성하기 위하여 필요한 시간을 계획하고 삶의 진행 과정과 미래의 시간을 조절해야 하기 때문에 시간에 대한 감각을 갖는 것이 매우 중요하다. 미래의 성공을 위한 시간전망을 분명하게 하지 못하는 것은 기본적인 불신감에서 오는 시간적 요인의 결핍 때문이다.

(2) 자기확신-자의식

아동 초기의 발달과업인 자율성-수치심은 청소년기에 있어서 자기확신-자의식의 위기와 결합된다. 지나온 과거가 의미가 있고 앞으로 자신이 뜻한 바를 달성할 수 있다는 믿음을 갖는 것이 자기확신이다. 이러한 자기확신은 부단한 자기반성을 통해서 이루어진다. 그러나 자기반성은 고통스러울 수 있으며 여기에서 벗어나지 못하는 경우에 부정적인 자의식이 생긴다.

수치심은 자율성을 위협하는데, 다른 사람에 의해서 평가받고 있다는 자의식이 극복되면 자아정체감이 커진다. 청소년기 자아의 모습은 상대적이며 사회적 환경에 의해서 영향을 받는다. 청소년기에는 신체적인 발달이 형성되지만 사회적인 자아의 모습을 바람직하게 형성하면 자기확신이 높아진다. 이 위기를 바람직하게 형성하는 경우 자신과 자신의 능력에 대한 자신감이 생긴다. 그리고 현재에 대처할 수 있는 능력과 성공에 대한 자신감을 갖게 된다.

(3) 역할실험-역할갈등

학령전기의 주도성-죄의식은 청소년기에 직면하는 역할실험-역할갈등과 결합된다. 청소년은 아동기에 비해서 훨씬 복잡한 세계에 살고 있고 보다 많은 가능성과 선택의 기회를 갖게 된다. 그러나 많은 선택에 당황하거나 선택적 대안에 대해서 꺼리는 경우 역할고착이 일어난다.

청소년들은 다양한 정체성과 성격, 사고방식과 행동, 성취목표를 실험해 볼 수 있는데, 자아정체감을 형성하기 위해서는 다양한 역할실험과 역할탐색이 필요하다. 그러나 자기 앞에 전개되는 역할실험에서 실패하면 청소년들은 역할이 고정되거나 폐쇄된다. 또 너무 많은 가능성에 압도되어 선택이 불가능할 경우 자아는 혼란스러워하고 불확실성을 경험하며 자아정체감의 혼란과 더불어 역할갈등이 형성된다.

(4) 견습-활동불능

학령기의 근면성-열등감은 청소년기에 직면하는 견습-활동불능과 결합된다. 청소년의 중요한 선택은 공부 또는 미래의 직업과 관련되는 것이다. 직업은 정체감 형성의 중요한 요소이다. 따라서 직업을 선택하기 이전에 실습기간을 갖는 것이 바람직하다. 자신이 어떤 직업도 수행할 수 없을 경우 활동불능이 생길 수 있다.

학교에서의 공부와 다양한 실습은 학교의 분위기, 학생의 가치관과 태도, 학생의 사회적 경험, 직업적 동기와 관련이 있다. 학교 내에서 직업과 관련되는 높은 성취동기는 장래의 방향설정, 긍정적인 자아상과 관련이 있다. 하지만 공부와 직업생활은 일과 자신의 능력에 대한 지식이 결여될 때 어려워진다. 열등감이 계속되면 부정적인 자기 이미지를 가지게 되고 학업이나 직업의 성공을 위해 필요한 일들을 수행하지 못하게 된다.

(5) 성역할 인식-성역할 혼미

청소년기의 자아정체감을 확립하기 위한 노력은 성인 초기의 친밀감-고립감의 위기와 관련된다. 청소년기에는 자신의 남성성, 여성성에 따른 성역할에 대한 확고한 인식이 정체감 형성에 도움이 된다. 남성성과 여성성의 유사성과 차이점을 가려내는 과정에서 양성에 대한 혼미를 겪을 수 있다.

Erikson에 의하면 성인의 성역할은 사회 통합뿐만 아니라 개인의 자아정체감 발달에도 중요한 요인이 된다고 한다. 그는 이성과 친밀한 관계를 맺고 확실한 성적 정체감을 형성하기 위해서는 자신의 성과 상대의 성에 대한 분명한 인식이 있어야 한다고 주장한다. 남성의 역할과 여성의 역할에 대한 구분이 모호해지고 성별에 대한 심리학적 속성이 혼재하면 성역할 혼미가 나타난다고 한다.

(6) 지도성-권위혼란

청소년기의 자아정체감은 성인 중기의 생산성-침체감과 관련된다. 사회적인 접촉의 범위가 넓어짐에 따라서 지도성이 다양해지므로 이에 대한 역할을 배워야 한다. 국가, 부모, 애인, 친구 등은 다른 요구를 하며 다른 지도성이 필요하다. 이에 제대로 대처하지 못하면 권위 혼란이 생긴다.

청소년기의 역할실험은 학생들이 사회적 관계를 맺도록 도와준다. 사회생활은 지도자와 구성원을 함께 요구한다. 여기에서 리더십과 충성의 모순된 요구를 깨닫게 된다. 학교, 사회집단, 친구들을 통해서 사회적 범위가 확대되면서 청소년들은 다른 사람들을 따르는 것뿐만 아니라 지도자로서의 책임감도 배우게 된다. 동시에 그들은 충성을 요구하는 사회의 요구가 있음을 알게 된다. 정부, 부모, 친구 등이 청소년들에게 이러한 요구를 하게 되고 그 결과 청소년들은 누구를 따를 것인지 그리고 누구에게 충성할 것인지, 즉 권위에 대한 혼란을 경험한다.

권위에 대한 이해와 대응은 가족 내의 경험으로부터 배운다. 연령이 증가함에 따라서 자녀는 부모에게서 독립하려고 하지만 부모는 자신의 예전 청소년기와 동일한 조건이나 역할을 자녀에게 기대한다. 이에 청소년은 자신의 부적합성에 대해 죄책감을 느끼고 행동한다. 따라서 청소년기의 분리-개별화를 적용하여 청소년 문화를 강조하고 세대 간의 교차와 갈등을 해결해야 한다.

(7) 이념수행-가치관 혼미

청소년기의 자아정체감에서 최종적인 발달의 위기는 성인 후기의 자아통합-절망감과 관련된다. 이념이란 정치적 의미가 아니라 발달 단계에서 갖게 되는 일관적인 신념이나 확신이다. 이념의 형성은 여러 가지 행동을 이끈다. 이념의 문제는 인생의 가치에 있어서 통일감과 개인과 사회 사이의 가치에 있어서 조화를 내포한다. 이는 자아정체감의 통합과 관련된다.

Erikson에 의하면 자아정체감의 통합 상태란 행동이 안정되고 자기의식에 일관성이 있어 삶의 문제를 궁극적으로 대처하는 상태를 말한다. 자아정체감에서 역할혼미는 삶의 문제를 부정적으로 대처한 결과 개인의 신체적, 성적인 측면에서 자신에 대해서 회의에 빠지고 그로 인해서 의사결정이나 참여가 불가능해지는 상태를 말한다. 따라서 이념의 수행에서 실패하면 자아정체감이 혼란스러우며 이념을 왜곡하게 된다.

따라서 성숙한 자아는 인생과 그 의미를 해석하고, 옳고 그름을 판별하며, 갈등하는 상황 속에서 행동을 선택하는 데 영향을 주는 규범적 원칙이나 판단기준을 지녀야 한다. 또한 성숙한 자아는 사물을 객관적으로 판단할 수 있는 능력을 지니고 스스로 선택한 생활원칙과 판단기준을 갖고 있어야 한다. 또한 스스로가 가치 있다고 판단한 것에 대한 일관성도 갖고 있어야 한다.

3) 심리사회적 발달을 위한 교육적 제안

Sternberg와 Williams(2010)는 Erikson의 심리사회적 발달을 위한 교육적인 노력을 다음과 같이 제안하고 있다.

첫째, 학교에서는 학생이 독립적으로 과제를 수행하도록 해야 한다. 학생은 학교에서 교과를 배우는 것처럼 먹고, 입고, 화장실을 가는 것 등 모든 기본적인 기능을 스스로 할 수 있다. 학생에게 자율성을 높이고 수치심을 낮추기 위해서 기본생활습관을 형성해 주면 학생의 자기충족감은 높아진다.

둘째, 학교에서는 학생이 자기주장을 할 수 있는 능력을 기르도록 해야 한다. 이를 위해서 학생이 가능한 학교 활동들을 스스로 결정할 수 있도록 허용해 주어야 한다.

셋째, 학교에서는 학생의 여러 가지 제안을 교실활동에 포함시켜야 한다. 쉬운 활동부터 어려운 활동에 이르기까지 다양하게 포함시킴으로써 학생에게 성공의 기회를 많이 부여해 주어 새로운 것에 대한 자신감을 갖도록 하는 것이 필요하다.

넷째, 학교에서는 학생의 성공에 대해서 관심을 갖고 칭찬함으로써 학생 스스로 자신의 능력에 대해서 자부심을 갖도록 해야 한다. 학교에서는 교과 단원을 여러 세부 단계로 나누어 학생들이 각 단계를 완성할 때마다 보상을 주거나 격려할 필요가 있다.

다섯째, 학교에서 교사는 정상적인 자아정체감 형성 과정의 예를 보여 줌으로써 학생들을 격려할 필요가 있다. 유명한 과학자, 수학자, 작가 등 여러 분야에서 자아정체감이 잘 형성 된 모델들을 보여 주고 이들이 어떤 과정과 변화를 겪으며 성공에 이르렀는지 함께 토론할 필요가 있다. 또한 모델이 경험한 자아정체감 추구와 변화의 과정도 포함시키는 것이 필요하다.

3. Marcia의 자아정체감

청소년기는 인생이 새롭게 출발하는 제2의 탄생기이다. 이 시기에는 신체적, 심리적 측면에서 질풍노도와 같은 급격한 변화를 경험하게 된다. 그리고 청소년기는 부모나 성인에게 의존하다가 독립하는 과도기라고 할 수 있다. 청소년들은 사회적인 존재로서의 자신을 깨닫고 자신과 주변 환경에 대해 스스로 판단하게 된다. 따라서 '나는 누구인가?' '나는 무엇을 할 수 있는가?' 등에 관한 실존적 질문을 하게 된다. 이런 질문에 대해서 개인이 내적으로 발견하게 된 대답이 바로 자아정체감이라고 한다. Erikson에 의해 소개된 자아정체감은 Marcia에 의해서 발전되었다.

Marcia는 자아정체감 연구를 통해서 다음과 같은 틀을 제시하고 있다. 자아정체감 유형은 '자아정체감을 갖기 위해서 노력했는가?'(자아정체감의 위기를 경험했는가)와 '가치 있는 것에 전념하는가?'(주어진 과업에 관여하는가)의 두 차원 간의 배합에 의해 결정된다. 위기란 자신의 현재 상태와 역할에 대해 의문을 제기하고, 여러 대안적 가능성들을 탐색해 보는 과정을 뜻하며, 관여는 자신에게 주어진 역할과 과업에 신념을 가지고 몰입하는 상태를 의미한다. Marcia의 자아정체감 유형을 설명하면 〈표 10-4〉와 같다(Marcia, 1980).

〈표 10-4〉 Marcia의 자아정체감 유형

가치전념 여부 / 자아정체감 노력 여부		가치 있는 것에 전념 (관여)	
		긍정	부정
자아정체감 형성을 위한 노력 (정체감 위기 경험)	긍정	자아정체감 성취 (identity achievement) • 정체감 확립, 획득 • 정체감 신념에 전념함 • 노력에 의해서 도달	자아정체감 유예 (identity moratorium) • 정체감 위기를 경험함 • 아직 뚜렷한 자아정체감이 확립되지 않음
	부정	자아정체감 유실 (identity foreclosure) • 정체성 조기성숙, 상실 • 직업이나 이데올로기에 전념 • 스스로 삶을 구성하는 과정이 결여됨	자아정체감 혼미 (identity diffusion) • 정체감 혼란, 혼미 • 방향성의 결여 • 정치적, 도덕적, 직업적 문제에 대한 관심이 결여됨

1) 자아정체감 유형

청소년기 자이정체감 유형은 자아정체감 성취, 자아정체감 유예, 자아정체감 유실, 자아정체감 혼미로 나뉜다. 이를 구체적으로 살펴보면 다음과 같다.

(1) 자아정체감 성취

자아정체감의 위기를 경험하고 가치 있는 것에 전념하는 단계이자 가장 안정적인 단계이다. 자아정체감을 성취한 사람들은 삶의 목표, 가치, 직업, 인간관계 등에서 위기를 경험하고 대안을 탐색했으므로 확고한 개인적 정체성을 갖게 된다. 이들은 다른 사람의 관점, 신념, 가치관도 고려하지만 결국에는 자신만의 결단으로 자아정체감에 도달한 사람들로 직업, 종교, 성역할에 대한 신념에 전념하고 확고하고 안정된 자아 개념을 갖는다. 또한 부모를 포함한 인간관계에 있어서 현실적이고 안정되어 있으며, 자아존중감이 높고, 스트레스에 대한 저항력도 높다.

(2) 자아정체감 유예

자아정체감의 위기를 경험하고 있으나 가치 있는 것에 전념하지 못하는 단계이다. 삶의 목표와 가치에 대해 회의적이고, 대안들을 탐색하지만 여전히 불확실한 상태에 머물러 구체적인 과업에 관여하지 못하는 상태를 의미한다. 하지만 이들은 자아정체감을 적극적으로 탐색하며 스스로 결정을 내리기 위해서 다소간의 심리적인 유예기간을 갖고 있는 상태이다. 현재에는 분명한 자신만의 정체감도 없고 사회에 전념하지 못한다. 이들은 아직은 안정감이 없으나, 많은 경우 시간이 흐르면서 자아정체감을 확립하게 된다. 흔히 부모와 또래관계에 있어서 애증이 교차하며, 자신이 몸담고 있는 상황에서 긍정적인 요소보다는 부정적인 요소에 민감하고 잘 식별해 낸다. Erikson과 Marcia에 의하면 자아정체감 유예는 자아정체감 성취에 도달하기 위해 필요한 과도기적 단계이므로 자아정체감 유실이나 자아정체감 혼미보다는 앞선 단계이다.

(3) 자아정체감 유실

자아정체감의 위기를 경험하지는 못하지만 가치 있는 것에 전념하는 단계이다. 이 단계에 해당하는 청소년은 자아정체감에 대한 정체성을 경험하지 못하고 앞일을 실행해 나아간다. 하지만 학업, 직업 및 다양한 이념적 입장들에 전념하며 살아간다. 자아정체감 유실은 충분한 자아정체성의 탐색 없이 지나치게 빨리 정체성 결정을 내리는 경향을 지칭한다. 이 단계의 청소년들은 정체성 위기를 경험하지 않았으면서도 자신의 삶의 목표를 확립하고 몰입한다. 이들은 흔히 부모가 기대하거나 선택한 생애과업을 수용한다. 다른 지위에 비해 사회적 인정의 욕구가 강하고, 자신이 지향하는 가치에 따라 생애의 방향을 결정하고 있으며, 부모와 긴밀한 관계를 유지한다. 부모의 과업을 물려받거나, 일찍 결혼하여 안정된 가정을 꾸려 나가는 청년들에게서 가장 흔히 발견된다. 이들은 청소년기를 매우 안정적으로 보내는 것 같으나 자아정체감을 상실해 버린 상태로 성인기에 뒤늦은 자아정체감 위기를 경험하는 경우도 있다.

(4) 자아정체감 혼미

이 단계는 자아정체감의 위기를 경험하고 있지도 못하고 가치 있는 것에 전념하지도 못하는 단계를 말한다. 이 상태에 있는 청소년들은 삶의 목표와 가치를 탐색하려는 시도를 하지 않거나 생각해 보지도 않아서 자신의 미래를 계획하고 설계하려는 욕구가 부족하며 미래 지향적인 행동도 하지 못한다. 이들은 부모와의 애착관계가 없거나 부모로부터 거부당한 것으로 느끼는 경우가 많고, 자아존중감이 낮으며, 혼돈과 공허감에 빠져 있다. 자아정체감 혼미는 정체성 탐색 과정의 가장 낮은 단계에 속하며, 그대로 방치해 두면 부정적 정체성으로 빠져들 위험이 있다. 이들은 정치적, 종교적, 도덕적 심지어 직업적 이슈들에 무관심하다.

2) 자아정체감 확립을 위한 교육적 제안

학교교육에서 Marcia의 관점에 따라 학생의 자아정체감 성취를 이루기 위해서는 다음과 같은 노력이 필요하다(김정섭 외, 2012; Sternberg & Williams, 2010).

첫째, 학교에서는 자아정체감 성취를 위해서 역할모델을 보여 주어야 한다. 교사는 자아정체감 모델을 보여 줌으로써 학생이 자아에 대한 개념을 확고히 가지도록 해야 한다. 이를 위해서는 각 분야에서 자아정체감을 성취한 인물을 보여 주는 것도 도움이 된다. 가장 중요한 것은 교사나 다른 어른들이 확고한 모델이 되어 줄 필요가 있다는 것이다.

둘째, 학교에서는 다양한 가치 체계를 탐색하도록 도와주고 각각의 장단점을 논의하도록 해야 한다. 국어나 역사와 같은 교과수업에서 역사적 인물이나 등장인물들은 학생들이 고려할 수 있는 모델이 될 수 있다. 과학시간에는 학생들이 직접 연구에 참여하거나 위대한 과학자의 발견에 대해서 읽어 보면서 과학적 가치에 대해서 배울 수 있다. 외국어 수업에서는 다른 문화를 습득하고 또 그 문화와 우리 문화와의 유사점과 차이점을 배움으로써 가치 체계에 대한 학습을 촉진할 수 있다.

셋째, 학교에서는 학생들이 자기의 연령 수준에 맞게 수행하고자 하는 것에 전념하도록 격려해야 한다. 학업에 최선을 다하거나, 학교조직에서 활동하거나, 친구나 가족과 친밀한 관계를 유지하거나, 종교활동, 취미활동, 특별활동을 하는 것 등 모든 것이 포함된다. 한 가지 일에 전념하고 꾸준히 해 나가는 것은 그 일에 성공하는 것만큼 중요하다.

넷째, 학교에서는 자아정체감이 청소년기에만 이루어지는 것이 아니라 인생 전체에 걸쳐서 지속적으로 발달하는 것임을 알려 주어야 한다. Marcia의 이론은 주로 청소년기와 성인 초기와 관련되어 있다. 그러나 자아정체감은 일생 동안 지속된다. 사람들은 자신이 누구이고, 무엇이 되어 가며, 자기가 원하는 사람이 되어 가고 있는가를 자주 평가해야 한다. 학교에서는 이러한 점들을 학생들에게 인식시킬 필요가 있다.

chapter 11 도덕성 발달 이론

도덕성에 대한 관점은 학자들마다 다양하기 때문에 그것을 하나로 정의하기는 어렵다. 하지만 일반적으로 도덕성은 어떤 사회의 관습적, 전통적, 문화적 규범을 그 사회에 소속된 개인이 내면화시킨 후, 이 내면화된 규범에 따라서 자신의 행동을 자율적으로 통제하는 인지, 행동, 태도를 의미한다. 도덕성의 연구는 Piaget 이론, Kohlberg 이론, Rest 이론 등으로 나누어 볼 수 있다.

먼저 Piaget는 아동의 논리적, 수학적, 과학적 개념을 어떻게 추론하는가에 관한 경험을 확보하여 인식론적인 문제를 해결하기 위해서 노력한 학자이다. Kohlberg는 개인이 도덕적인 딜레마에 빠졌을 때 도덕적 의미를 어떻게 구성하는지를 검토함으로써 경험적인 자료를 가지고 윤리적인 상대주의 문제를 풀고자 하였다.

1. Piaget의 도덕성 발달 이론

Piaget는 '아동들이 어떻게 도덕규칙을 이해하고 존중하게 되는가?' 그리고 '이러한 발달적인 사실이 어떻게 윤리적인 문제를 이해하는 데 도움이 될 수 있는가?' 에 관심이 있었다.

이러한 질문에 대한 하나의 관점은 아동의 도덕성이 부모나 권위자에 의해서 형성된다는 것이다. 아동은 부모를 포함한 타인에 의해서 양육되고 사회화되는데, 이는 아동 외부에서 아동 내부로 도덕성이 유입될 수 있다는 것을 보여 준다. 이러한 관점에서는 아동이 보다 큰 권력을 지닌 성인에 의해서 적절하게 통제받으며 도덕적으로 사회화된다고 보았다.

이후 Piaget는 타인에 의해 형성된 도덕성은 도덕성을 부분적으로만 설명한다고 주장했다. 도덕성이 타인에 의해 형성된다는 관점은 부분과 전체의 상호작용을 허용하지 않고 있으며 불안정한 평형화라고 본 것이다. 비록 그는 도덕적 사회화를 부정하지 않았지만 도덕적 사회화는 거기에서 멈추지 않는다고 보았다. 아동들은 상호작용을 하면서 평등하고 새로운 사회적 관계를 형성하게 된다. 이러한 관계는 안정적이고 균형이 잡혀 있으며 평형화된 단계이다.

그는 타인에 의해 형성된 도덕성은 낮은 단계의 도덕성이며 성인-아동의 맥락에서 작용하는 도덕성이라고 보고 타율적 도덕성으로 명명했다. 그리고 이후에 확장되는 도덕성은 평등한 사회 내에서 등장하고 정의에 관한 평형화된 이해를 가능하게 하고, 협력을 촉진하는 것으로 보고 자율적 도덕성이라고 명명했다.

즉, Piaget는 도덕성 발달의 과정이 타율적 도덕성 단계와 자율적 도덕성 단계로 나뉜다고 생각한 것이다.

1) 타율적 도덕성

어린 아동은 성인의 권위를 일방적으로 따르며 권위에 구속된다. 이러한 관계는 불평등한 관계이며, 아동은 자신의 관심을 성인의 관심에 맞추며 받아들인다. 타율적 도덕성 단계에서 성인의 구속을 더 많이 받을수록 아동의 도덕적인 사고는 이기적이고 주관적으로 변하기도 한다.

Piaget에 의하면 타율적 도덕성 단계는 불안정한 평형화 단계이다. 이는 아동과 부모 또는 성인과의 상호작용이 결핍되어 있는 상태이다. 부모는 자녀에게 사회적인 권력으로 구속하면서 도덕적인 의무는 단지 부모님에게 복종하는 것이라는 식으로 단순화시켜 도덕성을 가르친다. 이때의 도덕적인 판단은 의도가 좋으냐 나쁘냐 하는 것보다는 객관적인 결과가 어떠냐에 달려 있다.

이 단계의 아동은 성인과 도덕적인 규칙을 존중하기는 하지만 그러한 규칙을 따라야 하는 이유를 이해하지는 못한다. Piaget는 아동이 실제적으로는 자신의 환상만을 따르면서 규칙과 일치하는 행동을 하는 것으로 잘못 파악할 수 있다고 본다. 한편으로는 성인도 아동에게 평등한 규칙을 가르치지 않고 규칙을 따르도록 요구하고 규칙에 복종시킨다. 이 단계의 아동들은 규칙은 언제 어디서든 따르고 항상 지켜야 하는 것이라고 받아들인다. 즉, 규칙이란 절대적이고 불변적인 것이므로 반드시 지켜야 한다고 생각하는 것이다. 따라서 이 시기의 아동들은 규칙을 어겼을 경우에 부모나 교사 또는 신과 같은 권위자로부터 반드시 처벌을 받는다고 생각한다. 그리고 행위의 옳고 그름을 행위자의 의도가 아니라 행위의 결과에 근거해서 판단한다.

이러한 일치의 착각은 놀이 규칙에서도 나타난다. 어린 아동들은 놀이가 규칙에 따라서 진행된다는 것과 이러한 규칙은 부모 또는 외부의 권력자에게서 전해 오는 것이기 때문에 거역하면 안 되는 것이라고 받아들인다. 그러나 아동들은 거역할 수 없는 규칙을 자신들의 주관적인 도식에 동화시키며 놀이 친구들과 함께 이러한 규칙에 의해 조정되지 않는 특유의 놀이를 만들어 낸다. 그리고 자신의 놀이는 규칙과 일치한다고 착각한다. 규칙은 신성하고 변경이 불가능한 반면 놀이는 특유하고 변화무쌍하며 개인적인 도식에 동화된다. 나중에 자율적인 도덕성 단계에 도달해서야 아동은 놀이를 하는 데 있어서 규칙이 상호 동의에 기초해 있고 협력적인 제도라는 것을 깨닫게 된다.

2) 자율적 도덕성

자율적 도덕성은 협동의 도덕성이라고도 하며 동등한 사람들 사이의 결속과 맥락에서 생긴다. 사회란 동등한 사람들이 모여 사는 곳이고 이성을 가지고 협의하며, 갈등을 풀어 나가는 곳이다. 평등을 특징으로 하는 사회적 관계에서는 협력과 상호성을 보장하는 도덕성이 등장한다. 사회에서의 도덕성은 서로 동등한 사람들 간의 협력과 협의이기 때문에 사회적 평형화와 상호 존중을 바탕으로 구축된 도덕적 신념은 타율적 도덕성보다는 합리적이다. Piaget는 자율적 도덕성을 명령이나 성인의 구속으로부터 벗어나 자율성, 상호 존중, 민주적 협력으로 나아가는 움직임으로 보았다.

학생들의 발달에 있어서 자율적 도덕성은 10~11세 이후의 아동들에게서 나타난다. 이때 아동들은 사회적인 규칙이 인위적인 승인에 의해서 이루어진 것임을 알게 되며 규칙이란 변화될 수 있는 것임을 알게 된다. 예를 들어 아동들은 어떠한 게임을 할 때 그 게임에 참여하는 아동들이 서로 동의만 한다면 게임의 규칙이 변화될 수 있음을 알게 된다. 또한 내재적 공정성에 대한 생각도 사라져서 규칙을 어긴다고 해서 반드시 처벌을 받는 것은 아니라는 점을 깨닫는다. 또한 도덕적 판단에 있어서 행위의 결과보다 의도를 감안할 수 있게 된다. Piaget의 도덕성 발달 단계를 요약하면 〈표 11-1〉과 같다.

Piaget는 아동의 도덕성 개념이 타율적 도덕성에서 자율적 도덕성으로 나아간다고 보았으며, 이러한 도덕성은 불안정한 평형화에서 안정적인 평형화로의 발달이다. 이러한 발전에도 불구하고 Piaget의 도덕성 발달 이론은 다음과 같은 비판을 벗어나지 못하고 있다.

첫째, Piaget의 단계는 이상적이고 전형적이며 연령에 따른 발달이지 진정

〈표 11-1〉 Piaget의 도덕성 발달 단계

타율적 도덕성	자율적 도덕성
제약의 관계에 기반을 둔다. 예컨대 아동은 성인의 권위를 완전히 수용한다.	평등한 사람들 간의 관계에서처럼 자율적인 개인들 사이의 협력과 평등 그리고 상호 인정의 관계에 기반을 둔다.
도덕적 현실성이 반영된다. 규칙은 근원과 권위가 외적이며, 협상의 여지가 없고 바꿀 수 없는 요구로 보인다. 성인과 규칙에 복종을 하는 것은 옳은 것이다.	합리적인 도덕적 태도가 반영된다. 규칙은 상호 협정의 산물로 보이며, 협상의 여지가 없고, 개인적 수용과 의견일치로 합법화된다. 옳음은 협력과 상호 존중의 요구에 따라서 행동하는 문제이다.
나쁨은 행위의 객관적인 형태와 결과의 관점에서 판단된다. 공정성은 성인 결정의 내용과 같다. 임의적이고 심한 처벌도 공정한 것으로 보인다.	나쁨은 행위자의 의도에 따라서 상대적이다. 공정성은 동등한 대우 또는 개인의 욕구를 고려하는 것이다. 처벌은 올바르지 못한 것에 대한 제재이다.
처벌은 위반의 자동적인 결과이며 정의는 본래적인 것으로 보인다.	처벌은 인간 의도에 의해서 영향을 받는 것으로 보인다.

한 도덕적 구조의 발달은 아니라는 점이다. Piaget의 이론은 아동이 타율적인 도덕성을 갖고 있지만 연령이 높아짐에 따라서 자율적인 도덕성으로 나아간다고 전제하기 때문에 연령에 따른 발달 이론이다. 하지만 타율성에서 자율성으로의 진보는 내적인 논리가 부족하다. 자율적 도덕성은 타율적 단계의 변형이나 위계적인 통합이 아니다. 오히려 자율적 도덕성은 타율적 도덕성과는 반대되는 도덕성이다. 따라서 도덕적 구조가 타율적 도덕성에서 자율적 도덕성으로 발달한다고 볼 수 없다.

둘째, 두 도덕성은 사회적 관계와 연결되며 사회적인 계층, 종교, 교육 등과 같이 사회적인 요인들에 영향을 받는다. 도덕적 구조 또는 도덕적 판단 형식이 사회적 요인에 의해 영향을 받게 되면 도덕적 상대주의에 빠지게 될 위험이 있다.

2. Kohlberg의 도덕성 발달 이론

Kohlberg는 아동의 도덕적 추리와 인지발달과의 연계성에 대한 Piaget의 견해를 계승하면서도 그 과정이 Piaget가 제안한 것보다도 더 오래 걸리며, 더 세분화할 수 있다고 보았다.

Kohlberg는 도덕적인 딜레마를 활용한 연구와 분석을 통해서 인간의 도덕성은 세 가지 수준을 거쳐 발달하며 각 수준은 질적으로 구분되는 두 단계로 이루어져 있다는 결론을 내리게 되었다. 그는 가치갈등 상황이 담긴 '도덕적 딜레마'를 이용하여 도덕적 판단 능력의 발달 과정을 연구함으로써 도덕성 발달 단계를 아동기 이후까지 확대하였다. 도덕적 딜레마 상황을 소개하면 〈표 11-2〉와 같다(Kohlberg, 1958).

〈표 11-2〉 도덕적 딜레마 상황

유럽에서 어떤 부인이 암으로 죽어 가고 있었다. 의사가 보기에 그녀를 구할 수 있는 약이 한 가지 있었다. 그 약은 같은 마을의 약제사가 최근 발견한 일종의 라듐이다. 약을 제조하는 데 비용도 많이 들었지만 약제사는 약을 만드는 데 든 비용의 열 배 정도를 약값으로 매겨 놓았다. 그는 라듐을 만드는 데 200달러가 들었고 정량의 약에다 2,000달러의 가격을 매겨 놓은 것이다. 부인의 남편인 하인즈는 돈을 빌리기 위해서 아는 사람을 만나 모두 통사정을 해 보았고 모든 합법적인 수단을 다 동원해 보았지만 약값의 절반밖에 되지 않는 1,000달러를 구했을 뿐이다. 그는 약제사를 찾아가 아내가 죽어 가고 있다고 말하고 좀 싼 값에 약을 팔든지 아니면 약값에 모자라는 돈은 외상으로 해 달라고 간청했다. 그러나 약제사는 이렇게 말했다. "안 됩니다. 내가 그 약을 발견했습니다. 그 약으로 돈을 좀 벌어야겠습니다". 모든 합법적인 수단을 다해 보았지만 별 수 없었던 하인즈는 절망에 빠진 나머지 약을 훔치려고 약제사의 점포를 털 궁리를 한다.

Kohlberg의 도덕성 발달은 3수준 6단계로 나뉘며 낮은 단계에서 높은 단계로 발달해 나간다. 3수준은 인습 이전 도덕성, 인습 수준 도덕성, 인습 이후 도덕성으로 나뉘며 각 수준별로 두 개의 단계가 포함된다. 각각의 발달 단계를 요약하여 설명하면 〈표 11-3〉과 같다.

〈표 11-3〉 Kohlberg의 도덕성 발달 3수준 6단계

수준	단계	도덕적 추리의 성격
1. 인습 이전 도덕성	1단계: 처벌과 복종	다른 사람들의 욕구나 감정을 고려하지 않고 자신에게 가장 좋은 것에 근거해 도덕적인 결정을 내리려고 한다. 더 힘 있는 사람들에 의해서 설정되는 규칙에 복종한다.
	2단계: 순수 이기주의 또는 도구주의	다른 사람들도 욕구를 가지고 있음을 인정하기 시작한다. 자신의 욕구가 충족된다면 다른 사람들의 욕구를 만족시키려고 시도할지 모른다. 옳고 그름은 주로 결과의 관점에서 판단된다.
2. 인습 수준 도덕성	3단계: 착한 아이 또는 대인 간 조화	어떤 행동이 권위자를 즐겁게 할 것인가에 근거해서 도덕적인 결정을 내린다. 나눔, 신뢰, 충성을 통해 대인관계를 유지하는 데 관심을 갖는다. 순수함 또는 죄의식을 결정함에 있어서 사람의 의도를 고려한다.
	4단계: 권위와 사회질서 유지	사회는 옳고 그른 것에 관한 규칙을 만들어 낸다. 규칙은 변하지 않는 것으로 지각하며 규칙에 복종하는 것은 자신의 의무라고 믿는다.
3. 인습 이후 도덕성	5단계: 사회적 계약과 법에 대한 존중	규칙은 적절한 행동에 관한 많은 사람들 사이에 일치를 나타낸다. 규칙은 융통성이 있으며 더 이상 사회의 욕구를 충족시키지 못하면 변화될 수 있음을 인정한다.
	6단계: 보편적인 윤리의 도덕성	규칙을 초월하는 추상적이고 보편적인 원리를 따른다. 내적 양심에 일치하면 규칙을 깰 수도 있다.

3수준 6단계에서 도덕성 발달의 수준과 각 단계별 도덕 판단의 분류, 하인즈의 도덕 딜레마에 나타난 도덕행위의 동기와 결과에 관한 사항을 구체적으로 제시하면 다음과 같다(김민남, 김진숙, 2001; Kohlberg, 1967; Rest, 1968).

1) 수준 1: 인습 이전 도덕성

이 수준에서는 도덕적 가치를 사람이나 표준에 귀속시키는 것이 아니라 외적인 사건, 나쁜 행위, 물리적 욕구에 귀속시킨다. 학생들의 경우에는 행위의 결과가 가져다주는 보상이나 처벌에 의해서 옳고 그름을 판단하거나 규칙을 정하는 사람들의 물리적인 권위에 따라서 도덕성을 판단한다.

(1) 1단계: 처벌과 복종

이 단계에서는 우월한 권력에 대한 자기중심적인 존경에 따라서 도덕적인 판단을 한다. 또한 문제를 일으키지 않는 것이 좋다는 식의 태도에 의해서 도덕적인 판단을 한다.

① (1a) 도덕적 딜레마 상황에서 도덕행위의 동기: 처벌을 피하기 위해서 동기화되며 양심이란 처벌에 대한 두려움이다.

② (1b) 도덕적 딜레마 상황에서 도덕행위의 의도성과 결과: 옳고 그름을 판단할 때 행위의 동기 및 욕구보다는 행위의 결과에 초점을 둔다.

③ (1a_찬성): 아내를 죽게 내버려 둔다면 당신은 아내를 살리기 위해서 돈을 쓰지 않았다고 비난받을 것이다. 당신과 제약사는 아내의 죽음에 대한 책임이 있다.

④ (1a_반대): 약을 훔치면 체포되어 교도소에 끌려가게 될 것이다. 당신이 도망친다고 해도 경찰은 끝까지 당신을 추적할 것이다.

⑤ (1b_찬성): 약을 훔쳐서 아내를 살려야 한다. 처음부터 당신이 약값을 지불하지 않으려고 한 것은 아니며, 약값은 기껏해야 2,000달러 정도밖에 안 된다.

⑥ (1b_반대): 약을 훔치는 것은 큰 범죄이므로 약을 훔치지 말아야 한다. 허가 없이 무단 침입해서 약을 훔치고 물건을 부수면 남에게 피해를 입히게 된다.

(2) 2단계: 순수 이기주의 또는 도구주의

이 단계에서 사람들은 자신에 대한 행위의 결과에 초점을 두지만, 호혜성이 내포된다. 이 단계에서는 자신이나 타인의 욕구를 도구적으로 충족시키는 것이 옳은 행위이다. 인간관계는 시장의 원리와 유사하다. 공정성, 상보성, 분배의 평등에 대한 인식이 시작되지만, 진정한 정의와 관용보다는 서로의 등을 긁어 주는 것과 같이 자신에게 돌아오는 이익을 생각하는 수단적 호혜성에 그친다. '네가 나를 위해 무엇을 하면 나도 너를 위해 무엇을 할 것이다' 라는 말은 이 단계의 도덕성을 나타낸다.

① (2a) 도덕적 딜레마 상황에서 도덕행위의 동기: 행위는 보상이나 이익을 얻으려는 욕망에 의해서 동기화된다. 죄책감은 무시되고 처벌도 실용주의 방식으로 처리된다.
② (2b) 도덕적 딜레마 상황에서 도덕행위의 의도성과 결과: 이 단계의 도덕적 판단은 선과 악, 물리적 결과에 달려 있지 않다. 이 단계의 도덕성은 욕구를 충족시키는 도구적 가치를 지니고 있고 다른 사람의 욕구에 해를 끼치지 않는 것이다.
③ (2a_찬성): 약을 훔쳐야 한다. 훔친 후 체포되더라도 약을 돌려주면 중형을 받지 않을 것이다. 당신이 교도소에서 나왔을 때 아내가 살아 있다면 짧은 기간 동안 교도소에 가는 것도 그리 나쁘지는 않다.
④ (2a_반대): 약을 훔치지 말아야 한다. 남편이 약을 훔친다고 해도 무거운 형벌을 받지 않을 수 있다. 그러나 남편이 교도소에서 나오기 전에 아내가 죽을 수 있다. 이것은 남편에게 그리 좋은 일이 아니다. 약을 훔치지 않더라도 남편이 아내의 죽음에 대해서 자신을 탓해서는 안 된다. 아내가 암에 걸린 것은 그의 잘못이 아니기 때문이다.
⑤ (2b_찬성): 아내에게는 약이 필요하고 남편은 아내가 살기를 원하므로 약을 훔치는 것은 당연하다. 남편이 약을 훔치고 싶지 않더라도 아내를 구하기 위해서 는 어쩔 수 없는 방법이다.
⑥ (2b_반대): 약을 훔치지 말아야 한다. 당신이 약을 훔치는 것은 약제사에게 해를 끼치는 것이 된다. 제약사도 옳지 않지만 잘못한 것도 없다. 그는 단지 이익을 얻으려고 한 것일 뿐이다. 그것은 당신이 돈을 벌기 위해서 일하는 것과 같다.

2) 수준 2: 인습 수준 도덕성

도덕적 가치는 훌륭하고 정당한 역할을 수행하는 데서 이루어진다. 즉, 인습적인 명령과 타인에 대한 기대에 부응하기 위해서 도덕적 판단을 한다. 이 단계에서는 자기중심성이 감소하며 다른 사람들의 관점에서 판단한다. 도덕적 추리는 이제는 개인에 대한 결과에 의존하지 않으며, 다른 사람들의 관점 그리고 다른 사람에 대한 결과와 연결되게 된다. 다른 사람들의 인정, 가족의 기대, 법에의 복종 그리고 사회질서가 중요하게 된다.

(1) 착한 아이 또는 대인 간 조화

이 단계의 특징은 다른 사람을 돕고 기쁘게 해 주고 인정을 얻으려는 도덕성을 갖고 있다. 이 시기에는 다른 사람들이 하는 대로 따라가는 식의 역할행동을 하거나 의도성에 따라서 도덕적인 판단을 한다.

이 단계에서는 착한 사람이 됨으로써 친구와 친척의 인정을 받으려고 한다. 옳은 행동은 타인을 기쁘게 하거나 도와주며, 타인으로부터 인정을 받는 것이다. 대다수의 사람이 갖는 고정관념에 동조한다. 타인의 반응이 도덕성 판단의 기준이 되지만 물리적인 힘보다는 심리적인 인정 여부에 관심이 있다. 자신이 착해짐으로써 타인의 인정을 얻고자 한다. 이 단계에서부터 사회적인 규칙을 수용하며, 의도에 의해 행위의 옳고 그름을 판단하기 시작한다.

① (3a) 도덕적 딜레마 상황에서 도덕행위의 동기: 행위는 현실적이건 상상적인 것이든 간에 타인의 인정에 의해서 동기화된다.
② (3b) 도덕적 딜레마 상황에서 도덕행위의 의도성과 결과: 실제 행위는 그 행위를 수행하는 사람들이 지닌 동기에 따라서 달라진다. 그 행위가 훌륭하고 이타적인 동기를 갖고 있거나 사랑을 표현한 것이라면 나쁘지 않지만 비열하고 이기적인 동기를 갖고 있는 것이라면 나쁜 일이다.

③ (3a_찬성): 약을 훔친다고 해서 남편을 나쁘다고 생각할 사람은 아무도 없을 것이다. 오히려 남편이 약을 훔치지 않으면 가족들은 몰인정한 남편이라고 생각할 것이다. 아내가 죽도록 내버려 둔다면 남편은 다른 사람의 얼굴을 다시는 쳐다보지 못할 것이다.

④ (3a_반대): 남편이 약을 훔칠 경우에 죄가 있다고 생각할 사람은 단지 제약사만이 아니다. 그 외의 모든 사람들도 그렇게 생각할 것이다. 약을 훔친 후에 가족과 자신이 받을 불명예를 생각하면 남편은 기분이 좋지 않을 것이며 다른 사람을 대할 면목이 없을 것이다.

⑤ (3b_찬성): 약을 훔쳐야 한다. 그가 좋은 남편이라면 자신이 해야 할 일을 한 셈이다. 사람들은 아내를 사랑해서 한 행위에 대해서 남편을 비난해서는 안 된다. 오히려 아내의 목숨을 외면할 만큼 아내를 사랑하지 않는다면 그런 남편은 비난받아 마땅하다.

⑥ (3b_반대): 약을 훔치지 말아야 한다. 아내가 죽는다고 해도 약을 훔치지 않은 남편을 비난할 수 없다. 남편이 약을 훔치지 않더라도 그는 합법적으로 할 수 있는 모든 일을 다 해 보았다. 이웃에 돈을 꾸어 보기도 하고 약제사에게 약값을 깎아 달라고 사정한 것만 보더라도 우리는 그가 얼마나 아내를 사랑하고 있는가를 알 수 있다. 오히려 무정하고 이기적인 것은 제약사이다.

(2) 4단계: 권위와 사회질서 유지

이 단계의 초점은 특정한 사람들을 기쁘게 하는 것보다는 권위자에 대한 존경, 사회질서 유지와 규칙 그 자체의 고수에 있다. 자신의 의무를 다하며 권위자를 존중하며 사회적 질서를 유지하는 것이 옳은 행동이다. 이 단계에서는 사회규칙에 대한 의무수행 그리고 사회질서 유지에 무게를 둔다.

① (4a) 도덕적 딜레마 상황에서 도덕행위의 동기: 이 단계에서는 타인에게 가한 나쁜 행위에 죄책감을 느끼고, 사회규칙을 지키지 못한 것에 대한

비난을 예상함으로써 동기화된다.

② (4b) 도덕적 딜레마 상황에서 도덕행위의 의도성과 결과: 동기에 관계없이 규칙을 위반하거나 다른 사람들에게 해를 끼치는 행위는 나쁜 것이라고 판단한다.

③ (4a_찬성): 남편은 약을 훔쳐야 한다. 당신은 아내를 살릴 수 있는 유일한 방법이 있는데도 두렵다는 이유로 아내를 죽게 내버려 두면 안 된다. 아내에 대한 의무를 다하지 않고 아내가 죽게 되면 당신은 죄책감에 사로잡히게 될 것이다.

④ (4a_반대): 남편은 약을 훔치면 안 된다. 남편은 절망감에 빠져 자신이 약을 훔칠 때에는 자신이 나쁜 짓을 하고 있다는 사실을 모를지도 모른다. 그러나 처벌을 받아 감옥에 가 있을 때에는 비로소 자신이 나쁜 짓을 했다는 것을 알게 될 것이다. 남편이 약을 훔치면 법을 위반한 것과 부정직함에 대해서 죄책감을 느낄 것이다.

⑤ (4b_찬성): 남편은 약을 훔쳐야 한다. 아무 조치도 취하지 않아서 아내가 죽는다면 그것은 바로 당신 책임이다. 당신은 제약사에게 약값을 지불한다는 생각을 가지고 약을 훔쳐야 한다.

⑥ (4b_반대): 남편이 아내의 생명을 구하려고 하는 것은 자연스러운 일이다. 하지만 약을 훔치는 것은 나쁜 것이다. 남편 스스로도 제약사의 귀중한 약을 훔쳐 빼앗으면 안 된다는 것을 알고 있다.

3) 수준 3: 인습 이후 도덕성

이 수준에서 추리하는 사람들은 개인적, 사회적 수준을 초월하며 원리에 근거해서 도덕적인 결정을 한다. 집단의 권위나 권리를 행사하는 사람들과는 무관하게 도덕적 가치와 원리를 규정하는 노력을 보인다. 도덕적 가치는 공유되거나 공유할 만한 표준, 권리, 의무에 대한 자아의 동조에서 비롯된다. 이 수준은 두 단계를 포함한다. 소수의 사람들만이 이 수준에 도달한다.

(1) 5단계: 사회적 계약과 법에 대한 존중

개인의 권리를 존중하고 사회 전체가 인정하는 기준을 준수하는 것이 옳은 행동이다. 법은 개인의 자유를 규제하기 위한 것이 아니라 자유를 극대화하기 위한 것으로 본다. 법은 맹목적으로 받아들여야 하는 것이 아니라 최대 다수를 위한 최대의 이익을 위해 생명, 자유 및 개인의 존엄성을 지키기 위한 것이다. 사회적 약속은 대다수의 성원들이 보다 나은 이익을 얻도록 바뀔 수 있다는 것으로 판단되며 도덕적 융통성을 갖는다.

이 단계에서는 타인의 권리와 의지를 존중하고, 다수의 복지 등의 관점에서 의무를 규정한다. 또한 규칙이나 법이 지닌 의미를 분별해 내고 그것의 출발점이 무엇이어야 하는가에 대해서 인식한다.

① (5a) 도덕적 딜레마 상황에서 도덕행위의 동기: 인간은 서로 동등하다고 보며 사회 공동체에 대해서 존경심을 갖는다. 여기에서 사람들은 불합리하고 일관성 없는 판단을 내리지 않으려고 한다.

② (5b) 도덕적 딜레마 상황에서 도덕행위의 의도성과 결과: 정상이나 동기를 참작하여 판단을 수정하지만 수단이 목적을 정당화하지 못한다. 일탈행위에 대한 정상참작이 이루어지지만 그렇다고 해서 행위를 정당화한다는 것은 아니다.

③ (5a_찬성): 약을 훔치지 않으면 다른 사람들의 존경을 받지 못할 것이다. 아내를 죽게 내버려 두는 것은 두려움의 소치이며 올바른 이성에서 비롯된 것이 아니다. 따라서 아내가 죽게 되면 당신은 스스로를 더 이상 존경할 수 없게 되고 아마 다른 사람의 존경까지도 잃게 될 것이다.

④ (5a_반대): 남편이 약을 훔치면 사회에서 지위와 존경을 잃어버리고 범법자로 낙인찍힐 것이다. 감정에 치우친 나머지 장기적인 관점을 망각했다면 자신에 대한 존경심을 잃게 될 것이다.

⑤ (5b_찬성): 약을 훔쳤을 때 정상을 참작하는 법률은 제정되어 있지 않다. 이러한 상황에서 약을 훔친 것은 옳지 않지만 정당성은 인정된다.

⑥ (5b_반대): 약을 훔친다고 해서 어떤 사람을 전적으로 비난할 수만은 없다. 그러나 극단적인 상황이라고 해서 법률에 의하지 않고 마음대로 행동하는 것도 정당화되지는 않는다. 사람이 절망에 빠질 때마다 훔치도록 할 수는 없다. 목적이 선할지라도 수단을 정당화하지는 못한다.

(2) 6단계: 보편적인 윤리의 도덕성

이 단계에서 도덕적 추리는 사회의 규칙을 넘어선 추상적이며 일반적인 원리에 기반을 둔다. 옳은 행동은 자신이 선택한 윤리적 원리와 양심에 의해서 결정된다. 이 원리는 구체적인 규율이 아닌 인간의 존엄성, 정의, 사랑, 공정성에 근거를 둔 추상적이며 보편적인 행동지침이다.

이 단계에서는 현실적으로 제약을 주는 사회규칙뿐만 아니라 논리적 보편성 및 일관성에 무게를 둔다. 또한 양심, 상호 존중, 신뢰에 무게를 둔다.

① (6a) 도덕적 딜레마 상황에서 도덕행위의 동기: 자기 자신의 원리를 위반한 것에 대한 자기 비난에 관심이 있다.
② (6b) 도덕적 딜레마 상황에서 도덕행위의 의도성과 결과: 선한 동기가 행위를 정당화할 수는 없다. 그러나 스스로 일반 원리를 따르기로 결정하고 그 결정에 따라서 행동하였다면 나쁘지 않을 수 있다. 규칙에서 벗어나는 것도 옳을 수 있다는 것이다. 하지만 이 경우는 규칙위반과 도덕원리 중에서 선택해야 하는 상황에서만 그렇다.
③ (6a_찬성): 약을 훔치지 않고 아내를 죽게 내버려 두었다면 그것 때문에 자신을 비난하게 될 것이다. 약을 훔치지 않는다면 당신은 외적으로 비난받지 않고 법률에 따라서 잘 살아 왔다고 봐도 될 것이다. 하지만 이는 자신의 양심에 따른 것은 아닐 것이다.
④ (6a_반대): 약을 훔친다면 자신에 대한 비난을 듣지는 않더라도 다른 사람의 비난을 듣게 될 것이다. 정직성에 대한 자신의 표준에 따라서 살지 않았기 때문이다.

⑤ (6b_찬성): 이 상황은 그에게 아내의 죽음과 훔치는 것 중에서 선택해야만 하는 사항이다. 선택을 해야 할 상황이라면 훔치는 것도 도덕적으로 정당하다. 남편은 생명을 존중하고 보호해야 한다는 원리에 준해서 행동해야 한다.

⑥ (6b_반대): 하인즈는 자기 아내처럼 그 약을 절실하게 필요로 할 다른 사람들에 대해서도 생각할 수 있어야 한다. 하인즈는 아내에 대한 특수한 감정 때문에 행동을 해서는 안 된다. 그 약과 관련된 모든 생명의 가치를 숙고해서 행동해야 한다.

4) Kohlberg 도덕성 발달 단계의 특징

Kohlberg가 제시하는 도덕성 발달 단계는 다음과 같은 특징을 갖는다(김봉소, 김민남, 1985; 허혜경, 1992).

첫째, 각 단계들은 사고방식이나 문제해결 방식의 질적 차이를 보여 주며 상이한 단계에 있는 두 사람은 유사한 가치를 공유하고 있지만 그 가치에 대한 사고양식은 질적으로 다르다. 그러나 발달의 여러 위치에서 여전히 도덕 판단이나 결정에 기여한다.

둘째, 각 단계들은 계열의 불변성을 포함하여 개인의 발달 내에서 불변적이고 보편적인 계열을 형성하고 있으며 이를 통해서 한 단계씩 상향 이동한다.

셋째, 각 단계는 특정 상황에 대한 태도가 아니라 그 단계에 해당되는 사고방식을 나타내는 것이다.

넷째, 각 단계들은 위계적인 통합체들이며 동일한 기능을 해내기 위해서 점차적으로 분화되고 통합된 구조를 향해서 나아간다. 상위 단계들은 하위 단계들 속에서 발견되는 구조적인 특성을 통합한다.

다섯째, 도덕성의 발달에서는 인지적인 갈등이 높은 단계로 이동하는 원동력이 된다고 보고 있다. 따라서 인지적 갈등상태를 자극할 수 있는 경험이 필요하다고 보고 있다.

여섯째, 최고 단계인 6단계에 도달하게 되면 규칙의 적절성과 갈등의 중단이 있을 뿐이며 정의 원리만이 평형상태의 판단을 만들 수 있다고 보고 있다. 정의는 보편타당한 판단과 결정의 합리적 원리라고 규정되고 있다.

5) Kohlberg의 도덕성 발달 측정과 비판점

Kohlberg의 도덕성 측정 방법은 아동들에게 몇 개의 딜레마 이야기를 들려주고 아동들이 자신이 처할 문제 상황을 어떻게 해결해 나갈 것인지를 개인면담 형식으로 분석하는 것이었다. Kohlberg의 도덕성 발달 측정 문항의 예시는 〈표 11-4〉와 같다.

〈표 11-4〉 Kohlberg의 도덕성 발달 측정 문항(예시)

한 젊은 부인이 고치기 어려운 암에 걸려 6개월에 불과한 시한부 삶을 살고 있었다. 이 암은 고통이 매우 심한 것으로 알려져 있다. 고통이 심할 때 환자는 아픔이 너무 커서 정신을 잃기까지 한다. 모르핀과 같은 강한 진통제를 주면 고통을 덜어 줄 수는 있으나 이것은 허약한 환자에게는 너무 강한 것이어서 얼마 남지 않은 삶을 그나마 더 단축시킬 위험을 안고 있었다. 가끔 고통 없이 얼마간 가라앉을 때 이 부인은 의사에게 조금 많은 진통제를 주사해서 고통 없이 죽을 수 있게 해 달라고 애원하곤 한다. 그녀의 요구는 고통이 너무 심한데 이것은 자기로서는 참아 내기 무척 어려우며, 참아 봤자 몇 개월 내에 죽기는 마찬가지니 고통 없이 죽게 해 주는 것이 자기에게는 더 고맙겠다는 것이었다. 의사는 과연 환자의 요청대로 조금 많은 진통제를 주사해서 그녀가 고통 없이 죽을 수 있게 해 주어야 할지 말아야 할지 망설이고 있다.

[문제] 의사는 어떻게 해야 할 것인가? 왜 그렇게 생각하는가?

하지만 이 방법은 주관적인 면담에 의존하기 때문에 채점방식의 객관성, 신뢰성, 타당성이 명확하지 않다는 비판을 받고 있다.

3. 신 Kohlberg 이론: Rest의 4구성 요소 모형

Kohlberg의 도덕성 발달 이론은 문화 간 연구, 면접 방법의 타당성 등 도덕성 발달에 관한 많은 연구들을 가능하게 만들었다. 하지만 Kohlberg 이론에 대한 비판도 나타났다. 먼저, 'Kohlberg의 도덕성 발달 단계가 불변적인가 가변적인가?' '도덕적 발달은 사회화를 통해서 얻게 되는 결과인가 아니면 아동의 자발적 행동으로 나타난 결과인가?' '도덕성 발달 단계에 관한 문화적인 보편성이 있는가?' '도덕성 발달 단계에 대한 성차가 있는가?' 'Kohlberg의 도덕성 발달을 측정하기 위한 면접법은 타당한가?' 등 다양하다.

Kohlberg의 도덕성 발달 이론에 대한 다양한 비판에도 불구하고 Kohlberg의 도덕성 발달 이론은 인지발달 측면에서 도덕성을 설명하는 데 매우 중요한 시사점을 갖고 있다. 따라서 이후의 학자들은 Kohlberg의 주요 이론적 관점을 유지하면서 도덕성 발달을 설명하고자 하였는데, 이를 신 Kohlberg 학파라 부른다. 여기에 속하는 대표적인 학자로는 Rest, Narvaez, Turiel 등이 있다.

신 Kohlberg 학자들은 Kohlberg와 마찬가지로 도덕적 사고는 시간이 지나면서 발달한다고 본다. 또한 개인이 사회에 대한 자신의 관점을 구성하며 그러한 과정 속에서 협력과 사회적 구조를 파악한다고 보고 있다. 그리고 협동에 관한 인습적 관점으로부터 인습 이후 관점으로의 변화에 초점을 두며 이를 청소년과 성인 발달의 중심적인 특징으로 설명한다.

하지만 신 Kohlberg 학자들은 Kohlberg와 다음과 같은 차이를 보인다.

첫째, 이들은 Kohlberg 이론에서 제시한 바와 같이 한 단계에서 발달이 이루어지면 다음 단계로 넘어간다고 보지는 않는다. 그 대신에 도덕성 발달은 낮은 단계의 개념으로부터 시작하여 복잡한 단계의 개념으로 점진적인 발전을 해 나간다고 본다.

둘째, 신 Kohlberg 학자들은 면담을 통해서 도덕성 발달을 측정하지 않고 평가척도를 통해서 측정한다. 이들의 도덕성 발달 측정 방법(DIT)에서는 도덕적 딜레마에 대한 문항들을 읽고 문항들에 대한 등급을 정해서 순위를 매기도록 하여 측정한다.

셋째, 신 Kohlberg 학자들은 도덕성 발달의 단계가 보편적이라고 보지 않는다. Kohlberg는 도덕성 발달에 대한 문화적 보편성에 관해서 개인이 비록 다른 수준에서 머문다고 해도 똑같은 발달계열을 통해서 움직일 것으로 보고 있다. 하지만 신 Kohlberg 학파에서는 관습법과 다소 유사한 공유 도덕성(common morality)의 관점을 택하고 있다. 이 관점에서는 관습법이 아닌 공유 도덕성이 각기 다른 문화와 환경 속에서도 비슷한 방식으로 발달할 것이라고 보고 있다.

마지막으로, 신 Kohlberg 학자들은 도덕성 발달에 관한 스키마적인 관점을 채택한다. 그들은 Kohlberg 이론에서 강조되었던 도덕 발달 단계의 인지적인 조작을 더 이상 강조하지 않고 스키마를 강조한다. 도덕성 발달에서의 스키마는 개인이 이전에 경험한 도덕성 발달을 토대로 하여 새로운 도덕성에 관한 정보를 이해하도록 도와주는 그물망과 같은 것이다.

여기에서는 신 Kohlberg 학파 중 Rest의 이론을 소개하고자 한다. Rest는 도덕행동이 네 가지의 심리적 과정을 통해서 일어난다고 보았다. 그리고 Kohlberg가 중요시했던 도덕적 사고는 자신이 제인한 네 가지 요소 중 하나에 속한다고 보았다. Rest의 4요소는 다음과 같다(문용린, 2004; Kurtines & Gewirtz, 1995).

1) 제1요소: 도덕적 민감성

도덕적 민감성은 자신의 행동이 타인에게 어떠한 영향을 미칠지에 관한 인식 능력을 말한다. 즉, 어떤 일이 일어났는가를 정확하게 인식하고 해석하며 그 행동에 의해서 누가 영향을 받으며 어떤 결과가 생길 것인가에 대해서 지각하는 능력이다. 구체적으로 일어날 만한 시나리오를 머릿속에 구상하거나,

실제 세계에서 원인이 될 만한 일련의 사건 고리를 알아 가는 것을 말하는데, 여기에서는 공감과 역할 또는 관점 채택기술이 포함된다.

도덕적으로 어떤 상황에 반응하기 위해서는 특정한 행동에 재빠르게 반응해야 하고, 적절하게 사건들을 설명할 수 있어야 한다. 다시 말하면 개인은 상황적인 정보에 민감하고, 가능한 행동들을 적극적으로 상상해야 한다. 주어진 상황을 도덕적 사태로 인지하거나 해석하지 못하면 도덕적 행동을 표현하는 것이 어려울 것이다.

도덕적 민감성은 다른 사람들로부터 어떻게 영향을 받고 그들에게서 공감, 혐오감을 어떻게 느끼는지에 관해서 추론하는 것을 포함한다. 민감성은 주변 환경의 단서들에 대한 반응과 관련되어 있다. 도덕적 민감성에서 필요한 또 한 가지 측면은 공감 능력이다. 보통 다른 사람의 고통을 인식할 때 자신도 느끼는 고통을 말하는데, 공감 능력의 발달 역시 발전해 나간다.

2) 제2요소: 도덕적 판단

제1요소에서 가능한 행동을 확인하였다면 제2요소는 어떤 행동이 옳은지 그른지를 도덕적으로 판단하는 것이다. 도덕적 판단에서 추상적이고 논리적이고 개인적인 의견에 바탕을 둔 가치의 측면들은 도덕적인 의미 체계를 구성한다. Kohlberg의 도덕성 발달 단계는 제2요소인 도덕적 판단에 포함이 된다.

이 단계에서는 어떠한 행동이 옳고 공정하며 정의로운지에 관해서 사고하는 과정이다. 또한 주어진 상황에서 어떤 행동이 이상적인지에 대해서 사고하는 과정이기도 하다. 만일 그러한 사고가 부족하거나 완전하지 못하면 도덕적인 행동은 일어나지 않을 것이다. 따라서 이 과정에서는 도덕적 사고력과 판단력이 도덕적 행동 표출을 좌우한다고 볼 수 있다.

3) 제3요소: 도덕적 동기

도덕적 동기는 여러 가지 갈등적인 가치들 중에서 도덕적 가치를 선택하고 행동할 힘을 갖게 하는 능력으로, 개인이 실제적으로 수행할 행동을 결정하는 과정을 포함한다. 제1요소와 제2요소를 거치면서 이상적인 도덕 과정이라고 판단되었더라도 개인이 실제로 선택해야 할 행동의 결정이 남아 있는데, 이상적인 도덕적 판단이 행동결정으로 나아가기 위해서는 경쟁적인 다른 가치들보다 도덕적 가치를 더 높게 설정할 만큼 충분히 동기화될 필요가 있다.

심리학자들은 다른 가치들보다 도덕적인 가치를 선택하는 이유를 다음과 같이 설명하고 있다.

첫째, 사람들이 도덕적 가치를 선택하는 이유는 선천적인 이타심을 갖는 것이 진화상 유리하기 때문이다.

둘째, 도덕적 가치를 위반하게 되면 수치심, 공포, 죄의식이 생기는 반면, 도덕적 가치를 선택하면 옳게 판단했다는 생각이 들게 된다.

셋째, 사람들은 사회적 모델링과 강화를 통해서 옳은 일을 행하도록 배운다.

넷째, 사람들은 보다 높은 권력, 예를 들어 신에 대한 경외심, 자신의 나라에 대한 애국과 같은 도덕적 행동을 선택한다.

다섯째, 사람들은 정의로운 공동체와 서로 돌보아 주는 관계 속에서 살아가는 경험에 의해서 다른 가치들보다 도덕적인 가치를 선택하도록 동기화된다.

4) 제4요소: 도덕적 인격과 실천력

도덕적 인격과 실천력은 위험하고 예기치 않은 어려운 상황에서 인내를 갖고 단호하게 결정한 바를 실천에 옮기는 능력을 말한다.

제4요소에서 인내, 끈기, 강한 성격, 자아강도는 두드러진 특징들이다. 제4요소는 도덕적 행동을 산출하는 데 필요한 내적인 과정들이며, 개인이 특별한 상황에서 어떻게 반응하는가를 설명하는 데 사용되는 분석의 단위들이다.

이 과정에서 자아강도가 약하거나 자기규제력이 모자라는 사람은 남을 지나치게 의식하거나 주의가 산만해져서 실제 행동의 표출이 불가능해지는 경우가 생긴다.

5) Rest의 도덕성 발달 측정 방법(DIT)

Rest는 Kohlberg 이론이 갖고 있는 대부분의 이론적 전제들을 그대로 받아들이면서 Kohlberg의 주관적 면담검사를 객관식 검사로 전환하였다. 그는 객관식 검사를 제작함으로써 보다 신뢰적이고 타당한 도덕성의 측정이 가능할 것이라고 믿었다. Rest가 개발한 도덕성 발달 측정 방법인 DIT는 Kohlberg의 검사에서 나타나는 검사자의 주관적인 평정 단계 오류를 배제하기 위해서 각 단계별로 예상되는 답지를 선다형으로 제시하고 피험자로 하여금 선택하도록 한다.

DIT의 기본 가정은 서로 다른 발달 단계에 있는 사람들은 도덕적 갈등 상황을 서로 다르게 지각한다는 것이다. 그러므로 다른 발달 단계에 있는 사람들은 어떠한 갈등 상황의 문제에 대해서 여러 가지 질문이 제시되면 서로 다른 반응을 보이며 가장 중요하다고 생각되는 질문에 대한 답도 서로 다르게 선택한다. 따라서 DIT는 각 개인이 갈등 상황에 대해서 정의하는 방식에 주목한 것으로서 도덕적 사고 결정 과정에서 어떠한 가치를 중요하게 보느냐에 따라서 각 개인의 도덕 판단 단계를 결정한다.

DIT는 Kohlberg 연구의 연장선상에서 개발되었으며 각 발달 단계의 특징들은 Kohlberg의 기본 가정을 따르지만 다음과 같은 점에서 Kohlberg 검사와는 차이가 있다(박찬주, 1990; 허혜경, 1992).

첫째, Kohlberg의 방법은 처음부터 피험자에게 문제에 대한 해결책을 스스로 만들어 내도록 요구하지만 DIT는 피험자에게 주어진 여러 가지 판단의 근거나 이유에 대해서 평정하도록 요구한다. 즉, DIT는 생성과제가 아닌 인지과제이다.

둘째, Kohlberg의 채점방식은 채점요강에 의해서 피험자의 반응을 분류하지만 DIT는 피험자 자신의 반응에 따라서 객관적인 채점이 가능하다.

셋째, Kohlberg의 방법은 피험자가 어느 특정한 단계에 속하는지에 따라 평정하지만 DIT는 P(%)나 D점수로 나타낸다. 물론 두 방법 모두 각기 다른 발달 단계에 있는 피험자는 질적으로 다른 인지구조를 갖고 있다고 가정한다. 그러나 DIT를 이용한 연구 자료에서는 단계점수는 별로 의미가 없고 피험자가 어느 특정 단계에 속한다고 해석하지도 않는다.

DIT 검사는 집단검사로서 6개의 도덕적 딜레마 이야기가 제시되며 Likert 형태의 12문항이 제시된다. 72개의 문항(6딜레마×12문항)들은 각각 2, 3, 4, 5A(사회적 계약 단계의 도덕성), 5B(직관적 인본주의 단계의 도덕성), 6단계의 사고를 반영하도록 되어 있다. 채점의 결과는 개인당 2, 3, 4, 5A, 5B, 6단계 점수와 P점수, D점수가 제시된다. P(%)점수는 각 갈등 상황별로 12개의 문항이 주어지는데, 이 중에서 피험자가 중요하다고 생각하여 선택한 4개의 질문문항을 바탕으로 하여 산출된다. P(%)는 피험자가 후인습 수준인 5, 6단계의 도덕판단에 이른 비율로 산출되며 이 점수는 피험자의 개략적인 도덕 판단 수준을 알아보는 데 사용된다. D점수는 Likert 형태의 12문항을 모두 평정하여 산출되는 점수이다. D점수는 피험자의 인습 이전 수준과 인습 수준의 도덕판단과 비교되는 인습 이후 수준의 사고를 선호하는 경향을 알아보는 지수이다. D점수가 높으면 그 피험자는 높은 단계에 해당되는 문항에 높은 비중을 두고 있다고 판단하며 D점수가 낮으면 낮은 단계에 해당하는 문항에 높은 비중을 두고 있는 것으로 해석한다. DIT 검사의 예는 〈표 11-5〉와 같다(Rest, 1986).

〈표 11-5〉 DIT 검사의 예시

한 사람이 10년형을 선고받고 감옥살이를 하고 있었다. 감옥에서 1년을 보낸 후 그는 탈옥을 하여 다른 지방으로 가서 이름을 바꾸고 살았다. 8년간 열심히 일한 덕택으로 그는 성공하여 커다란 회사를 소유할 수 있게 되었다. 대단한 부자가 된 그는 양심적으로 물건을 생산하였으며 종업원들에게 최고의 봉급을 주었고 자기가 번 수입의 대부분을 자선사업에 기부하곤 하였다.
그런데 어느 날 옆집에 사는 한 부인이 이 부자가 바로 8년 전에 탈옥한 범인이고 경찰에서는 아직도 이 사람을 찾고 있다는 사실을 알게 되었다. 부인은 이 부자가 고발당하게 되면 그는 다시 잡혀 들어가 더 엄한 벌을 받게 될 것임을 알고 있었다. 부인은 이 부자를 고발해야 할지, 하지 말아야 할지를 망설이고 있었다.

질문	매우 중요하다	중요하다	보통이다	중요하지 않다	전혀 중요하지 않다
1. 탈옥 후 8년간의 좋은 행실이 그가 나쁜 사람이 아니라는 것을 보여 주는 데 충분한가?					
2. 그 범인은 정말로 사회에 진 빚을 다 갚았다고 보아도 좋을까?					
3. 그를 다시 감옥으로 보내는 것은 그의 아름다운 행실을 모독하는 것이며, 장차 더 큰 일을 할지도 모르는 그의 가능성을 짓밟는 것은 아닌가?					
4. 그 사람을 고발하지 않는다면 탈옥하지 않고 착실히 형무소 생활을 하고 있는 다른 죄수들에게는 불공평한 처사가 아닌가?					
5. 이유야 무엇이건 간에 탈옥한 범인을 고발해야 하는 것은 시민의 의무가 아닌가?					
6. 그를 다시 감옥으로 보내는 것은 그 범인 개인을 위한 것인가 아니면 사회 전체를 위해서인가?					

♣ 위 문항들에서 가장 중요한 순서대로 네 가지만 고르시오. (번), (번), (번), (번)

4. 학교교육에서 도덕성 발달의 함의

지금까지 도덕성 발달 이론을 Piaget, Kohlberg, Rest를 중심으로 살펴보았다. Piaget는 도덕성 발달이 타율에서 자율로의 이동이라고 보았지만 도덕성을 구조적인 관점에서 파악하지는 못하였다. Kohlberg는 도덕성은 자기 이익과 사회적 규범이 한데 얽혀 있는 초기 단계에서부터 시작하여 보다 성숙한 발달로 이동하는 형태로 나아간다고 보고 도덕성이란 구조적인 판단 과정이라고 보았다. Rest는 도덕성이 민감성, 사고력과 판단력, 의사결정, 실천력을 포함한 전체적인 것이라고 본다. 이는 Kohlberg의 도덕성 발달 단계에서 발달적인 구조를 다면적인 도덕적 추론과 사회적 추론의 개념으로 확장시킨 것이다.

그렇다면 학교교육에서는 도덕성 발달을 어떻게 가르치고 지도할 것인가에 관한 과제가 남게 된다. 여기에서는 이와 같은 도덕교육의 실제를 다루고자 한다.

첫째, 사회인지 이론에서는 아동의 지식이 관찰학습, 사회적 상호작용 등에 의해서 형성된다고 보고 있다. 이와 관련하여 학교에서의 상호작용은 학생들에게 의식적, 무의식적으로 도덕적 발달에 기여하는 기본적인 상황을 형성한다. 따라서 학교에서는 도덕적인 신뢰를 형성하기 위한 분위기를 조성하는 것이 필요하다.

학생들이 도덕적인 신뢰를 얻고 상호 간에 따뜻한 인간관계를 형성하는 등 정서적으로 긍정적인 정서 경험을 하게 되면 선(善)의지를 형성하게 된다고 본다. 이러한 선의지는 아동들이 친사회적인 행동을 할 때 긍정적인 감정과 행복을 부여한다. 하지만 희생, 왕따 등과 같은 부정적인 정서 경험을 하는 아이들은 다른 사람에 대한 공격적인 행동을 하게 되며 도덕적인 상호작용을 왜곡하게 된다. 이들은 악(惡)의지를 형성하는 경향이 있다. 따라서 학교에서는 학생들이 학교생활에서 선의지를 경험할 가능성을 높이기 위한 교실 분위기를 형성하는 것이 필요하다. 그동안 교육자들은 배려하는 교육환경과 배려 윤리를 확립하는 것이 도덕교육에서 중요하다고 보아 왔는데, 이는 도덕성 발달에서 선의지와 관련이 깊다(Arsenio & Lover, 1995; Noddings, 2002).

둘째, 학교에서는 학생들의 도덕성 발달을 위해서 발달적 훈육을 해야 한다. 발달적 훈육은 학생들이 자신의 이성에 입각하여 도덕적 행위에 참여할 수 있도록 돕고 자율적이고 사회적인 상호작용을 자연스럽게 수행하도록 아동들의 내적인 동기를 유발시키는 것을 말한다. 성인이나 교사로부터 정서적으로 따뜻하게 지지받는 학생들은 내적인 도덕성을 발달시킨다. 이 접근에서는 도덕적 발달이 단순히 성인의 규범과 가치를 그대로 전수받는 것이 아니라 도덕성에 관한 학생들 자신의 이해를 구성하는 것을 의미한다.

발달적 훈육을 채택하는 교사들은 학생들로 하여금 그들의 행위가 다른 사람에게 미치는 영향뿐만 아니라 자신의 동기와 정서에 영향을 미치는 것을 알도록 한다. 도덕적인 갈등은 학생들 간의 토론을 통해서 그들이 스스로 해결책을 발견하도록 한다. 도덕성을 위반한 학생들에게는 처벌보다는 자신의 잘못에 대해서 보상할 수 있는 방법을 찾도록 해야 한다.

셋째, 학생들이 학교규칙이나 규범과 관련하여 개입할 수 있는 기회를 제공해 주어야 한다. 청소년기 학생들은 자율적 도덕성을 발달시키고 있다. 이들은 기본 질서 유지라는 학교규칙 등을 단순히 권위의 명령이라고 보고 있다. 이 발달 단계에 있는 학생들은 여전히 교사와 좋은 관계를 유지하고, 학교규칙을 잘 따르는 등 제재를 피하기 위한 행동을 한다. 그러나 이들의 도덕성 발달 수준은 이미 권위에의 복종을 넘어서기 때문에 학교규칙에 대한 문제점을 많이 인식하고 불만을 갖게 된다. 이들의 도덕성 수준은 이미 사회 조직원들 사이의 상호 협력과 조정을 사회 체계의 구성요소로 받아들이는 단계로 발전하였다. 따라서 이들에게 단순히 규칙을 따르도록 강요하는 것은 규칙에 대한 반항을 가져올 수도 있다. 따라서 자율성을 요구하는 학생들과 규칙을 고수하는 학교 사이의 갈등은 학생들의 도덕성 수준과 상호협력에 의한 의견조정이라는 보다 높은 차원으로 나아가기 위한 도덕성 발달의 의지를 꺾을 수 있다.

이에 대한 하나의 대안으로 학교가 학생들을 통제하는 학교규칙에 대하여 학생들이 스스로 개입할 수 있는 있는 기회를 제공하는 것을 들 수 있다. 이를 위한 여러 가지 방법들 중에서 토론은 사회적 기능에 관한 학생들의 이해를 돕는 데 효과적인 방법이 될 수 있다. 따라서 학교는 학교의 기능을 유지하고 학생들의 사회적, 도덕적 발달을 돕기 위해서 학교규칙을 제정하는 데 학생들을 참여시킬 필요가 있다. 또한 학교에서는 청소년들의 도덕적인 위반, 도덕적 갈등, 왕따 문제 등에서 발생하는 비행을 도덕적인 성장을 위한 요소로 이해할 수 있도록 해야 한다. 이를 위해서 청소년의 비행에는 어떠한 것들이 있는지, 이에 대한 동기는 무엇인지, 그리고 이러한 행위는 어떠한 결과를 낳는지에 관한 도덕적인 주제를 정해서 함께 토론하여 도덕적 함의를 갖도록 하는 것이 필요하다.

넷째, 학생들의 도덕적인 성장과 발달을 위해서는 도덕을 교육과정 속에서 가르쳐야 한다. 도덕을 교육과정에서 가르치게 되면 학생들은 특정한 교훈이나 문제에 내포된 도덕적인 가치의 선택, 그리고 논쟁점 등을 바탕으로 자율적이고 적극적으로 학습에 참여하며 도덕적 성장을 하게 된다. 학교교육에서 도덕적인 갈등 상황을 단순히 노출시키는 것만으로는 학생들의 도덕성 발달을 이루지 못하기 때문에 교사는 도덕적인 이슈들에 대해 고민하고, 학생들이 반성적으로 사고할 수 있도록 교재 연구를 철저히 해야 한다. 또한 학생들은 현재 자신이 경험하고 있는 직접적인 문제뿐만 아니라 그들이 물려받은 사회 체계, 가치 등 넓은 범위의 가치에 대해서도 의심을 품는다. 학교교육에서는 인간과 문명의 역사, 문학과 예술, 철학 등 지식의 자원을 바탕으로 개인 상호 간 도덕성을 함양하는 것을 넘어서서 사회 체계 및 관습에 대한 비판적인 도덕적 반성을 유도하고 보다 넓은 도덕성을 경험할 수 있도록 해야 한다. 이러한 도덕수업만이 인습 수준의 도덕성을 갖춘 학생을 인습 이후의 도덕성 발달 단계로 나아가게 할 수 있다.

Part 5

생활지도와 상담, 수업 및 학습평가

제5부에서는 생활지도와 상담, 수업 및 학습 평가를 다루었다. 12장에서는 생활지도의 필요성, 목표, 원리 및 방법 등을 다루었고, 상담가 관련하여 상담의 필요성, 상담의 절차, 다양한 상담 이론, 학교상담의 실제를 다루었다. 13장에서는 Gagné의 수업사태 개념을 통하여 수업의 흐름을 파악하고, 고전적인 수업 모형들과 현대적인 수업 모형들에 대해 다루었다. 14장에서는 Tyler의 교육평가 모형에 맞추어 평가 영역을 정리하였다. 또한 교수-학습의 절차에 따라서 진단평가, 형성평가, 총괄평가로 구성하고, 규준과 준거에 따라서 규준 지향 검사와 준거 지향 검사로 구분하고, 검사에서 타당도와 신뢰도는 어떠해야 하는지, 지필평가와 수행평가는 어떻게 작성하는지에 관해서 설명하였다.

chapter 12 생활지도와 상담

그동안 학교학습에서는 학생을 가르치는 영역을 제외한 모든 것들을 생활지도라고 하였다. 생활지도는 학생들이 자신과 주위의 환경을 바르게 이해하고 올바른 발달을 해 나가며 문제해결력을 기를 수 있도록 교사가 지도하는 것을 말한다. 생활지도는 학교에서 큰 문제가 발생하지 않도록 하는 교사의 지도라는 의미가 강하다. 하지만 사회와 문화가 발달해 나감으로써 생활지도만으로는 학생을 올바르게 길러 내는 것이 어렵게 되었다. 학생의 고민을 함께 공감하고 이해하고 해결해 나가기 위해서는 상담이 필요해진 것이다.

생활지도와 상담의 구체적인 내용으로 들어가기 전에 생활지도와 상담, 심리치료를 구분지을 필요가 있다. 일반적으로 생활지도는 문제를 해결하고 적응과 선택을 함에 있어서 교육적이고 직업적인 계획에 대해서 돕는 과정이다. 따라서 생활지도는 구체적이고 계획적인 조언의 과정이다. 반면에 상담은 도움을 필요로 하는 사람이 전문적인 상담훈련을 받은 사람과의 관계 속

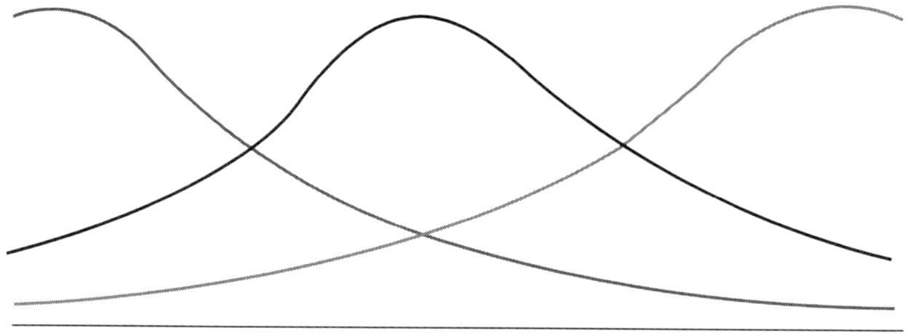

[그림 12-1] 생활지도, 상담, 심리치료 영역의 비교

에서 자신의 문제를 발견하고, 효율적인 의사결정을 하며, 내적인 성장을 하는 것을 말한다. 심리치료는 증상을 제거하고, 수정하고, 완화하고 장애행동을 조정하며, 긍정적 성격발달을 증진시킬 목적으로 전문가가 환자의 정서적인 문제를 심리적인 방법으로 처리하는 것을 말한다. 이 세 가지의 관계를 이장호(1986)는 [그림 12-1]과 같이 제시하고 있다.

1. 생활지도

생활지도는 guidance라는 말을 우리말로 번역한 것이다. guidance는 안내하다, 인도하다, 이끈다, 지도하다는 의미를 가지고 있다. 생활지도는 학생들이 올바르게 성장하고 발달해 나갈 수 있도록 하기 위한 교과지도 이외의 다양한 지도활동을 말한다. 생활지도는 학생들의 성장과 발달을 바람직한 방향으로 안내하고, 지도하고, 도와주는 활동이라고 볼 수 있다. 홍경자(1986)에 의하면 생활지도는 학생 개개인이 학교와 가정과 사회에서 최대한 적응과 발전을 할 수 있도록 자기이해와 자기결정, 그리고 자기주도의 능력을 함양해 주는 활동이라고 할 수 있다.

생활지도의 시작은 1907년 Parsons가 미국 보스턴에서 전개한 직업지도 운동이다. 산업혁명 이후 발달한 각종 산업으로 인해서 다양한 직업이 분화되었고 직업 영역의 다양화는 직업선택에 대한 문제를 가져왔다. 생활지도가 학교 안으로 들어온 계기는 1913년 보스턴 교육위원회에서 직업정보과를 설치하고 학생과 교사를 위해서 직업에 대한 소개를 하고 구체적인 관리를 하면서부터이다.

우리나라에서 생활지도는 해방과 더불어 미국의 영향을 받아 도입되었다. 그 당시에는 생활지도가 아니라 guidance라는 말이 주로 사용되었다. 이때의 생활지도는 훈육, 상과 벌 등이 주를 이루었다. 하지만 1960년대 이후 표준화된 심리검사들이 학교에 들어오면서 다양한 생활지도가 이루어졌다. 대학에서는 학생지도연구소가 설치되었으며 초, 중, 고등학교에서 교도교사를 중심으로 학생들의 생활지도가 보편화되었다.

1972년에는 상담교사제가 법제화되었고 18학급 이상의 중, 고등학교에 교도주임을 임명하게 되었다. 이후 명칭과 내용이 변화하여 1999년부터는 전문상담교사 양성제도를 만들었고 상담교사들이 학교에 배치되어 학생들의 생활지도와 상담을 담당하게 되었다.

1) 생활지도의 필요성

생활지도의 필요성은 학생의 필요, 사회의 필요, 학교의 필요, 교사의 필요 등 다양하다(임용우, 1998).

(1) 학생 이해를 위한 생활지도

학생들이 학교로부터 어떤 도움을 필요로 하는지 알아보는 것은 중요하다. 이는 학생들이 학교 및 일상생활에서 잘 적응하고 자신의 문제를 해결하기 위해서 어떤 도움을 필요로 하고 있느냐, 즉 학생들의 요구를 파악하는 것이다. 학생들에 대한 생활지도의 필요성을 찾아내는 방법으로 표준화된 검사지나 학교 자체에서 개발한 질문지를 사용할 수 있다.

학생에게 어떤 문제가 발생할 경우에도 생활지도가 필요하다. 이때의 생활지도는 학생의 문제를 올바르게 파악하고 학생의 부적응을 예방하며 올바른 성장과 발달을 위한 것이다.

(2) 사회의 필요에 의한 생활지도

사회의 필요에 의한 생활지도는 사회적 부적응을 예방하고 가정의 변화로 인한 문제를 해결하기 위한 것이다. 생활지도에서 사회적 필요 또는 요구를 결정짓기 위해서는 지역사회의 요구, 학교의 교육목표, 학생들의 일탈행동 등을 고려해야 한다. 사회적인 필요를 말할 때에는 지역사회의 필요성뿐만 아니라 각 학교의 교육목표, 학생들의 일탈행동도 포함시켜야 한다. 학생들 내에 점진적으로 반사회적인 행동이 증가되고 있다고 할 때 이를 지도하는 것은 사회의 교육적인 필요 때문이다.

(3) 학교의 필요에 의한 생활지도

학교에서는 다양한 이유로 생활지도가 필요하다. 학생의 학교생활부적응 문제, 학교폭력, 음주, 흡연 등 다양한 문제로 인해서 이를 선도하기 위한 생활지도가 필요하다. 학교에서는 현재 실시하는 생활지도의 유형을 살펴보고 실제적으로 학교에서 꼭 필요한 생활지도는 유지하고, 필요 없는 것들은 줄이고, 추가되는 내용은 새롭게 포함시키는 것이 필요하다. 이를 바탕으로 생활지도위원회(학교폭력대책위원회)에서 학교에서의 생활지도는 왜 필요하고, 그 범위는 어떠한 것들이 있는가를 수정, 검토할 수 있다.

(4) 교사의 필요에 의한 생활지도

교사도 학생들의 생활지도에 대해서 관심과 열의를 가지고 있다. 교사가 학생에게 할 수 있는 가장 기본적인 생활지도는 관찰과 면담이다. 학생들 사이에 개인차가 있고, 각기 다른 경험을 갖고 있기 때문에 교사는 학생들에 대해서 다각적으로 관찰하고 면접하여 자료를 수집해서 판단해야 한다.

2) 생활지도의 목표

생활지도의 공통적인 관점은 개인을 객관적이고 합리적으로 돕는 것이다. 그러므로 개인으로 하여금 주어진 여건, 즉 환경 속에서 자기를 발견하고 능력과 흥미를 찾아내며, 성숙된 전인(全人)으로서 생활하도록 돕는 데 목적이 있다.

생활지도에는 직접목표와 간접목표가 있다. 직접목표는 학생의 정확한 자기이해를 돕고, 학생 스스로의 노력으로 자기 능력과 흥미 등 여러 가지 자질을 발견하고 최대한으로 발전하도록 도와주며, 수시로 직면하는 자신의 문제를 정확하게 파악하고 자력으로 해결할 수 있도록 도와주며, 다양하고 복잡한 생활환경 속에서 개인이 현명하게 선택하고 적응을 할 수 있도록 돕는 것이다. 간접목표는 학생 외에 교사들이나 학교행정가, 학부모들에게도 도움을 줌으로써 학생들의 복지 증진에 이바지하는 것이다.

3) 생활지도의 원리

생활지도는 기본 원리와 실천 원리로 나누어 살펴볼 수 있다. 먼저, 생활지도의 기본 원리는 다음과 같다(김충기, 1990; 이재창, 1988).

(1) 생활지도의 기본 원리

첫째, 생활지도는 모든 학생을 대상으로 한다. 문제를 가진 특정한 학생들만을 다루는 것이 아니라 전체 학생들을 대상으로 한다. 학교현장에서는 생활지도를 마치 문제아를 도와주는 것으로 보고 있지만 이는 생활지도를 잘못 이해하고 있는 것이다. 생활지도는 모든 학생들을 대상으로 그들의 필요와 요구를 충족시킬 수 있는 다양한 활동으로 발전되어야 한다.

둘째, 생활지도는 모든 연령층의 학생들을 대상으로 한다. 유치원에서부터 초, 중, 고등학교, 대학교에 이르기까지 전 연령층을 대상으로 한다. 구체적으로 말하면 생활지도는 아동이 학교에 들어가기 이전부터 시작하여 졸업한 이후까지 계속되어야 한다. 그것은 하나의 교육 단계에서 다른 교육 단계, 한 학교에서 다른 학교로 이어지는 다리가 되어야 한다. 또한 학령기뿐만 아니라 일반 사회인들까지도 포함시킬 수 있도록 확대하는 것도 바람직하다.

셋째, 생활지도는 전인적인 발달에 초점을 둔다. 즉, 지적 발달뿐만 아니라 신체적, 정서적, 사회적 발달을 포함하여 전인적인 발달을 도모한다. 따라서 학생에 대한 생활지도를 할 때에는 학생의 전인적인 발달을 고려하여 판단해야 한다.

넷째, 생활지도는 개인의 존엄성과 개성발달에 초점을 둔다. 인간으로서의 가치를 인정하고, 각자 가지고 있는 고유한 특성을 인정하며 이를 개발함으로써 개성 있는 인간으로 성장하도록 돕는다. 개성의 발달은 자아실현을 목표로 하고 있기 때문에 이를 위한 모든 헌신적인 노력이 생활지도활동의 기본 방향이 되어야 한다.

다섯째, 생활지도는 치료보다는 예방에 중점을 둔다. 생활지도가 개인의 전인적인 발달에 초점을 두고 정상적인 학생들을 대상으로 하기 때문에 생활지도는 문제발생을 예방하는 데 역점을 둔다. 그러므로 생활지도는 치료보다는 예방이라는 점을 강조하여 생활지도에 임할 때 문제해결은 쉽게 이루어질 것이다.

여섯째, 생활지도는 처벌보다는 성장을 촉진한다. 생활지도는 문제 학생을 처벌하는 부정적인 활동이 아니라 개인의 성장과 발달을 촉진하는 긍정적인 활동이다. 따라서 학생들의 생활지도는 학생들의 긍정적인 면을 성장시켜 발달 할 수 있도록 해야 한다.

일곱째, 생활지도는 과학적인 근거에 기초한다. 객관적인 자료와 전문적인 지식과 기술을 활용하여 학생들을 이해하고 정보를 제공하는 과학적인 활동이다. 따라서 생활지도에는 표준화된 검사를 사용하여 객관화시킬 수 있는 방법이 필요하다. 하지만 객관화된 표준화검사만 전적으로 의존하면 문제해결에 도움이 되지 않을 수 있다.

여덟째, 생활지도는 참되고 진정한 사랑에 기초해야 한다. 생활지도는 교육의 핵심적인 요소로서 교육의 방향을 사랑으로 지도해야 효과를 얻을 수 있다. 사랑의 바탕 없이는 충실한 생활지도를 하기 어렵다.

(2) 생활지도의 실천 원리

생활지도의 실천 원리는 다음과 같다(이철웅, 2007; 이현림, 2007).

첫째, 계속성의 원리이다. 생활지도는 종합적인 계획 아래 계속적으로 관심을 가져야 할 과정이다. 입학하여 졸업 이후 추수활동에 이르기까지 계속적인 과정이 요구된다.

둘째, 통합성의 원리와 전인적인 원리이다. 생활지도는 개인의 특수한 생활 영역이나 기능 등 일부분만을 다루는 것이 아니라 개인의 전체적인 면을 다루며 지도하는 것이다. 즉, 생활지도는 전인적 입장에서 다루어져야 한다.

셋째, 균등의 원리이다. 생활지도는 학생 개개인의 가능성을 최대한 발휘하도록 도와주는 것이기 때문에 문제 학생이나 부적응 학생뿐만 아니라 전체 학생을 대상으로 하여 이들의 잠재적인 가능성을 최대로 발달시켜야 한다.

넷째, 협동의 원리이다. 생활지도를 할 때에는 동료교사와의 협력뿐만 아니라 학부모, 지역사회 인사, 전문기관과 연계하여 통합적으로 이루어져야 한다.

다섯째, 조직의 원리이다. 생활지도는 구체적인 조직기구가 필요하다. 왜냐하면 생활지도의 조직 체계와 조직 활동은 목표달성의 효율적인 수단이 되기 때문이다.

4) 생활지도의 영역

생활지도의 영역은 학업지도, 진로지도, 성격지도, 건강지도, 여가지도, 사회성 지도 등 다양하다.

학업지도는 학생들의 학력에 대한 문제, 교육과정의 선택 문제, 상급학교 진학에 관한 문제 등을 다룬다. 구체적으로 말하면 입학 전에는 입학할 학생과 부모와 대화의 기회를 가진다. 신입생 오리엔테이션에서는 신입생들을 대상으로 빠른 시간 내에 학교생활에 잘 적응할 수 있도록 한다. 재학생들에게는 학력을 향상시키기 위한 교과목 선택, 효과적인 공부 방법, 다양한 교과관련 지도를 한다.

진로지도는 학생의 진로와 관련된 지도를 말한다. 앞부분에서 생활지도는 직업지도에서 출발하였다는 것을 언급한 바 있다. 따라서 생활지도 중에서 직업지도는 큰 비중을 차지한다. 직업지도는 학생들의 직업선택, 직업준비, 취업정보 등 장차 직업과 관련된 영역을 지도하여 적응할 수 있도록 도와주는 것을 말한다.

성격지도는 학생의 심리적인 문제를 해결하는 데 도움을 주는 지도를 말한다. 예를 들어, 학생의 불안, 우울증, 절망감 등의 정서적인 문제라든가 대인관계, 사회 문제, 경제적 어려움, 종교적인 면, 가치관 등의 문제에 대해 함께 고민하는 것을 말한다.

건강지도는 신체적인 결함, 운동부족, 영양실조, 위생관념, 영양식 등 학생의 건강과 관련된 지도를 말하며 요즘에는 신체적인 건강과 더불어 정신적인 건강에 대해서도 함께 지도하고 있다.

여가지도는 정신적, 정서적인 생활을 포함한 자기발견, 자기창조, 자아실현 등 여가 시간과 관련되는 내용의 지도를 말한다. 여가란 학업이나 노동 등 생명을 유지하기 위하여 보내는 시간 이외의 것으로 직접적인 만족을 보상받지 않더라도 자유롭게 추구하는 것이다. 학교에서 여가지도는 학생들이 자유로운 시간을 잘 활용할 수 있도록 하는 지도이다.

사회성 지도는 학생의 교양, 도덕적인 윤리관, 인간존중의 습관, 의사전달의 합리적인 방법, 이성교제, 부모와 자식의 관계, 교우관계, 집단 활동 등에 관에 지도하고, 여러 가지 훈련을 통하여 사회인으로서 원만하게 적응하고 창의적인 활동을 전개하여 잠재력을 실현하도록 돕는 것이다.

5) 생활지도의 활동

생활지도의 활동에는 학생조사활동, 진로정보활동, 상담활동, 정치활동, 그리고 추수활동 등이 있다.

(1) 학생조사활동

학생조사활동은 학생에 관한 자료를 수집하여 기록하고, 조직하고, 해석하는 활동으로, 가장 기초적인 생활지도활동이다. 여기에서는 각 학생의 개성을 밝혀 주는 자료의 수집에 관심을 갖는다. 학생조사활동은 도움을 필요로 하는 학생을 발견하고, 깊이 이해하며, 효과적인 생활지도 계획을 수립하기 위해서 필요한 활동이다. 도움이 필요하지 않은 학생들을 객관적으로 잘 이해하기 위해서도 학생조사활동이 필요하다. 따라서 학생조사활동에서는 학생 개인을 잘 이해하기 위해 학생 개인적 측면과 환경적 측면을 모두 살펴보아야 한다.

(2) 진로정보활동

진로정보활동이란 학생들이 장래의 계획이나 의사결정을 할 때 자기와 자기를 둘러싼 환경을 이해하는 데 필요한 여러 가지 사실과 자료를 제공해 주는 활동이다. 진로정보활동에서 모든 일에 현명한 결정을 내리기 위해서는 주어진 상황을 정확하게 파악하고 그 결과나 미래에 다가올 사태 등을 예상할 수 있어야 한다. 진로정보활동에는 교육정보활동, 직업정보활동 등이 있다.

(3) 상담활동

상담활동은 학생조사활동에서 얻은 정보를 바탕으로 하여 상담자와 학생이 일대일로 진지한 상담을 해 나가는 과정이다. 이는 학교의 생활지도활동 가운데에서 가장 중요한 영역이다. 상담활동은 학생 자신이 가지고 있는 적응상의 문제를 해결하도록 도와줄 뿐만 아니라 장차 인생설계나 계획을 자율적으로 할 수 있는 능력을 신장시켜 주는 것이다.

(4) 정치활동

정치활동(placement)은 배치활동이라고도 한다. 정치활동은 상담을 통해서 얻어진 결과를 바탕으로 하여 학생들의 적응과 성장 그리고 문제해결을 돕는 활동이다. 교과활동에서의 정치활동은 자신의 전공이나 계열을 선택하도록 돕는 것이고, 교과 이외의 활동에서 정치활동은 특별활동, 과외활동 등의 올바른 선택을 돕는 것이며, 직업에 관한 정치활동은 상급학교에 진학하지 않거나 중도 탈락하는 학생들을 위하여 적절한 직업을 선택하도록 돕는 것이다.

(5) 추수활동

추수활동은 생활지도가 이루어지고 나서 학생들이 환경에 얼마나 잘 적응하고 있는지 계속적으로 추가적인 지도를 하는 것을 말한다. 생활지도가 이루어진 후에도 잘못된 부분들이 고쳐지지 않을 때 문제해결을 위해서 노력하는 추수지도는 생활지도활동의 끝맺음이다.

6) 생활지도의 실제

(1) 학급학생지도

학교생활에 있어서 청소년들이 가장 긴 시간을 보내는 곳은 교실이다. 교실에서 교사는 학생들과 상호작용하며 학급을 안정적으로 유지하기 위해서 노력한다. 김계현(1997)에 의하면 학급경영을 잘하기 위해서는 학급 생활 자체가 교육 활동이 되어야 하며, 민주적인 원리를 추구하며, 참여, 협동, 책임을 다하도록 계획되어야 하며, 교육적인 효율성도 함께 추구되어야 한다고 보고 있다. 학급에서 담임교사는 학생들의 자율학습을 도와주고, 학생과 다양한 상담을 하고, 학교의 규칙을 전달해 주고, 학생들이 불편함 없이 지내도록 살펴준다.

(2) 문제행동의 지도

학교에서는 다양한 학생들이 모이기 때문에 다양한 문제들이 발생한다. 문제의 정도는 다르지만 중, 고등학생들의 경우 음주, 흡연, 가출, 자퇴, 자살충동, 폭력 등 다양한 문제행동을 야기한다. 이러한 경우 교사가 자신이 그동안 경험해 오고 학습한 대로 학생들을 지도하는 것은 교육적으로 효과를 기대하기 어렵다. 이러한 경우에는 학생들의 문화를 잘 이해하고 학생의 입장에서 문제를 파악하고 지도해 나가야 한다.

(3) 학생의 진로지도

학생들이 중, 고등학교에 들어오면 상위학교에 대한 고민을 하게 된다. 학생들이 상위학교나 대학진학 등과 관련하여 막연함을 느끼고 있을 때 교사가 할 일은 학생의 현재 수준과 목표를 고려한 진로지도이다. 학생의 적성, 소질, 현재의 학업 성취도를 고려하여 학생이 진학하게 될 미래의 대학, 학과에 대한 소개와 아울러 학생들이 노력을 통해서 목표에 도달할 수 있도록 진로지도를 하는 것이 필요하다. 또한 상위학교에 진학하지 않는 학생들을 대상으로 하여 취업과 관련한 지도를 하는 것도 필요하다. 학생의 적성, 가정형편, 학생의 생각 등을 고려한 취업지도는 학생들이 미래를 설계하는 데 도움이 될 수 있다.

2. 상담 이론의 기초

상담이란 상담자가 전문적인 지식과 기능을 가지고 내담자가 처해 있는 입장과 환경을 이해하며 합리적이고 현실적이며 효과적인 행동양식을 증진시키거나 의사결정을 내릴 수 있도록 조력해 주는 활동이다. 또한 상담은 내담자가 상담자의 도움을 받아서 자신의 성장과 발달을 이루어 나가는 과정이라고 이해할 수 있다. 상담의 구체적인 목표들은 다음과 같다(윤운성, 김홍운, 2006).

1) 상담의 목표

첫째, 행동의 변화이다. 상담의 목적은 개인이 좀 더 생산적이고 행복한 생활을 하는 데 방해가 되는 행동을 감소시키거나 제거하고 개인이 만족하고 성공적인 생각을 하는 데 도움이 되는 행동을 형성하거나 증가시키는 데 있다. 또한 상담은 욕구좌절에 대한 독특한 행동양식을 변화시키거나 다른 사람이나 자신에 대해서 지니고 있는 태도를 변화시키는 것을 목적으로 한다.

둘째, 정신건강의 조화이다. 상담의 목표는 정신건강을 증진시키는 것이다. 정신건강이 증진되면 개인은 성격적인 통합을 이루게 되고 잘 적응하게 되며 건전한 인간관계를 형성할 수 있다. 정신적으로 건강한 사람들은 책임감이 있고 독립적이며 인지적으로 성숙하다. 따라서 상담에서는 개인이 좀 더 현실적이고 합리적이고 생산적인 태도를 취할 수 있도록 정신건강을 증진시키는 것이 목표이다.

셋째, 문제해결이다. 상담의 목표는 내담자가 가지고 오는 문제가 무엇이든지 이를 해결하는 데 있다. 상담을 받는 내담자는 스스로 해결하기 어려운 문제를 지니고 있다. 하지만 상담에서 문제의 의미를 파악하는 것은 쉽지 않다. 대체로 내담자들의 문제는 현실적으로 느끼는 심리적 부담감이나 고통이기 때문에 어떻게 접근하여 문제를 해결할 것인지에 관한 고민이 필요하다.

넷째, 개인의 효율성 증진이다. 상담의 목표는 아동의 사고, 행동, 결정에서의 효율성을 증진시키는 것이다. 즉, 상담의 목표는 생산적인 사고를 증진시키고, 잘 적응하도록 하며, 다양한 문제 상황에서 효과적으로 대처하는 능력을 기르도록 돕는 것이다.

다섯째, 의사결정이다. 상담의 목표는 내담자가 중요한 의사결정을 하도록 돕는 것이다. 여기에서 중요한 점은 상담에서의 결정은 내담자 자신이 해야 한다는 것이다.

2) 상담의 기본 원리

상담은 개인이 가진 문제를 해결하고 적응활동을 증진시킴으로써 건전한 자아형성을 통한 성장을 돕는 것이다. 상담의 기본 원리는 다음과 같다(김홍규, 1984).

첫째, 개별화의 원리이다. 인간은 개인차가 있으므로 개인의 욕구충족에 따르는 행동의 권리를 찾고 의무를 다하는 개인을 존중해야 한다. 상담자는 학생의 개성과 개인차를 인정하는 범위 내에서 상담을 전개해야 한다.

둘째, 자유로운 감정표현의 원리이다. 자유로운 감정표현은 내담자가 느끼는 긴장을 완화시켜 주며, 내담자를 이해하도록 해 주기 때문에 상담자는 내담자의 감정표현에 대해 끝까지 인내하며 경청해야 한다.

셋째, 통제된 정신 관여의 원리이다. 상담은 주로 정서적 측면에 큰 비중을 두고 있으며 내담자가 그의 감정을 표현하도록 권고하는 것이 필요하다. 즉, 상담자는 내담자의 정서변화에 반응하고 이해하고 적절한 대응책을 마련하고 적극적으로 관여해야 한다.

넷째, 수용의 원리이다. 상담자는 내담자를 따뜻하고 수용적인 태도록 대해야 한다. 내담자를 하나의 인격체로서 존중하고, 이러한 존중을 말이나 행동 또는 비언어적인 표정 등으로 전달해야 한다. 상담자가 내담자의 의견에

동의하지 못할 때에는 동의하지 않는다는 사실을 전달하되 그 표현이나 자세는 온화해야 한다. 다시 말해서 상담자와 내담자 간에 의견이 일치하지 않는 것과 내담자를 수용하지 않거나 거부하는 것은 구별되어야 한다.

다섯째, 판단중지의 원리이다. 내담자는 자신의 잘못이나 문제에 대해서 결과를 나무라거나 책임을 추궁하거나 잘못을 질책하는 것을 두려워한다. 그들은 죄책감, 열등감, 불만감, 고독감 등을 가지고 있기 때문에 타인의 비판에 예민하여 그들 자신을 방어하고 안전을 추구하려고 한다. 따라서 상담자는 내담자에 대한 주관적인 판단을 하지 말아야 한다.

여섯째, 자기결정의 원리이다. 상담자는 내담자를 존중하고 내담자 스스로 문제를 해결해 나갈 수 있다는 신념에서 시작해야 한다. 상담자는 내담자에게 지도와 충고를 하기보다는 내담자가 자기 판단을 근거로 방향을 결정하도록 도와주어야 한다.

일곱째, 비밀보장의 원리이다. 상담 과정에서 중요한 것은 상담자가 내담자와의 대화내용을 비밀로 해야 한다는 것이다. 상담은 본질적으로 내담자가 상담자를 신뢰하고 믿는 데에서 시작된다. 따라서 상담자는 비밀을 지킬 의무가 있다.

3) 상담의 형태

상담의 형태는 내담자의 문제와 관심 영역, 특성이나 성격에 따라서 다음과 같이 분류된다.

(1) 위기상담

이 상담은 위기상태에 도달한 내담자에게 실시한다. 위기상태에 다다른 내담자는 자신의 내면적 문제에 제대로 대응할 수 없으므로 자기의심, 불안, 죄책감 등의 파괴적인 감정을 갖는다. 일반적으로 위기는 가족의 사망, 배우자의 사망, 이혼, 배신, 약물남용, 자녀의 가출, 비행, 실직 등에서 생긴다. 이러한 경우 내담자는 강한 정서를 갖고 있으므로 상담자에게는 도전이 될 수 있다. 이러한 위기를 잘 극복하면 원만한 상담관계를 유지할 수 있고 내담자는 정상적인 성장을 할 수 있다.

(2) 촉진상담

이 상담은 학생들이 진로를 탐색하거나 비교적 명백한 활동을 성취하도록 도와주는 것이다. 예를 들어, 진학 문제, 이성 문제, 그 밖에 개인에게 부딪히는 여러 가지 문제들을 자기의 입장과 능력에 맞게 선택하여 결정하며, 적응력을 키울 수 있도록 촉진해 주는 상담이다.

(3) 예방상담

이 상담은 내담자에게 일어나게 될 여러 가지 문제를 사전에 예방하는 상담으로서 치료보다는 예방에 초점을 두어야 한다. 상담자가 직접 내담자에게 관계되는 정보를 제공하거나 적합한 프로그램에 내담자를 위탁하기도 하며 상담자가 계속해서 접촉하면서 이러한 문제에 대한 인식과 이해를 높여 주는 개별상담도 여기에 포함된다.

(4) 발달상담

이 상담은 내담자의 전 생애를 통해서 이루어지는 상담 유형이다. 상담자는 내담자로 하여금 이완되고, 압력을 느끼지 않고 위기를 느끼지 않는 상황에서 개인적 성장을 이룰 수 있도록 도와주어야 한다. 초등학교의 시기에는 적극적인 자아 개념의 발달을 촉진하는 문제가 다루어져야 하고, 중 · 고등학교 시기에는 정체감의 확립, 직업의 선택 및 적응 문제가 다루어진다. 성인의 경우에는 직업 문제, 가족 문제, 생애목표 등 변화를 수용하는 문제가 다루어진다.

4) 상담의 주요 이론

(1) 정신분석 상담

정신분석 상담의 목표는 내담자로 하여금 무의식적 갈등을 의식화시켜 의식 수준에서 행동할 수 있도록 돕는 것이다.

정신분석 상담의 주요 기술은 자유연상, 해석, 꿈의 분석, 전이, 저항 등이다.

자유연상(free association)은 내담자로 하여금 마음속에 떠오르는 것들을 말하도록 하는 것이다. 자유연상을 통해 과거를 회상하고 충격적인 상황 속에서 느꼈던 여러 가지 감정을 드러내게 되고 이런 과정으로 문제의 원인이 무엇인가에 관한 단서를 찾을 수 있다. 해석(interpretation)은 내담자의 사고와 느낌 또는 꿈, 저항, 행동에 대해서 상담자가 추론하여 설명하는 것으로, 의식의 표면적인 내용부터 점차 내담자가 받아들일 수 있는 단계까지 지적하고 설명하는 기본적인 절차이다. 꿈의 분석(dream analysis)은 내담자로 하여금 무의식의 저장고라고 할 수 있는 꿈의 내용을 이야기하도록 한 후, 이에 따른 연상을 시키고 이를 내담자의 의식적인 경험과 결부하여 그 의미를 해석하고 갈등을 이해하고자 하는 것이다. 전이(transfer)는 과거에 중요한 타인에게서 경험했던 감정, 욕망, 기대 등을 현재 상황에서 충족하려고 하거나 과거에 불안을 야기했던 갈등이나 대인관계를 현재 상황에서 반복하는 것을 말한다. 이러한 전이 현상은 내담자의 갈등이 대치되어서 나타나는 것이기 때문에 내적 갈등의 근원을 의식 내에 떠오르게 하여 설명하고 이해시킴으로써 해소시킨다. 상담자의 해석으로 전이 감정이 해소되면 내담자는 과거의 영향으로부터 벗어나게 되며 정서적으로 성숙한 인간이 될 수 있다. 저항(resistance)이란 상담 도중에 자신의 갈등을 의식화하는 것을 꺼려서 반대되거나 억압된 행동을 하게 되는 것을 말한다. 내담자는 죄의식, 불안, 수치와 같은 고통스러운 감정을 피하거나 지금까지 사용해 오던 방어기제를 그대로 유지하기 위해 저항을 하게 된다. 저항분석은 내담자가 그 저항을 처리할 수 있도록 하기 위해서 저항의 이유들을 각성할 수 있도록 도우려는 것이다.

(2) 행동주의 상담

행동주의 상담에서 사용하는 기술은 Pavlov의 고전적 조건화, Skinner의 조작적 조건화, Bandura의 사회학습 이론 등 다양하다. 행동주의 상담에서는 모든 상담 과정을 학습의 과정으로 본다. 상담 과정에서 이루어지는 내담자와의 모든 상호작용에서 상담자는 내담자가 바람직한 행동을 할 때에는 적절한 강화자극을 제공하고, 바람직하지 않은 행동을 할 때에는 무시하여 아무런 자극을 제공받지 못하도록 하는 소멸의 원리를 활용한다.

행동주의 상담에서 실시하는 주요 기법들은 체계적 둔감법, 자기표현훈련, 혐오치료, 긍정적 강화, 행동조성, 모방학습, 토큰보상 등이 있다.

체계적 둔감법은 대중 앞에서 말하는 것에 대한 공포 및 시험 불안 등을 제거하는 데 사용한다. 불안과 양립할 수 없는 이완반응을 유출해 낸 다음 불안을 유발시키는 경험을 상상하게 함으로써 불안유발자극을 약화시키는 방법이다.

자기표현훈련은 주로 대인관계의 문제를 해결하는 데 사용된다. 불쾌한 감정이나 분노를 제대로 표현하지 못하거나 거절을 하지 못하는 사람 또는 애정이나 호감을 제대로 표현하지 못하는 사람들에게 효과적인 방법이다. 이 훈련기법은 상담자와 내담자가 특정한 인간관계 상황을 만들어 놓고 서로 역할을 바꾸어 가며 자유롭게 자신의 감정과 의사를 표현하며 역할행동을 연습하고, 상대방의 입장에서 이야기하며 자신을 효과적으로 표현할 수 있도록 하는 것이다.

혐오치료는 내담자로 하여금 원하지 않는 행동을 야기한 자극을 두려워하도록 조건화하는 것을 말한다. 혐오자극으로는 전기충격이나 구토제 등이 사용된다. 이 방법은 자폐증 어린이의 문제행동을 제거하는 데 유용하며 알코올중독, 약물중독, 흡연, 강박증, 성도착증, 도박 등에도 적용된다. 담배를 피우는 경우에 전기충격을 가하여 담배에 대한 혐오감이 생기게 하는 것은 혐오치료의 한 형태이다.

긍정적 강화는 바람직한 행동이 계속될 때마다 보상을 주어 그 행동을 강화하는 기법이다. 강화물에는 음식, 수면 등의 생리적 욕구를 충족시켜 주는 것과 미소, 인정, 칭찬, 돈, 선물 등을 활용하여 사회적 욕구를 충족시켜 주는 방법이 있다.

행동조성은 바람직한 행동을 여러 단계로 분류하여 강화시킴으로써 점진적으로 바람직한 목표행동에 다가가도록 하는 방법이다.

모방학습은 다른 사람의 긍정적인 행동을 모방하도록 함으로써 간접적으로 바람직한 행동을 학습하도록 하는 방법이다.

토큰보상(token system)은 바람직한 행동을 인정해 주는 것만으로는 효과가 없을 때 토큰을 주어서 내담자가 원하는 어떤 작은 물건이나 권리 등과 바꿀 수 있도록 하는 치료 방법이다.

(3) 인간중심 상담

Carl Rogers의 상담 이론은 인간중심 상담이라고 부르는데, 인간중심 상담의 궁극적인 목적은 '충분히 기능하는 인간'이 되도록 돕는 것이다. 이는 상담 과정에서 개인으로 하여금 경험에의 개방성을 증대시킬 수 있도록 돕고 그 결과로 자아 개념과 개인의 경험 간의 일치도를 높이는 것이다. Rogers는 상담 과정에서 성장을 촉진하는 적절한 관계, 분위기 조성, 책임과 주체성 등을 만들어 내는 것이 중요하다고 보았다.

상담자가 내담자와의 상담관계에서 지켜야 할 필수적인 조건으로는 진실성, 무조건적 긍정, 공감적 이해 등이있다. 진실성은 상담자의 자아 개념이 내담자의 경험들과 일치하는 상태라고 할 수 있다. 무조건적 긍정은 상담 과정에서 내담자를 평가하지 않고 내담자 모습을 있는 그대로 받아들여 소중히 여기고 존중하는 상담자의 태도를 말한다. 공감적 이해는 상담 과정에서 내담자의 경험과 감정 등을 민감하고 정확하게 이해하는 노력 등을 말한다.

3. 상담 이론의 실제: 학교상담

이 절에서는 학교상담에서 특히 중요한 학업상담 영역에 대해 살펴보고, 현실치료 학교상담과 해결중심 학교상담 등을 소개한다.

1) 학업상담

학업은 초, 중, 고등학생 모두에게 스트레스를 발생시키는 요인이 되고 있다. 학업 성취도가 높은 학생은 수업시간에 흥미를 느끼지만 학업 성취도가 낮은 학생의 경우 학교생활 적응 면에서 여러 문제점을 야기할 가능성이 높다. 학업상담은 학업 성취도가 낮은 학생들이 학교생활에 잘 적응할 수 있도록 학업 스트레스와 관련된 심리적 문제의 해결을 도와주어 문제행동으로 이어지지 않도록 사전에 예방하는 것이다. 효율적인 학업상담은 학생 자신이 지닌 잠재력을 개발하고 학업 문제를 가진 학생의 원인 탐색을 통해서 이를 극복할 수 있는 방법을 찾고 긍정적인 자아 개념을 갖도록 하는 데 목적이 있다.

(1) 학업 문제 유형

학업과 관련된 문제 유형은 다음과 같다.

첫째, 낮은 성적으로 인한 정서적 불안이다. 성적이 부진하거나 학생 자신의 기대 혹은 부모의 기대에 미치지 못할 때 심각한 정서적 문제를 겪게 된다. 학업 문제는 좌절감 혹은 불안을 경험하게 하고, 부모의 비난은 학업적인 스트레스를 가중시키는 요인이 된다.

둘째, 시험 불안이다. 시험에 대한 지나친 두려움과 민감성으로 인해서 시험기간 동안 불안과 두통, 소화불량, 주의집중 저하, 두근거림이 생긴다. 이것은 시험성적에도 영향을 미쳐서 학습한 내용을 기억하지 못하는 결과를 초래하기도 한다.

셋째, 동기부족이다. 동기가 부족한 학생의 경우 학업 이외의 활동에 관심을 갖게 되고 이로 인해 학업성적이 낮아진다. 부모의 과도한 압력, 반감 또는 무관심한 가정환경, 학업에 대한 근본적인 개념을 잡지 못하는 경우 등이 학생의 동기를 약화시키는 요인이다.

넷째, 학업 능률이 오르지 않는 유형이다. 노력에 비해 성적이 오르지 않는 경우에는 불안 등의 심리적인 요인과 주의집중의 어려움을 초래하는 기질적인 요인을 살펴볼 필요가 있다.

(2) 학습부진

앞에서 살펴본 것처럼 학업 문제는 다양할 뿐만 아니라 학교생활에 직접적인 영향을 미친다. 그러므로 학교현장에서 학업 문제를 가진 학생을 정확하게 이해하고 도움을 주기 위해서는 학업 문제의 원인을 제대로 파악해야 한다.

학습부진은 특별한 신체적인 장애를 가지지 않았음에도 불구하고 다양한 이유로 학업수행에 어려움을 호소하는 학생들을 일컫는 용어이다. 학습부진이란 일반적으로 아동의 타고난 능력(potential ability)에 상응하는 학업의 성취(school achievements)가 이루어지지 않거나 그 이하로 이루어질 때, 학교상황이나 학부모들의 자녀학업 평가를 할 때 일반적으로 사용되는 용어이다.

학습부진은 정신지체, 학습지진, 학습장애와 혼용해서 사용하는 경우가 많은데 이에 대한 구분이 필요하다. 정신지체는 지적장애라고도 한다. 지능지수가 일반인의 지적 기능보다 현저하게 떨어지는 것을 말하며 통상적으로 IQ 70 이하를 말한다.

학습지진은 지적 능력이 평균 수준에 미치지 못해서 학업 성취도가 뒤떨어지는 경우에 해당된다. 이들은 지능이 낮아 학습에 어려움을 보이는데, 대체로 정신지체나 경계선 지능을 가진 아동이 여기에 속한다. IQ 70～80 정도의 정신지체는 특수교육 대상이지만, 경계선 지능을 가진 아동은 뚜렷한 교육

서비스를 받지 못하기 때문에 오히려 어려움이 많다.

학습장애는 인지적, 정서적, 사회적, 환경적 문제가 없으며 중추신경계의 기능장애로 인해서 말하기, 쓰기, 읽기, 셈하기 등의 특정 영역에서 하나 이상의 장애를 보이는 것을 말한다.

(3) 학업상담 절차

학생의 학업 성취를 어렵게 만드는 여러 문제 중에서 근본적인 문제에 접근하여 이를 상담의 각 단계에서 적용하는 방법을 알아보기로 한다.

① 초기 단계

초기 단계에서 이루어져야 할 것은 학생과 신뢰할 수 있는 관계를 형성하고 학생이 학업에서 느끼는 어려움의 원인을 분석하고 상담목표를 설정하는 것이다. 일반적으로 공부를 잘하지 못하는 학생은 게으르고 노력하지 않는다는 비난을 듣고 자신에 대한 실망감과 패배감을 가질 가능성이 높다. 교사는 학생을 이해하고 지지해 주는 사람이라는 느낌을 충분히 전달해 주어야 한다.

교사는 학생과 상담관계를 형성해 가면서 학업에서 느끼는 어려움과 문제의 심리적 상황에 대해서 파악하고 학생의 행동 및 심리적인 변화를 위한 상담목표를 설정하고 상담 전략과 계획을 수립해야 한다.

② 중기 단계

학생과의 관계가 형성되고 상담목표가 수립되었다면 이를 실현하기 위한 구체적인 계획을 세운다. 학생이 자신감을 회복하여 변화할 수 있도록 하기 위해서는 부모 상담과 친구관계에 대한 개입도 필요하다. 또한 학업 문제와 관련된 정서를 표현할 수 있도록 해야 한다. 이때 교사는 학생에게 공감적 이해와 무조건적인 존중을 보여 주어야 한다. 대부분의 학업 문제로 인한 상담에서는 학생이 그동안 겪어 온 좌절에서 벗어날 수 있도록 지속적으로 격려하고 지지해야 한다.

③ 종결 단계

교사는 학생의 어려움의 원인을 찾아내고 그 원인을 해결하기 위해서 학생이 심리적인 안정감을 되찾고 자신에게 맞는 학습 습관을 형성하도록 도와준다. 학생 스스로 계획을 세워 실행할 수 있을 때 상담이 종결된다.

2) 현실치료 학교상담

현실치료(reality therapy: RT)는 Glasser가 자신의 저서인 『현실치료: 청소년 범죄자를 위한 현실적인 접근법』(1964)에서 사용한 이후에 공식적인 명칭으로 통용되고 있다.

학생들은 자신의 욕구가 충족되지 않을 때 반복적인 행동을 한다. 학생이 자신의 행동을 변화시키고 싶어 할 경우 교사는 학생이 자신의 문제를 객관적으로 볼 수 있도록 이끌어 주고 바람직한 행동을 하도록 도와주게 된다. 현실치료에서는 학생들이 현재 일어나는 일련의 문제 상황들을 타인의 탓으로 돌리기보다 현재 상황의 문제점을 제대로 보고 스스로 문제를 해결하기 위해서 행동변화를 위한 계획을 세우고 실천에 옮기도록 한다. 현실치료는 교사가 문제 상황에 직면한 학생의 옆에서 신뢰감을 주고, 현재에 초점을 맞추어 함께 해결해 나가는 상담 방법이다.

Glasser는 자신의 행동과 정서에 대한 책임은 자기에게 있으며 주어진 환경보다는 자신의 결정에 따라 책임을 다할 때 만족스러운 삶을 살아갈 수 있다고 보았다. 현실치료 상담의 목표는 내담자에게 소속, 힘, 자유, 즐거움에 대한 자신의 욕구를 보다 효율적으로 만족시킬 방법을 찾기 위해서 행동하고, 생각하고, 느끼고 있는 것을 검토하는 방식을 가르치는 것이다.

(1) 선택 이론

현실치료의 이론적 배경에는 선택 이론이 존재한다. 선택 이론은 인간의 행동을 소속, 힘, 자유, 즐거움의 심리적 욕구와 생존에 대한 생리적 욕구로 설명하고 있다. 현실치료 이론에서는 인간의 모든 행동에는 목적이 있고 우리 모두는 이들 욕구를 만족시키기 위해서 행동하고 있다고 전제한다. 자신의 행동을 통제하고 자신을 둘러싼 환경 체계를 통제하기 위해서 최선의 선택을 한다는 것이다.

Glasser는 인간이 기능하는 방법과 자동차가 기능하는 방법을 비교하여 전체 행동을 설명한다. 우리의 욕구는 자동차의 엔진에 해당하고 욕구는 핸들이 되어 전체 행동이라는 차가 되어서 가고 싶은 방향으로 가게 된다. 자동차의 앞바퀴에 해당하는 활동하기, 생각하기, 뒷바퀴에 해당하는 느끼기, 생리기능 등 네 가지 요소들이 모두 모여 하나의 행동으로 나타난다. 우리가 행동과 사고를 바람직하게 변화시키면 감정이나 신체현상도 변화된다고 본다.

(2) 기본적 욕구

Glasser는 인간의 기본적인 욕구가 사랑과 소속, 힘, 자유, 즐거움에 대한 심리적인 욕구, 생존에 대한 생리적인 욕구의 다섯 가지로 구성된다고 보았다.

사랑과 소속에 대한 욕구(love and belonging need)는 또래 집단이나 단체에 소속되고자 하는 욕구, 결혼을 하거나 친구를 사귀고자 하는 욕구이다. 힘에 대한 욕구(power need)는 경쟁과 성취에서 중요한 존재가 되고 싶어 하는 욕구이다. 자유에 대한 욕구(freedom need)는 삶의 모든 영역에서 스스로 선택하고 자신의 의사를 마음대로 표현하고 싶어 하는 욕구이다. 즐거움에 대한 욕구(pleasure need)는 여러 가지 운동이나 모험적인 활동을 통해서 즐거움을 추구하는 욕구이다. 생존에 대한 욕구(survival need)는 생존을 통해서 자기 확장을 하고자 하는 욕구이다.

(3) 현실치료의 절차

① 상담환경의 조성

학생들이 자신의 불안이나 문제를 자유롭게 표현하고 신뢰감을 느낄 수 있는 분위기를 만들기 위해서는 다음과 같은 환경이 조성되어야 한다.

첫째, 교사는 학생에게 친근감 있게 다가가고 학생의 이야기를 경청해야 한다.

둘째, 감정이나 신체 현상이 전체 행동과 분리된 것처럼 말하지 않게 하고, 현재 느끼고 있는 것이 현재의 행동이나 사고와 관련이 있다는 것을 알게 해야 한다.

셋째, 과거보다는 현재에 초점을 두어야 한다.

넷째, 무책임한 행동에 대한 변명을 허용하지 않아야 한다.

다섯째, 벌하거나 비판하지 않으면서 어떤 행동을 선택하도록 한다.

여섯째, 교사는 학생의 능력에 대한 신념을 쉽게 포기하지 않아야 한다.

② 행동변화를 일으키는 과정(W, D, E, P 체계)

행동변화를 일으키는 과정은 W, D, E, P 체계로 나눌 수 있다. 이를 구체적으로 살펴보면 다음과 같다.

(가) 욕구, 바람, 지각 탐색(Want: W)

W 단계는 다음의 여섯 가지 단계로 나뉜다.

첫째, '원하는 것이 무엇인가?' 학생의 내면에서 원하는 것을 정확하게 끄집어내어 학생 자신이 원하는 것을 분명하게 알게 하는 동시에 주위 사람들이 원하는 것이 무엇인지도 알게 한다. 예를 들어, 한 살 어린 남동생과 늘 사소한 일로 싸우는 초등학교 5학년 여학생으로 하여금 자신이 "누나가 정말 싫어!"라는 남동생의 말 때문에 상처받았음을 깨닫게 한다.

둘째, '진정으로 원하는 것이 무엇인가?' 학생으로 하여금 자신의 욕구가 무엇인지 알게 하여 마음속에 품고 있는 막연한 생각을 분명하고 현실적으로 구체화할 수 있도록 도움을 준다. 이 경우 여학생이 진정으로 원하는 것은 동생과 사소한 일로 다투지 않고 동생이 어느 정도 예의를 갖추었으면 좋겠다는 것일 수 있다.

셋째, '사람들이 학생에게 원하는 것이 무엇이라고 생각하는가?' 이는 가족, 친구, 동료, 학교, 사회 등의 기대에 대한 지각을 알아보는 것으로, 주변 사람들이 원하는 것과 학생이 원하는 것이 같은지 다른지를 알아봄으로써 자신의 마음속에 있는 근본적인 욕구를 더욱 확실하게 알게 한다.

넷째, '학생은 주변의 사물과 환경에 대해서 어떤 시각으로 바라보는가?' 학생의 지각 체계를 탐색하고 점검하도록 도와준다.

다섯째, '학생은 교사에게 무엇을 바라고 있는가?' 교사가 어떤 도움을 줄 수 있는지, 자신이 무엇을 원하는지, 상담 상황을 어떻게 바라보는지에 대해서 학생이 알 수 있게 해 준다.

여섯째, '문제해결을 위해서 열심히 노력할 수 있는가?' 학생이 진지하게 상담에 임하고 자신을 변화시키기 위해서 노력할 것을 약속하게 한다.

(나) 현재의 전체 행동 탐색하기(Doing: D)

상담 초기에 학생으로 하여금 자신이 나아가고 있는 방향을 탐색하도록 하는 단계이다. "너는 지금 무엇을 하고 있니?"라고 물어보면 학생의 심리적 요소와 생리적 기능이 변화할 수 있다.

(다) 자신의 행동을 평가하도록 요청하기(Evaluation: E)

학생으로 하여금 자신이 원하는 것을 얻기 위해서 적절하게 행동하고 있는지에 관해서 스스로 평가하고 판단하도록 하는 단계이다. 이러한 자기평가 없이는 학생이 변화할 수 없을 것이다. 이 단계에서 학생의 자기 행동 평가는 자신의 능력 내에서 이루어지도록 하고 대답에 대한 책임을 지지 않도록 한다.

(라) 계획과 실행하기(Plan: P)

학생과 계획을 세울 때 고려해야 할 점은 욕구가 충족되는 계획, 단순한 계획, 현실적이고 실현 가능한 계획, 다른 사람의 행동과 관계없이 실천할 수 있는 계획, 구체적인 계획, 측정 가능하고 반복적인 계획, 즉각적인 계획, 과정 중심적인 계획, 계획에 대한 평가, 계획에 대한 약속, 확실성, 강화된 계획 등이다. 앞에서 예로 들었던 초등학교 5학년 여학생의 경우 세울 수 있는 계획은 '하루에 한 번 정도는 내가 먼저 말을 걸어서 일단 싸우지 않는 환경을 조성하고 만약 또 다투게 된다면 욕하지 않고 나의 감정을 말하겠다' 는 것이 될 수 있다.

현실치료는 학생이 자신의 문제 상황을 탐색하고 그러한 문제에 대해서 스스로 계획하고 행동하도록 안내함으로써 변화를 이끌어 내는 방법이다. 하지만 학생에게 과중한 책임을 강요하거나 교사의 해결책이 학생에게 영향을 줄 수 있다는 점에서 비판을 받고 있다. 그럼에도 불구하고 현실치료는 학생이 자신의 문제를 책임지고 평가하고 수정하는 것이 가능하다는 점에서 중요하다고 할 수 있다.

3) 해결중심 학교상담

해결중심 상담은 de Shazer와 김인수 부부에 의해 밀워키의 단기가족치료센터를 중심으로 시작되었다(de Shazer, 1978). 그들은 전통적인 상담을 원인과 결과를 찾아 해결하는 문제-해결 접근이라고 하였다. 해결중심 학교상담은 문제-해결 접근의 접근에서 한 발 벗어나 학생을 인도하는 접근이다. de shazer와 김인수는 내담자가 자신의 문제를 해결할 수 있는 능력을 스스로 발견하는 데 도움이 되는 새로운 방법들을 모색하였으며 문제 상황에서 간과해 온 '예외 상황' 에 집중하게 되었다. 이 예외 상황은 문제가 언제, 어디에서, 어떻게 일어났으며, 문제의 발생에 어떤 사람이 관여했는지를 탐색하는 실마리가 된다. 그리고 이를 통해 학생에게 새로운 동기를 부여하고 넓은 영역의

해결 상황을 이끌어 낼 수 있다(Bitter, 2009).

예외 상황은 해결의 실마리를 보여 주는 것으로, 예외 상황의 작은 변화가 시작되면 큰 변화가 일어날 것으로 믿기 때문에 해결중심 학교상담에서는 학생이 달성할 수 있는 작은 것들부터 계획한다. 또한 변화는 항상 일어나며 변하지 않는 것은 아무것도 없으므로 학생이 원하는 방향으로 움직이며 변화 가능한 것을 찾도록 예외 상황을 확대해 나간다.

해결중심 학교상담은 학생들이 상담을 통해 기대하거나 추구하는 결과를 먼저 살펴보고 그들이 가진 성공 경험, 강점과 자원 그리고 내재된 능력에 초점을 맞춘다. 그리고 이 자원을 어떻게 발전시켜 왔는지에 대한 정보를 파악한 후 학생이 원하는 만족할 만한 수준에 도달할 때까지 지원할 수 있는 방안들을 찾는다. 따라서 해결중심 학교상담은 짧은 시간에 효과적으로 학생의 변화를 이끌어 내는 데 도움을 주고, 학생의 강점과 자원을 활용하여 긍정적인 삶의 변화를 돕는다.

해결중심 학교상담에서는 인간을 긍정적이며 현재 생활하고 있는 상황 속에서 의미를 구성하고 해결방안을 추구하는 존재로 본다. 그리고 누구든지 일상생활에서 성공했던 경험을 가지고 있으며 이 성공경험을 근거로 문제를 해결할 수 있는 잠재 능력을 지니고 있다고 본다. 따라서 상담 과정에서 교사는 학생과의 협동적인 관계 속에서 학생의 강점을 발견하고 활용하여 해결방안을 구축한다.

해결중심 학교상담에서는 강점관점을 취한다. 강점관점이란 학생의 강점과 긍정적인 자원 그리고 문제해결 능력에 초점을 맞추고, 학생들 스스로도 자신의 강점에 대해 알게 하는 것이다. 또한 개인, 집단, 가족, 지역사회가 내·외부에 있는 자원들을 발견하고 확장하도록 돕는다. 강점관점은 개인이 어려움을 견디고 회복할 수 있는 적응력을 갖고 있다는 것을 강조한다. 그리고 개인의 다양한 경험, 관점, 의미 등을 존중하며 협동적으로 대화하는 과정에서 관점, 의미들이 변화하며 의미와 체험의 변화는 상호작용 속에서 일어난다고 본다(정문자 외, 2008).

해결중심 학교상담은 건강하고 긍정적인 것에 초점을 둔다. 즉, 긍정적이고 문제해결이 가능한 측면에 초점에 맞출 때 바람직한 변화가 일어나며 성공적인 경험, 강점, 장점을 발견하게 된다고 본다.

(1) 해결중심 학교상담 절차

BFTC(Brief Family Therapy Center)에서는 해결중심 학교상담의 5단계 모델을 다음과 같이 제시하고 있다(LaFountain et al., 1996).

① 1단계: 교사와 학생 간에 협력관계 형성

이 단계에서 학생은 자신의 문제에 대해 가장 많이 알고 있으며 많은 해결책을 시도해 본 전문가로 본다. 교사는 협력자이므로 학생과 처음 만날 때부터 긍정적인 분위기를 만든다. 이를 위해서는 문제에 대해 '알지 못하는 자세(not-knowing posture)'를 취해야 한다. 기본적인 면접상담의 기술로는 경청, 교사의 비언어적 행동, 학생이 사용하는 핵심용어의 반복, 개방형 질문, 요약, 침묵의 존중, 비언어적 행동에 주의 기울임, 자기노출, 칭찬 등이 있다.

또한 학생이 상담에 참여하게 된 동기와 상황, 또는 입장 등에 따라 학생의 유형을 고객형, 불평형, 방문형 등으로 구분하고 그에 맞는 적절한 지원을 하는 것이 필요하다. 특히 아동과 청소년의 문제는 부모나 동료교사에 의해서 의뢰되는 경우가 많다(방문형). 이렇게 비자발적 참여형태인 방문형 학생에게는 상담을 받겠다고 결정한 최소한의 변화에 대해 칭찬하고 그 의견을 존중하는 태도를 갖는 것이 필요하다. 자신보다 부모, 친구, 교사 등 다른 사람의 문제가 더 많다고 생각하는 불평형 학생에게는 문제에 대해 생각하고 고민해 왔던 것을 칭찬하고 부정적인 것에서 긍정적인 변화를 잘 관찰하도록 격려한다. 고민스러운 문제가 있어 찾아오는 고객형 학생에게는 자신의 문제를 고민해 보고 스스로 해결해 보도록 한다. 이들은 자기 스스로 변화할 준비가 되어 있으므로 교사는 학생 자신이 목표를 설정하고 변화된 행동을 하도록 지원하며 격려해야 한다.

② 2단계: 교사와 학생이 협력하여 상담목표 설정하기

이 단계에서는 학생의 유형에 따라 해결방안과 관련된 상담목표를 스스로 설정하도록 돕는다. 상담목표를 설정할 때에는 중요하면서 구체적이고 명확하고 행동적인 목표를 고려해야 한다. 또한 개인의 문제행동을 금지하기보다는 새로운 행동을 시작하도록 하고, 현실적이고 성취 가능한 것에 관심을 가지고 목표를 세우도록 하여야 한다.

③ 3단계: 해결 지향적 질문을 통해 학생에게 해결 방법 유도하기

(가) 상담 전 변화에 대한 질문

변화란 계속적으로 일어난다는 해결중심 학교상담의 기본 가정에 근거하여 형성된 질문이다. 대부분의 내담자는 가장 문제가 심각한 시기에 상담실을 찾게 되지만, 상담 신청 후 얼마간의 시간이 흘러서 상담을 받으러 오면 긴장이나 불안이 감소되었거나 나름대로 해결책을 모색하는 등 상담시간 예약 후 지금까지 발생한 변화가 있는지에 대하여 질문을 한다. 교사는 이러한 변화가 있는지에 대해 점검함으로써 다른 사람의 도움 없이 스스로 노력한 점과 해결 능력을 발견하고 확대할 수 있도록 격려한다. 상담 전 변화를 묻는 질문의 예로는 "상담을 신청하고 약속했을 때와 상담을 받으러 오기 전까지 시간 동안에 어려운 상황이 좀 나아진 학생들이 있는데, 혹시 그런 변화를 경험했니?" 또는 "무엇이 좋아졌니?" 등이 있다.

(나) 예외질문

예외질문은 성공했던 경험과 현재 잘하고 있는 것을 발견하는 것이다. 학생이 문제로 생각하고 있는 행동이 일어나지 않는 상황이나 예외 행동을 찾아내어 성공으로 확대하고 강화시켜 준다. 현재 문제 상황에만 집착해 상황을 부정적으로만 해석해서 이전에 성공한 경험이 있거나 현재 잘하는 것이 있음에도 불구하고 그것을 인식하지 못하는 경우가 많다. 따라서 교사는 예외 상황을 찾아 인식시키고 자원을 활용해 자존감을 향상시키고 해결행동을

강화하려고 노력해야 한다. 우울한 학생에 대한 예외질문은 "우울하지 않았던 적은 언제이니?" "그때는 지금과 어떤 것이 달랐니?" "지금과 그때는 어떠한 점에서 차이가 있니?" "우울하지 않을 때는 무엇을 하니?" 등이다.

(다) 기적질문

기적질문은 문제를 제거하거나 감소시키지 않고 문제가 해결된 상황을 상상함으로써 자신들이 해결하기를 원하는 것을 구체화하고 명료화하기 위한 질문이다. 기적질문의 예를 들면, "오늘 상담을 마친 후 여러 가지 일을 보고 잠자리에 들 거야. 잠자는 동안 기적이 일어날 거야. 학생이 여기 오게 만든 그 문제가 해결되는 기적이 일어나는 거지. 그러나 학생은 잠을 자는 중이어서 기적이 일어났다는 사실을 모를 거야. 이럴 경우 아침에 일어났을 때 지난밤에 기적이 일어나서 문제가 해결되었다는 것을 어떻게 알 수 있을까?"와 같다.

(라) 척도질문

척도질문은 문제의 심각성, 우선순위, 관계 정도, 상담을 통한 변화, 평가 등을 수치로 표현하고 구체화, 사실화함으로써 내담자가 스스로의 변화 정도나 의지를 구체적으로 지각할 수 있도록 하는 질문이다. 이 점수는 어떤 표준에 따라야 하는 것이 아니므로 얼마든지 개인적인 점수로 바뀔 수 있다. 척도질문의 예를 들면, "1부터 10까지의 척도에서 1은 문제가 가장 심각할 때이고 10은 문제가 다 해결되었을 때를 말한다. 오늘은 몇 점에 해당하니?"와 같다.

(마) 대처질문

대처질문의 목적은 무력하다고 생각되는 상황에서도 자신은 더 나빠지지 않기 위해 노력하고 있음을 깨닫도록 함으로써 학생이 자신의 자원과 강점을 스스로 발견하게 하는 데 있다. 어려운 상황에서 견디고 더 나빠지지 않았다는 사실을 강조하면서 위기에서 살아남기 위해 노력한 것을 발견하고 그것을 확대하기 위해 근거로 이용한다. 대처질문의 예로는 "그동안 어려움을 어떻게 견딜 수가 있었니?" "학생이 힘든 상황에서도 포기하지 않고 지금까지 버티도록 한 힘은 무엇이니?" 등이 있다.

(바) 관계성 질문

이 질문은 학생에게 중요한 타인에 대한 질문이다. 때때로 학생은 문제가 해결되었을 때 자신의 생활에서 무엇이 달라질 것인지에 대해 전혀 예측하지 못하는 경우가 있다. 그러나 학생이 중요한 타인들인 가족이나 친구 등의 눈으로 자신을 보게 되면 이전에는 없었던 가능성을 만들어 낼 수도 있다. 관계성 질문의 예를 들면, "너의 부모님께 네 문제가 해결될 경우 어떻게 달라질 것 같은지 묻는다면 부모님은 뭐라고 말씀하실까?" 와 같다.

④ 4단계: 해결 중심적 개입의 시기

상담 이후 일상생활에서 있었던 긍정적인 변화에 대하여 질문하고 변화에 대한 지지와 격려하기, 과제제시 등을 한다.

⑤ 5단계: 상담목표를 유지하는 과정

상담목표를 유지하고 상담 과정 후에 얻은 효과를 유지하도록 한다.

이상에서 살펴본 바와 같이 해결중심 상담은 문제의 원인보다는 해결에 초점을 두어 단기간 내에 학생의 강점, 자원, 문제해결을 위한 예외 상황을 효과적으로 탐색하게 한다. 해결중심 학교상담은 학생이 이미 가지고 있는 자원과 잠재 능력을 예외 상황을 통해 확장시킴으로써 그들 스스로 해결방안을 찾을 수 있도록 하는 방법이다.

chapter 13 효과적인 수업

'효과적인 수업' 이라는 표현에는 수업이 효과적으로 설정되어야 하고, 재미있어야 하고, 교육의 결과가 의도한 대로 이루어져야 한다는 생각이 내포되어 있다. 하지만 효과적인 수업을 한마디로 정의하기는 어렵다. 따라서 효과적인 수업을 언급하기 위해서는 수업이 어떻게 진행되는지 살펴볼 필요가 있다.

이 장에서는 수업이란 무엇인지, 수업은 어떻게 진행되는지, 효과적인 수업은 어떠한 것인지, 효과적인 수업을 위한 수업 모형들은 어떤 것들이 있는지를 살펴보고자 한다.

1. 수업과 수업사태

1) 수업의 정의

수업이란 학생들의 학습을 촉진시키기 위하여 이루어지는 활동이며 교수-학습이라는 말과 혼용된다. 수업에 대한 학자들의 정의를 살펴보면 다음과 같다.

Corey(1967)는 수업이란 개인으로 하여금 명시된 조건하에서 명시된 행동을 나타나게 하거나, 일정한 상황과 장면에 대한 반응으로서 그와 같은 행동을 할 수 있게 하기 위해서 환경을 의도적으로 조작하는 과정이라고 보았다. Gagné(1967)는 수업이란 학습이 일어나도록 학습자의 내 · 외적 조건들을 체계적으로 조정하는 것이라고 보았다. 여기에서 수업은 학습자의 내적인 과정이 촉진될 수 있도록 교사가 수업목표를 설정하고, 주의를 집중시키고, 학습과제를 의미 있게 조직하여 기존의 인지구조에 잘 연결되도록 하고, 필요할 때 인출하여 효과적으로 수행하도록 하는 것을 말한다. Matoba 등(2006)은 수업이란 학교학습에서 이루어지는 교육활동의 총체라고 정의하면서, 교사는 학습자가 적절한 학습활동을 하도록 방향을 제공하고, 학습자로 하여금 적절한 지식을 얻게 하고, 학습자의 행동을 관찰하고, 학습자의 행동에 대해서 적절한 피드백을 주어야 한다고 본다.

이러한 수업의 정의를 살펴보면 다음과 같이 요약된다.

첫째, 수업이란 학습자의 학습을 다루는 인간적인 활동 분야이며 학생을 대상으로 하여 학교학습을 하는 것이 중심이 된다.

둘째, 수업이란 특정한 행동이나 사고가 발생하도록 처방하고 이끄는 것으로 여기에는 지적 기능, 운동기능, 태도 등이 포함된다.

셋째, 수업을 촉진하는 절차는 학습자의 환경, 상황, 장면을 바꾸어 줌으로써 학습자의 내적인 과정에서 학습이 잘 이루어지도록 관리하고, 촉진하고 평가하는 것이다.

2) Gagné의 수업사태(수업 단계)

수업은 학생들의 학습이 촉진되도록 학습자에게 영향을 미치는 일련의 의도된 노력(Gagné, 1992)이다. 단위시간의 수업을 위해서 교사는 수업안을 작성하는데, 수업안은 수업 모형에 따라서 달라진다. 그러나 Gagné에 의하면 단위시간에 이루어지는 모든 수업은 수업사태(instructional event)에 따라 진

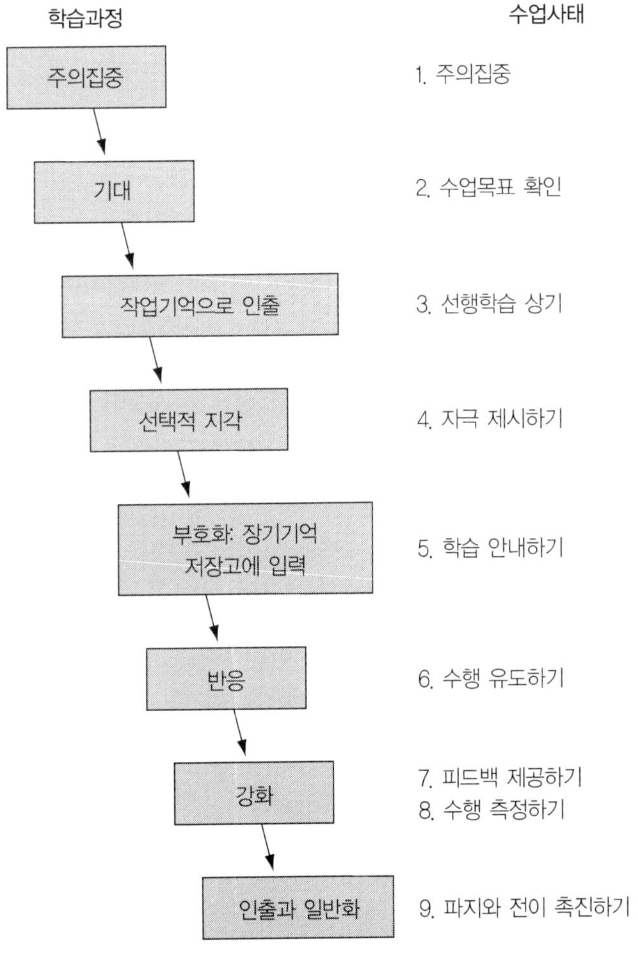

[그림 13-1] Gagné의 수업사태

행된다. 수업사태는 Gagné의 『학습의 조건』이라는 책에 등장하는 개념이다. Gagné는 학생들이 학습하는 과정을 연구하고 이를 바탕으로 어떻게 수업이 이루어져야 하는가를 분석하여 한 시간의 수업은 다음의 아홉 가지 단계로 나뉘게 된다고 보았다(Gagné, 1965, 1985).

(1) 주의집중

수업의 첫 단계는 학생들이 주의를 집중하도록 유도하는 것이다. 이 단계는 동기 유발 단계라고도 한다. 그 이유는 학생들의 입장에서는 수업을 시작할 때 무엇을 배울 것인가에 집중하게 되지만 교사의 입장에서는 한 시간의 수업을 가르치기 위해서 학생들에게 호기심을 불러일으켜야 하기 때문이다. 교사들은 주의집중을 위한 전통적인 방법으로 학생들의 이름을 부르거나 손뼉을 치는 방법을 사용해 왔지만, 지금은 학생들의 주의집중을 위해서 다양한 동기 유발 방법을 사용하고 있다. 그 이유는 수업의 초반에 주의집중을 유도하는 데 실패했을 경우 한 시간 내내 학생들과의 상호작용도 힘들어지고 가르치는 교사와 배우는 학생 모두 지치게 되기 때문이다. 그만큼 주의집중이 중요하다는 의미이다.

(2) 수업목표 확인

수업목표 확인은 동기 유발을 통한 주의집중이 끝난 후에 교사가 학생들에게 이번 수업시간에 무엇을 배울 것인가를 알려 주는 것을 말한다. 때로는 수업목표를 교사가 알려 주지 않고 학생들에게 단서를 제공해 줌으로써 학생들 스스로 수업목표를 확인하도록 하는 것도 필요하다. 학생들이 스스로 학습목표를 찾아내면 목표에 성공적으로 도달할 수 있고, 학습자가 수업시간 내내 집중할 가능성도 높아진다.

(3) 선행학습 상기

새로운 학습이 일어나기 전에 선행학습의 내용을 상기시킬 필요가 있다.

이것은 이전에 학습한 내용을 인출(retrieval)하는 것이다. 이전에 학습한 내용은 학습자의 작업기억에 쉽게 들어올 수 있도록 장기기억에서 인출해야 한다. 예를 들어 "용기의 각 눈금은 $10cm^3$를 나타내는데, $10cm^3$가 의미하는 것이 무엇이었는지 기억하겠니?" 등과 같은 질문은 학생들의 선행학습을 상기시킬 수 있다.

(4) 자극 제시하기

수업시간에 제시하는 자극은 본시학습에서 배우는 수업내용과 관련된다. 자극은 수업내용에 따라서 달라지는데, 언어정보를 습득하는 경우 자극은 인쇄된 교재이거나 내용이 포함된 청각 메시지일 수 있다. 지적 기능을 가르치려면 개념이나 법칙을 표현하는 대상이나 일련의 기호로 제시할 수 있다. 인지 전략으로는 언어로 표현하도록 하거나 시범을 보이는 것이 있다. 운동기능에서는 중요한 기능과 그 목표에 대한 시범을 보일 수 있다. 태도는 시범을 보이는 사람이나 교사에게서 전달되는 모습이다. 수업내용과 관련된 자극을 제시할 때에는 독특한 특징이 있는 자극(distinctive feature)을 제시해야만 학생들이 주의를 기울일 수 있다.

(5) 학습 안내하기

학습 안내는 학생들이 학습해야 할 내용을 유의미하게 장기기억에 저장하도록 하기 위한 것이다. 이 단계에서도 어떤 수업이냐에 따라서 학습 안내의 형태가 달라진다. 언어정보를 학습하는 경우에는 학습 안내를 유의미한 형태로 바꾸어 주어야 한다. 법칙을 학습하는 경우에는 하위법칙들이 결합되는 계열에 대한 단서를 주는 언어적인 진술을 통해서 안내해야 한다. 일반적으로 학습 안내는 내용을 조직하거나 정교화하여 각각의 내용을 다른 자료와 연결시키기 위해서 사용한다.

(6) 수행 유도하기

이 단계는 학생들에게 수업시간에 배울 내용에 대한 활동을 유도하여 그러한 수업내용에 대한 학습이 일어나고 있는가를 확인하고자 하는 것이다. 이때 학습자에게 수업내용에 관해 질문함으로써 학생들이 실제로 무엇을 학습하고 있는지 알아본다. 언어적인 질문은 수행을 알아보는 가장 단순한 방법이다.

(7) 피드백 제공하기

교사는 학생들이 잘 학습했는지를 살펴볼 필요가 있다. 가르치는 내용에 대해서 학생에게 질문함으로써 교사는 학생이 수업내용을 잘 이해하고 있는지 알 수 있으며, 오답을 하거나 잘못된 지식을 형성하고 있는 경우 적절한 피드백을 제공함으로 학생의 오류를 점검하고 수정할 수 있다. 또한 학습이 잘 이루어지고 있더라도 교사의 긍정적인 피드백은 학생이 학습하는 데 긍정적인 강화가 된다.

(8) 수행 측정하기

새로운 학습을 하는 데 있어서 한 번의 수행만으로는 교과내용을 이해하기 어렵다. 수업시간에 가르치는 내용에 대해서 학생이 잘 알고 있는가를 확인하기 위해서 교사는 학생의 수행을 여러 번 요청할 필요가 있다. 학생에게 하나의 원리를 가르칠 때 다른 예들에도 적용해 보도록 할 수 있다. 이렇게 추가적으로 수행을 측정하고 확인하는 것은 학습이 적절하게 이루어지고 있는가를 확인하는 데 필요하다.

(9) 파지와 전이를 촉진하기

학습한 내용에 대해서 파지와 전이를 촉진시키기 위해서는 분산복습의 형태를 취한다. 분산이란 처음 학습이 이루어진 후 하루 이상의 적절한 기간이 지나고 나서 재생을 요구하는 것을 의미한다. 흔히 학습이 끝난 이후에 학습한 내용에 대해서 알고 있는가를 여러 가지 적용 문제로 알아보는 경우가 있는데, 이것보다는 처음 학습을 하고 나서 며칠이나 몇 주에 걸쳐서 추가적인 문제들을 제시하고 풀도록 할 때 학습 능력은 더 크게 촉진된다.

또한 다양한 상황이 포함되도록 분산복습을 시키는 것도 필요하다. 분산복습에서 이전에 배운 내용들에 대해서 퀴즈 문제를 내거나, 글을 쓰도록 해 볼 수 있다. 예를 들어 학생이 면적과 관련되는 비율을 계산하는 것을 학습했다면 분산복습에서는 거리와 시간, 무게와 부피의 비율에 이를 적용하는 문제를 제시하는 것도 필요하다. 이러한 문제는 학생들의 수직적인 전이(vertical transfer)와 수평적인 전이(lateral transfer)를 촉진시키는 데 도움이 된다.

2. 효과적인 수업

효과적인 수업과 관련된 외국 문헌으로는 Borich(2011), Joyce와 Weil(1980), Gunter, Estes와 Mintz(2007)의 연구가 소개되었다. 우리나라에서는 교육 이론과 현장을 중심으로 효과적인 수업과 관련하여 수업컨설팅이라는 용어를 많이 사용하고 있다. 수업컨설팅이란 교사의 수업 능력을 향상시키기 위해서 수업전문가와 수업 능력이 우수한 교사가 해당 교사의 수업을 보면서 컨설팅을 해 주는 것을 말한다. 이때 녹화된 수업 장면을 관찰할 수도 있지만 학교 현장을 방문하여 직접 학생들과 상호작용하는 모습을 관찰할 수도 있다.

효과적인 수업을 위해서는 이에 대한 수업 원리와 더불어 전제조건이 필요하다. 효과적인 수업의 원리는 다음과 같다.

1) 효과적인 수업의 원리

(1) 자발성의 원리

자발성이란 창조적인 활동의 근원이 되는 것으로 학생들이 스스로 할 수 있도록 하는 것을 말한다. 학생들이 수동적인 입장이 되면 효과적인 수업을 하기 어렵다. 따라서 학생들이 수업시간에 자발적으로 활동할 수 있도록 학습에 대한 흥미를 높이고, 자발적인 학습을 하도록 유도할 필요가 있다.

(2) 개별화의 원리

학생들은 지능, 특성, 흥미, 가정환경 등 모든 면에서 저마다 다르다. 그러므로 수업에서는 학습자의 개인차를 이해하고 이것을 유기적으로 통합하여 개인의 능력이 충분히 발휘되도록 해야 한다. 개별화의 원리를 실천하는 방법은 능력별로 학습 집단을 나누는 방법, 공동학습과 개별학습으로 나누는 방법 등 다양하다.

(3) 사회화의 원리

수업은 학생들을 사회화하는 작용이다. 수업시간에는 토의법, 분단학습, 문제해결법, 프로젝트 학습법 등 다양한 수업 방법을 적용하여 학생들이 서로 협력하면서 사회성을 발달시키도록 해야 한다. 또한 학교에서 배우고 경험하는 수업내용과 학교 외에서 경험하는 것을 상호 연결시키고 지역사회와 연계된 학습을 진행해 나가야 한다.

(4) 통합의 원리

오늘날의 학교교육은 지식이나 기능을 학습시키는 것보다는 전체를 포함하는 전인교육을 위해서 나아가고 있다. 따라서 단편적인 지식을 주입하는데 치중했던 기존의 방식에서 벗어나 사회, 자연, 문화, 인생의 여러 영역과 인간생활을 종합적으로 이해하도록 지도해야 한다. 여기서 통합이란 교과의 통합과 더불어 전인적인 인격의 통합을 의미한다.

(5) 직관의 원리

직관은 인간 생활의 기초이며 지식의 출발점이다. 또한 직관은 지식의 구조를 쌓아 가는 데 있어서 기초가 된다. 따라서 직관의 원리는 어떤 사물에 대한 개념을 인식시키는 데 있어서 구체적인 사물을 직접 제시하거나 경험하도록 함으로써 수업의 효과를 높이는 것을 말한다. 시청각교육, 노작교육, 실험과 경험교육은 학생들의 직관을 높이는 교육 방법이다.

2) 효과적인 수업을 위한 조건들

효과적인 수업을 위해서 교사가 갖추어야 할 조건들을 제시하면 다음과 같다(Borich, 2011).

(1) 수업의 명료성

수업을 잘하는 교사는 자신이 말하고자 하는 요점을 학생들에게 잘 전달하고, 학생이 논리적으로 이해할 수 있도록 개념을 명확하게 설명하며, 발음이 정확하고 수업내용에 일관성이 있다는 특징을 갖고 있다. 수업을 잘하는 교사가 수업을 명확하게 이끌어 나가면 학생들은 수업을 이해하기가 쉽고, 수업에 대해 친숙함을 느끼며, 수업내용을 쉽게 장기기억에 저장할 수 있다.

(2) 수업의 다양성

수업의 다양성은 교사가 수업을 전달하는 방법이 다양하고 융통성 있다는 것을 말한다. 교사가 수업의 다양성을 보여 줄 수 있는 방법으로는 학습자료, 수업매체, 수업 공간 활용 등 다양하다. 또한 교사가 수업 방법을 다양하게 전개하는 것도 이에 포함된다. 수업을 다양하게 펼쳐 나가면 학생들이 참여를 잘하고 학업 성취도도 높아진다.

(3) 수업에 대한 열정과 헌신

수업에 대한 열정과 헌신은 교사가 수업시간 중에서 순수하게 교과내용을 가르치는 시간이 얼마나 되며 얼마나 열정을 가지고 가르치는가를 말한다.

교사가 특정한 교과내용을 가르치는 일에 시간을 많이 할애하면 학습의 효과는 높아진다. 또한 수업에 대한 교사의 열정이 높으면 학생들은 이에 대한 동기를 부여받는다. 수업에 대한 열정과 헌신의 정도를 판단할 수 있는 네 가지 기준이 있다. 첫째, 전체 수업시간 중에 학생들에게 강의하고, 질의응답하고, 학생이 스스로 탐구하고 사고하도록 하는 데 얼마나 많은 시간을 할애했는가? 둘째, 수업을 준비하는 데 얼마나 많은 시간이 들었는가? 셋째, 학생들에게 얼마나 열정을 다했는가? 넷째, 학생들의 수행을 평가하는 데 얼마나 많은 시간을 사용하였는가?

(4) 학생의 적극적인 참여

학생의 적극적인 참여란 학생이 수업시간에 얼마나 많이 몰입했는가를 의미한다. 학생이 수업시간에 열심히 참여하고 몰입하는 것은 학업 성취도와 관련이 있다. 학생이 수업에 적극적으로 참여하고 몰입하는 것은 학생이 능동적으로 학습하고 있음을 의미하며 이는 학생의 사고와 활동을 촉진하는 것이다.

학생들이 수업에 몰입하는 시간을 늘릴 수 있는 방안은 다음과 같다(Emmer & Evertson, 2009). 첫째, 교사의 허락이 있을 때에만 개인적인 행동을 하도록 한다. 둘째, 교사는 학생이 수업시간에 과제를 잘 수행하고 있는가를 점검하기 위해서 학생들을 살피며 교실을 돌아다닌다. 셋째, 학생들의 개별과제는 흥미롭고 가치 있고 쉬운 것을 선택하여 제시한다. 넷째, 학생들의 이해 수준에 맞도록 보통 수준이나 조금 높은 수준의 수업자료나 활동자료를 제시한다. 다섯째, 학생들의 반응이 수업내용과 관계없이 흘러갈 수 있다. 이때 즉각적인 판단과 결정으로 학생들이 수업내용에 다시 집중할 수 있도록 하는 것이 필요하다.

(5) 수업에 대한 성공률

수업에 대한 성공률은 학생들이 수업내용을 얼마나 잘 이해하고 있고, 성공적으로 도달했는가를 의미한다. 높은 성공률은 학생들이 수업내용을 완전하게 또는 대부분 이해하는 상태이고, 중간 정도의 성공률은 학생들이 중요한 내용은 잘 이해하고 있지만 사소한 부분에 대한 이해가 덜 되어 있는 상태이고, 낮은 성공률은 수업내용이 학생들의 수준에 맞지 않고 재미없어서 학생들이 이해하기 어려운 상태를 말한다.

3. 수업 모형

일반적으로 수업 모형이란 수업현상을 특징적 사태를 중심으로 단순화시킨 형태이다. 즉, 수업 모형은 복잡한 수업현상을 간추리고 체계화시켜 놓은 형태와 전략이라고 할 수 있다. 여기에서는 Glaser, Carroll, Gagné, Reigeluth, Keller 등의 수업 모형이 학교학습에서 추구하는 것이 무엇인가를 살펴보고자 한다.

1) 고전적 수업 모형

(1) Glaser의 수업 모형

Glaser(1962)의 수업 모형은 가장 고전적이며 보편적인 모형이다. 그의 모형은 [그림 13-2]와 같다.

Glaser의 수업 모형은 수업을 절차적인 관점에서 파악하는 특징을 갖고 있

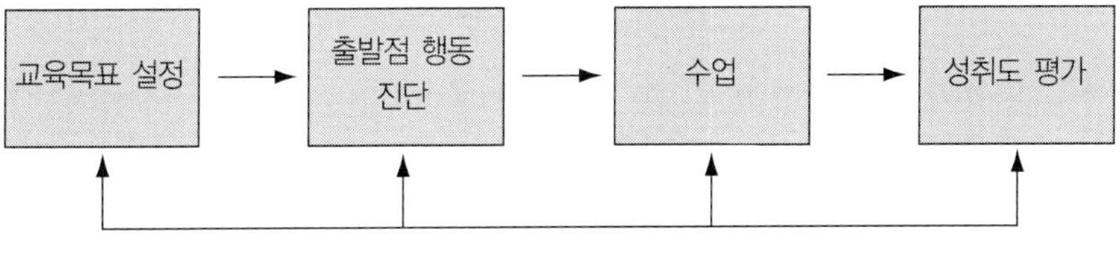

[그림 13-2] Glaser의 수업 모형

다. 그의 수업 모형은 모든 교과를 통틀어 공통적으로 적용할 수 있다. 이 모형에서는 각 단계가 체계적으로 관련되어 있다. 교육목표가 결정되면 출발점 행동을 진단하게 되며, 다시 이것은 후속되는 수업에 연결되며 수업이 끝나면 학생들이 수업에 의해서 도달하고자 했던 성취결과가 바람직하게 이루어졌는가를 평가하게 된다. 각 단계별 설명은 다음과 같다.

첫째, 교육목표 설정 단계는 교육과정과 교과서를 분석하여 행동적 능력 수준과 내용구조를 확인하여 적절한 목표를 설정하는 단계이다. 교육목표는 다른 말로는 종착점 행동이라고 한다. 종착점 행동이란 특정 수업이 끝났을 때 학생들이 보여 줄 수 있는 성취를 말한다.

둘째, 출발점 행동 진단이란 특정 수업이 시작되는 시점에 있어서 학생들의 종합적인 특성을 살펴보는 것이다. 학습자들 개개인이 해당 목표와 관련하여 적절한 선행학습 능력을 소유하고 있는지 또는 해당 목표에 관해서 이미 성취하고 있는지를 진단하여 보강하는 작업이 포함된다.

셋째, 수업 단계는 해당 목표의 달성을 위해서 적절한 자극을 제시하고 이를 명료화하여 학습시키며, 기본학습의 정착과 더불어 심화 단계로 나아가는 과정이다. 이 두 시점 사이에서 수업이 전개되므로 이 과정 속에서 학생들은 종착점 행동으로 직결되는 반응을 하게 된다.

넷째, 성취도 평가는 일련의 단원에 관련된 수업이 끝난 후 학생들의 성취 여부를 총괄적으로 확인하여 수업의 전 과정을 반성해 보는 단계이다. 성취도 평가를 통해서 학생들이 종착점 행동에 도달했는가를 파악하게 된다.

(2) Carroll의 수업 모형

Carroll은 미국의 교육심리학자로 1960년대 중반에 학교학습을 설명하기 위한 모형을 발표하였는데, 그 후 Bloom이 Carroll의 모형을 자신의 완전학습 모형의 이론적 배경으로 삼게 됨에 따라 크게 주목받게 되었다. Carroll의 수업 모형은 인지적 학습을 위한 것이고 정의적 학습에까지 활용되는 것을 전제로 하지는 않는다.

이 이론적 모형의 핵심은 학교학습의 상황에서 나타나는 학생들의 학업 성취도에서의 개인차를 학습에 필요한 시간량과 학습에 투입(사용)한 시간량의 비율로 나타내고 있다는 점이다.

$$\text{학업 성취도} = f\left(\frac{\text{학습에 투입한 시간: 학습기회, 학습지속력}}{\text{학습에 필요한 시간: 적성, 수업이해력, 수업의 질}}\right)$$

분모인 학습에 필요한 시간에는 적성, 수업이해력, 수업의 질이 포함된다.

적성이란 학습과제를 일정한 수준으로 성취하는 데 필요한 시간을 말한다. 학생들이 학습과제를 끝내는 데 소요되는 시간은 학생들마다 다르다. Carroll은 학생 각자가 일정한 학업 성취에 필요로 하는 시간상의 차이를 적성이라고 부른다. 수업이해력이란 학생들이 수업내용이나 교사의 설명을 어느 정도 이해하느냐와 관련된 것으로 학업 성취도를 판단하는 데 중요한 역할을 한다. 수업시간에 학생들이 교사가 사용하는 언어를 잘 이해하고 있느냐 그렇지 못하냐에 따라서 수업이해력은 달라진다. 수업의 질도 학생들의 학업 성취도를 판단하는 데 꼭 필요하다. 효과적인 수업은 학생들이 배울 만한 가치가 있는 학습과제를 제시하고, 무엇을 배울 것인지 그리고 어떻게 배울 것인지를 학습자에게 알려 주는 수업이다. 또한 수업의 내용은 계열성이 비교적 명확해야 한다. 수업의 질이 떨어지면 학습에 필요한 시간이 길어지며, 수업의 질이 높아지면 학습에 필요한 시간이 짧아진다.

분자인 학습에 투입한 시간으로는 학습기회와 학습지속력이 있다. 학습기회란 학생들이 학습을 위해서 실제로 사용하는 시간을 말한다. 학습지속력이란 동기와 유사한 개념으로 사용되고 있으며 얼마만큼의 시간을 학습에 투입하기를 바라는가에 관한 것이다. 다시 말하면 일정한 수준의 성취를 할 때까지 학생이 노력하는 시간을 말한다.

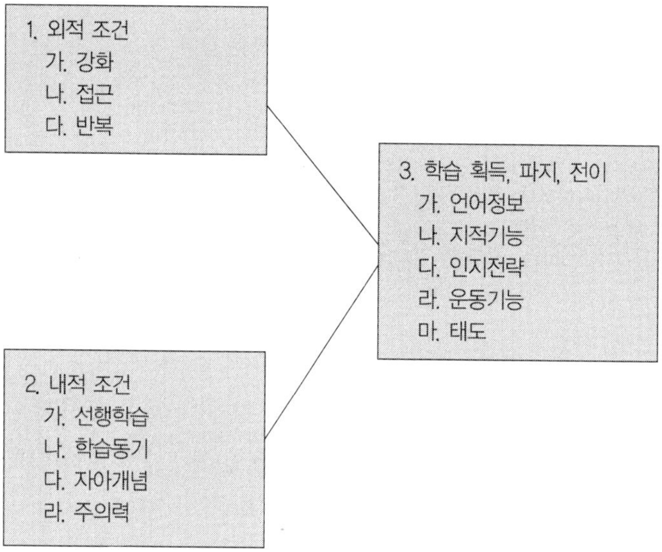

[그림 13-3] Gagné의 수업 모형

(3) Gagné의 수업 모형

Gagné는 기본적으로 행동주의 입장을 따르고 있다. 그는 인간의 학습이란 의도적으로 계획된 폭넓은 상황에서 발생한다고 보았다. 하지만 행동주의 학자들과 달리 그는 학습을 이해하기 위해서는 외부에서 주어지는 조건뿐만 아니라 내적인 조건도 갖추어야 한다고 보았다. 김순택 등(1991)은 Gagné의 수업 모형을 [그림 13-3]과 같이 제시하였다.

Gagné의 수업 모형에서는 독립변인으로 외적 조건과 내적 조건이 제시되고 있으며 두 독립변인이 상호작용하여 학습을 형성한다. 언어정보, 지적 기능, 인지 전략, 운동기능, 태도는 학습된 결과물이다. 이를 구체적으로 설명하면 다음과 같다.

① 독립변인

Gagné에 있어서 독립변인은 외적 조건과 내적 조건으로 나뉜다. 외적 조건은 대체로 행동주의자들이 제시하는 조건과 유사하다. 그러나 Gagné는 외적 조건이 가지는 효과에 행동주의자들과는 다른 의미를 부여한다. Skinner는 강화의 원리와 같은 외적 조건이 모든 종류의 학습에서 보편적으로 적용될 수 있다고 보지만 Gagné는 외적 조건의 효과란 학습과제의 종류와 학습자의 연령에 따라서 달라진다고 본다.

학습의 외적 조건 중 첫째는 강화의 원리이다. 강화의 원리는 행동주의자들이 강조하는 조건이다. 하지만 Gagné는 강화의 원리가 Premack 원리와 유사하다고 생각했다. 자동차 그림을 보는 것을 좋아하는 아이에게 자동차 그림을 그리도록 한다고 하자. 교사가 아이에게 자동차를 그린 이후에 또 다른 자동차 그림을 보여 준다고 말하면 아이는 자동차 그림을 그리는 것에 대한 강화를 받게 된다. 두 번째는 접근의 원리이다. 이 원리는 학습자가 반응해야 할 자극사태와 적절한 반응이 시간적으로 접근되어 있을 때 학습이 질이 높아진다는 것이다. 세 번째는 반복의 원리로, 학습을 증진시키고 파지를 확실하게 하기 위해 자극사태와 그에 따른 반응을 되풀이하거나 연습하는 것을 말한다.

학습의 내적 조건은 다음과 같다. 첫 번째는 선행학습이다. 선행학습은 학습이 이루어지기 전에 학생이 이미 학습한 정보들을 말한다. 두 번째는 학습동기이다. 학습동기는 성공적인 학습을 위해서 필수적이다. 학습이 시작된 이후에도 학습동기가 지속되도록 하는 것이 필요하다. 학습동기에서 중요한 것은 과제학습과 성취동기이다. 세 번째는 자아 개념으로, 학습에 대한 자신감이 있어야 학습이 잘 된다는 것을 의미한다. 네 번째인 주의력은 학습의 출발점으로서 중요할 뿐만 아니라 학습내용의 이해와 파지, 고등 사고 능력을 발달시키는 데 필요하다.

② 종속변인

종속변인으로는 학습결과의 획득, 파지, 전이가 있다. 학습결과는 학습과제의 성격에 따라서 달라진다. Gagné는 다섯 가지 종류의 학습결과를 찾아

냈으며 이는 언어정보, 지적 기능, 인지 전략, 운동기능, 태도이다. 하예진(2013)은 이를 다음과 같이 설명하고 있다.

- 언어정보: 언어정보는 구두 언어, 인쇄된 문자나 그림 등을 사용하여 정보를 올바르게 표현할 수 있는 학습된 능력이며 사실적 지식 또는 선언적 지식이라고 한다. 이것은 학교 교과내용의 많은 부분을 차지하며 특정 교과 내의 계속적인 학습을 위하여 반드시 필요하다.
- 지적 기능: 지적 기능은 방법적 지식 또는 절차적 지식으로 여러 가지 기호나 상징을 사용하여 환경과 상호작용할 수 있는 능력이다. 수학에서 다양한 기호를 사용하여 문제를 해결한다든지, 사회나 과학과에서 다양한 상징적 기호를 사용하여 사회현상이나 자연 현상을 이해하는 능력을 의미한다. 이것은 '무엇 무엇을 할 수 있다'는 것을 나타내며, 학교학습에서 가장 중요하게 다루는 능력이다.
- 인지 전략: 인지 전략은 개인의 학습, 기억, 사고, 행동을 통제하는 방법이다. 이는 학습자가 자신의 내재적 정보처리 과정을 조정하고 통제하기 위해서 사용하는 전략이다. 학습자는 인지 전략을 사용하여 주의집중을 확인하고, 새로운 정보를 효과적으로 약호화하고, 시험을 볼 때 중요한 정보를 인출한다.
- 운동기능: 운동기능은 어떤 일을 수행하기 위한 신체적 움직임으로 네모 그리기, 자전거 타기 등과 같이 비교적 단순한 것에서 피아노 치기와 같이 비교적 복잡한 수준에 이르는 것으로 구성되어 있다. 복잡한 운동기능은 부분적 운동기능이 선행될 때 학습이 촉진된다. 운동기능의 학습은 반복적 연습을 통해서 가능하다.
- 태도: 태도는 개인이 여러 종류의 활동들 중에서 어느 것을 선택하는 데 영향을 주는 능력이다. 즉, 학습자가 여러 종류의 활동, 대상, 사람 중에서 싫어하거나 좋아하는 것, 또는 찬성하거나 반대하는 것을 선택하도록 하는 내적 상태를 말한다. 이는 연습이나 유의미한 언어적 설명에 의해

서 학습되는 것이 아니라 개인이 수행한 행동에 대한 직접적인 보상 또는 대리적 강화에 의해서 학습된다.

2) 현대의 수업 모형

현대의 수업 모형은 다양하지만 여기에서는 Reigeluth의 정교화수업, PBL(Problem-Based Learning, 문제기반학습), Keller의 ARCS 모형을 중심으로 소개한다.

(1) Reigeluth의 정교화수업

Reigeluth의 정교화수업은 수업 모형이라기보다는 수업 이론에 가깝다. 이 수업 이론은 수업의 최적화를 위하여 지식의 원천이 되는 학습자원을 효과적으로 가르치기 위해 개발되었다. 정교화수업은 사진에서의 줌렌즈와 같이 처음엔 수업의 전체적인 윤곽을 공부하고, 이후에는 점차 구체적이고 세부적으로 공부해 나가는 방법이다. 부연하면, 정교화수업에서는 수업내용을 가장 기본적이고 간단하면서도 일반적인 전체개요로부터 시작하여 이 전체개요의 한 부분에 구체성을 더해 가는 형태로 조직한다. 다음 단계의 수업은 다시 전체개요를 검토하도록 구성되어 다음에 공부할 부분과의 관계를 보여 준다. 이러한 과정을 거쳐 정교화수업은 요약과 종합에 의해서 마무리된다. 정교화수업 모형에서 수업내용은 선택하기, 계열화하기, 종합하기, 요약하기이며 이를 위한 수업 전략으로는 정교화계열, 선행요소의 계열화, 요약자, 종합자, 비유, 인지 전략 활성화, 학습자 통제 등이 있다([그림 13-4] 참조).

정교화수업에서의 수업 전략들을 설명하면 다음과 같다.

첫째, 정교화계열이다. 정교화계열은 단순하고 간단한 것에서부터 복잡하고 세부적인 것에 이르는 순서로 수업을 설계하는 것이다. 정교화계열의 일반적인 아이디어에서는 후속되는 아이디어를 위해서 가장 기본적이면서도 대표적인 개념이나 활동만을 발췌해야 한다.

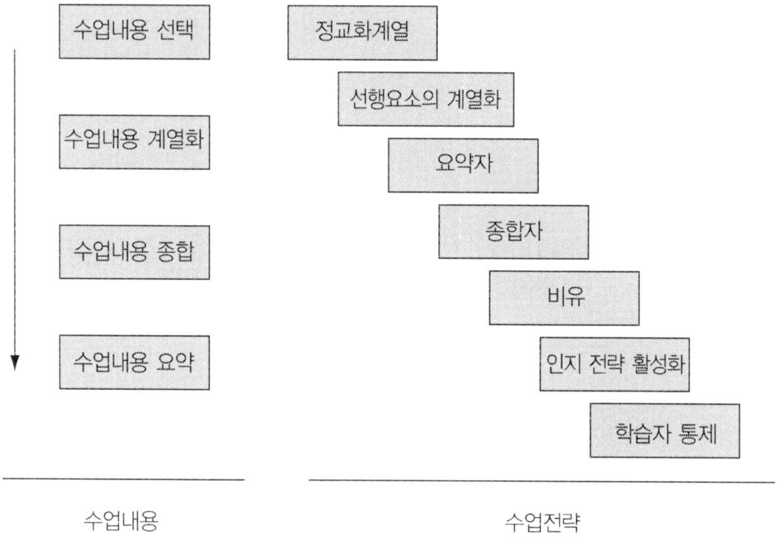

[그림 13-4] Reigeluth의 정교화수업에서 수업내용과 전략

둘째, 선행요소의 계열화이다. 선행요소의 계열화는 학습의 구조 또는 위계에 기초를 둔다. Reigeluth에 의하면 학습의 구조란 새로운 정보를 배우기 전에 어떤 지식이나 정보를 미리 배워야 할지를 말해 주는 구조이다. 예를 들어, 질량과 가속도의 곱셈을 배우기 위해서는 질량과 가속도가 무엇인지부터 알아야 한다.

셋째, 요약자이다. 요약자란 학습자가 이미 공부한 내용을 체계적으로 검토하고 복습할 수 있도록 하는 전략이다. 요약자는 요약하는 범위에 따라서 수업내용 요약자와 단원 요약자로 나뉜다. 수업내용 요약자는 특정 수업에서 가르쳤던 아이디어나 사실을 요약해 주는 것을 말하며, 단원 요약자는 단원 전체에서 가르쳤던 내용을 요약하는 것을 말한다.

넷째, 종합자이다. 종합자는 각각의 아이디어들을 서로 연결시키고 통합시키기 위한 요소이다. 종합자는 학생들에게 가치 있는 지식의 유형을 제공하고, 수업의 전체적 윤곽 속에서 아이디어들이 어떻게 연결되어 있는가를 제시해 줌으로써 수업의 의미와 동기를 높이는 역할을 한다.

다섯째, 비유이다. 비유는 새로운 아이디어들을 친숙한 아이디어들과 관련시킴으로써 새로운 아이디어들을 좀 더 쉽게 이해할 수 있도록 해 주는 역할을 한다. 비유가 수업에서 효과적인 이유는 새로운 정보는 비유를 통해서 친숙해지기 때문이다. 비유가 친숙하지 않더라도 학습자가 새로운 정보를 이해하는 데 도움이 된다.

여섯째, 인지 전략 활성화이다. 학습 과정에서 학습자가 적절한 인지 전략을 사용할 때에 학습자는 능동적으로 정보를 이해해야만 학습의 효과가 커진다. Reigeluth는 어떤 학습내용이든 사용할 수 있는 학습기술이 인지 전략이라고 보았다. 인지 전략에 대해서는 제5장의 자기조절학습 설명 부분을 참고하기 바란다.

일곱째, 학습자 통제이다. 학습자 통제는 학습자가 학습내용과 학습속도를 통제하고, 수업 전략의 요소 중 어떤 것을 사용할 것인가를 선택하고 통제하는 것을 말한다.

(2) PBL(Problem-Based Learning, 문제기반학습)

PBL은 학습자들에게 비구조화된 문제를 제공하여 문제를 해결해 나가는 과정 속에서 학습이 이루어지도록 하는 학습자 중심의 수업 모형이다. 주어진 문제를 해결하기 위해서 4~5명이 팀을 이루어 서로 토론을 통해서 문제의 원인을 진단하고 학습목표를 도출해 내어 팀원학습과 팀학습을 실시한 후 자기평가와 팀 평가를 하는 방법이다. PBL은 지식의 습득과 형성이 개개인의 사회적 배경을 바탕으로 이루어지는 개별적인 인지작용의 결과라는 이론적 전제를 기반으로 학습자 중심의 환경을 실천하는 수업 모형이다. 이 수업 모형은 학생들이 주도하여 주어진 문제를 특정 단계를 거쳐 해결하면서 학습하는 형태이다.

PBL은 구성주의적 인식론에 기초한 수업 모형이라고도 하는데, PBL 수업에서는 학생의 인지적인 측면에서의 효과뿐만 아니라 사회적, 정서적 측면에

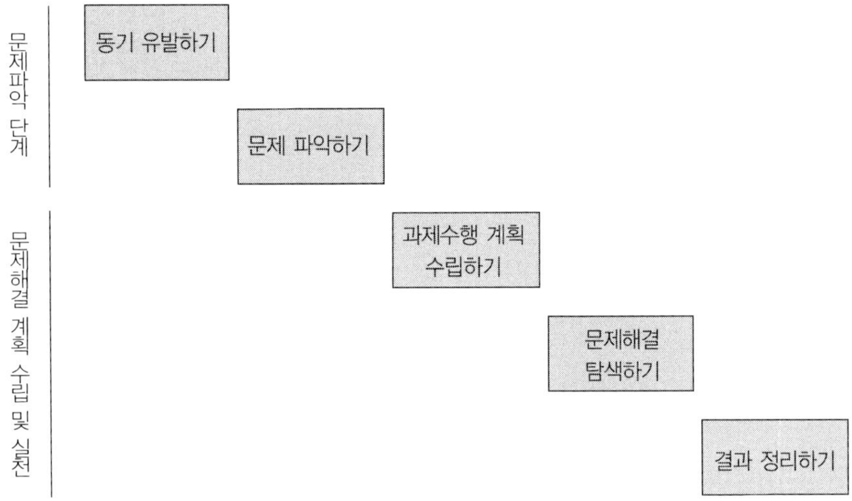

[그림 13-5] PBL 수업 모형

서도 변화와 효과가 나타난다. PBL에 따른 학습은 학생들이 풀어야 하는 문제에서부터 시작되며 최종 산물은 팀별로 다양하다.

강인애 등(2007)은 PBL이 학생들이 직면한 문제를 자신의 문제로 인식하는 것으로부터 시작한다고 한다. PBL 수업에서 문제제시 과정은 제시된 문제를 정확하게 이해하고 파악하는 과정과 이를 바탕으로 문제해결 계획을 세우고 실천하는 과정으로 나뉜다.

① 동기 유발하기

PBL 수업에서 동기 유발하기는 본 차시 수업과 관련하여 학생들에게 호기심과 동기를 갖도록 유도하는 단계이다. 이 단계에서는 학생들이 관심을 갖고 바라볼 수 있도록 하기 위해 애니메이션, 간단한 실험, 마술 등 다양한 동기 유발 자료를 사용할 수 있다.

② 문제 파악하기

PBL에서는 문제를 중심으로 교육활동이 이루어지는 만큼 수업시간에 사용하는 문제가 PBL 수업의 성패를 결정짓는 데 있어서 중요한 역할을 한다. PBL에서 다루는 문제는 학습자들이 실제로 부딪히며 해결해야 하는 복잡하고 비구조적인 특성을 담고 있어야 한다.

③ 과제수행 계획 수립하기

학생들이 문제 파악을 위한 일련의 학습 과정을 거친 다음에는 과제수행 계획을 세워야 한다. 학생들은 팀별로 문제, 가설과 해결 방법, 이미 알고 있는 지식들, 문제를 통해 알게 된 사실들, 문제해결 방법, 구체적인 추진일정, 역할분담 등이 포함된 과제수행 계획서를 작성한다.

④ 문제해결 탐색하기

문제해결 탐색하기는 문제를 해결하기 위한 방법이나 실마리를 더듬어 찾아가는 것으로 문제의 성격에 따라서 인터뷰, 관찰, 실험, 설문지 등 다양한 방법을 사용할 수 있다. 문제해결 탐색은 과제수행 계획을 수립한 이후에 개별적인 정보탐색, 팀원 간 정보공유, 팀원 토론결과 정리 등의 순서로 이루어진다.

⑤ 결과 정리하기

결과 정리하기는 문제해결을 위하여 개인별 또는 팀별로 수행한 과제를 종합하고 정리하는 것을 말한다. 결과 정리하기는 문제를 해결하기 위한 구체적인 청사진(밑그림)을 그려 보는 단계와 학습결과물을 완성하는 단계로 나누어 볼 수 있다.

(3) Keller의 ARCS 모형

학교학습에서 동기가 학업 성취도에 영향을 미친다는 것은 앞에서 다루었다. 여기에서는 교사가 수업을 하는 데 있어서 동기의 요소들을 어떻게 활용

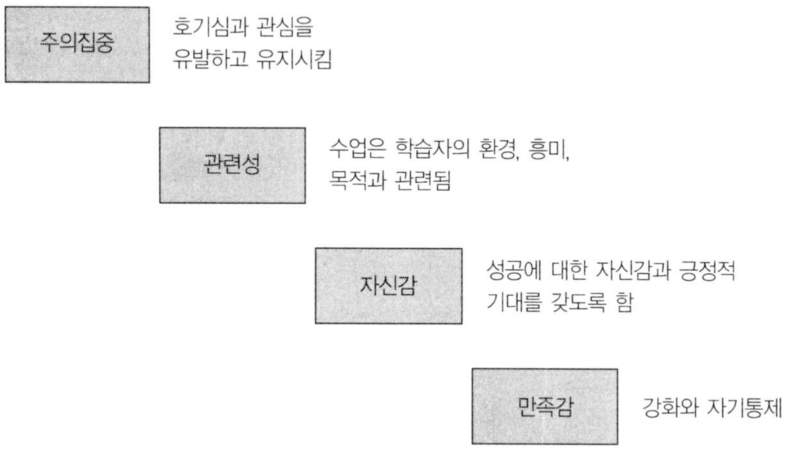

[그림 13-6] ARCS 모형의 구성

하여 수업을 할 것인가에 대한 Keller의 ARCS(동기화수업) 모형을 소개한다. Keller의 ARCS 모형은 주의집중(Attention), 관련성(Relevance), 자신감(Confidence), 만족감(Satisfaction)으로 구성된다.

ARCS 모형에서는 학습동기가 동기 전략에 의해서 높아질 수 있다고 간주한다. 즉, 학습동기가 동기화수업을 통해서 학습되고 파지될 수 있다고 본다. 또한 동기화수업을 통해 학습의 효과를 높일 수 있다고 본다. 이를 정리하면 ARCS 모형은 학생들의 동기를 높일 뿐만 아니라 학습의 효과를 향상시킨다는 것이다. ARCS 모형을 구체적으로 소개하면 다음과 같다.

① 주의집중(Attention)

학습이 이루어지기 위해서는 학습자가 학습자극에 주의를 집중해야 한다. 학습동기가 유발되고 유지되기 위해서는 학습자가 학습자극에 주의를 기울이고 이러한 주의는 계속 유지되어야 한다. 호기심은 학습자의 주의를 유발시키고 유지시키는 중요한 요인으로 간주되고 있다. 호기심이 있는 학습자는 새로운 것에 관심을 갖고 조작해 보려고 함으로써 긍정적인 반응을 하고, 새로운 경험을 추구하고, 호기심 있는 자극에 대해서 계속적으로 검토한다.

주의집중이 이루어지면 다음으로는 학습자에게 보다 심화된 흥미를 자극할 수 있는 탐구기회를 주어야 한다. 학습자는 스스로 탐구기회를 가짐으로써 흥미가 계속 유지될 수 있다. 주의집중을 위한 방법에는 지각적 주의환기, 탐구적 주의환기, 다양성 등이 있다.

지각적 주의환기는 예상하지 못한 사건이나 정보를 수업 상황에 사용함으로써 학습자의 주의를 유발하는 것을 말한다. 애니메이션, 삽화, 도표, 그래프 등의 시청각적 자료는 학생들의 지각적 주의를 환기시킬 수 있다.

탐구적 주의환기는 인지적 호기심과 유사한 개념으로, 학생으로 하여금 문제를 탐구하고 질문 등을 만들어 냄으로써 동기를 유발시키는 방법이다.

다양성은 교사가 수업의 요소들을 변화시킴으로써 학습자의 흥미를 유발시키는 것을 의미한다. 이를 위한 전략으로 Keller(1988)는 학습자의 주의집중 시간에 정보제시, 연습, 시험 등 다양한 형태를 적절하게 사용하도록 권유한다. 또한 강의식 형태의 정보제시와 더불어 토론수업과 같은 상호작용식 수업을 혼합하기도 한다.

② **관련성**(Relevance)

주의 집중 이후 두 번째 단계는 관련성이다. 주의집중이 되면 학생들은 왜 이 과제를 배워야 하는지 궁금함을 갖게 되고 개인적 필요성을 지각하게 된다. 관련성은 이 과제 또는 단원을 공부하는 것이 나의 개인적인 흥미나 목표와 어떻게 관련되는가에 대한 긍정적 해답을 찾고자 하는 노력이다. 관련성을 높이기 위한 요소로는 친밀성, 목표 지향성, 학습자의 특성과 동기와의 부합성이 있다.

친밀성이란 학습자의 경험과 가치와 관련되는 예문이나 구체적인 개념을 사용함으로써 학습자의 정신세계를 높여 주고 창조적인 사고를 유발하도록 하는 것을 말한다. Keller는 친밀성의 전략을 높이기 위해서 학습자에게 친밀한 이름이나, 인물, 그림 등을 사용하고, 학습자에게 친밀한 예문이나 배경지식을 사용하도록 권장하고 있다.

목표 지향성은 수업이 학습자가 목표를 도달하는 데 있어서 의미가 있도록 하는 것으로 학습자 스스로 성취목표를 세우거나 제시하는 것을 말한다. 학생들이 지금 어디로 가고 있고 왜 그곳으로 가야 하는가를 분명하게 알 때 긍정적인 노력을 하게 되고 목표에 대한 성취도 역시 높아질 것이다.

학습자의 특성과 동기와의 부합성은 교사가 학생들을 인정해 주고, 학생들의 흥미를 고려해 주고, 성공 여부에 대해서 관심을 가져 줄 때 학생들의 흥미와 관련성이 높아지는 것을 말한다.

③ **자신감**(Confidence)

동기 유발과 유지를 위해서 학생들은 학습에서 흥미를 느끼고 성공할 수 있다는 확신을 가져야 한다. 항상 높은 성공이 보장되지는 않더라도 적정 수준의 도전의식, 그리고 노력에 따라서 성공할 수 있다는 자신감은 동기유발의 원동력이 된다. Keller는 자신감에는 지각된 능력, 지각된 조절감, 성공에 대한 기대가 포함된다고 본다.

지각된 능력이란 자신의 능력에 대한 긍정적인 기대를 말한다. 학생들 스스로 성공에 대한 효능감을 가질 경우 과제를 성공적으로 마칠 수 있다. 지각된 조절감은 학생들 스스로의 결정이나 노력이 행동의 결과에 긍정적인 영향을 미친다고 판단할 때 자신감이 높아진다는 것을 의미한다. 성공에 대한 기대는 자기 충족적 예언과 유사하다. 즉, 학생들이 공부하는 데 있어서 높은 학업 성취도를 확신하면 더 열심히 공부하게 되고 실제 학업 성취도도 높아진다는 것을 의미한다.

④ **만족감**(Satisfaction)

만족감이란 학생들이 학습경험에 대해서 긍정적인 만족감을 갖는 것을 말한다. Keller는 만족감에 영향을 미치는 요소로 내적 강화와 외적 강화를 제시하고 있다. 내적 강화는 학습자가 스스로 학습의 결과에 대해서 만족감을 갖는 것을 말한다. 여기에는 학습자의 학습수행과 결과에 대한 인지적인 평가와 내적 보상이 포함된다. 외적 강화는 외적인 보상 등에 의해서 만족감이 생기는 것을 말한다. 외적 보상에는 다양한 외적 강화와 피드백들이 있다.

4. 수업 모형을 적용할 때 고려사항

수업 모형을 어떻게 적용하느냐에 따라서 그 효과가 달라진다. 수업 모형의 효과적인 적용을 위해서는 다음과 같은 사항을 고려해야 한다(권낙원, 1998).

1) 수업 모형의 이해

수업 모형을 적용하기 위해서는 우선 선정된 수업 모형에 대한 철저한 이해가 필요하다. 가능하다면 동료교사들과 함께 수업 모형의 이론에 관한 내용을 읽고 모르는 것에 대해서는 토론을 하는 것이 좋다. 이와 더불어 수업 모형의 기본 가정, 절차 및 단계에서 교사와 학생의 활동, 수업 모형 적용을 위한 구비조건 등도 이해해야 한다. 또한 수업 모형에 대한 평가도 철저히 수행해야 한다.

2) 수업 모형의 융통성 있는 적용

수업목표에 따라서 수업 모형이 선정되는데, 경우에 따라서는 한 가지 이상의 수업 모형이 필요할 수도 있다. 이러한 경우 수업 모형을 순서에 따라서 하나하나 적용하는 것이 좋은지 아니면 한 가지 수업 모형에 다른 수업 모형을 결합하여 사용하는 것이 좋은지에 대해 검토해야 한다. 교과의 특성에 따라 수업 모형을 획일적으로 적용하는 경우가 있는데, 이는 수업 모형을 적용하는 데 있어서 좋지 못한 방법이다. 수업 모형은 수업목표의 성격에 따라서 융통성 있게 적용해야 한다. 예를 들어 탐구 수업안을 작성할 경우 수업의 안내를 위해서 창의성 모형을 적용할 수도 있다.

3) 교사 자신의 역할 수행

수업 모형을 이해했다고 해서 바로 수업 모형을 효과적으로 적용할 수 있는 것은 아니다. 수업 모형을 효과적으로 적용하기 위해서는 교사의 역할과 책임을 분명히 하고 수행해 나가야 한다. 또한 수업 모형에 제시되어 있는 단계들은 일반적이고 대략적인 것이기 때문에 교사는 수업 모형을 보다 정확히 파악하고 자신에게 요구되는 행동을 상세히 분석하여 수업 모형을 적용할 때에 이들 행동을 시연해 보일 수 있어야 한다.

4) 수업 모형의 적용조건

수업 모형을 효과적으로 적용하기 위해서는 집단을 어떻게 조직하고, 어떠한 교재와 교구를 준비하며, 생활지도를 위한 인적 구성은 어떻게 하며 시간 사용 계획은 어떻게 세울 것인가를 고려해야 한다. 이러한 조건들은 설정된 수업 모형에 따라 달라진다.

5) 수업 모형의 평가

수업 모형이 효과적으로 적용되었는지 확인하기 위해서는 평가를 거쳐야 한다. 수업 모형의 평가는 두 가지로 나뉜다. 첫 번째는 적용 자체가 효과적이었는가를 살펴보는 것이고 두 번째는 수업 모형에서 의도하고 있는 목표가 달성되었는가를 평가하는 것이다.

chapter 14 학교학습의 평가

교육의 목적이 인간행동을 계획적으로 변화시키는 것이라면 교육평가의 목적은 교육이 가져온 행동변화의 정도를 판단하는 데 관심을 갖는 것이다. 그러나 이 변화를 기술하고 검사하는 방법은 측정에 의존하는 경우가 많다. 측정이라는 것은 인간의 능력을 숫자로 표현하는 것이다. 구체적으로 말하면 측정이란 학생에게 일어나는 학습 또는 변화의 정도를 확인하기 위해 검사 또는 질문지 도구를 사용하여 수치를 얻는 것을 말한다. 하지만 평가는 이러한 수적인 결과를 바탕으로 어떤 의미를 만들어 낸다. 어떤 학생이 50점을 받았다는 것은 측정의 의미를 갖지만 평가는 50점이라는 점수를 바탕으로 그 학생에 대한 가치를 판단한다. 가령, 학급 평균이 40점이라면 이 학생이 받은 50점은 학급 평균보다 잘한 점수이다.

교육평가에 대한 기본 가정은 교육평가의 대상인 인간이 무한한 잠재능력을 갖고 있다는 점, 교육평가는 인간의 성장과 발달을 점검하기 위해서 지속적으로 이루어져야 한다는 점, 교육평가는 행동, 대상, 자료 등이 무한하다는 점, 교육평가는 지필평가에서 벗어나 관찰, 수행, 면접 등 다양한 방법을 사용해야 한다는 점 등이다(성태제, 2009).

이와 같이 학교학습에서 평가는 학생들의 잠재 능력을 발달시키는 과정과 산물이기 때문에 중요하다. 학교학습에서 평가가 강조되는 이유는 학생들이 학습한 내용을 잘 알고 있는가를 파악하기 위해서이다. 또한 학생들에게 그 동안 배운 내용에 대해서 어떤 결과가 나왔는지, 앞으로 어떻게 공부를 해야 할 것인가에 대한 피드백을 제공하기 위한 목적도 있다. 마지막으로 평가는 학생에 대한 이해와 더불어 가르친 교육과정이나 프로그램 자체를 피드백하기 위해서도 필요하다.

1. Tyler의 교육평가 모형

평가에 대한 어떤 관점을 택하는가에 따라서 평가 모형을 다양하게 적용할 수 있다. 이 장에서는 평가 모형 중에서 가장 일반적이면서도 널리 알려진 Tyler의 목표중심 평가 모형을 중심으로 학교학습의 평가를 분석하고, 정리하고자 한다.

Tyler의 모형은 교육의 효과를 평가하기 위해서 8년 동안(1933~1941) 연구한 결실이다. 이 모형에서는 교육목표를 설정하고, 학습경험을 선정하고 조직한 후, 평가하는 과정을 갖는다. 이 모형을 목표중심 평가 모형이라고 부르는데, 이는 프로그램의 모든 측면이 교육목표를 달성하는 수단이 되기 때문

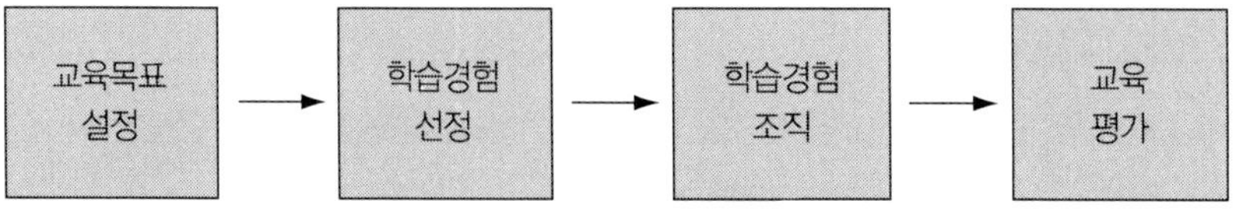

[그림 14-1] Tyler의 목표중심 평가 모형

이다.

교육목표는 학생들이 수업을 통해서 도달하게 되는 목표를 말하는데, 이러한 목표는 철학적인 문제와 사회적인 문제를 모두 포함한다. 학생들이 장기간에 걸쳐서 도달 가능한 교육목표는 무엇인지, 어떠한 교육목표가 특정 학생에게 적합한 것인지, 설정한 교육목표가 인간이나 사회 및 국가에 바람직한 것인지를 고민하는 단계이다.

학습경험의 선정은 어떠한 학습경험이 교육목표를 달성하는 데 적절한 것인가를 판단하는 단계이다. 학습경험은 학생의 측면에서는 학생들이 공부하는 교과서나 교재 등을 말하며 교사의 측면에서는 학생들에게 학교수업에서 제공해 주는 교과내용과 경험을 말한다. 학습경험의 선정에서는 어떤 특성을 가진 학생들에게 어떤 학습경험을 제공해 주는 것이 적절한지, 특정한 내용과 경험은 어떠한 효과가 있는지, 최대의 효과를 올릴 수 있는 학습경험은 어떤 것이 있는지를 고려해야 한다.

학습경험이 선정된 이후에는 선정된 학습경험에 대해 조직을 하게 된다. 여기에서 고려할 사항은 선정된 학습경험을 어떻게 조직하느냐가 교수-학습의 효과에 있어서 결정적인 역할을 한다는 점이다. 학습경험의 조직에서는 학습자의 특성과 지식의 구조가 서로 유기적인 관련성을 가져야 한다. 학습자의 특성은 학습자의 능력, 동기, 흥미 등이며 지식의 구조는 교과의 구조를 의미한다.

마지막 단계는 교육평가의 단계로, 설정된 교육목표가 잘 도달했는가를 알아보기 위한 단계이다. 평가는 학생들에게 어떠한 교수 방법이 적절한가에 관한 정보를 제공해 주며, 학생의 학습결과에 따라서 수업을 어떻게 수정하거나 바꾸어 나갈 것인가 하는 피드백을 제공해 준다.

2. 교육목표 설정

1) 수업목표

수업목표는 수업 과정 전체에 걸쳐서 어떠한 방향을 갖고 나아가야 할 것인가를 알려 준다. 일반적으로 수업목표는 '내용+행동의 변화' 형태를 취한다. 예를 들어, '뉴턴의 운동법칙을 이해할 수 있다' '사칙연산을 이용하여 문제를 풀 수 있다' 등과 같은 목표들은 이와 같은 형태를 적용한 것이다. 하지만 그동안 학자들이 제시한 수업목표는 훨씬 다양하다.

(1) Tyler의 수업목표

Tyler(1950)는 행동과 내용의 이원분류표로 목표를 제시해야 한다고 보았다. Tyler의 수업목표는 종결어가 '~다' 또는 '~기'로 끝나는 경우가 많다.

- 삼각법의 법칙을 알고 실제의 생활 문제에 응용할 수 있다.
- 곱셈의 배분법칙을 조작하여 문제를 풀 수 있다.
- 실학사상의 의미를 알고 실생활에 적용하기
- 피타고라스의 정리를 이해하여 주어진 문제를 증명하기

(2) Mager의 수업목표

Mager(1962)의 수업목표는 Tyler의 수업목표에 비해서 목표가 명확하고, 구체적이다. 그는 수업목표가 조건, 준거, 종착행동의 세 가지 조건을 갖추어야 한다고 보았다. 조건은 특정 행동이 어떤 조건하에서 나타나는가에 관한 것이며, 준거는 특정행동이 획득되었는가에 대한 판단의 기준이나 표준을 나타내며, 종착행동은 관찰 가능하고 측정 가능하게 나타내는 것이다.

- 문장들의 목록을 주면(조건), 학생은 목록에서 5개 이상의 형용사를(준거) 정확히 찾을 수 있다(종착행동).
- 이차방정식 문제 30개를 제시했을 때(조건) 학생들은 45분 이내에 20문제를(준거) 풀 수 있다(종착행동).
- 학생들은 1,000미터 트랙을(조건) 5분 이내에(준거) 달릴 수 있다(종착행동).

(3) Linn과 Gronlund의 수업목표

Linn과 Gronlund(2000)는 학습목표 진술을 두 단계로 제시할 것을 제안하고 있다. 먼저 일반적인 수업목표를 제시하고 이후 명세적 수업목표를 제시한다. 일반적인 수업목표에서는 수업에서 기대하는 전반적인 성과를 포괄하여 설명하며 명세적 수업목표에서는 일반적인 수업목표가 도달되었음을 알 수 있도록 수업목표를 제시한다.

1. 대동법 이해하기(일반적 수업목표)
   1-1. 대동법의 실시 과정을 요약할 수 있다(명세적 수업목표)
   1-2. 대동법의 실시 결과를 모둠별로 발표할 수 있다(명세적 수업목표)

2) Bloom의 교육목표분류학

Bloom의 교육목표분류학은 인간행동을 인지적, 정의적, 심동적 영역으로 나누고 이를 세분화한 것이다. 인지적 영역의 교육목표분류학은 Bloom 등에 의해서 1956년에, 정의적 영역의 교육목표분류학은 Krathwohl 등에 의해서 1964년에, 심동적 영역의 교육목표분류학은 Simpson에 의해서 1966년에 출판되었다(Bloom, 1956; Krathwohl et al., 1964; Simpson, 1966).

(1) 인지적 영역의 교육목표분류학

인지적 영역의 교육목표분류학은 그 체계를 지식, 이해, 적용, 분석, 종합, 평가로 나눈다. 이는 지식을 위계적으로 나눈 것으로, 지식과 이해 등은 낮은 단계의 인지 영역으로 보며 종합과 평가는 높은 단계의 인지 영역으로 본다. 그동안 학교학습에서는 평가문항을 작성할 때 6단계 모두를 사용했지만 현재에는 지식, 이해, 적용 등으로만 구분한다. 적용, 분석, 종합, 평가 단계들은 평가문항을 작성할 때 구분이 쉽지 않기 때문에 적용은 분석, 종합, 평가의 문항들도 포괄하는 의미로 사용한다. 인지적 영역의 교육목표분류학을 정리하면 다음과 같다.

① 지식

지식은 학생들이 교육과정 속에서 배우는 내용을 기억했다가 재생하거나 재인하는 것을 의미한다. 지식에는 특수한 사실에 관한 지식, 특수한 사실과 관련되어 있는 방법에 관한 지식, 보편적 사실에 관한 지식 등이 있다. 지식과 관련된 어휘들로는 '정의하다' '구별하다' '인지하다' 등이 있다.

② 이해

지식은 단순한 암기에 그칠 수 있는 가장 낮은 단계의 인지이다. 이러한 지식은 그 자체로는 의미가 없다. 이해는 학생들이 수업시간에 배우는 내용과 학습내용에 포함되어 있는 정보나 아이디어를 알 수 있는 능력이다. 이해에는 자기언어로 바꿀 수 있는 능력, 해석하는 능력, 추론하는 능력 등이 포함된다. 이해와 관련된 어휘들로는 '자기 말로 바꾸어 보다' '변환하다' '해석하다' '재배열하다' '설명하다' '추론하다' '결론을 내리다' '변별하다' 등이 있다.

③ 적용

적용은 새로운 문제가 주어졌을 때 알고 있는 내용을 바탕으로 하여 새로운 사태에 응용하거나 추상적인 개념을 사용할 수 있는 능력을 말한다. 적용력은 어떤 사태에 적용해야 할 설명이나 예측을 하기 위해서 법칙, 원리, 추상적인 개념을 끌어들이거나, 추론이나 추리를 통해서 자신이 만든 법칙을 정당화하는 것 등을 포함한다. 적용과 관련된 어휘들로는 '응용하다' '일반화하다' '관련시키다' '조직하다' '변화시키다' '재구조화하다' '분류하다' 등이 있다.

④ 분석

분석은 지식, 이해, 적용을 모두 이용하는 능력으로 주어진 자료를 부분으로 나누고 그 부분 간의 관계와 그것들이 조직되어 있는 방법을 발견하는 능력이다. 분석에는 문제의 요소를 분석하는 것, 요소와 요소 간의 관계를 찾는 것, 자료의 조직, 배열, 구조를 분석하는 것 등을 포함한다. 분석과 관련된 어휘들로는 '구별하다' '탐구하다' '확인하다' '분류하다' '인지하다' '비교하다' '환원시키다' 등이 있다.

⑤ 종합

종합은 여러 개의 요소나 부분을 전체가 되도록 묶어 주는 것을 말한다. 이 능력은 이전에 경험한 것들을 새롭게 종합하는 능력으로 의사소통의 종합 능력, 계획 및 절차의 종합 능력, 추상관계의 종합 능력을 포함한다. 종합과 관련된 어휘들로는 '생산하다' '창안하다' '구성하다' '수정하다' '종합하다' '구체화하다' '개발하다' 등이 있다.

⑥ 평가

평가는 인지적 교육목표 분류학의 최상위에 위치한 것으로 어떤 목적을 갖고 아이디어, 작품, 방법 등에 관한 가치판단을 하는 능력을 말한다. 평가는 내적 준거에 의한 평가와 외적 준거에 의한 평가로 나뉜다. 내적 준거에 의한 평가는 의사소통의 정확성과 일관성에 의해서 판단하는 것이며, 외적 준거에 의한 평가는 설정된 준거에 비추어 자료, 사물, 정책 등을 판단하는 것을 말한다. 평가와 관련된 어휘들로는 '판단하다' '토론하다' '타당화하다' '결정하다' '평가하다' '표준화하다' 등이 있다.

(2) 정의적 영역의 교육목표분류학

정의적 영역의 분류는 인지적 영역의 분류만큼 쉽지는 않다. 우리가 갖는 태도, 흥미, 정서, 자아 개념, 동기, 귀인 이론, 자아유연성 등은 모두 정의적 영역을 대변하고 있는 심리적 구인들이다. Krathwohl 등(1964)은 정의적 영역의 교육목표분류학을 다음과 같이 제시하고 있다.

① 감수

감수(receiving)는 어떤 자극에 대해서 관심을 갖는 것으로 감수, 자진감수, 선택적 감지 등이 있다. 감수는 의도성 없이 받아들이는 것, 자진감수는 의도적으로 받아들이는 것, 선택적 감지는 자신이 받아들이고자 하는 것만 선택적으로 수용하는 것을 말한다. 감수와 관련된 어휘들로는 '분리하다' '나누다' '분별하다' '선택하다' '경청하다' '대조하다' 등이 있다.

② 반응

반응(responding)은 감수의 수준을 넘어서 자발적인 행동을 보이는 단계이다. 이 단계에서는 좋은 것과 싫은 것의 구별이 뚜렷해진다. 반응에는 묵종적 반응, 자진적 반응, 반응에의 만족 등이 포함된다. 반응과 관련된 어휘들로는 '따르다' '수락하다' '스스로 하다' '연습하다' '연주하다' '칭찬하다' '환호를 보내다' '토론하다' 등이 있다.

③ 가치화

가치화(valuing)는 여러 가지 현상 중에서 어떤 것이 가치가 있는가를 구분하는 행동특성으로, 학생들이 행동이나 대상에 대한 만족감과 가치가 있다고 지각하는 수준을 말한다. 가치화는 가치를 수용하고, 선호하고, 확신하는 것을 포함한다. 가치화와 관련된 어휘들로는 '능률을 높이다' '구체화하다' '지원하다' '돕다' '보조하다' '논쟁하다' 등이 있다.

④ 조직화

조직화(organization)는 어떤 가치를 개념화하여 이들 가치를 위계적으로 조직하는 행동특성을 말한다. 조직화에는 가치를 개념화하고, 가치 체계를 세우는 것을 포함한다. 조직화와 관련된 어휘들로는 '논의하다' '이론화하다' '수렴하다' '비교하다' '조직하다' '구성하다' '정의하다' 등이 있다.

⑤ 인격화

인격화(characterization)는 정의적 영역의 최고 단계로 성숙된 인격, 신뢰할 수 있는 가치관이 확립되어 있는 인격을 보이는 단계이다. 인격화에는 인격화를 위한 일반화된 태세와 인격화가 포함된다. 인격화와 관련된 어휘들로는 '개선하다' '변화시키다' '완성하다' '높은 평가를 받다' 등이 있다.

(3) 심동적 영역의 교육목표분류학

심동적 영역은 신체와 관련된 기능의 숙달과 발달이 포함된 영역으로 Simpson(1966)은 수용, 태세, 유도반응, 기계화, 복합외현반응의 다섯 가지로 나누었으며 이후 적응과 독창성을 추가하였다.

① 수용(perception)

감각기관을 통해서 대상과 특징을 인식하고 행동의 단서를 찾는 단계이다.

② 태세(set)

특정 행동을 하기 위한 신체적, 정신적, 정서적으로 준비된 상태와 자세를 취하는 단계이다.

③ 유도반응(guided response)

타인의 도움으로 외현적인 행동을 배우는 단계이며 복잡한 행동을 배우는 초기 단계이다.

④ 기계화(mechanism)

배운 행동이 습관화되고 자신감 있게 수행하는 단계를 말한다.

⑤ 복합외현반응(complex overt response)

비교적 복잡한 행동을 최소한의 노력과 에너지로 부드럽게 수행하는 단계를 말한다.

⑥ 적응(adaptation)

문제 상황이나 특수한 요구에 적합하게 숙달된 동작이나 기능을 수행하는 단계를 말한다.

⑦ 독창성(origination)

특정 상황이나 요건에 적합한 새로운 동작을 개발하는 단계를 말한다.

3. 학습경험의 선정

학습경험이란 매우 광범위하지만 학생들의 행동변화를 위해서 학교학습을 통해서 주어지는 경험을 말한다. Tyler는 학습경험을 설계하는 사람은 학생의 능동적인 경향을 파악하고, 학생의 환경을 계획하고 조작하여 학생들로 하여금 원하는 경험을 할 수 있도록 도와주어야 한다고 보고, 학습의 내용요소와 활동요소는 모두 학습의 경험이 일어나기 위해 필요하다고 보았다. Tyler는 학습경험을 선정하기 위한 일반적인 기준으로 기회의 원리, 만족의 원리, 가능성의 원리, 다활동의 원리, 다성과의 원리, 협동의 원리 등이 있다고 보았다.

기회의 원리는 특정한 교육목표를 달성하기 위해서 그 목표가 시사하고 있는 행동을 학습자 스스로 해 볼 수 있는 기회를 가져야 한다는 것이다. 만족의 원리는 교육목표가 시사하는 행동을 학생들이 해 보는 과정에서 만족감을 느낄 수 있어야 한다는 것이다. 가능성의 원리는 학생들에게 요구하는 행동이 학생들의 현재 능력과 성취 및 발달 수준에 맞아야 한다는 것이다. 다활동의 원리는 한 가지 교육목표를 달성하는 데에 여러 가지 활동이 있을 수 있다는 것이다. 다성과의 원리는 학생이 하게 될 행동을 선택할 때 여러 가지 교육목표를 동시에 달성하는 데 도움을 주는 행동을 선택하는 것이다. 마지막으로, 협동의 원리는 학생들이 함께 활동할 수 있는 기회를 주는 것이다.

4. 학습경험의 조직

학습경험의 조직은 학생들이 배우게 되는 학습경험을 어떻게 조직하는 것이 좋은가 하는 교육과정의 조직 원리를 말한다. 학습경험의 조직 원리로는 계속성, 계열성, 통합성의 원리가 있다.

계속성은 교육과정에서 동일한 내용을 반복하도록 하는 것으로 내용의 조직에 있어서 여러 가지 요소가 반복되어야 한다는 것을 의미한다. 계열성은 계속성과 관련되지만 학습내용이 단계적으로 깊어지고 높아지도록 조직하는 것을 의미한다. 즉, 여러 가지 학습내용이 서로 관련성을 가진 상태에서 각각의 내용이 확대되고 심화되는 것을 말한다. 마지막으로 통합성은 교육과정의 요소들을 수평적으로 연관시키는 것이다. 이는 경험의 좌우 관계가 서로 보완되고, 조화되고 통일되는 것을 말한다. 교과목 간의 관계가 밀접하고 통합될수록 학습자의 전체적인 성장에 도움이 된다.

5. 교육평가

교육평가와 관련된 사항들은 다양하다. 여기에서는 교수-학습의 절차와 관련된 평가, 가치판단과 관련된 준거 지향 평가와 규준 지향 평가, 검사의 타당도와 신뢰도, 검사 제작 방법, 인지적 평가와 정의적 평가 등을 다룬다.

1) 교수-학습 절차와 관련된 평가

교수-학습의 절차와 관련된 평가는 진단평가, 형성평가, 총괄평가 등이 있다.

진단평가는 학생의 초기상태에 학생이 어떠한 특성을 지니고 있으며, 과거의 학습 정도는 어떠하고, 학습에의 목적은 어느 정도 준비가 되었는가를 알아보기 위해서 실시하는 평가이다. 진단평가의 목적은 학생에 대한 정보를 기초로 하여 학생들의 상태를 이해하고 분류하는 것이다. 진단평가는 수업이 시작되는 시점에서 학생들의 학습수준을 이해하고 어떠한 수업의 방법을 사용할 것인가를 판단하며, 학생이 수업을 진행하는 과정에서 어떤 문제점들을 보일 것인지 미리 예측하며, 수업을 시작하기 전에 학생들의 수준에 맞는 수준별 학습을 계획하기 위해 이루어진다.

형성평가는 교수-학습이 진행되는 과정에서 학생들에게 피드백을 주고 교육과정과 수업 방법을 개선하기 위해서 실시하는 평가를 말한다. 이와 같은 형성평가는 학생의 학습을 향상시키고, 교사의 수업 방법을 개선하고, 교육과정에 긍정적인 변화를 가져오기 위해서 실시하는 평가라고 정의되고 있다(Scriven, 1967). 형성평가의 중요한 기능 중 하나는 수업 중에 학생들이 범하고 있는 오류를 교정하는 것이다. 흔히 수업이 진행되면서 학생들에게 치르게 하는 작은 평가가 형성평가라고 생각하지만 실제로는 이보다 훨씬 범위가 넓다. 수업시간에 학생들이 잘 이해하는지 살펴보기 위한 시험뿐만 아니라 학생에게 질문을 하고 학생이 잘 이해했으면 칭찬을 하는 것, 끄덕임, 수업시간에 돌아다니며 학생들의 오류를 짚어 주는 것 등 다양하다.

총괄평가는 일련의 학습이 끝난 이후에 수업 및 교육과정에 대해서 일정의 평가를 하는 것으로 교육목표 달성 여부를 종합적으로 판정하는 평가를 말한다. Scriven(1967)은 총괄평가란 일련의 학습과제 혹은 특정한 교과의 학습이 끝난 이후에 수업목표를 달성했는지 총체적으로 판정하기 위해 실시하는 것이라고 정의했다. 총괄평가에는 중간평가, 기말평가, 학년말평가 등이 있다고 보면 된다. 총괄평가는 교과목 전체 또는 정해진 범위와 관련하여 학생들이 어느 정도 이해했는가를 알아보기 위한 종합적인 평가이다. 시기는 1년에 두 번 이루어지거나 네 번 이루어지는데, 이는 학교교육과정에 따라서 다르다. 총괄평가의 영역은 일반적이고 광범위하기 때문에 모든 범위의 문제들을 모두 포함할 수 없으며 교과내용을 잘 대표할 수 있는 문항들을 선정하여 평가한다.

2) 준거 지향 평가와 규준 지향 평가

교육평가는 점수에 대한 가치판단이라고 하였다. 가치판단은 한편으로는 주관적인 판단이 될 수 있다. 그동안 교육평가에서는 가치판단이 두 가지 입장에서 진행되어 왔다.

준거 지향 평가(criterion-referenced test)는 목표 지향 평가라고도 불리며, 학생이 얼마만큼의 능력을 보유하고 있는가를 측정하고 학생이 특정한 준거에 도달했는지에 관심을 둔다. 반면에 규준 지향 평가(norm-referenced test)는 상대평가의 목적을 수행하기 위해서 시행되는 평가로서 다른 학생과 비교하여 어느 위치에 있는가를 살펴보고자 한다.

측정 분야의 선구자인 Thorndike는 존재하는 것은 양으로 존재하며 양으로 존재하는 것은 무엇이든 측정할 수 있다는 규준 지향적인 철학적 배경을 밝히고 있다. 하지만 그는 우리가 학교교육에서 절대적인 척도도 필요하다는 것을 인지하고 있었으며 준거 지향 검사도 언급하고 있다.

하지만 그동안 교육평가에서는 규준 지향 평가가 발전해 왔다. 표준화검사와 더불어 각종 심리검사가 개발된 것은 규준이라는 척도를 통해서이다. 규준은 한 학생의 점수를 전체학생의 점수와 비교하여 해석하기 위한 일종의 자와 같은 것이다. 학교교육에서 정상적인 학습이 어려운 학생들을 변별해 내고자 했던 지능검사, 군대에서 신병들의 지적 상태에 따라서 군 생활이 어려운 사람들을 제외하고자 했던 검사들은 모두 규준 지향 검사의 발달로 인해 존재했던 측정도구들이다. 이 도구들은 다른 사람과의 상대적 비교에 의해서 그 의미를 해석하고자 한 상대평가 척도들이라고 볼 수 있다. 하지만 표준화검사에 대한 불신, 학교성적의 점수 체제에 대한 회의감, 학생 점수는 학생의 능력에 의한 것이 아니라 학교수업에서 교수-학습 방법이 잘못되어 나타난 결과라는 관점 등은 준거 지향 평가 또는 목표 지향 평가를 도입하게 만드는 계기가 되었다. 규준 지향 평가에서 상대적 위치를 파악하기 위한 정규분포는 [그림 14-2]와 같다.

준거 지향 평가는 규준 지향 평가와는 대비되는 평가로 학생이 얼마나 성취했는가보다는 학생이 무엇을 성취했는가에 관심을 갖는 평가이다. 여기에서 무엇은 달성해야 할 교육목표 또는 수행목표가 된다. 따라서 준거 지향 평가에서는 학생들의 성취를 확인하고 해석하고 의사결정을 내리는 평가의 과

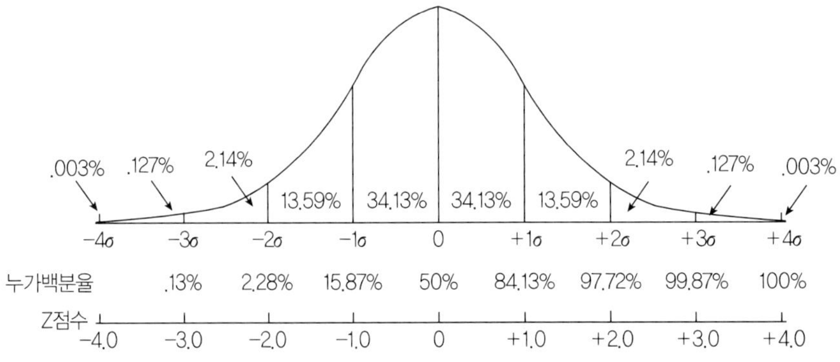

[그림 14-2] 규준 지향 평가에서 상대적 위치를 파악하기 위한 정규분포

정 전체가 교육목표이기 때문에 절대적이다. 다른 학생이 무엇을 얼마나 성취했든 상관없이 교사가 의도하고 설정했던 목표를 학생들이 달성했는가 그렇지 못한가에만 관심이 있다(황정규, 1999). 준거는 피험자가 어떤 일을 수행할 수 있다고 확신하는 기술 혹은 지식을 말하며 국가자격시험, 의사자격시험 등이 이에 속한다. 규준 지향 검사와 준거 지향 검사를 비교한 것은 〈표 14-1〉과 같다.

〈표 14-1〉 규준 지향 검사와 준거 지향 검사의 비교

검사	규준 지향 검사	준거 지향 검사
근원	심리측정	절대측정
강조	신뢰도	타당도
개인차	개인차는 반드시 존재하게 됨	개인차는 교육과 노력에 의해 없앨 수 있음
질문	학생이 얼마나 성취했는가?	학생이 무엇을 성취했는가?
목표	상대적인 우열, 상대적인 위치	목표성취 또는 목표도달
교수-학습	개인에 대한 의사결정	개인과 교수-학습에 대한 의사결정
평가	수업 시작 전, 수업 종료 후 상대적 정보 -분류, 선발 등	교육목표의 달성 여부 -진단적, 형성적 기능

3) 검사의 타당도와 신뢰도

교육과 관련되는 검사도구 또는 평가도구가 잘 만들어졌다고 평가되기 위해서는 타당도와 신뢰도가 높아야 한다. 검사의 타당도가 높으면 신뢰도가 높아지지만, 검사의 신뢰도가 높다고 해도 타당도가 높은 것은 아니다. 가령, 검사개발자 또는 학교의 교사들이 검사나 시험 문제를 만들 때 검사내용에 타당한 문항들을 만들면 이 검사는 신뢰도도 동시에 높아진다. 하지만 어떤 검사에서 신뢰도가 높은 문항들을 만들더라도 검사내용이 측정하고자 하는 내용과 관련 없는 경우 검사의 타당도는 높아지지 않는다. 따라서 검사나 시험문항을 개발하는 경우 검사의 신뢰도와 타당도가 모두 높은 문항들을 개발

하여야 한다.

(1) 검사의 타당도

검사의 타당도는 검사도구가 측정하고자 하는 것을 얼마나 충실하게 측정하는가, 검사 점수가 사용 목적에 얼마나 부합하느냐를 재는 것이다. 측정도구가 본래 측정하려고 의도한 것들을 진실하게 측정할수록 검사의 타당도가 높다고 할 수 있다. 이는 검사도구의 목적에 적합한 도구를 개발했는가와 관련된다. 검사의 타당도에는 내용타당도, 구인타당도, 준거관련타당도(공인타당도, 예언타당도) 등이 있다.

① 내용타당도

내용타당도는 측정도구가 측정하고자 하는 내용을 얼마나 충실하게 측정하고 있는지 논리적으로 분석하여 평가하는 것을 말한다. 즉, 검사 문항이 측정하고자 하는 영역을 얼마나 잘 대표하는지, 즉 대표적인 표본을 얼마나 잘 포함하는지와 관련이 된다. 내용타당도는 수량적인 계산보다는 전문가나 검사 제작자가 검사 내용을 살펴봄으로써 결정된다(박경, 최순영, 2002).

내용타당도는 성격검사나 적성검사보다는 능력검사에서 더 중요시된다. 왜냐하면 성격이나 적성의 전반적인 내용을 기술하는 것은 인지적 능력이나 성취도를 기술하는 것보다 어렵기 때문이다. 내용타당도는 전문가들의 판단에 의해서 검사의 타당성을 입증받게 되기 때문에 검사 목적의 적합성 여부를 검증할 수 있다는 장점이 있다. 그러나 정의적 특성을 측정할 때 전문가마다 견해가 다른 경우에 '검사 내용에 기초한 근거' 에 의한 검사도구의 타당성을 입증하는 데 논란이 따른다. 예를 들어, 검사의 성격에 대해서 어떤 전문가는 문항들의 내용을 분석한 후 주관적인 판단에 의해서 검사내용에 기초한 근거가 있다고 하여도, 성격의 정의에 대해서 다른 견해를 가지고 있는 전문가는 검사내용에 기초한 근거가 결여되어 있다고 판단할 수 있다(성태제, 2002).

② 구인타당도

구인(construct)이란 심리적 특성이나 행동 양상을 설명하기 위해서 설정하는 심리적인 요인이다. 구인타당도란 조작적으로 정의되지 않은 인간의 심리적 특성이나 성질을 심리적인 구인으로 분석하고 조작적인 정의를 한 후 검사점수가 조작적인 정의에서 규명한 심리적 구인들을 제대로 측정하고 있는가를 검증하는 방법이다.

예를 들어, 창의성을 측정할 때 창의성은 민감성, 이해성, 도덕성, 개방성, 자발성 그리고 자신감의 구인으로 구성되어 있다는 조작적 정의에 근거하여 검사를 제작하고 실시한다. 그 결과 창의성 검사도구가 이와 같은 구인들을 측정하고 있다면 그 검사는 구인타당도를 지니고 있다고 말한다. 만약 검사 결과가 조작적으로 규명한 어떤 심리적인 특성의 구인들을 제대로 측정하지 못하고 있거나 다른 구인을 측정하고 있다면 구인타당도가 결여되어 있다고 본다.

③ 준거관련타당도

준거관련타당도는 개발된 검사를 준거가 되는 다른 검사와 관련지어 평가함으로써 타당도를 입증하는 것을 말한다. 준거관련타당도에는 공인타당도와 예언타당도가 있다.

공인타당도는 기존에 타당성을 입증받고 있는 검사로부터 얻은 점수와 새로 제작한 검사 간의 관계를 검증하는 타당도 방법이다. 예를 들어 간편 지능검사를 개발했는데, 기존의 지능검사와의 상관이 높다면 새로 만든 간편 지능검사의 공인타당도가 높다고 할 수 있다.

예언타당도는 제작된 검사에서 얻은 점수와 준거로서, 미래의 어떤 행위와의 관계로 추정되는 타당도이다. 즉, 검사점수가 미래의 행위를 얼마나 잘 예측하는가를 나타낸다. 예를 들어, 임용고사의 교직적성검사에서 높은 점수를 받은 사람이 교사로 임용된 후 교직에 대한 만족도가 높다면 교직적성검사는 교직에 대한 만족도를 높게 예언하는 검사가 되는 것이다.

(2) 검사의 신뢰도

검사의 신뢰도란 측정하려는 것을 얼마나 안정적이고 일관성 있게 측정하였느냐에 관한 것이다. 신뢰도에는 Pearson의 적률상관계수 이용한 검사-재검사 신뢰도와 동형검사 신뢰도, Spearman-Brown의 반분신뢰도, 문항점수 분산과 공분산 이용한 문항내적합치도(Cronbach's α계수)가 있다.

① 검사-재검사 신뢰도

검사-재검사 신뢰도는 동일한 검사를 동일한 피험자 집단에 일정 시간 간격을 두고 두 번 실시하여 얻은 두 검사점수의 상관계수에 의하여 신뢰도를 추정하는 방법이다. 이 신뢰도는 추정 방법이 간단하지만 시험 간격에 따라서 두 번 검사를 실시하기 때문에 기억의 효과를 배제하기 어렵다.

② 동형검사 신뢰도

동형검사 신뢰도는 어떤 구인을 측정하기 위해 동형의 검사를 제작한 뒤 두 검사 간의 신뢰도를 추정하는 방법이다. 동형검사 신뢰도는 두 검사 간의 유사성을 측정하며 평행검사 신뢰도라고도 한다. 기본 가정은 한 검사에 의한 진점수와 다른 동형검사에 의한 진점수가 같아야 하며, 한 검사에 의한 오차점수 분산과 동형검사에 의한 오차점수 분산이 같아야 한다는 것이다. 장점은 두 개의 동형검사를 동일집단에 실시하므로 시험 간격이 문제가 되지 않으며 신뢰도 계수를 추정하기 쉽다는 것이다. 단점은 동형검사의 제작이 어려울 뿐만 아니라 두 검사의 동형성 여부에 등에 따라서 동형검사 신뢰도 계수가 달리 추정된다는 것이다.

③ 반분신뢰도

반분신뢰도는 검사를 한 번 실시한 후 두 부분으로 나누어 두 부분검사의 신뢰도를 추정하는 방법이다. 반분신뢰도는 검사를 두 번 실시하지 않고 신뢰도를 추정할 수 있다는 장점이 있으나 검사를 양분하는 방법에 따라서 신되도 계수가 달라지는 단점이 있다. 예를 들어, 수학시험이 20문항일 경우 앞부분은 쉬운 문항부터 배열하기 때문에 뒷부분으로 갈수록 문항들이 어려워진다. 따라서 반분신뢰도를 앞부분 10문항, 뒷부분 10문항으로 나누어 신뢰도를 추정하는 경우와 홀수 10문항과 짝수 10문항으로 나누어 신뢰도를 추정하는 경우 신뢰도 계수가 달라진다.

④ 문항내적합치도

문항내적합치도(Cronbach's α계수)는 문항 내적 일관성을 측정하기 위해서 검사를 두 부분으로 나누지 않고 문항점수의 분산을 고려하여 신뢰도를 추정하는 방법이다. 이 방법은 검사를 단 한 번 실시하여 내적 합치도를 계산하기 때문에 안정적이고 보편적으로 사용되는 신뢰도이다.

4) 문항 제작 과정의 기초

(1) 문항 제작자가 갖추어야 할 조건

학교에서 평가문항을 작성할 때에 문항 제작자는 다음과 같은 조건을 갖추어야 한다.

첫째, 문항 제작자는 평가하려고 하는 교과에 대한 교과목표, 교과내용 등을 충분히 알고 있어야 한다. 교과내용이라고 할 때에는 교과에 관한 지식뿐만 아니라 교과 내의 의미와 교과 간의 연관성, 함축성 등을 알아야 한다.

둘째, 검사 제작자는 심리학적, 교육학적인 측면에서 검사를 받는 학생들의 특성을 잘 알고 있어야 한다. 학생들의 발달 수준은 어떠한지, 교과에 대한 학생들의 이해도는 어느 정도인지, 학생들에게 어느 정도의 복잡성과 난이도를 갖고 있는 문항이 좋은지를 판단할 수 있어야 한다.

셋째, 검사 제작자는 검사문항의 개발과 절차 및 분석 방법에 대한 이해가 충분해야 한다. 검사 제작자는 문항 유형들, 유형에 따른 장단점, 좋은 문항이 갖고 있는 준거, 검사 개발 과정, 분석 방법 등에 관한 전문적인 이해가 있어야 한다.

넷째, 검사 제작자는 깊은 사고를 지녀야 한다. 평가문항에서 지식, 이해, 적용, 분석, 종합, 평가 등의 고차적인 사고력을 측정할 수 있어야 하기 때문에 이에 맞는 전문적인 능력이 필요하다.

(2) 문항 제작 시 고려사항

문항 제작자는 평가문항의 작성에 있어서 다음과 같은 점들을 고려해야 한다.

첫째, 학교에서의 평가는 진단평가, 형성평가, 총괄평가의 세 가지 평가가 있다고 할 때 어떤 검사를 언제 할 것인가에 관한 결정은 미리 계획되어야 한다.

둘째, 어떤 유형의 평가문항을 사용할 것인가를 결정해야 한다. 평가문항은 지필평가인지 또는 수행평가인지에 따라서 다양한 형태가 있을 수 있다. 한 가지 특정한 검사문항의 유형이 학생들의 능력을 잴 수 있는 유일한 방법은 아니다. 따라서 학생들의 어떠한 능력을 평가할 것인가를 고민하면서 평가문항을 결정해야 한다.

셋째, 문항 제작 시에는 검사 문항이나 내용이 학생들에게 미칠 수 있는 부정적인 영향이 있는가를 고려해야 한다. 특정한 문항이 성별에 따라서 불쾌감의 차이를 가져올 수 있다거나 특정 영역의 학생을 비하하는 문항이라면 이러한 문항들은 사전에 배제되어야 한다.

넷째, 검사문항에 오류가 있어서는 안 된다. 학생들이 시험을 보는 중에 검사문항이 잘못되어 교사들이 오류를 수정하기 위해서 교실을 돌아다닌다면 학생들의 집중력은 떨어지게 마련이다. 따라서 검사문항을 출제하면서 문항에 오류가 있는지 충분히 검토하고 또 검토해야 한다.

(3) 좋은 문항의 조건

좋은 문항을 작성하는 것은 많은 연습과 노력이 필요하다. 학생들에게 지나치게 어려운 단어, 불필요한 문장 구조를 사용하지 않고 깔끔하면서도 사고력을 요구하는 문항들을 작성하는 것이 필요하다. 일반적으로 좋은 문항의 조건은 다음과 같다(성태제, 2011; 황정규, 1999).

첫째, 수업목표에서 의도하는 구체적인 행동과 내용을 문항에 드러내기 위해서는 문항 내용이 올바로 선택되어야 한다. 문항 내용은 학생이 올바른 반응을 나타내도록 하는 것뿐만 아니라 수업목표를 제대로 성취하지 못한 상황의 증거가 나타날 수 있도록 구성되어야 한다.

둘째, 복잡한 정신 과정을 요구하는 수업목표를 평가하는 경우에는 문항내용도 복잡성을 지녀야 한다. 단순한 정신 과정을 요구하는 수업목표를 평가하는 경우에는 단순한 문항형태가 바람직하다.

셋째, 문항내용은 단순한 지식을 포함하는 것도 필요하지만 일반화 및 추상화를 할 수 있는 문항도 포함하여야 한다.

넷째, 문항내용은 가능하면 새로운 경험을 가질 수 있도록 참신한 문항이어야 한다. 고등정신 능력을 측정하기 위해서는 문항이 참신해야 한다.

다섯째, 문항은 모호한 의미를 주지 않도록 하기 위해서 잘 구조화되어야 한다. 구조화되지 않은 문항은 상대적으로 수업목표에서 벗어날 수 있다.

여섯째, 검사문항은 시험을 보는 집단에 비추어 지나치게 어렵거나 쉬운 문항이어서는 안 된다. 문항의 난이도는 어느 정도 적절해야 한다.

일곱째, 평가결과는 학생의 학업 성취도뿐만 아니라 동기와 흥미에 영향을 미친다. 따라서 좋은 문항은 학생의 동기와 흥미를 유발할 수 있는 문항들이어야 한다.

(4) 문항 제작 과정

문항 제작을 설계할 때에는 다음과 같은 두 가지가 필요하다. 하나는 이원목적분류표를 만드는 것이고 다른 하나는 문항카드를 작성하는 것이다.

첫째, 이원목적분류표에는 행동 영역과 내용이 포함되어야 한다. 인지적인 행동 영역은 지식, 이해, 적용, 분석, 종합, 평가이다. 대부분의 학교에서는 적용, 분석, 종합, 평가를 구분하지 않고 적용 부분에 포함시킨다. 내용은 교과별 평가문항에서 다루고자 하는 내용을 말한다.

둘째, 문항카드를 작성한다. 문항카드는 단원, 측정내용, 평가문항, 정답 등을 표시하는 카드를 말한다. 문항카드를 작성하다 보면 시험지에 직접 문제를 작성하는 것보다 한 번이라도 더 검토할 수 있기 때문에 평가문항의 오류를 줄일 수 있는 장점이 있다.

5) 지필평가 문항 제작

지필평가를 제작하기 위해서는 이원목적분류표를 작성해야 한다. 이원목적분류표에는 평가범위, 평가목표, 평가 내용, 난이도 등을 제시한다. 평가문항은 선택형문항과 서답형 문항으로 구성한다. 선택형 문항은 객관식 평가 방법이고, 서답형 문항은 주관식 평가 방법이다. 평가문항작성을 위한 이원목적분류표 예시는 〈표 14-2〉와 같다.

〈표 14-2〉 평가문항작성을 위한 이원목적분류표(예시)

번호	단원명	평가내용	평가목표 (행동 영역)			난이도			정답	배점
			지식	이해	적용	상	중	하		
1	Lesson 10	지시내용 파악	O					0	1	2
2	Lesson 10	어법 판단	O					0	5	2
3	Lesson 10	함축의미 파악		O				0	2	2
4	Lesson 10	어법 판단	O					0	1	2
5	Lesson 10	주제 파악			O		0		3	3
6	Lesson 11	문맥에 맞는 어구 파악		O			0		5	3
7	Lesson 11	어구의 문맥상의 의미 파악		O			0		3	3
8	Lesson 11	빈칸 추론		O			0		4	3
9	Lesson 11	동의어 판단	O				0		3	3
10	Lesson 12	어법 판단	O						1	4

① **선택형 문항의 작성**

선택형 문항에는 진위형, 배합형, 선다형 문항이 포함된다. 선택형 문항을 개발할 때에는 다양한 방법을 포함하는 것보다는 평가내용과 목표에 적합한 평가 방법이 무엇인가를 고려해야 한다.

(가) 진위형 문항

진위형 문항은 피험자에게 진술문을 제시하고 그것이 정답인지 오답인지를 판단하게 하는 문항을 말한다.

> [문제] 다음 진술문을 읽고 맞으면 ○표, 틀리면 ×표를 하시오.
> kohlberg(1983)의 도덕성 발달 이론에 의하면 청소년기 초기가 되면 인습이전 수준의 비율이 급격하게 감소하면서 인습 수준으로 향상되는 것으로 나타났다. (   )

(나) 배합형 문항

배합형 문항은 일련의 전제와 답지, 그리고 전제와 답지를 배합시키는 지시문의 세 가지로 구성된다. 전제와 답지에는 단어, 어구, 문장, 기호 등 다양하게 사용할 수 있다.

> [문제] 다음 측정과 관련되는 척도명과 척도를 바르게 연결하시오.

척도명	척도 예시
(1) 명명척도	• 초, 중, 고, 대학
(2) 서열척도	• 남자, 여자
(3) 동간척도	• 학생들의 기말평가 점수
(4) 비율척도	• 0~30cm

(다) 선다형 문항

선다형은 문제와 두 개 이상의 답지로 구성되는 것으로 학교학습의 평가에서는 4지선다형 또는 5지선다형이 많이 사용된다. 선다형 문항은 여러 가지 문제 상태, 내용을 다룰 수 있는 다양성, 포괄성이 높기 때문에 보편적으로 사용되는 방법이다. 아래의 문제는 중등교사 임용시험에 출제된 교육학 기출문제이다(교육과정평가원, 2013).

[문제] 다음 (가)와 (나)의 대화에서 최교사가 활용하고 있는 동기 유발 활동에 부합하는 동기 이론으로 가장 적절한 것은?

(가) 은미: 선생님, 처음에는 역사가 재미있어서 열심히 했는데, 요즘에 배우는 고려시대 내용은 재미도 없고 너무 어려운 것 같아요.

최교사: 그래? 그런데 내가 생각하기로는 잘하고 있는 것으로 보이는데… 그리고 너는 고고학자가 꿈이잖아. 아마 지금 배우고 있는 고려 시대 내용은 너에게 중요하고 앞으로도 도움이 많이 될 거야.

(나) 최교사: 미영아, 다음 주에 배울 6단원의 주제들이 조금 어렵기는 하지만 이 중에서 어떤 주제를 언제 발표할지 정해서 알려 줄래?

(나) 미영: 맞아요. 6단원 내용이 어려운 것 같아요. 하지만 해 볼 만한 것 같아요. 저는 6단원 중에서 '조선 시대의 통치 체제' 에 대해 준비해서 발표할게요. 발표는 다음 주 수요일에 할게요.

	(가)	(나)
①	귀인 이론	욕구위계 이론
②	귀인 이론	자기결정성 이론
③	기대-가치 이론	강화 이론
④	기대-가치 이론	욕구위계 이론
⑤	기대-가치 이론	자기결정성 이론

② 서답형 문항의 작성

서답형 문항에는 단답형, 완성형, 논문형의 문항이 포함된다. 서답형 문항들은 학생이 정답을 직접 쓰는 형식으로 이를 주관식 평가라고도 한다.

(가) 단답형 문항

단답형 문항은 간단한 단어, 구, 문장 등 제한된 형태로 대답하게 하는 형식을 말한다. 단답형 문항을 작성할 때에는 정답의 수를 몇 개 이내로 한정하고, 질문을 명료하게 작성하며, 내용을 묻는 경우에는 철자법이나 문법 등에 의해서 채점하지 않아야 한다.

[문제] Vygotsky의 이론에서 등장하는 개념을 두 가지만 쓰시오.

(나) 완성형 문항

완성형 문항은 진술문의 일부분을 비워 두고 거기에 적합한 단어, 구, 기호, 수식 등을 써넣게 하는 방법이다. 완성형 문장을 작성할 때에는 문장 중 의미 있고 중요한 부분을 비워 놓고 공백의 수와 길이를 적절하게 제한하되, 문장 속에 정답의 단서를 포함시키거나 교과서에서 그대로 문장을 옮겨 와서는 안 된다.

[문제] 기억의 정보처리 모형에 의하면 외부자극은 단기 감각 저장고에 잠시 머무른 다음 선별된 자극만이 단기기억으로 들어오며 단기기억에 있는 정보를 암송하거나 부호화하면 (　　)기억에 저장된다.

(다) 논문형 문항

논문형 문항은 특별한 형식이 정해져 있지 않으며 질문 혹은 지시에 따라서 자유롭게 피험자들이 자신의 능력을 발휘할 수 있도록 하는 문항이다. 논문형 검사를 제작할 때에는 평가를 받는 집단이 어떠한가를 고려하고, 고등정신 능력을 측정하도록 하며, 구체적인 목적을 검사하도록 구조화하고, 여러 문장 중에서 선택하지 않도록 하며, 채점기준을 미리 정하는 것이 좋다.

[문제] Bandura의 사회인지 이론에서 관찰학습의 단계들을 설명하고, 관찰학습은 행동에 어떤 영향을 미치는가를 쓰시오.

6) 수행평가

수행평가는 학생들에게 답이나 산출물을 만들어 내도록 함으로써 그들의 지식이나 능력을 입증하도록 하는 평가형식이다. 이전에는 선택형 문항과 서답형 문항으로 구분하였지만 현재는 선택형 문항을 제외한 모든 평가 방법을 포괄하여 수행평가라고 하고 있다. 수행평가는 논술형, 포트폴리오, 관찰법, 면접법, 구술시험, 연구보고서법, 토론법, 실기시험, 실험 · 실습법, 퀴즈나 게임 등 다양하다. 수행평가는 하나의 방법만을 고려하기보다는 교과의 특성에 맞는 다양한 방법을 선택하여 학생들의 능력을 평가하는 데 목적이 있다.

수행평가는 인지심리학자들을 중심으로 강조되어 왔던 학습의 능동적인 측면, 구성주의 학자들의 지식의 내적 구성을 위한 활동과 관련이 있다. 이러한 활동은 인지구조의 변화와도 관계가 있는데, 이 변화는 양적인 변화가 아닌 질적인 변화를 중시한다. 이러한 맥락은 구성주의, 현상학, 해석학과 관련되어 있다.

이와 더불어 평가에서도 선택형 검사는 그동안 절대적인 진리관을 가지고 있던 전통적인 교수-학습 이론과 관련하여 타당한 교육평가방식으로 고정되어 왔다. 하지만 상대주의 진리관과 관련한 인지심리학자들의 연구 결과 기존 선택형 문항들이 단순한 지식이나 정보의 습득만을 평가할 뿐 학생들의 창의성, 문제해결력, 추리력, 비판력, 판단력 등을 측정하지 못하는 것으로 나타났다. 이러한 결과 때문에 교육평가 학자들은 양적인 평가에서 질적인 평가로 전환하여 측정하는 방법을 연구하기 시작하였다. 양적인 평가가 학생들의 학습결과에 대한 성적을 산출하거나 등수를 정하는 것이라면 질적인 평가는 학생의 교육적인 성장을 돕기 위한 평가를 말한다. 수행평가는 참평가, 진짜평가, 직접평가 등으로 불리기도 한다.

학교학습에서 사용하는 수행평가의 종류는 다양하지만 대체로 다음과 같다(박도순, 2000; 백순근, 1998; 성태제, 2011).

(1) 논문형 검사

논문형 검사는 일종의 서술형 검사로서 학생들이 자신의 생각이나 주장을 창의적이고 논리적이면서도 설득력 있게 조직하여 작성하는 검사이다. 논문형 검사에서는 서술된 내용의 깊이와 넓이뿐만 아니라 글을 조직하고 구성하는 능력도 동시에 평가한다. 따라서 논문형 검사를 고안할 때에는 평가 영역을 구체적으로 정하고 검사목표를 설정한 후 그에 알맞은 문제 상황과 모범답안, 채점 기준표를 만드는 것이 필요하다.

(2) 포트폴리오

포트폴리오는 학생이 수행한 일련의 과제를 교사 또는 평가자가 평가하는 수행평가의 일종이다. 포트폴리오는 학생들의 작품을 모은 작품집으로 학생들의 진보, 노력, 성취 정도를 알 수 있는 방법이다. 포트폴리오는 학교학습에서 수업과 학습이 어느 정도 이루어졌는가를 살펴볼 수 있는 기능과 더불어 학부모로 하여금 학생의 학습에 관해서 어느 정도로 학습이 진행되고 있는가를 알 수 있도록 하는 기능도 갖고 있다.

(3) 구술검사

구술검사는 학생에게 특정한 교과 내용이나 주제에 대해서 자신의 의견이나 생각을 발표하도록 하는 검사로서 학생들의 준비도, 이해력, 표현력, 판단력, 의사소통 능력을 직접 평가하는 방법이다. 구술고사에서는 학생에게 미리 주제나 질문을 알려 주는 경우도 있지만 특정한 내용 영역만을 알려 주고 평가자가 그 내용 영역에 있는 주제나 질문을 하고 학생이 답변하는 형식을 갖추기도 한다.

(4) 관찰법

관찰법은 교사가 수업시간에 학생들의 학습을 관찰하고 평가하는 것으로 학생을 이해하고 평가하는 데 있어서 가장 보편적으로 사용되는 방법이다. 관찰법은 수업 과정에서 학생들의 행동이나 반응을 메모한 후 수업 후에 학생들의 행동을 정리하는 약호화 방법도 있고, 체크리스트를 만들어 학생들의 반응을 관찰하면서 평가할 수도 있다.

(5) 토론법

토론법이란 교수-학습 활동과 평가 활동을 통합적으로 수행하는 대표적인 방법으로 특정 주제에 대해서 학생들이 서로 토론하는 것을 보고 평가하는 방법이다. 토론법에서 많이 쓰이는 방법은 찬반 토론법으로 이는 서로 다른 의견을 제시할 수 있는 토론주제를 정해서 찬성과 반대로 나누어 토론을 하도록 하는 방법이다. 토론법에서는 사전에 준비한 자료의 다양성이나 충실성, 토론 내용의 논리성, 반대의견을 존중하는 태도, 토론 진행 방법 등을 총체적으로 평가한다.

(6) 실험 · 실습법

실험 · 실습법은 과제를 주고 학생들로 하여금 직접 실험과 실습을 하도록 한 후 그 결과보고서를 제출하여 평가하는 방법이다. 이때 실험, 실습은 학생 개인이 될 수도 있고 팀을 구성하여 공동 작업을 하게 할 수도 있다. 교사는 학생들의 실험, 실습 과정을 직접 관찰할 수도 있고 제출된 결과보고서를 동시에 고려하여 평가할 수도 있다.

(7) 면접법

면접법은 일정한 조건하에서 질문을 하여 학생들의 응답을 얻어 내는 방법으로 학생이 내적으로 가지고 있는 무엇인가를 알아내는 방법이다. 면접은 교사와 학생 간에 개별면접이 이루어질 수도 있고 집단면접이 이루어질 수도 있다. 면접을 할 때에는 교사가 미리 질문지를 만들어 학생과 이야기할 수도 있으며 포트폴리오나 다른 참고자료를 활용하여 상호 의견을 교환할 수도 있다.

(8) 실기시험

실기시험은 예·체능 교과에서 주로 활용되는 평가 방법으로 실제 상황에서 요구되는 능력을 평가한다. 실기시험은 실제 상황에서 할 줄 아는 능력을 중시하며, 자연스러운 상황에서 실제 능력을 평가한다.

이 밖에도 자기평가 및 동료평가 보고서법, 컴퓨터 시뮬레이션 방법, 역할놀이, 프로젝트나 직소우, 신문활용 수업, 현장조사, 작품감상, 전시회, 협동학습, 퀴즈나 게임 등도 좋은 수행평가가 될 수 있다. 수행평가는 학생의 자기주도적 학습을 하는 데 도움이 되고, 전인교육으로 발전하도록 돕는 장점이 있지만 다음과 같은 단점도 있다.

첫째, 수행평가는 지필평가와는 달리 다양한 영역에서 학생들의 인지 능력을 평가하는 것이 아니고 제한된 부분만을 측정하기 때문에 학생들이 배우는 전체 내용을 포괄하기 어렵다. 따라서 측정에서 강조하고 있는 내용타당도가 결여되기 쉽다.

둘째, 수행평가는 채점자에 따라서 평가가 다를 수 있다. 수행평가의 결과 채점자 간 평가결과가 다르다는 것은 신뢰도에 문제가 생길 수 있다는 것이다. 채점자는 평가목표에 따라서 평가결과만을 평가하기도 하지만 활동 과정에서 학생들의 인지적인 특성과 정의적인 특성을 모두 관찰하기 때문에 채점자 간에 신뢰도의 차이가 생긴다.

셋째, 수업시간에 수업을 이끌어 나가는 것과 더불어 학생들의 수행 과정을 평가하는 것은 교사로서 엄청난 부담이다. 이는 수행평가가 학교교육의 질적 향상을 가져올 수는 있지만 교사에게는 많은 노력과 시간을 필요로 한다. 우리나라의 교육체제를 보면 개별 학급의 학생 수가 많고, 전달해야 하는 지식의 양도 상당하기 때문에 이를 고려하여 진정한 수행평가를 실시하는 것은 현실적으로 쉽지 않은 사항이다.

참고문헌

강갑원, 김정희, 김종백, 박희순, 이경숙, 이경화(2013). 교육심리학: 이론과 실제. 서울: 시그마프레스.

강영하, 송재홍, 정미경, 정종진(2004). 교육심리학: 수업을 위한 심리학적 원리와 적용. 서울: 아카데미프레스.

강인애(2003). 왜 구성주의인가? 서울: 문음사.

강인애, 정준환, 정득년(2007). PBL의 실천적 이해. 서울: 문음사.

구영회(1992). 차원기 아동의 언어추론에 관한 연구. 충남대학교 교육대학원 석사학위논문.

권낙원(2010). 수업모형. 서울: 아카데미프레스.

권낙원, 김동엽(2009). 교수-학습 이론의 이해. 서울: 문음사.

권대훈(2009). 교육심리학의 이론과 실제. 서울: 학지사.

권대훈(2009). 교육평가. 서울: 학지사.

김경희(2004). 아동의 기질과 부정적 정서 및 정서조절전략과의 관계. 아동학회지, 25(6), 173-187.

김계현(1997). 상담심리학. 서울: 학지사.

김계현, 김동일, 김봉환, 김창대, 김혜숙, 남상인, 천성문(2009). 학교상담과 생활지도. 서울: 학지사.

김교헌(2012). 성격심리학: 성격에 대한 관점. 서울: 학지사.

김민남, 진민숙(2000). 도덕발달의 심리학. 서울: 교육과학사.

김민환(2013). 학교중심 실제적 교육방법론. 서울: 양서원.

김민환, 추광재(2012). 수업모형의 실제. 서울: 원미사.

김봉소, 김민남(1985). 도덕발달의 철학. 서울: 교육과학사.

김순택, 진위교, 장언효, 이종승(1991). 현대 수업의 원리. 서울: 정민사.

김아영(2010). 학업동기: 이론, 연구와 적용. 서울: 학지사.
김아영, 백화정, 설인자, 양혜경, 이선자, 정명숙(1997). 교육심리학. 서울: 학문사.
김언주(1987). 신교육심리학. 서울: 문음사.
김언주, 강영하, 최건수(1989). 인지발달과 교육. 서울: 양서원.
김언주, 구광현(1998). 신교육심리학. 서울: 문음사.
김영순(2012). 가족, 청소년에 적용한 현실요법. 대전: 심리상담교육연구회
김영채(2007). 창의력의 이론과 개발. 서울: 교육과학사.
김용래, 김태은(2005). 교육심리학. 서울: 형설출판사.
김정섭, 신경숙, 유순화, 이영만, 정명화, 황희숙(2010). 스턴버그의 교육심리학. 서울: 시그마프레스.
김춘경 외(2008). 청소년상담. 서울: 학지사.
김충기(1990). 생활지도와 상담. 서울: 교육과학사.
김태호(2004). 학생생활지도와 상담. 서울: 학지사.
김태훈(2010). 도덕성의 발달 핸드북 Ⅰ. 서울: 인간사랑.
김현옥(2010). 고등학생의 귀인성향이 자기효능감과 심리적 안녕감에 미치는 효과. 강원대학교 교육대학원 석사학위논문.
김혜숙, 이상현, 김준규(2002). 교육방법론. 서울: 학문사.
김홍규(1984). 현대생활지도론. 서울: 장원사.
남명호(2003). 수행평가: 기술적 측면. 서울: 교육과학사.
노석준, 소효정, 오정은, 유병민, 이동훈, 장정아(2006). 교육적 관점에서 본 학습이론. 서울: 아카데미프레스.
도승이(2008). 정서와 교수-학습 연구의 쟁점과 전망. 교육심리연구, 22(4), 919-937.
도승이, 손수경, 변준희, 임지윤(2011). 한국어판 성취정서 질문지(K-AEQ) 개발 및 타당화. 교육심리연구, 25(4), 945-970.
문선모(2003/2008). 교육심리학. 서울: 양서원.
문용린(1996). 한국 학생들의 정서 지능 측정 연구. 새로운 지능의 개념, 감정지능. 삼성생명 사회정신 연구소 Peer Salovey 교수 초청 강연 자료, 59-89.
문용린(2004). 도덕성의 발달과 심리. 서울: 학지사.
민경환, 이옥경, 김지현, 김민희, 김수안(2008). 정서심리학. 서울: 시그마프레스.
박경, 최순영(2002). 심리검사의 이론과 활용. 서울: 학지사.
박권생(2004). 정서심리학. 서울: 학지사.
박권생(2006). 인지심리학: 이론과 적용. 서울: 시그마프레스.
박도순(2000). 문항작성방법론. 서울: 교육과학사.

박병기, 이종욱(2005). 2×2 성취목표지향성 척도의 개발 및 타당화. 교육심리연구, 19(1), 327-352.
박성연(1991). 인간발달 Ⅰ: 아동발달. 서울: 교육과학사.
박승배, 부재율, 설양환, 이미자, 조주연, 최욱(2002). 효과적인 교수법. 서울: 피어슨에듀케이션코리아.
박승배, 부재율, 설양환, 이미자, 조주연, 최욱(2011). 효과적인 교수법. 서울: 아카데미프레스.
박찬주(1990). 한국인의 도덕판단과 행동선택에 관한 DIT의 적용. 건국대학교 대학원 박사학위논문.
방혜자(2011). 다문화가정 자녀의 한국사회 적응방법에 관한 연구. 경남대학교 경영대학원 석사학위논문.
백순근(1998). 수행평가의 이론과 실제. 서울: 원미사.
백순근(2000). 수행평가의 원리. 서울: 교육과학사.
백지혜, 김수영(2007). 유아 정서 창의성 평정 척도의 타당화 연구. 유아교육연구, 27(6), 125-141.
변영계(2005). 교수 · 학습이론의 이해. 서울: 학지사.
서희선(2007). 구성주의를 적용한 중학교 도덕과 교수-학습에 관한 연구. 한국외국어대학교 교육대학원 석사학위논문.
성태제(1995). 타당도와 신뢰도. 서울: 학지사.
성태제(2009). 교육평가의 기초. 서울: 학지사.
성태제(2011). 현대교육평가. 서울: 학지사.
소연희(2004). 정서창의성과 대인관계성향에 대한 분석. 교육방법연구, 16(2), 55-80.
손명현(2003). 도해 조직자를 활용한 읽기 지도 방법 연구: 설명적인 글을 중심으로. 한양대학교 교육대학원 석사학위논문.
송길연, 유봉현(2011). 발달의 이론. 서울: 시그마프레스.
송길연, 장유경, 이지연, 정유경 (역)(2012). 발달심리학. 서울: 센게이지러닝코리아.
송명은(2003). 사회과에서 인지적 도제 모형에 의한 수업설계 및 적용. 서울교육대학교 교육대학원 석사학위논문.
신명희, 강소연, 김은경, 김정민, 노원경, 박성은, 서은희, 원영실, 황은영(2012). 교육심리학. 서울: 학지사.
신혜정(2007). 다문화가정 자녀 자아 정체성에 영향을 주는 요인에 관한 연구. 이화여자대학교 대학원 석사학위논문.
안범희(2000). 성격심리학. 서울: 하우.

안지현(2007). 한국 사회에서 다문화주의 담론의 배치와 그 성격에 관한 연구. 연세대학교 대학원 석사학위논문.
양명희(2000). 자기조절학습 모형 탐색과 타당화 연구. 서울대학교 대학원 박사학위논문.
양명희(2009). 성취목표지향성이 학습결과에 미치는 영향: 정서의 조절효과. 교육심리연구, 23(1), 51-71.
양명희, 김은진(2010). 정서조절이 학습전략에 미치는 영향: 정서를 매개로 하는 관계 검증. 교육심리연구, 24(2), 449-467.
양지웅(2005). 청소년의 자아정체감 상태에 대한 성별 및 학년별 비교연구. 연세대학교 대학원 석사학위논문.
오성배(2007). 다문화가정 아동의 학교교육 실태: 다문화가정 아동과 초등교육의 과제. 춘전교육대학교초등교육연구원, 37-59.
오천석(1972). 스승. 서울: 배영사.
유연옥(2012). 창의성과 발달. 서울: 학지사.
윤광보, 김용욱, 최병옥(2011). 교육방법과 교육공학의 이해. 서울: 양서원.
윤기옥, 송용의, 김재복(1993). 수업모형. 서울: 형설출판사.
윤기옥, 정문성, 최영환, 강문봉, 노석구(2009). 수업모형. 서울: 동문사.
윤운성, 김홍운(2001). 생활지도와 상담. 서울: 양서원.
이경희(2011). 한국 다문화교육 정책에 대한 비판적 고찰. 교육사회연구, 21(1), 111-131.
이선옥(2005). 한국 이주노동자 운동의 형성과 성격 변화: 고용허가제 도입 시기 명동성당농성단을 중심으로. 성공회대학교 대학원 석사학위논문.
이용남(2004). 교육 및 상담심리학. 서울: 교육과학사.
이장호(1986). 상담심리학 입문. 서울: 박영사.
이재창(1998). 생활지도: 성장과 적응을 위한 지도. 서울: 문음사.
이정모, 강은주, 김민식, 강기택, 김정오, 박태진, 김성일, 신현정, 이광오, 박영진, 이재호, 도경수, 이영애, 박주용, 곽호완, 박창호, 이재식(2009). 인지심리학. 서울: 학지사.
이종승(1989). 교육연구법. 서울: 배영사.
이철웅(2006). 교육상담과 생활지도 연구. 서울: 교육과학사.
이현림(2007). 생활지도. 서울: 교육과학사.
이현림, 김영숙(2006). 인간발달과 교육. 서울: 교육과학사.
이형득, 김선남, 김성회, 이성태, 이수용, 전종국, 정욱호(2005). 상담의 이론적 접근. 서울: 형설출판사.
이훈구, 이수정, 이은정, 박수애(2003). 정서심리학. 서울: 법문사.
임선하(1984). 학습자의 인지양식과 자료의 제시형태가 개념획득에 미치는 효과. 서울대학교 대학원 석사학위논문.

임용우(1998). 집단따돌림의 이해와 지도. 교육대학원 논문집, 창간호.

임은미, 안주영, 임신일, 정수진, 황근순(2013). 생활지도와 상담. 서울: 교육과학사.

장기묘(2003). 초등학생의 자기효능감 및 학습양식과 학업성취도와의 관계. 춘천교육대학교 교육대학원 석사학위논문.

전경원, 이경화, 고진영, 김정희, 박숙희, 박춘성, 성은현, 유경훈. 전경남, 최병연, 하주현, 한순미, 함정현(2009). 창의성 이론과 실제. 서울: 시그마프레스.

전성연, 송선희, 이옥주, 이용운, 김수동, 고영남, 허창남, 오만록, 이병석(2004/2007). 현대 교수학습의 이해. 서울: 학지사.

정명화, 강승희, 김윤옥, 박성미, 신경숙, 신경일, 임은경, 허승희, 황희숙(2005). 정서와 교육. 서울: 학지사.

정문자, 송성자, 이영분, 김유순, 김은영(2008). 해결중심단기치료. 서울: 학지사.

정영숙, 조옥귀, 조현주, 장문선 (역)(2013). 성격심리학. 서울: 시그마프레스.

정옥분, 정순화, 임정하(2006). 정서발달과 정서지능. 서울: 학지사.

정인성, 나일주(1996). 최신교수설계이론. 서울: 교육과학사.

조부경 외(1996). 구성주의 이론, 관점, 그리고 실제. 서울: 양서원.

조붕환, 임경희(2007). 교사를 위한 생활지도와 학교상담. 서울: 아카데미프레스

조영남(2008). 구성주의와 객관주의 수업 설계 모형 비교 연구. 중등교육연구, 55(3), 67-92.

조한익(1995). 도형유추 영역에서 아동의 근접발달대 분석. 충남대학교 교육대학원 석사학위논문.

조한익(1999). 감성조절 프로그램의 효과. 충남대학교 대학원 박사학위논문.

조한익(2005). 기분과 특성메타기분의 관계. 교육심리연구, 19(1), 41-57.

조한익(2007). 대학생의 희망과 학습시간이 학업성취도에 미치는 영향. 교육심리연구, 21(2), 349-365.

조한익(2008). 초등학생의 성취목표지향성, 정서 및 정서지능의 관계 연구. 교육심리연구, 22(2), 443-460.

조한익(2009a). 초등학교 고학년용 희망척도의 개발과 타당화 연구. 교육심리연구, 23(2), 323-342.

조한익(2009b). 사회적 지지와 학업성취도의 관계에서 희망의 매개효과 검증. 초등교육연구, 22(3), 65-87.

조한익(2012a). 초등학교 고학년용 정서 창의성 척도의 개발과 타당화 연구. 초등교육연구, 25(4), 171-191.

조한익(2012b). 초등학생의 성취목표지향성, 성취정서, 학업성취도 및 주관적 안녕감의 구조적 관계 분석. 교육심리연구, 26(4), 1001-1021.

조한익(2013). 정서가 학업성취도에 미치는 영향: 정서조절과 학습전략의 매개효과, 아동교육, 22(1), 313-324.

진위교, 장언효, 이종승, 김순택(1991). 현대 수업의 원리. 서울: 정민사.

천호성(2008). 수업 분석의 방법과 실제: 질적 연구방법을 중심으로. 서울: 학지사.

최유희(2008). 희망척도의 타당화 연구. 가톨릭대학교 대학원 석사학위 논문.

최은혜(2011). 자기조절과 인지적 유연성이 특성분노 및 분노표현에 미치는 영향. 대구가톨릭대학교 대학원 석사학위논문.

추병환(1999). 도덕발달이론. 서울: 백의.

추병환(2004). 도덕교육의 이해. 서울: 백의.

하예진(2013). 교과 수업사태에 대한 초 · 중등 예비교사들과 현장 교원들의 인식 분석. 경상대학교 대학원 박사학위논문.

한선화, 현온강(2006). 청소년의 정서성과 정서조절전략 및자기통제력. 아동학회지, 27(6), 1-11.

한순미(1994). 귀납적 추론과제에서 아동의 근접발달대 측정. 숙명여자대학교 대학원 박사학위논문.

한순미(2000). 비고츠키와 교육: 문화-역사적 접근. 서울: 교육과학사.

허혜경(1992). DIT 검사법에 의한 한국 고등학생의 도덕성 발달 수준에 관한 연구: 도덕성 발달 검사 점수와 개인의 가치관 검사 점수, 행동발달상황, 도덕성적과의 관계. 세종대학교 대학원 석사학위논문.

홍경자(1986). 성장을 위한 생활지도. 서울: 탐구당.

홍성윤, 김유미(1993). 효과적인 교수-학습의 기본. 서울: 교육과학사.

홍숙기(2000). 성격심리(상). 서울: 박영사.

홍숙기(2000). 성격심리(하). 서울: 박영사.

홍영주(2008). 인지적 융통성 이론을 적용한 역사 인물 학습 방안. 서울교육대학교 교육대학원 석사학위논문.

황우현(1999) 앵커드 수업에서 교수 모델과 소집단 구성에 따른 학습자 활동 및 성취도 분석. 이화여자대학교 대학원 석사학위논문.

황정규(1999). 학교학급과 교육평가. 서울: 교육과학사.

Adler, M. G., & Fagley, N. S. (2005). Appreciation: Individual differences in finding value and meaning as a unique predictor of subjective well-being. *Journal of Personality, 73*(1), 79-114.

Ainsworth, M. D., Blehar, M., Waters, E., & Wall, S. (1978). *Patterns of attachment: A psychological study of the strange situation*. Hillsdale, NJ: Erlbaum.

Albert, R. S. (1994). The achievement of eminence: A longitudinal study of exceptionally gifted boys and their families. In R. F. Subotnik & K. D. Arnold (Eds.), *Beyond Terman: Contemporary longitudinal studies of giftedness and talent* (pp. 283-315). Norwood, NJ: Ablex.

Albert, R. S., & Runco, M. A. (1999). The history of creativity research. In R. S. Sternberg (Ed.), *Handbook of Human Creativity* (pp. 16-31). New York:

Allspach, J. R., & Breining, K. (2005) *Gender differences and trends over time for the SAT reasoning test.* Retrieved 23 November 2005, from http://ftp.ets.org/pub/res/achgapallspach.pdf

Altshuler, J. L., & Ruble, D. N. (1989). Developmental changes in children's awareness of strategies for coping with uncontrollable stress. *Child Development, 60,* 1337-1349.

Altshuler, J. L., Genevro, J. L., Ruble, D. N., & Bornstein, M. H. (1995). Children's knowledge and use of coping strategies during hospitalization for elective surgery. *Journal of Applied Developmental Psychology, 16,* 53-76.

Amabile, T. M. (1983). The social psychology of creativity: A componential conceptualization. *Journal of Personality and Social Psychology, 45,* 357-376.

Ames, C., & Archer, J. (1988). Achievement goals in the classroom: Student's learning strategies and motivation process. *Journal of Educational Psychology, 80,* 260-267.

Anderson, J. R. (1990). *Cognitive psychology and its implications.* NY: Freeman.

Arkoff, A. (1969). An undergraduate course in higher education. *The Journal of Higher Education, 8,* 643-648.

Arnheim, R. (1966). *Toward a psychology of art.* Berkeley: University of California Press.

Arnold, M. B. (1970). Perennial problems in the field of emotion. In M. B. Arnold (Ed.), *Feelings and emotions* (pp. 169-185). NY: Academic Press.

Arsenio, W., & Lover, A. (1995). Children's conceptions of sociomoral affect: Happy victimizers, mixed emotions, and other expectancies. In M. Killen & D. Hart (Eds.), *Morality in everyday life: Developmental perspectives* (pp. 87-128). NY: Cambridge University Press.

Asarnow, J. R., Carlson, G. A., & Guthrie, D.(1987). Coping strategies, self-perceptions, hopelessness, and perceived family environments in depressed and suicidal children. *Journal of Consulting and Clinical Psychology, 55,* 361-366.

Ashby, F. G., Isen, A. M., & Turken, A. U. (1999). A neuropsychological theory of positive affect and its influence on cognition. *Psychological Review, 106*(3), 529-550.

Atkinson, R. C., & Shiffrin, R. M. (1968). Human memory: A proposed system and its control processes. In K. W. Spence & J. T. Spence (Eds.), *The Psychology of learning and motivation: Advances in research and theory* (pp. 90-195). Orlando, FL: Academic Press.

Atkinson, R. C., & Shiffrin, R. M. (1971). The control process of short-term memory. *Technical Report, 173*, 1-23.

Ausubel, D. P. (1963). *The Psychology of Meaningful Verbal Learning*. NY: Grune and Stratton.

Averill, J. R. (1979). The functions of grief. In C. Izard (Ed.), *Emotions in personality and psychopathology* (pp. 339-368). NY: Plenum.

Averill, J. R. (1980). A constructivist view of emotion. In R. Plutchik & H. Kellerman (Eds.), *Theories of emotion* (pp. 305-340). NY: Academic.

Averill, J. R. (1982). *Anger and aggression: An essay on emotion*. NY: Springer-Verlag.

Averill, J. R. (1990). Emotions as related to systems of behavior. In N. L. Stein, B. Leventhal, & T. Trabassp (Eds.), *Psychological and biological approaches to emotion* (pp. 385-404). Hillsdale, NJ: LEA.

Averill, J. R. (1999a). Individual differences in emotional creativity: Structure and correlates. *Journal of Personality, 67*, 331-371.

Averill, J. R. (1999b). Creativity in the domain of emotion. In T. Dalgleish & M. J. Power (Eds.), *Handbook of cognition and emotion* (pp. 765-782). NY: Wiley.

Averill, J. R. (2001). The rhetoric of emotion, with a note on what makes great literature great. *Empirical Studies of the Arts, 19*(1), 5-26.

Averill, J. R. (2004). A tale of two snarks: Emotional intelligence and Emotional Creativity compared. *Psychological Inquiry, 15*, 228-233.

Averill, J. R. (2005). Emotions as mediators and as products of creative activity. In J. Kaufman & J. Baer (Eds.), *Creativity across domains: Faces of the muse* (pp. 225-243). Mahwah, NJ: Eelbaum.

Averill, J. R. (2009). Emotional Creativity: Toward spiritualizing the passions. In S. J. Lopez & C. R. Snyder (Eds.), *Oxford Handbook of positive psychology* (pp. 249-260). Oxford: Oxford University Press.

Averill, J. R., & Nunley, E. P. (1992). *Voyages of the heart: Living an emotionally creative life.* NY: Free Press.

Averill, J. R., & Thomas-Knowles, C. (1991). Emotional Creativity. In K. T. Strongman(Ed.), *International review of studies on emotion* (pp. 269-299). London: Wiley.

Averill, J. R., Catlin, G., & Chon, K. K. (1990). *Rules of hope.* NY: Springer-Verlag.

Averill, J. R., Chon, K. K., & Hahn, D. W. (2001). Emotions and creativity, east and west. *Asian Journal of Social Psychology, 4*, 165-183.

Azmitia, M. (1992). Expertise, Private speech, and the development of self-regulation. In R. M. Diaz & L. K. Berk (Eds.), *Private speech: From social interaction to self-regulation.* Hillsdale, NJ: Erlbaum.

Baddeley, A. D., Hitch, G. J., Allen, R. J. (2009). Working memory and binding in sentence recall. *Journal of Memory and Language, 61*, 438-456.

Bailey, L. (1996). The feminization of a school?: Women teachers in a boys' school. *Gender and Education, 8*(2), 171-184.

Baker, R. W., & Siryk, B. (1984). Measuring adjustment to college. *Journal of Counseling Psychology, 31*, 179-189.

Baker, R. W., & Siryk, B. (1999). *SACQ: Student adaptation to college questionnaire manual.* Los Angeles, CA: Western Psychological Services.

Baker, S. R. (2004). Intrinsic, extrinsic, and amotivational orientations: Their role in university adjustment, stress, well-being, and subsequent academic performance. *Current Psychology, 23*(3), 189-202.

Baldwin, A. L. (1971). *Theories of child development.* Oxford, England: Wiley.

Ballardm, M. E., Cummings, E. M., & Larkin, K. (1993). Emotional and cardiovascular responses to adult's angry behavior and to challenging tasks in children of hypertensive and normotensive parents. *Child Development, 64*, 500-515.

Band, E. B., & Weisz, J. R. (1988). How to feel better when it feels bad: Children's Perspectives on coping with everyday stress. *Developmental Psychology, 24*, 247-253.

Bandura, A. (1965). Influence of models' reinforcement contingencies on the acquisition of imitative responses. *Journal of Personality and Social Psychology 1*(6), 589-595.

Bandura, A. (1977). Self-efficacy: Toward a unifying theory of behavioral change.

Psychological Review, 84(2), 191–215.

Bandura, A. (1986). *Social foundations of thought and action: A social cognitive theory*. Englewood Cliffs, NJ: Prentice- Hall, Inc.

Banks, J. (2008). *An Introduction to Multicultural Education*. NY: Pearson, Allyn & Bacon.

Barkoukis, V., Ntoumanis, N., & Nikitaras, N. (2007). Comparing dichotomous and trichotomous approaches to achievement goal theory: An example using motivational regulations as outcome variables. *British Journal of Educational Psychology, 77*, 683–702.

Barret, K. C., & Campos, J. J. (1987). Emotional development II: A functionalist approach to emotions. In J. D. Osofsky (Ed.). *Handbook of infant development* (pp. 555–578). NY: Wiley.

Barrett, K. C. (1997). *The communication of emotion: Current research from diverse perspectives*. Jossey–bass publishers.

Barrett, K., & Campos, J. (1987). Perspectives on emotional development: A functionalist approach to emotions. In J. Osofsky (Ed.), *Handbook of infant development* (pp. 555–578). NY: Wiley.

Barrett, L. F. (2006). Solving the emotion paradox: Categorization and the experience of emotion. *Personality and Social Psychology Review*, 10, 20–46.

Bean, J. (1980). Dropouts and turnover: The synthesis and test of a casual model of student attrition. *Research in Higher Education, 12*, 155–187.

Bean, J. P., & Creswell, J. W. (1980). Students attrition among women at a liberal arts college. *Journal of College Student Personnel, 21*, 320–327.

Berelson, B. (1952). *Content analysis in communication research*. NY: Free Press.

Berliner, D. C. (2006). Educational psychology: Searching for essence throughout a century of influence. In P. A. Alexander & P. H. Winne (Eds.), *Handbook of Educational Psychology* (2nd ed., pp. 3–27). Mahwah, NJ: Erlbaum.

Betoret, F. D., & Artiga, A. G. (2011). The relationship among student basic need satisfaction, approaches to learning, reporting of avoidance strategies and achievement. *Electronic Journal of Research in Educational Psychology, 9*(2), 463–496.

Bitter, J. R. (2009). *Theory and practice of family therapy and counseling*. Belmonte, CA: Cengage Learning.

Black, J. K. (1981). Are young children really egocentric? *Young Children, 36*, 51–55.

Blackwell, L. S., & Trzesniewski, K. H., & Dweck, C. S. (2007). Implicit theories of intelligence predict achievement across an adolescent transition: A longitudinal study and an intervention. *Child Development, 78*(1), 246–263.

Bloom, B. S. (1956). *Taxonomy of educational objectives, Handbook 1: Cognitive Domain*. NY: David Mckay.

Boiche, J. C. S., Sarrazin, P. G., Grouzet, F. M. E., Pelletier, L. G., & Chanal, J. P. (2008). Students' motivational profiles and achievement outcomes in physical education: A self-determination perspective. *Journal of Educational Psychology, 100*, 688–701.

Borich, G. D. (2000). *Effective teaching methods*. Prentice Hall Inc.

Borich, G. D. (2011). *Effective teaching methods: Research-based practice*. Allyn & Bacon.

Bower, G. H., Clark, M. C., Lesgold, A. M., & Winzenz, D. (1969). Hierarchical retrieval schemes in recall of categorized word lists. *Journal of Verbal Learning & Verbal Behavior, 8*(3), 323–343.

Bower, G. H. (1981). Mood and memory. *American Psychologist, 36*, 129–148.

Bowlby, J. (1969). *Attachment: Attachment and Loss*. NY: Basic Books.

Bradley, S. J. (1990). Affect regulation and psychopathology: Bridging the mind-body gap. *Canadian Journal of Psychiatry, 35*, 540–547.

Brady-Amoon, P., & Fuertes, J. N. (2011). Self-efficacy, self-rated abilities, adjustment and academic performance. *Journal of Counseling & Development, 89*, 431–439.

Brainerd, C. F. (1996). Piaget: A centennial celebration. *Psychological Science, 7*, 191–195.

Brainerd, C. J., & Reyna, V. F. (2001). Fuzzy-trace theory: Dual processes in memory, reasoning, and cognitive neuroscience. *Advances in Child Development and Behavior, 28*, 49–100.

Brandford, J. D., Goin, L. I., Hasselbring, T. S., Kinzer, C. Z., Sherwood, R. D., & Williams, S. M. (1988). Learning with technology: Theoretical and empirical perspective. *Peabody Journal of Education, 64*(1), 5–26.

Brennan, K. A. (1998). Self-report measurement of adult romantic attachment: An integrative overview. In J. A. Simpson & W. S. Rholes (Eds.), *Attachment theory and close relationships* (pp. 46–76). NY: Guilford Press.

Brenner, E. M., & Salovey, P. (1997). Emotion regulation during childhood: Developmental, interpersonal, and individual considerations. In P. Salovey & D. Sluyter (Eds.), *Emotional development and emotional intelligence* (pp. 168-192). NY: Basic Books.

Bretherton, I., Fritz, J., Zahn-Waxler, C., & Ridgeway, D. (1986). Learning to talk about emotions: A functionalist perspective. *Child Development, 57*, 529-548.

Brewer, W. F., & Nakamura, G. V. (1984). *Handbook of social cognition*. Hillsdale, NJ: Erlbaum.

Breznitz, S. (1986). The effect of hope on coping with stress. In M. H. Appley & P. Trumbull (Eds.), *Dynamics of stress*. NY: Plenum Press.

Bridges, L. J., & Connell, J. P. (1991). Consistency and inconsistency in infant emotional and social interactive behavior across contexts and caregivers. *Infant Behavior and Development, 14*, 471-487.

Bronte-Tinkew, J., Horowitz, A., & Scott, M. (2009). Fathering with multiple partners: Links to children's well-being in early children. *Journal of Marriage and Family, 71*, 608-631.

Brown, A. L., & Ferrara, R. A. (1985). Diagnosing zones of proximal development. In J. V. Wertsch (Ed.), *Culture, Communication, and cognition: Vygotskian perspectives*. NY: Cambridge University Press.

Brown, K., Covell, K., & Abramovitch, R. (1991). Time course and control of emotion: Age differences in understanding and recognition. *Merrillpalmer Quarterly, 37*, 273-287.

Bruner, J. S. (1961). *The process of education*. Cambridge, Mass: Harvard University Press.

Bruner, J., & Ratner, N. (1978). Games, social exchange and the acquisition of language. *Journal of Child Language, 5*, 391-401.

Bunston, T., Mings, D., Mackie, A., & Jones, D. (1995). Facilitating hopefulness: The determinants of hope. *Journal of Psychological Oncology, 13*, 79-103.

Calkins, S. D. (1994). Origins and outcomes of individual differences in emotion regulation. In N. A. Fox (Ed.), *The development of emotion regulation: Behavioral and biological considerations* (pp. 53-72). *Monographs of the society for development*.

Campione, J. C., Brown, A. L., & Ferrara, R. A. (1982). Mental retardation and intelligence. In R. J. Sternberg(Ed.), *Handbook of human intelligence.* Cambridge, MA: Cambridge University Press.

Campos, J. J., Campos, R. G., & Barrett, K. C. (1989). Emergent themes in the study of emotional development and emotion regulation. *Developmental Psychology, 25,* 394-402.

Campos, J. J., Mumme, D. L, & Kermoian, R. G. (1994). A functionalist perspective on the nature of emotion. In N. A. Fox (Ed.), *The development of emotion regulation: Behavioral and biological considerations. Monographs of the society for development* (pp. 284-303).

Campton, W. C. (2005). *An introduction to positive psychology.* Thompson: Wadsworth Publishing.

Cantwell, D., Baker, L., & Mattison, R. (1979). The prevalence of psychiatric disorder in children with speech and language disorders. *Journal of the Academy of Adolescent and Child Psychiatry, 18,* 450-461.

Caplan, M., & Weissberg, R. P., Grober, J. S., Sivo, P. J., Grady, K, & Jacoby, C. (1992). Social competence promotion with inner-city and suburban young adolescents: Effects of social adjustment and alcohol use. *Journal of Consulting and Clinical Psychology, 60,* 56-63.

Carlo, G., Knight, G. P., Eisenberg, N., & Rotenberg, K. J. (1991). Cognitive processes and prosocial behaviors among children: The role of affective attributions and reconciliations. *Developmental Psychology, 27,* 456-461.

Carstensen, L. L., Pasupathi, M., Mayr, U., & Nesselroade, J. R. (2000). Emotional experience in everyday life across the adult life span. *Journal of Personality and Social Psychology, 79,* 644-655.

Carver, C. S., & Scheier, M. F. (2004). *Perspectives on personality.* Pearson Education Inc.

Case, R. (1977). Responsiveness to conservation training as a function of induced subjective uncertainty. M-space and cognitive style. *Canadian Journal of Behavioral Science, 9,* 12-26.

Case, R. (1978). Intellectual development from birth to adulthood: a neo-Piagetian interpretation. In R. S. Siegler (Ed.), *Children's thinking: What develops?* (pp. 37-72). Hillsdale: NJ: Erlbaum.

Case, R. (1988). Toward a neoPiagetian theory of affective and cognitive development. *Developmental Review, 8,* 1-51.

Casey, R. J., & Schlosser, S. (1994). Emotional responses to peer praise in children with and without a diagnosed externalizing disorder. *Merrill Palmer Quarterly, 40,* 60-81.

Catanzaro, S. J., & Mearns, J. (1990). Measuring generalized expectancies for negative mood regulation: Initial scale development and implications. *Journal of personality assessment, 54*, 546-563.

Chang, E. C. (1998). Hope, problem-solving ability, and coping in a college student population: Some implications for the theory and practice. *Journal of Clinical Psychology, 54*, 953-962.

Chang, E. C. (2003). A critical appraisal and extension of hope theory in middle-aged men and women: Is it important to distinguish agency and pathways components? *Journal of Social and Clinical Psychology, 22*, 121-143.

Chang, L., McBride-Chang, C., Stewart, S. M., & Au, E. (2003). Life satisfaction, self-concept, and family relations in chinese adolescents and children. International *Journal of Behavioral Development, 27*(2), 182-189.

Chartrand, J. M. (1992). An empirical test of a model of nontraditional student adjustment. *Journal of Counseling Psychology, 39*, 192-202.

Chemers, M. M., Hu, L., & Garcia, B. F. (2001). Academic self-efficacy and first-year college student performance and adjustment. *Journal of Educational Psychology, 93*, 55-64.

Cheng, H., & Furnham, A. (2001). Attributional style and personality as predictors of happiness and mental health. *Journal of Happiness Studies, 2*(3), 307-327.

Chou, C., & Bentler, P. M. (1995). Estimates and tests in structural equation modeling. In R. H. Hoyle (Ed.). *Structural equation modeling: Concepts, issues, and applications* (pp. 37-55). Thousand Oaks, CA: Sage.

Ciani, K. D., Sheldon, K. M., Hilpert, J. C., & Easter, M. A. (2011). Antecedents and trajectories of achievement goals: A self-determination theory perspective. *British Journal of Educational Psychology, 81*, 223-243.

Cicchetti, D., Ganiban, J., & Barnett, D. (1991). Contributions from the study of high-risk populations to understanding the development of emotion regulation. In J. Garber & K. A. Dodge (Eds.), *The development of emotion regulation and dysregulation*. NY: Cambridge University Press.

Clore, G., & Ortony, A. (1984). Some issues for a cognitive theory of emotion. *Cahiers de Psychologie Cognitive, 4*, 53-57.

Cole, P. M. (1986). Children's spontaneous control of facial expression. *Child Development, 57*, 1309-1321.

Cole, P. M., & Smith, K. D. (1993). *Preschoolers' behavioral difficulties and the self-regulation of negative emotion*. Paper presented at the meeting of the Society for Research in Child Development, New Orleans.

Cole, P. M., Michel, M. K., & O'donnell, L. (1994). The development of emotion regulation. In N. A. Fox (Ed.), *The development of emotion regulation: Behavioral and biological considerations. Monographs of the society for research*

Collins, A., Brown, J. S., & Newman, S. (1980). Cognitive apprenticeship: Teaching the craft of reading, writing, and mathematics. In L. B. Resnick (Ed.), *Cognition and instruction: Issues and agendas*. Hillsdale, NJ: Erlbaum.

Collins, K., & Bell, R. (1997). Personality and aggression: The dissipation-rumination scale. *Personality and Individual Differences, 22*, 751-755.

Compas, B. E., Malcarne, V. L., & Shott, C. T. (1989). Spontaneous expressive control in blind and sighted children. *Children Development, 60*, 683-688.

Compton, W. C. (2005). *An introduction to positive psychology*. Belmont, CA: Thompson Wadsworth.

Conti, R. (2000). College goals: Do self-determined and carefully considered goals predict intrinsic motivation, academic performance, and adjustment during the first semester? *Social Psychology of Education, 4*, 189-211.

Corey, S. M. (1967). Definition of instructional design. In P. C. Lange (Ed.), *Programmed Instruction: NSSE 66th Yearbook*. Chicago: University of Chicago Press.

Craik, F. I. M., & Lockhart, R. S. (1972). Levels of processing: A framework for memory research. *Journal of Verbal Learning and Verbal Behavior, 11*, 671-684.

Crain, W. (2005). *Theories of development*. NY: Prentice Hall.

Crandall, V., Crandall, V. J., & Katkovsky, W. A. (1965). A children's social desirability scale. *Journal of consulting Psychology, 29*, 27-36.

Crede, M., & Niehorster, S. (2012). Adjustment to college as measured by the student adaptation to college questionnaire: A quantitative review of its structure and relationships with correlates and consequences. *Educational Psychology Review, 24*, 133-165.

Csikzentmihalyi, M. (1996). *Creativity: Flow and psychology of discovery and invention*. NY: Harper Collins.

Cummings, E. M., Simpson, K. S., & Wilson, A. (1993). Children's responses to interadult anger as a function of information about resolution. *Developmental Psychology, 29*, 978-985.

Curry, L. A. (1994). *The role of hope in sport-related goal-setting, goal-appraisal, goal-attainment, and as a predictor of sport performance*. Doctoral dissertation. University of Kansas, Lawrence.

Cury, F., Elliot, A. J., Da Fonseca, D., & Moller, A. (2006). The social-cognitive model of achievement motivation and the 2x2 achievement goal framework. *Journal of Personality and Social Psychology, 90*, 666-679.

Davern, M., Cummins, R. A., & Stokes, M. (2007). Subjective well-being as an affective-cognitive construct. *Journal of Happiness Studies, 8*, 429-449.

Davis, G. (1999). Barriers to Creativity and Creative Attitudes. In M. A. Runco and S. R. Pritzker (Eds.), *Encyclopedia of Creativity* (pp. 165-174). San Diego, Calif.; London: Academic Press.

de Shazer, S. (1978): Brief therapy with couples. *International Journal of Family Therapy 6*, 17-30.

Deci, E. L., & Ryan, R. M. (1990). A motivational approach to self: Integration in personality. In R. Dienstbier (Ed.), *Nebraska Symposium on Motivation: Perspectives on Motivation* (pp. 237-288). Lincoln, NE: University of Nebraska Press.

Deci, E. L., & Ryan, R. M. (2000). The what and why of goal pursuits: Human needs and the self-determination of behavior. *Psychological Inquiry, 11*, 227-268.

DeGrandpre R. I., & Buskist, W. (2000). Behaviorism and neobehaviorism. In A.E.Kazdin (Ed.) *Encyclopedia of psychology* (pp. 388-392). Washington, DC: Psychological Association.

Denham, S. A. (1986). Social cognition, prosocial behavior, and emotion in preschoolers: Contextual validation. *Child development, 57*, 194-201.

Derry, S. J. (1996). Cognitive schema theory in the constructivist debate. *Educational Researcher, 31*(3), 163-174.

DeSena, P. A. (1964). The role of consistency in identifying characteristics of three levels of achievement. *Personnel and Guidance Journal, 43*, 145-149.

Diener, E. (2000). Subjective well-being: The science of happiness and a proposal for a national index. *American Psychologist, 55*(1), 34-43.

Diener, E., Emmons, R. A., Larsen, R. J., & Griffin, S. (1985). The satisfaction with life scale. *Journal of Personality Assessment, 49*(1), 71-75.

Diener, R. B., Diener, E., & Tamit, M. (2004). The Psychology of subjective well-being. *Daedalus, 133*(2), 18-25.

Dix, T. (1991). The affective organization of parenting: Adaptive and maladaptive processes. *Psychological Bulletin, 110*, 3-25.

Dodge, K. A. (1989). Coordinating responses to aversive stimulus: Introduction to a special section on the development of emotion regulation. *Developmental Psychology, 25*, 39-342.

Dodge, K. A., Pettit, G. S., Bates, J. E., & Valente, E. (1995). Social information-processing patterns partially mediate the effects of early physical abuse on later conduct problems. *Journal of Abnormal Psychology, 104*, 632-643.

Doerfler, L. A., & Richards, C. S. (1981). Self-initiated attempts to cope with depression. *Cognitive Therapy and Research, 5*, 367-371.

Domino, G., & Affonso, D. D. (1990). A personality measure of Erikson's life stages: the Inventory of Psychosocial Balance. *Journal of Personality Assessment, 54*, 576-588.

Downey, G., & Coyne, J. C. (1990). Children of depressed parents: An integrative review. *Psychological Bulletin, 108*, 50-76.

Duda, J. L., & Nicholls, J. G. (1992). Dimensions of achievement motivation in schoolwork and sport. *Journal of Educational Psychology, 84*, 290-299.

Duda, J., Chi, L., Newton, M., Walling, M., & Catley, D. (1995). Task and ego orientation and intrinsic motivation in sport. *International Journal of Sport Psychology, 26*(1), 40-63.

Dunker, K. (1945). On problem solving. *Psychological Monographs, 58*, 432.

Dunlap, J. C., & Grabinger, R. S. (1995), Rich environments for active learning: a definition. *Association for Learning Technology Journal, 3*(2), 5-34.

Dunn, J., & Brown, J. (1991). Relationships, talking about feelings, and the development of affect regulation in early childhood. In J. Garber & K. A. Dodge (Eds.), *The development of emotion regulation and dysregulation* (pp. 89-108). NY: Cambridge University Press.

Dweck, C. S. (1986). Motivational processes affecting learning. *American Psychologist, 41*, 1040-1048.

Dweck, C. S., & Bempechat, J. (1983). Children's theories of intelligence. In S. Paris, G. Olsen, & H. Stevenson (Eds.), *Learning and motivation in the classroom* (pp. 239-256). Hillsdale, NJ: Erlbaum.

Dweck, C. S., & Leggett, E. L. (1988). A social-cognitive approach to motivation and personality. *Psychological Review, 95*, 256-273.

Eisenberg, N., & Fabes, R. A. (1992). *Emotion and its regulation in early development*. Jossey-bass publisher.

Ekman, P. (1984). Expressions and the nature of emotion. In K. S. Scherer & P. Ekman (Eds.), *Approaches to emotion* (pp. 319-343). Hillsdale, NJ: Erlbaum.

Elliot, A. J., & Church, M. A. (1997). A hierarchical model of approach and avoidance achievement motivation. *Journal of Personality and Social Psychology, 72*, 218-232.

Elliot, A. J., & Harackiewicz, J. M. (1996). Approach and avoidance achievement goals and intrinsic motivation: A mediational analysis. *Journal of Personality and Social Psychology, 70*, 461-475.

Elliot, A. J., & McGregor, H. A. (2001). A 2x2 achievement goal framework. *Journal of Personality and Social Psychology, 80*, 501-519.

Elliot, A. J., & Pekrun, R. (2007). Emotion in the hierarchical model of approach-avoidance achievement motivation. In P. A. Schutz & R. Pekrun (Eds.), *Emotion in education* (pp. 57-73). San Diego: Elsevier Academic.

Elliot, A., J., & Murayama, K. (2008). On the measurement of achievement goals: Critique, illustration, and application. *Journal of Educational Psychology, 100*, 613-628.

Emmer, E. T., & Evertson, C. M. (2009). *Classroom management for elementary teachers*. NJ: Pearson Education, Inc.

Fabes, R. A., Eisenberg, N., & Eisenbud, L. (1993). Behavioral and physiological correlates of children's reactions to others in distress. *Developmental Psychology, 4*, 655-663.

Farr, J. L., Hofmann, D. A., & Ringenbach, K. L. (1993). Goal orientation and action control theory: Implications for industrial and organizational psychology. In C. L. Cooper & I. T. Robertson (Eds.), *International review of industrial and organizational psychology* (pp. 193-231). NY: Wiley.

Faw, H. W., & Waller, T. G. (1976). Mathemagenic behaviors and efficiency in learning from prose. *Review of Educational Research, 46*, 691-720.

Feldman, D. B., & Snyder, C. R. (2005). Hope and the meaningful life: Theoretical and empirical associations between goal-directed thinking and life meaning. *Journal of Social and Clinical Psychology, 24*, 401-421.

Fiedler, K. (2000). Toward an integrative account of affect and cognition phenomena using the BIAS computer algorithm. In J. P. Forgas (Ed.), *Feeling and thinking: The role of affect in social cognition* (pp. 223-253). Cambridge, England: Cambridge University Press.

Flavell, J. H. (1985). *Cognitive development*. Englewood Cliffs, NJ: Prentice-Hall.

Fosnot, C. T. (1989). *Enquiring teachers, enquiring learners: A constructivist approach for teaching*. NY: Teachers College Press.

Fosnot, C. T. (1996). *Constructivism: theory, perspectives and practice*. NY: teachers college press.

Fox, N. A. (1994). *The development of emotion regulation: Behavioral and biological considerations. Monographs of the society for research in child development.*

Franklin, M. (1992). Culturally sensitive instructional practices for African-American learners with disabilities. *Exceptional Children, 59*(2), 115-122.

Franko, D. L., Powers, T. A., Zuroff, D. C., & Moskowitz, D. S. (1985). Children and affect: Strategies for self-regulation an sex difference in sadness. *American Journal of Orthopsychiatry, 55*, 210-219.

Freedheim, D. K., & Russ, S. W. (1992). Psychotherapy with children. In Handbook of clinical child psychology. In C. E. Walker & M. C. Roberts (Eds.)., *Handbook of clinical child psychology*. NY: Wiley.

Frijda, N. H. (1988). The laws of emotion. *American Psychologist, 43*, 349-358.

Gage, N. L., & Berliner, D. C. (1984). *Educational psychology*. Boston: Houghton Mifflin.

Gagné, R. M. (1965). *The Conditions of Learning*. NY: Rinehart & Winston.

Gagné, R. M. (1967). Curriculum research and the promotion of learning. In R. Stake (Ed.), *Perspectives of Curriculum Evaluation*. AERA monograph series on curriculum evaluation, No. 1. Chicago: Rand McNally.

Gagné, R. M. (1985). *The Conditions of Learning and Theory of Instruction*. Holt: Rinehart and Winston.

Gagné, R. M., & Driscoll, M. P. (1988). Essentials of learning for instruction. NJ: Prentice Hall.

Gamlin, P. J. (1989). Issues in dynamic assessment. *The international Journal of Dynamic Assessment and Instruction, 1*(1), 13-25.

Garber, J., & Dodge, K. A. (1991). *The development of emotion regulation and dysregulation*. Cambridge: Cambridge University Press.

Garber, J., Braafladt, N., & Zeman. J. (1991). The regulation of sad effect: An information-processing perspective. In J. Garber & K. Dodge (Eds.), The development of emotion regulation and dysregulation (pp. 208-240). NY: Cambridge University Press.

Gardner, H. (1982). *Multiple Intelligence: The theory in practice*. NY: Basic book.

Gardner, H. (1999). *Intelligence reframed: Multiple intelligences for the 21st century*. NY: Basic Books.

Gardner, H. (2004). *Multiple intelligence after twenty years*. Paper presented at the American Educational Research Association, Chicago, IL.

Gardner, H., & Hatch, T. (1989). *Multiple intelligences go to school. Educational Researcher, 18*(8), 410.

Ge, X., Conger, R. D., & Elder, G. H. (2001). Pubertal transition, stressful life events, and emergence of gender differences in adolescent depressive symptoms. *Developmental Psychology, 37*, 404-417.

Gelman, R. (1978). Counting in the preschooler: What does and what does not develop? In R. S. Sigler (Ed.), *Children's thinking: What develops?* (pp. 213-242). Hillsdale, NJ: Erlbaum.

Gelman, R., Meck, E., & Merkin, S. (1986). Young children's numerical competence. *Cognitive Development, 1*, 1-29.

Gelso, C. J., Osterhouse, R., & Bodden, J. L. (1971). Nonintellective factors in improvement during an educational skill course. *Journal of Counseling Psychology, 18*, 503-504.

Glaser, R. (1962). *Training Research and Education*. NY: Wiley.

Glasersfeld, E. (1980), Adaptation and viability. *American Psychologist, 35*(11), 970-974.

Glasser, W. (1964). *Reality Therapy.* NY: Harper.

Goldberg, D. T. (1994). *Multiculturalism: A Critical Reader.* Boston, Mass: Blackwell Publishers..

Goleman, D. (1995). *Emotional intelligence.* NY: Bantam Books.

Gottschalk, L. A. (1985). Hope and other deterrents to illness. *American Journal of Psychotherapy, 39*, 515-524.

Granott, N. (1993a). *Microdevelopment of co-construction of knowledge during problem-solving: Puzzled minds, weird creatures, and wuggles.* Unpublished Doctoral dissertation, Massachusetts Institute of Technology

Greeley, A. M. (1974). *Ecstasy: A way of knowing.* Englewood Cliffs, NJ: Prentice-Hall.

Green, M., & Haggerty, R. J. (1990). *Ambulatory pediatrics* IV. WB: Saunders Company.

Greenberg, M. T., & Kusche, C. A. (1993). *Promoting social and emotional development in deaf children: The PATHS project.* Seattle: University of Washington Press.

Greenberg, M. T., & Kusche, C. A. (1994). *The PATHS curriculum.* Seattle, WA: Developmental Research and Programs.

Greenberg, M. T., Kusche, C. A., Cook, E. T., & Quamma, J. P. (1995). Promoting emotional competence in school-aged children: The effects of the PATHS curriculum. *Development and Psychopathology, 7*, 117-136.

Grieder, S., Tiaden, C., Elke, A., & Steiner, G. (2006). *Emotional facets of self-regulated learning in a longitudinal study.* Retrieved April 5, 2010, from http://www.psycho.unibas.ch/files/lernstrategien/Dok_Kongressbeitraege/PaperAERA05_Grieder.pdf.

Grimm, L. G., & Yarnold, P. R. (2004). *Reading and understanding multivariate statistics.* Washington, NE: American Psychology Association.

Grolnick, W. S., & Ryan, R. M. (1987). Autonomy in children's learning: An experimental and individual difference investigation. *Journal of Personality and Social Psychology, 52*, 890-898.

Gruber, H. E. (1982). On the hypothesized relation between giftedness and creativity. *New Directions for child and Adolescent Development, 17*, 7-29.

Guay, F., & Vallerand, R. J. (1997). Social context, student's motivation, and academic achievement: Toward a process model. *Social Psychology of Education, 1*, 211-233.

Guilford, J. P. (1950). Creativity. *American Psychologist, 5*, 444-454.

Guilford, J. P. (1959). The three faces of intellect. *American Psychologist, 14*, 469-479.

Guilford, J. P. (1967). *The nature of human intelligence*. NY: McGraw Hill.

Gunter, M. A., Estes, T. H., & Mintz, S. L. (2007). Instruction: A models approach. Allyn & Bacon.

Gutbezahl, J., & Averill, J. R. (1996). Individual Differences in Emotional Creativity as manifested in words and pictures. *Creativity Research Journal, 9*(4), 327-337.

Haffer, D. R., & Kipp, K. (2010). *Developmental Psychology*. Wadsworth: Cengage Learning.

Hamilton, N. A., Karoly, P., Gallagher, M., Stevens, N., Karlson, C., & McCurdy, D. (2009). The assessment of emotion regulation in cognitive context: The emotion amplification and reduction scales. *Cognitive Therapy and Research*, 33, 255-263.

Hancock, G. R., & Mueller, R. O. (2006). *Structural equation modeling: Second course*. CT: Information Age Publishing.

Harre, R. (Ed.). (1986). *The social construction of emotions*. Oxford: Basil Blackwell.

Harre, R., & Parrott, W. G. (1996). *The emotions: Social, cultural, and biological dimensions*. Thousand Oaks, CA: Sage.

Harris, P. L. (1989). *Children and emotion: The development of psychological understanding*. NY: Basil Blackwell.

Harter, S. (1977). A cognitive-developmental approach to children's expression of conflicting feeling and a technique to facilitate such expression in play therapy. *Journal of Consulting and Clinical Psychology, 45*, 417-432.

Harvey, J. C., & Katz, C. (1985). *If I'm so successful, why do I feel like fake?* NY: St. Martin's.

Hastings, S. (1999). *Assessment of hope in autobiographical narratives and the role of gender in good selection*. Doctoral dissertation. University of Kansas, Lawrence.

Hayes, J. R. (1981). *The complete problem solver*. Philadelphia: Franklin Institute Press.

Hazan, C., & Shaver, P. (1987) Romantic Love conceptualized as an attachment process. *Journal of Personality and Social Psychology, 52*(3), 511-524.

Heider, F. (1958). *The psychology of interpersonal relations.* NY: John Wiley & Sons.

Herbert, J., & Stipek, D. (2005). The emergence of gender differences in children's perceptions of their academic competence. *Applied Developmental Psychology, 26*(3), 279-295.

Hinton-Nelson, M. D., Roberts, M. C., & Snyder, C. R. (1996). Early adolescents exposed to violence: Hope and vulnerability to victimization. *American Journal of Orthopsychiatry, 66*, 346-353.

Hoffner, C. (1993). Children's strategies for coping with stress: Blunting and monitoring. *Motivation and Emotion, 17*, 91-106.

Hofmann, D. A., & Strickland, O. L. (1995). Task performance and satisfaction: Evidence for a task by ego-orientation interaction. *Journal of Applied Social Psychology, 25*, 495-511.

Hood, R. (1975). The construction and preliminary validation of a measure of reported mystical experience. *Journal for the Scientific Study of Religion, 14*, 29-41.

Horn, L., & Carroll, C. D. (2006). *Placing college graduation rates in context: How 4-year college graduation rates vary with selectivity and the size of low-income enrollment.* Institute of Education Sciences: National Centre for Education Statistics.

Huang, C. (2011). Achievement goals and achievement emotions: A meta-analysis. *Educational Psychology Review, 23*, 359-388.

Hulleman, C. S., Trinastic, J. P., & Harackiewicz, J. M. (2006). *Approach and avoidance mastery goals in a learning context.* Paper presented at the Annual Meeting of the American Educational Research Association. San Francisco, CA.

Hyde, J. S., & Mertz, J. E. (2009). Gender, culture, and mathematics performance. *Proceedings of the National Academy of Sciences, USA, 106*, 8801-8807.

Hyson, M. C. (1994). *The emotional development of young children: Building an emotional-centered curriculum.* Columbia University: Teachers College Press.

Isen, A. M. (1993). Positive affect and decision making. In M. Lewis & J. M. Haviland (Eds.), *Handbook of emotion.* NY: Guilford.

Ivcevic, Z., Brackett, M., & Mayer, J. D. (2007). Emotional Intelligence and Emotional Creativity. *Journal of Personality, 75*(2), 199-236.

Izard, C. E. (1977). *Human emotions.* NY: Plenum.

Izard, C. E. (1993). Four systems for emotion activation: cognitive and noncognitive processes. *Psychological Review, 100*, 68-90.

Izard, C. E., & Kobak, R. R. (1991). Emotions system functioning and emotion regulation. In J. Garber & K. A. Dodge (Eds.), *The development of emotion regulation and dysregulation* (pp. 303-321). NY: Cambridge University Press.

Izard, C. E., & Malatesta, C. (1987). Perspectives on emotional development: I. Differential emotions theory of early emotional development. In J. Osofsky (Ed.), *Handbook of infant development* (pp. 494-554). NY: Wiley.

Jang, L. Y., & Liu, W. C. (2012). 2x2 achievement goals and achievement emotions: A cluster analysis of students' motivation. *European Journal of Psychology of Education, 27*, 59-76.

Jarrold, C., Tam, H., Baddeley, A. D., & Harvey, C. E. (2011). How does processing affect storage in working memory task? Evidence for both domain-general and domain-specific effects. *Journal of Experimental Psychology, 37*, 688-705.

Jin, S., Moon, S. M. (2006). A study of well-being and school satisfaction among academically talented students attending a science high school in Korea. *The Gifted Child Quarterly, 50*(2), 169-190.

Johnson, D. W., & Johnson, R. T. (1989). *Cooperation and competition: Theory and research*. Edina, MN: Interaction.

Johnston, M. M., & Finney, S. J. (2010). Measuring basic needs satisfaction: Evaluating previous research and conducting new psychometric evaluations of the basic needs satisfaction in general scale. *Contemporary Educational Psychology, 35*, 280-296.

Joyce, B., & Weil, M. (1986). *Models of teaching*. Englewood Cliffs, NJ: Prentice-Hall.

Kagan, D. M. (1964). *Developmental studies of reflection and analysis*. Cambridge, MA: Harvard University Press.

Kalat, J. W., & Shiota, M. N. (2007). *Emotion*. Wadsworth Publishing.

Kaye, K., & Fogel, A. (1980). The temporal structure of face-to-face communication between mothers and infants. *Developmental Psychology, 16*, 454-464.

Kelley, H. H. (1973). The process of causal attribution. *American psychologist, 28*(2), 107-128.

Kemper, T. D. (1987). How many emotions are there? Wedding the social and autonomous components. *American Sociological Review, 93*, 263-289.

Killen, M., & Smetana, J. G. (2005). *Handbook of moral development.* NY: Taylor & Francis Group LLC.

Kirkcaldy, B., Furnham, A., & Siefen, G. (2004). The relationship between health efficacy, educational attainment, and well-being among 30 nations. *European Psychologist, 9*(2), 107-119.

Kirsch, I. (1985). Response expectancy as a determinant of experience and behavior. *American Psychologist, 40*, 1189-1202.

Klahr, D. (1978). Goal information, planning and learning by pre-school problem solvers. In R. S. Siegler (Ed.), *Children's thinking: What develops?* (pp. 181-212). Hillsdale: NJ: Erlbaum.

Kline, R. B. (2005). *Principles and practice of structural equation modeling.* NY: Guilford Press.

Kohlberg, L. (1967). Moral and religious education and the public schools: A developmental view. In T. Sizer, (Ed.), *Religion and Public Education.* Boston: Houghton Mifflin.

Kohlberg, L. (1958). *The Development of Modes of Thinking and Choices in Years 10 to 16.* Unpublished Doctor's Dissertation, University of Chicago.

Kolberg, L. (1981). *The Philosophy of Moral Development: Moral Stages and the Idea of Justice.* San Francisco: Harper & Row, Publishers.

Kopp, C. B. (1989). Regulation of distress and negative emotions: A developmental view. *Developmental Psychology, 25*, 343-354.

Krapp, A. (2005). Basic needs and the development of interest and intrinsic motivational orientations. *Learning and Instruction, 15*, 381-395.

Krathwohl, D. R., Bloom, B. S., & Masia, B. B. (1964). *Taxonomy of educational objectives, Handbook 2: Affective Domain.* NY: Mckay.

Kuhn, D. (1992). Cognitive development. In M. H. Bornstein & M. E. Lamb (Eds.), *Developmental psychology: An advanced textbook.* Hillsdale, NJ: Erlbaum.

Kurtines, W. M., & Gewirtz, J. L. (1995). *Moral Development: An introduction.* Pearson Education Inc.

Kusche, C. A. (1984). *The understanding of emotion concepts by deaf children: An assessment of an affective curriculum.* Unpublished doctoral dissertation. University of Washington.

Kwon, P. (2002). Hope, defense mechanism, and adjustment: Implications for false hope and defensive hopelessness. *Journal of Personality, 70*, 207-231.

Kyllonen, P. C. (1996). Knowledge, speed, strategies, or working-memory capacity: A systems perspective. In R. J. Sternberg, & E. L. Grigorenko (Eds.), *The general factor of intelligence: How general is it?*. Mahwah, NJ: Lawrence Erlbaum Associates.

Kymlicka, W. (1995). *Multicultural Citizenship*. Clarendon: Oxford.

LaFountain, B., Garner, N., & Eliason, G.(1996). Solution-focused counseling groups: a key for school counselors. *The School Councelor, 42*, 256-267.

LaFreniere, P. J. (2000). *Emotional development: A biosocial perspective*. CA: Wadsworth & Thomson Learning.

Laski, M. (1968). *Ecstasy in secular and religious experiences*. London: Cresset Press.

Lazarus, R. S. (1981). A cognitivist's reply to Zajonc on emotion and cognition. *American Psychologist, 36*, 222-223.

Lazarus, R. S. (1984). On the primacy of cognition. *American Psychologist, 39*, 124-129.

Lazarus, R. S., & Folkman, S. (1984). *Stress, appraisal, and coping*. NY: Springer.

Lee, P. C., & Voivodas, K. G. (1983). Elementary school children's perceptions of their actual and ideal school experience: A developmental study. *Journal of Educational Psychology, 75*, 838-847.

Levenson, H. (1981). Differentiating Among Internality, Powerful Others and Chance. In H. M. Lefcourt (Ed.), *Research with the Locus of Control* (pp. 57-59). NY: Academic Press, Inc.

Levenson, H. (1981). Differentiating among internality, powerful others, and chance. In Lefcourt (Ed.). *Research with the locus of control construct* (pp. 15-66).

Levine, R. F. (2003). *Society and education*. Boston: Allyn & Bacon.

Lewis, M., & Michalson, L. (1983). *Children's emotions and moods*. NY: Plenum.

Licht, B. G., & Kistner, J. A. (1986). Motivational problems of learning-disabled children: Individual differences and their implications for treatment. In J. K. Torgesen and B. Y. L. Wong (Eds.), *Psychological and educational perspectives in learning disabilities* (pp. 225-255). NY: Academic Press.

Lichtenfeld, S., Pekrun, R., Killi, U., & Reiss, K., (2007). *Achievement Emotions Questionnaire - Elementary School (AEQ-Elementary School): User's Manual*. Munich, Germany: University of Munich, Department of Psychology.

Lichtenfeld, S., Pekrun, R., Stupnisky, R. H., Reiss, K., & Murayama, K. (2012). Measuring students' emotions in the early years: The Achievement Emotions Questionnaire-Elementary School (AEQ-ES). *Learning and Individual Differences, 22*, 190-201.

Liebert, R. M., & Liebert, L. L. (1998). *Personality: Strategies and Issues*. Cengage Learning.

Linn, R. L., & Gronlund, N. E. (2000). *Measurement and assessment in teaching*. NJ: Prentice Hall.

Linnenbrink, E. A., & Pintrich, P. R. (2002). Achievement goal theory and affect: An asymmetrical bidirectional model. *Educational Psychologist, 37*, 69-78.

Long, C. R., Seburn, M., Averill, J. R., & More, T. A. (2003). Solitude experiences: Varieties, settings, and individual differences. *Personality and Social Psychology Bulletin, 29*, 578-583.

Magaletta, P. R., & Oliver, J. M. (1999). The hope construct, will, and ways: Their relations with self-efficacy, optimism, and general well-being. *Journal of Clinical Psychology, 55*, 539-551.

Mager, R. F. (1962). *Preparing objectives for programmed instruction*. San Francisco: Feardon.

Maier, H. W. (1965). *Three theories of child development: The contributions of Erikson, Jean Piaget, and Robert R. Sears, and their applications*. NY: Harper & Row.

Malatesta, C. Z., & Wilson, A. (1988). Emotion. cognition interaction in personality development: A discrete emotions, functionalist analysis. *British Journal of social Psychology, 27*, 91-112.

Mandler, G. (1975). *Mind and emotion*. NY: John Wiley and Sons.

Mandler, G. (1984). *Mind and body: Psychology of emotion and stress*. NY: Norton.

Manly, J. T., Cicchetti, D., & Barnett, D. (1994). The impact of subtype, frequency, chronicity, and severity of child maltreatment on social competence and behavior problems. *Development and Psychopathology, 6*, 121-143.

Marcia, J. E. (1980) Identity in adolescence. In J. Adelson (Ed.), *Handbook of Adolescent Psychology*. NY: Wiley

Markus, H., & Ruvolo, A. (1989). Possible selves: Personalized representations of goals. In L. A. Pervin (Eds.), *Goal concepts in personality and social psychology*. Hillsdale, N. J: Erlbaum.

Martin, M. M., & Rubin, R. B. (1995). A new measure of cognitive flexibility scale. *Southern Communication Journal, 59*, 171-178.

Maslow, A. H. (1971). *The farther reaches of human nature*. NY: Viking Press.

Matoba, M., Crawford, K. A., & Sarkar Arani, M. R. (2006). *Lesson Study: International Perspective on Policy and Practice*. Nagoya: Nagoya University Press.

Mayer, J. D., & Gaschke, Y. N. (1988). The experience and meta-experience of mood. *Journal of Personality and Social Psychology, 55*, 102-111.

Mayer, J. D., & Salovey, P. (1990). Emotional intelligence. *Imagination, Cognition and Personality, 9, 185-211.*

Mayer, J. D., & Salovey, P. (1993). The intelligence of emotional intelligence. *Intelligence. 17, 433-442.*

Mayer, J. D., & Salovey, P. (1995). Emotional intelligence and the construction and regulation of feelings. *Applied and Preventive Psychology, 4,* 197-208.

Mayer, J. D., & Salovey, P. (1997). What is emotional intelligence? In P. Salovey & D. Sluyter (Eds.), *Emotional development and emotional intelligence* (pp. 3-31). NY: Basic Books.

Mayer, J. D., Salovey, P., & Caruso, D. (2000). Models of emotional intelligence. In R. J. Sternberg (Ed.), *Handbook of human intelligence* (pp. 396-420). NY: Cambridge University Press.

Mayer, R. E. (1989). Systematic thinking fostered by illustrations in scientific text. *Journal of Educational Psychology, 81*, 240-246.

Mayer, R. E. (1996). Learners as information processors: Legacies and limitations of educational psychology's second metaphor. *Educational Psychologist, 31*, 151-161.

McAllister, A. (1988). *Dymanmic assessment: The zone of proximal development in psycho educational practice*. Student Board of Education, Toronto.

McClelland, D. C. (1953). *Personality*. NY: William Sloane Associates.

McCord, J., & Tremblay, R. E. (1992). *Preventing antisocial behavior: Interventions from birth through adolescence*. NY: Guilford Press.

McGregor, H. A., & Elliot, A. J. (2002). Achievement goals as predictors of achievement-relevant processes prior to task engagement. *Journal of*

Educational Psychology, 94, 381-395.

Menninger, K. (1959). The academic lecture: Hope. *The American Journal of Psychiatry, 116*, 481-496.

Miller, P. A., Kliewer, W., Hepworth, J. T., & Sandler, I. N. (1994). Maternal socialization of children's postdivorce coping. *Journal of Applied Developmental Psychology, 15*, 457-487.

Miller, S. M., & Green, M. L. (1985). Coping with stress and frustration. In M. Lewis & C. Saarni (Eds.), *The socialization of emotions* (pp. 263-314). NY: Plenum.

Miserandino, M. (2012). *Personality Psychology: Foundations and Findings*. NY: Pearson Inc.

Moller, A. C., Elliot, A. J., & Friedman, R. (2008). When competence and parents' love are at stake: Achievement goals and perceived closeness to parents in achievement context. *Journal of Research in Personality, 42*, 1386-1391.

Morgan, C., & Averill, J. R. (1992). True feeling, the self, and authenticity: A psychosocial perspective. In D. D. Franks & V. Gecas (Eds.), *Social perspectives on emotion* (Vol. 1, pp. 95-124). Greenwich, CT: JAI Press.

Munro, B. H. (1981). Dropouts from higher education: Path analysis of a national sample. *American Educational Research Journal, 18*, 131-141.

Murray-Harvey, R. (2010). Relationship influences on students' academic achievement, psychological health, and well-being at school. *Educational and Child Psychology, 27*(1), 104-115.

National Board for Professional Teaching Standards. (2003). *What teachers should know and be able to do: The five core propositions of the National Board*. Retrieved October 23, 2003, from www.nbpts.org/about/coreprops.cfm.

Nelson, K. (1978). How children represent knowledgeof their world in and out of language. In R. S. Siegler (Ed.), *Children's thinking: What develops?* (pp. 181-212). Hillsdale: NJ: Erlbaum.

Noddings, N. (2002). *Educating moral people: a caring alternative to character education*. NY: Teachers College Press.

Nolen-Hoeksema, S., Wolfson, A., Mumme, D., & Guskin, K. (1995). Helplessness in children of depressed and nondepressed mothers. *Developmental Psychology, 31*, 377-387.

O'Donell, J. A., & Hawkins, J. D., Catalano, R. F., Abbott, R. D., & Day, L. E. (1995).

Preventing school failure, Drug use, and delinquency among low-income children: Effects of a long-term prevention project in elementary schools. *American Journal of Orthopsychiatry, 65*, 87-101.

Oishi, S., & Diener, E. (2001). Goals, culture, and subjective well-being. *Personality and Social Psychology Bulletin, 27*(12), 1674-1682.

Onwuegbuzie, A. J. (1998). Role of hope in predicting anxiety about statistics. *Psychological Reports, 82*, 1315-1320.

Oser, F. K., Dick, A., & Patry, J. L. (1992). *Effective and responsible teaching*. SF: Jossey Bass.

Panksepp, J. (1982). Towards a general psychobiological theory of emotions. *Behavioral and Brain Science, 5*, 407-467.

Papalia, D. E., Olds, S. W., & Feldman, R. D. (1989). *Human development*. NY: McGraw-Hill.

Parke, R. D. (1994). Progress, paradigms, and unresolved problems: A commentary on recent advances in our understanding of children's emotions. *Merrill-Palmer Quarterly, 40*, 157-169.

Pekrun, R. (2000). A social-cognitive, control-value theory of achievement emotions. In J. Heckhausen (Ed.), *Motivational psychology of human development* (pp. 143-163). Oxford, UK: Elsevier.

Pekrun, R. (2006). The control-value theory of achievement emotions: Assumptions, corollaries, and implications for educational research and practice. *Educational Psychology Review, 18*, 315-341.

Pekrun, R., Elliot, A., & Maier, M. A. (2006). Achievement goals and discrete achievement emotions: A theoretical model and prospective test. *Journal of Educational Psychology, 98*(3), 583-597.

Pekrun, R., Elliot, A., & Maier, M. A. (2009). Achievement goals and achievement emotions: Testing a model of their joint relations with academic performance. *Journal of Educational Psychology, 101*(1), 115-135.

Pekrun, R., Goetz, T., Frenzel, A. C., Barchfeld, P., Perry, R. P. (2011). Measuring emotions in students' learning and performance: The Achievement Emotions Questionnaire(AEQ). *Contemporary Educational Psychology, 36*, 36-48.

Pekrun, R., Goetz, T., Perry, R. P. (2005). *Academic Emotions Questionnaire(AEQ): User's Manual*. Munich, Germany: University of Munich, Department of

Psychology. .

Pekrun, R., Goetz, T., Titz, W., & Perry, R. P. (2002). Academic emotions in students' self-regulated learning and achievement: A program of quantitative and qualitative research. *Educational Psychologist, 37*, 91-106.

Pennebaker, J. W. (1990). *Opening up: The healing power of confiding in others*. NY: Morrow.

Phillips, J. L. (1969). *The origins of intellect: Piaget's theory*. San Francisco: W. H. Freeman and Company.

Pintrich, P. R. (1995). Understanding Self-Regulated Learning. In P. R. Pintrich (Ed.), *Understanding Self-Regulated Learning* (pp. 3-12). San Francisco: Jossey-Bass.

Pintrich, P. R. (2000a). An achievement goal perspective on issues in motivation terminology, theory, and research. *Contemporary Educational Psychology, 25*, 92-104.

Pintrich, P. R., & Schunk, D. H. (1996). *Motivation in education: Theory, research, and applications*. NJ: Merrill Englewood Cliffs.

Pintrich, P. R., & Schunk, D. H. (2000). *Motivation in education. Theory, research, and applications* (2nd ed.). Englewood Cliffs, NJ: Prentice Hall.

Pintrich, R. B. (2000b). Multiple goals, multiple pathways: The role of goal orientation in learning and achievement. *Journal of Educational Psychology, 92*, 544-555.

Plutchik, R. (1980). *Emotion: A psychoevoluationary synthesis*. NY: Harper & Row.

Plutchik, R. (2003). *Emotions and life: perspectives from psychology, biology, and evolution*. American Psychological Association.

Pomerantz, E. M., Altermatt, E. R., & Saxon, J. L. (2002). Making the grade but feeling distressed: Gender differences in academic performance and internal distress. *Journal of Educational Psychology, 94*(2), 396-404.

Price, G. G. (1982). Cognitive learning in early childhood education: Mathematics, science, and social studies. In B. Spodek (Ed.), *Handbook of research in early education* (pp. 264-294). NY: The Free Press.

Putallaz, M., & Sheppard, B. H. (1992). Conflict management and the growth of social competence. In G. U. Shantz & W. W. Hartup (Eds.), *Conflict in child and adolescent development*. NY: Cambridge University Press.

Quiggle, N. L., Garber, J., Panak, W. F., & Dodge, K. A. (1992). Social information processing in aggressive and depressed children. *Child Development, 63*, 1305-1320.

Rand, K. L. (2009). Hope and optimism: Latent structures and influences on grade expectancy and academic performance. *Journal of Personality, 77*(1), 231-260.

Reed, S. K. (2006). *Cognition: Theory and application.* Thompson Learning Inc.

Reeve, J. (1992). *Understanding motivation and emotion.* Orlando: Harcourt Brace Jovanovich.

Reeve, J., Deci, E. L., & Ryan, R. M. (2004). Self-determination theory: A dialectical framework for understanding sociocultural influences on student motivation. In D. M. McInerney & S. Van Etten (Eds.), *Big theories revisited* (pp. 31-60). Greenwich, CT: Information Age.

Rest, J. (1968). *Developmental hierarchy in preference and comprehension of moral judgement.* Unpublished doctoral dissertation, University of Chicago.

Rest, J. R. (1986). *DIT: Manual for the DIT.* Minneapolis: Center for the study of Ethical Development.

Rich, J. M., & DeVitis, J. L. (1994). *Theories of moral development.* Springfield, IL: Charles C. Thomas.

Rieger, E. (1993). *Correlates of adult hope, including high- and low-hope adults' recollections of parents.* Honors thesis, University of Kansas, Lawrence.

Rockhill, C. M., Greener, S. H. (1999). *Development of the trait meta-mood scale for elementary school children.* Paper Presented at the Biennial Meeting of the Society for Research in Child Development, Albuquerque, NM.

Rogoff, B. (1990). *Apprenticeship in thinking: Cognitive development in social context.* NY: Oxford University Press.

Rogoff, B., & Morelli, G. (1989). Perspectives on children's development from cultural psychology. *American Psychologist, 44*, 343-348.

Rothbart, M. K. (1989). Temperament in childhood: A framework. In G. A. Kohnstamm, J. E. Bates & M. K. Rothbart (Eds.), *Temperament in childhood.* Chichester: Wiley.

Rothbaum, F., Weisz, J. R., & Snyder, S. S. (1982). Changing the world and changing the self: A two-process model of perceived control. *Journal of Personality and Social Psychology, 42*, 5-37.

Roverts, W., & Strayer, J. (1987). Parents' responses to the emotional distress of their children: Relations with children's competence. *Developmental Psychology, 23,* 415-

422.

Rowan, B. (1994). Comparing teachers' work with work in other occupations: Notes on the professional status of teaching. *Educational Researcher, 23*(6), 4-17.

Rummel, A., Acton, D., Costello, S., & Pielow, G. (1999). Is all retention good? An empirical study. *College Student Journal, 33*, 241-246.

Runco, M. A. (2007). *Creativity: Theories and themes.* NY: Elsevier, INC.

Russ, S. W. (Ed.) (1998). *Affect, creative experience, and psychological adjustment.* NY: Taylor & Francis.

Rutter, M. (1983). Cognitive deficits in the pathogenesis of autism. *Journal of child Psychology and Psychiatry, 24*, 513-531.

Ryan, N. M. (1989). Stress-coping strategies identified from school age children's perspective. *Research in Nursing an Health, 20*, 111-122.

Ryan, R. M., & Connell, J. P. (1989). Perceived locus of causality and internalization: Examining reasons for acting in two domains. *Journal of Personality and Social Psychology, 57*, 749-761.

Ryan, R. M., & Deci, E. I. (2000). Intrinsic and external motivations: Classic definitions and new directions. *Contemporary Educational Psychology, 25*, 54-67.

Saarni, C. (1984). An observational study of children's attempts to monitor their expressive behavior. *Child Development, 55*, 1504-1513.

Saarni, C. (1988). Emotional Competence: How emotions and relationships become integrated. In R. A. Thompson (Ed.), *Socioemotional development: Nebraska symposium on motivation* (Vol. 36, pp. 115-182). Lincoln: University of Nebraska Press.

Salovey, P., & Sluyter, D.(1997). *Emotional development and emotional intelligence: Implication for teachers.* NY: Basic Books.

Salovey, P., Hsee, C. K., & Mayer, J. D. (1993). Emotional intelligence and the self-regulation of Affect. In D. M. Wegner & Pennebaker, J. W. (Eds.). *Handbook of mental control* (pp. 258-277). New Jersey: Prentice-Hall Inc.

Salovey, P., Mayer, J. D., & Caruso, D. (2002). The positive psychology of emotional intelligence. In C. R. Snyder & S. J. Lopez (Eds.), *The Handbook of positive psychology* (pp. 159-171). Oxford: Oxford University Press.

Salovey, P., Mayer, J. D., Goldman, S. L., Turvey, C., & Palfai, T. P. (1995). Emotional attention, clarity, and repair: Exploring emotional intelligence using the Trait

Meta-Mood Scale. In J. W. Pennebaker (Ed.), *Emotion, Disclosure, and health* (pp. 125-154). Washington, DC: American Psychological Association.

Sandler, I. N., Tein, J. Y., & West, S. G. (1994). Coping stress and the psychological symptoms of children of divorce: A cross-sectional and longitudinal study. *Child Development, 65*, 1744-1763.

Savron, B. L. (1989). Similarity reasoning: Training and assessment. Unpublished Doctoral Dissertation.

Sawyer, R. K., John-Steiner, V., Sternberg, R. J., Feldman, D. H., Nakamura, J., & Csikszentmihayi, M. (2003). *Creativity and development*. Oxford University Press.

Schachter, S. (1964). The interaction of cognitive and physiological determinants of emotion. In L. Berkowitz (Ed.), *Advances in experimental social psychology* (Vol. 1, pp. 49-80). NY: Academic Press.

Scherer, K. R., & Wallbott, H. G. (1994). Evidence for universality and cultural variation of differential emotion response patterning. *Journal of Personality and Social Psychology, 66*, 310-328.

Schultz, P. A., & Davis, H. A. (2000). Emotions and self-regulation during test taking. *Educational Psychologist, 35*(4), 243-256.

Schultz, T. W. (1982). Investment in Entrepreneurial Ability. *Scandinavian J. Econ. 82*(4), 437-48.

Schunk, D. H. (2004). *Learning theories: An educational perspective*. NY: Prentice Hall.

Schunk, D. H. (2006). *The effect of instructional factors on motivation and learning*. Paper presented at the Cognitive Remediation in Psychiatry Symposium, New York.

Schunk, D.H., Pintrich, P. R., & Meece, J. L. (2008). *Motivation in Education*. Columbus: Pearson Inc

Schwarz, N. (1990). Feelings as information: Informational and motivational functions of affective states. In E. T. Higgins & R. M. Sorrentino (Eds.), *Handbook of motivation and cognition: Foundations of social behavior* (Vol 2, pp. 527-561). NY: Guilford Press.

Scriven, M. (1967). The methodology of evaluation. In R. Tyler, R. Gagné, & M. Scriven (Eds.), *Perspectives on curricular evaluation. AERA Monograph Series on Curriculum Evaluation*. Chicago: Rand McNally.

Seligman, M. E. (1975). *Helplessness*. San Francisco: Freeman.

Shaffer, D. R., & Kipp, K. (2010). *Developmental Psychology: Childhood and Adolescence*. Belmont, CA: Cengage Learning.

Shapiro, L. E. (1997). *How th raise a child with a high EQ: A parent's guide to Emotional Intelligence*. Harper & Collins.

Shaw, M. P., & Runco, M. A. (1994). *Creativity and affect*. Norwood, NJ: Ablex.

Sheldon, K. M., & Elliot, A. J. (1999). Goal striving, need satisfaction, and longitudinal well-being: The self-concordance model. *Journal of Personality and Social Psychology, 76*, 482-497.

Sheldon, K., M., & Elliot, A. J. (1998). All personal goals are not personal: Comparing autonomous abd controlling goals on effort and attainment. *Personality and Social Psychology Bulletin, 24*, 546-557.

Sherer, M., Maddux, J. E., Mercandante, B., Prentice-Dunn, S., Jacobs, B., & Rogers, R. W. (1982). The Self-Efficacy Scale: Construction and validation. *Psychological Reports, 51*, 663-671.

Shields, A. M., Cicchetti, D., & Ryan, R. M. (1994). The development of emotional and behavioral self-regulation and social competence among maltreated school-age children. *Development and Psychopathology, 6*, 57-75.

Shuell, T. J. (1996). Teaching and learning in a classroom context. In D. C. Berliner, & R. C. Calfee (Eds.), *Handbook of Educational Psychology* (pp. 726-764). NY: Macmillan.

Sideridis, G. D. (2005). Goal orientation, academic achievement, and depression: Evidence in favor of a revised goal theory framework. *Journal of Educational Psychology, 97*(3), 366-275.

Sideridis, G. D. (2007). The regulation of affect, anxiety, and stressful arousal from adopting mastery-avoidance goal orientation. *Stress and Health, 24*, 55-69.

Simons, J. (1993). The role of different types of instrumentality in motivation, study strategies, and performance: Know why you learn, so you'll know what to learn. *British Journal of Educational Psychology, 74*(3), 343-360.

Simonton, D. K. (1994i). Three life-span perspectives on talent development. In N. Colangelo, S. G. Assouline, D. L. Ambroson (Eds.), *Talent development: Volume II. Proceedings from the 1993 Henry B. and Jocelyn Wallace*

National Research Symposium on Talent Development (pp. 133–136). Dayton, OH: Ohio Psychology Publishing.

Simpson, E. J. (1966). The classification of educational objectives, psychomotor domains. *Illinois Teacher of Home Economics, 10*, 110–144.

Slavin, R. E. (2000). *Cooperative learning*. Boston, MA: Allyn & Bacon.

Slavin, R. E. (2012). *Educational psychology: Theory and Practice*. N.J.: Pearson Education, INC.

Snowman, J., & Biehler, R. (2003). *Psychology applied to teaching*. Houghton Mifflin.

Snyder, C. R. (1994). *The psychology of hope: You can get there from here*. NY: Free Press.

Snyder, C. R. (1999). Hope, goal blocking thoughts, and test-related anxieties. *Psychological Reports, 84*, 206–208.

Snyder, C. R. (2000). *Handbook of hope: Theory, measure, and applications*. Orlando, FL: Academic Press.

Snyder, C. R. (2002). Hope theory: Rainbows in the mind. *Psychological Inquiry, 13*, 249–275.

Snyder, C. R. (2004). Hope and depression: A light in the darkness. *Journal of Social and Clinical Psychology, 23*, 347–351.

Snyder, C. R. (2005). Teaching: The lessons of hope. *Journal of social and Clinical Psychology, 24*, 72–84.

Snyder, C. R., Cheavens. J., & Sympson S. C. (1997). Hope: An Individual Motive for Social Commerce. *Group Dynamics: Theory, Research, and Practice*, 1, 107–118.

Snyder, C. R., Feldman, D. B., & Shorey, H. S. (2002). Hopeful Choice: A school counselor's guide to hope theory. *Professional School Counseling, 5*, 298–307.

Snyder, C. R., Harris, C., Anderson, J. R., Holleran, S. A., Irving, L. M., Sigmon, S. T., Yoshinobu, L., Gibb, J., Langelle, C., & Harney, P. (1991). The will and the ways: Development and validation of an individual-differences measure of hope. *Journal of Personality and Social Psychology, 60*, 570–585.

Snyder, C. R., Higgins, R. L., & Stucky, R. J. (1983). *Excuses: Masquerades in search of grace*. NY: Wiley.

Snyder, C. R., Hoza, B., Pelham, W. E., Rapoff, M., Ware, L., Danovsky, M., Highberger, L., Rubinstein, H., & Stahl, K. J. (1997). The development and validation of the children's hope scale. *Journal of Pediatric Psychology, 22,* 399-421.

Snyder, C. R., Lapointe, A. B., Crowson, J. J., & Early, S. (1998). Preferences of high- and low-hope people for self-referential input. *Cognition and Emotion, 12,* 807-823.

Snyder, C. R., Lopez, S. J., Shorey, H. S., Rand, K. L., & Feldman, D. B. (2002). Hope theory, measurement, and applications to school psychology. *School Psychology Quarterly, 18*(2), 122-139.

Snyder, C. R., Lopez, S. J., Shorey, H. S., Rand, K. L., & Feldman, D. B. (2003). Hope theory, measurement, and applications to school psychology. *School Psychology Quarterly, 18,* 122-139.

Snyder, C. R., McDermott, D., Cook, W., & Rapoff, M. (1997). *Hope for the journey: Leading children through the good times and the bad.* San Francisco: Westview/HarperCollins.

Snyder, C. R., Rand, K. L., & Sigmon, D. R. (2002). Hope theory. In D. F. Snyder, & S. J. Lopez (Eds.), *Handbook of positive psychology.* NY: Oxford University Press.

Snyder, C. R., Shorey, H. S., Cheavens, J., Pulvers, M., Adams III, V. H., & Wiklund, C. (2002). Hope and academic success in college. *Journal of Educational Psychology, 94,* 820-826.

Snyder, C. R., Sympson, S. C., Ybasco, F. C., Borders, T. F., Babyak, M. A., & Higgins, R. L. (1996). Development and validation of the state hope scale. *Journal of Personality and Social Psychology, 70,* 321-335.

Spiro, R. J., & D. Jonassen, D. (2003). Cognitive flexibility theory: Hypermedia for Complex Learning, Adaptive Knowledge Application, and Experience Acceleration. *Educational Technology, 43,* pp. 5~10.

Steel-Johnson, D., Heintz, P., & Miller, C. E. (2008). Examining situationally induced state goal orientation effects on task perceptions, performance, and satisfaction: a two-dimensional conceptualization. *Journal of Applied Social Psychology, 38*(2), 334-365.

Sternberg, R. J. (1985). Implicit theories of intelligence, creativity, and wisdom. *Journal of Personality and Social Psychology, 49,* 607-627.

Sternberg, R. J. (2003). Our research program validating the triarchic theory of successful intelligence: Reply to Gottfredson. *Intelligence, 31,* 399-414.

Sternberg, R. J., & Lubart, T. I. (1991). An investment theory of creativity and its development. *Human Development, 34*, 1-32.

Sternberg, R. J., & Smith, C. A. (1985). Social intelligence and decoding skills in nonverbal communication. *Social Cognition, 3*, 168-192.

Sternberg, R. J., & Williams, W. (2010). *Educational psychology*. NY: Pearson Inc.

Strand, S., Deary, I. J., & Smith, P. (2006). Sex differences in cognitive abilities test scores: a UK national picture. *British Journal of Educational Psychology, 76*(3), 463-480.

Sundararajan, L. (2000). Background-mood and emotional creativity. *Conscious and Emotion, 1*(2), 222-243.

Sweller, J., van Merrienboer, J. J. G., & Paas, F. G. W. C. (1998). Cognitive architecture and instructional design. *Educational Psychology Review, 10*, 251-296.

Taylor, C. W. (1961). Finding the creative. *Scientific Research, 38*, 6-11.

Tempelaar, D. T., Niculescu, A., Rienties, B., Gijselaers, W. H., & Giesbers, B. (2012). How achievement emotions impact students' decisions for online learning, and what precedes those emotions. *Internet and Higher Education, 15*, 161-169.

Terwogt, M., Koops, W., Oosterhoff, T., & Olthof, T. (1986). Development of processing of multiple emotional situations. *Journal of General Psychology, 113*, 109-119.

Tharp, R.G. (1989). Psychocultural variables and constants: Effects on teaching and learning in schools. *American Psychologist, 44*(2), 349-359.

Thomas-Knowles, C. E. (1989). *Emotional Creativity: A social constructivist perspective*. Unpublished master's thesis. University of Massachusetts, Amherst.

Thompson, R. A. (1988). Emotion and self-regulation. In R. A. Thompson (Ed.), *Socioemotional development: Nebraska symposium on motivation* (Vol. 36, pp. 367-467). Lincoln: University of Nebraska Press.

Thompson, R. A. (1993). Socioemotional development: Enduring issues and new challenges. *Developmental review, 13*, 372-402.

Thompson, R. A. (1994). Emotion regulation: A theme in search of definition. In N. A. Fox (Ed.),*The development of emotion regulation: Behavioral and biological considerations. Monographs of the society for research in child development: Vol. 59. No.240* (pp. 25-52).

Thrashj, T. M., & Elliot, A. J. (2001). Delimiting and integrating the goal and motive constructs in achivement motivation. In A. Efklides, J. Kuhl, & R. Sorrentino

(Eds.), *Trends and prospects in motivation research* (pp. 3-21). Amsterdam: Kluwer Academic Publishers.

Thurstone, L. L. (1938). *Primary mental abilities.* Chicago: University of Chicago Press.

Tice, D. (1993). Controlling anger: self-induced emotion change. *Handbook of Mental Control Vol. 5.* NJ: Prentice-Hall.

Timmons, F. R. (1978). Freshman withdrawal from college: A positive step toward identify formation? A followup study. *Journal of Youth and Adolescence, 7,* 159-173.

Tinto, V. (1993). *Leaving college: Rethinking the cause and cures of student attrition.* Chicago, IL: Chicago University Press.

Tomkins, S. S. (1963). *Affect, imagery, and consciousness: The negative affects* (Vol. 2). NY: Springer.

Tomkins, S. S. (1970). Affect as the primary motivational system. In M. B. Arnold (Ed.), *Feelings and emotions* (pp. 101-110). NY: Academic Press.

Torrance, E. P. (1962). *Guiding creative talent.* Englewood Cliffs, N.J.: Prentice-Hall, Inc.

Torrance, E. P. (1974). *Torrance tests of creative thinking: Norms-technical manual.* MA: Ginn.

Torrance, E. P. (1979). *The search for satori & creativity.* NY: Bearly.

Torrance, E. P. (1990). *The Torrance test of creative thinking: Norms-technical manual.* Bensenvillem IL: Scholastic Testing Service, INC.

Torrance, E. P. (1994). *Creativity wanting to know.* Pretoria: Benedic Books.

Trevarthen, C. (1984). Emotions in infancy: Regulators of contact and relationship with persons. In K. R. Scherer & P. Ekman (Eds.), *Approaches to emotion* (pp. 129-157). Hillsdale, NJ: Erlbaum.

Tronick, E. Z. (1989). Emotions and emotional communication in infants. *American Psychologist, 44,* 112-119.

Tulving, E., & Craik, F. I. M. (2000). *Handbook of Memory.* Oxford: Oxford University Press.

Tyler, R. W. (1950). *Basic principles of curriculum and instruction.* Chicago: The University of Chicago Press

U. S. Department of Labor (2001). *Occupational classification system manual.* Retrieved June 20, 2006, from www.bls.gob/ncs/ocs/ocsm/comMoga.htm

Urdan, T. (1997). Achievement goal theory: Past results, future directions. In M. L. Maehr & P. R. Pintrich (Eds.), *Advances in motivation and achievement* (pp. 99-141). Greenwich, CT: JAI Press.

Urdan, T. (2000). *The intersection of self-determination and achievement goal theories: Do we need to have goal?* Paper presented at the Annual Meeting of the American Educational Research Association. New Orleans, LA.

Urdan, T., & Mestas, M. (2006). The goals behind performance goals. *Journal of Educational Psychology, 98*, 354-365.

Vallerand, R. J., Fortier, M. S., & Guay, F. (1997). Self-determination and persistence in a real-life setting: Toward a motivational model of high school dropout. *Journal of Personality and Social Psychology, 72*, 1161-1176.

Vallerand, R. J., Pelletier, L. G., Blais, M. R., Briere, N. M., Semecal, C., & Vallieres, E. F. (1992). The academic motivational scale: A measure of intrinsic, extrinsic, and amotivation in education. *Educational and Psychological Measurement, 52*, 1003-1017.

Vygotsky, L. S. (1934). *Mind and society: The development of higher psychological processes*. Cambridge, MA: Harvard University Press.

Vygotsky, L. S. (1978). *Mind and society: The development of higher psychological processes*. Cambridge, MA: Harvard University Press.

Vygotsky, L. S. (1986). *Thought and language*. Cambridge, MA: The MIT Press.

Wagner, W. J. (1981). *Some prerequisites in learning to solve analogy problems*. Paper Presented at the Annual meeting of the American Equational Research Association, Montreal.

Watson, D., Clark, A. A., & Tellegen, A. (1988). Development and validation brief measures of positive and negative affect: The PANAS Scales. *Journal of Personality and Social Psychology, 54*(6), 1063-1070.

Weiner, B. (1985). An attributional theory of achievement motivation and emotion. *Psychological Review, 92*(4), 548-573.

Weiner, B. (1986). *An attributional theory of motivation and emotion*. NY: Springer-Verlag.

Weissberg, R. P., Caplan, M. Z, & Bennetto, L. (1988). *The Yale-new haven middle-school social problem solving(SPS) program*. New Haven, CT: Yale University.

Wierzbacki, M. (1989). Children's perceptions of counter-depressive activities.

Psychological Reports, 65, 1251-1258.

Williams, G. C., & Deci, E. I. (1996). Internalization of biopsychological values by medical students: A test of self-determination theory. *Journal of Personality and Social Psychology, 70*, 767-779.

Witkin, H. A., Moore, C. A., Goodenough, D. R., & Cox, R. W. (1972). Field-dependent and field-independent cognitive styles and their educational implications. *Review of Educational Research, 47*, 1-64.

Wittrock, M. C. (1992). An empowering conception of educational psychology. *Educational Psychologist, 27*, 129-142.

Wood, D. J. (1989). Social interaction as tutoring. In M. H. Bornstein & J. S. Bruner (Eds.), *Interaction in human development* (pp. 59-80). Hillsdale, NJ: Erlbaum.

Wood, D. J., & Middleton, D. (1975). A study of assisted problem-solving. *British Journal of Psychology, 66*, 181-191.

Woolfolk, A. E. (1995). *Educational Psychology*. NY: Allyn & Bacon.

Woolfolk, A. E. (2014). *Educational Psychology: Active learning edition*. N.J.: Pearson Education, INC.

Yerkes, R. M., & Morgulis, S. (1909). The method of pawlow in animal psychology. *The Psychological Bulletin, 6*, 257-273.

Yussen, S. R., & Santrock, J. W. (1982). *Child Development*. W.C.: Brown Publishers

Zahn-Waxler, C., Cole, P. M., Welsh, J. D., & Fox, N. A. (1995). Psychophysiological correlates of empathy and prosocial behaviors in preschool children with behavior problems. *Development and Psychopathology*, *7*, 27-48.

Zajonc, R. B.(1984). On the primacy of affect. *American Psychologist, 39*, 117-123.

Zeidner, M. (1998). *Test anxiety: The state of the art*. NY: Plenum.

Zimmerman, B. J. (1989). Models of self-regulated learning and academic achievement. In B. J. Zimmerman & D. H. Schunk (Eds.), *Self-regulated learning and academic achievement: Theory, research, and practice* (pp. 1-25). NY: Springer-Verlag.

Zimmerman, B. J., & Martinez-Pons, M. (1986). Development of a structured interview for assessing student use of self-regulated learning strategies. *American Educational Research Journal, 23*, 614-628.

Zung, W. W. K. (1965). A self-rating depression scale. *Archives of General Psychiatry, 12*, 63-70.

찾아보기

《인명》

《내용》

저자소개

조한익(Cho, Hanik)
공주교육대학교 교육학과 졸업
충남대학교 대학원 교육심리 전공(박사)
전 미국 University of Alabama 연구교수
현 경상대학교 교육학과 교수

〈저서〉
우리아이 EQ 높이기(공저, 학지사, 1998)

〈연구논문〉
고등학생의 학업낙관성, 학업 스트레스, 학습몰입 및 학업 성취도의 구조적 관계(2013)
초등학생의 정서, 성취정서 및 학업 성취도의 구조적 관계(2013)
The relationships between implicit theories of intelligence, achievement goal orientation, achievement emotions and academic achievement(2013)
사범계열 대학생들의 성취목표 지향성, 기본욕구만족, 학업 성취도의 구조적 관계(2013)
정서가 학업 성취도에 미치는 영향: 정서조절과 학습 전략의 매개효과(2013)
HLM을 이용한 교사효능감, 성취목표 지향성, 성취정서 및 학업 성취도의 관계(2013)
초등학교 고학년 정서 창의성 척도의 개발과 타당화(2012)
학교생활적응과 학업 성취도에 영향을 미치는 성취목표 지향성, 희망, 학습 전략의 구조적 관계(2012) 등 다수.

교육심리학

Educational Psychology

2014년 8월 19일 1판 1쇄 발행
2023년 1월 20일 1판 6쇄 발행

지은이 • 조 한 익
펴낸이 • 김 진 환
펴낸곳 • (주) 학지사
04031 서울특별시 마포구 양화로 15길 20 마인드월드빌딩 5층
대표전화 • 02) 330-5114 팩스 • 02) 324-2345
등록번호 • 제313-2006-000265호
홈페이지 • http://www.hakjisa.co.kr
페이스북 • https://www.facebook.com/hakjisabook

ISBN 978-89-997-0447-5 93370

정가 **18,000원**

저자와의 협약으로 인지는 생략합니다.
파본은 구입처에서 교환하여 드립니다.